LE MEXIQUE

AU DÉBUT DU
XXᴱ SIÈCLE

PAR MM.

Le prince Roland BONAPARTE, Léon BOURGEOIS, Jules CLARETIE,
d'ESTOURNELLES DE CONSTANT, A. de FOVILLE,
Hippolyte GOMOT, O. GRÉARD, Albin HALLER, Camille KRANTZ,
Michel LAGRAVE, Louis de LAUNAY,
Paul LEROY-BEAULIEU, E. LEVASSEUR, le général NIOX,
Alfred PICARD, Élisée RECLUS.

TOME PREMIER

PARIS
Librairie Ch. DELAGRAVE
15, RUE SOUFFLOT, 15

LE MEXIQUE

AU DÉBUT DU

XXᵉ SIÈCLE

LE MEXIQUE

AU DÉBUT DU

XXᵉ SIÈCLE

PAR MM.

LE PRINCE Roland BONAPARTE, Léon BOURGEOIS, Jules CLARETIE,
D'ESTOURNELLES DE CONSTANT, A. DE FOVILLE,
Hippolyte GOMOT, O. GRÉARD, Albin HALLER, Camille KRANTZ,
Michel LAGRAVE, Louis DE LAUNAY,
Paul LEROY-BEAULIEU, E. LEVASSEUR, LE GÉNÉRAL NIOX,
Alfred PICARD, Élisée RECLUS.

TOME PREMIER

PARIS

LIBRAIRIE CH. DELAGRAVE

15, RUE SOUFFLOT, 15

INTRODUCTION GÉNÉRALE

Lorsque Fernand Cortez eut abordé au Mexique et pénétré à l'intérieur des terres, il fut étonné de trouver une contrée et une population très différentes de celles des îles : haute terre qui montait par gradins rapides à plus de 2000 mètres et que couronnaient des montagnes géantes, contrée relativement immense entre deux océans et se prolongeant sans fin dans la direction du nord ; population diverse par l'origine, le langage, le groupement politique, ayant atteint dans quelques États un niveau élevé de civilisation, et restée sauvage dans d'autres régions.

Le Territoire.

Tel qu'il est aujourd'hui, le Mexique mesure près de 2 millions de kilomètres carrés ; il était plus grand après la conquête espagnole, qui porta ses limites bien au delà du rio Grande del Norte et du confluent du rio Gila avec le Colorado. L'Amérique du Nord est flanquée dans toute sa longueur, de l'Alaska au Mexique méridional, d'un môle gigantesque qu'on peut comparer à l'épine dorsale de ce continent ; c'est la Cordillère du Nord, composée d'un plateau central et de chaînes latérales qui portent divers noms : Montagnes Rocheuses à l'est, Sierra Nevada, etc., à l'ouest.

Le plateau mexicain, qui en est la suite et la terminaison, occupe presque toute la largeur du continent qui, profondément entaillé par le golfe du Mexique, va en se rétrécissant vers le sud. Ce plateau, dont l'altitude moyenne est à environ 1100 mètres au-dessus du niveau de la mer, est bordé, comme celui des États-Unis, de chaînes latérales qui en constituent à l'orient et à l'occident les talus, descendant jusque sur l'étroite bande des plaines côtières. Le cordon oriental, composé principalement de terrains calcaires, est médiocrement élevé ; le cordon occidental, dont la Basse-Californie est en quelque sorte un appendice, paraît au contraire formé presque entièrement de roches anciennes et de déjections volcaniques.

Dans sa partie méridionale, vers le 19ᵉ de latitude et par conséquent dans la zone tropicale, le plateau s'élève davantage : México (1) est à la cote de 2266 mètres et Toluca à celle de 2625. La contrée, vaguement délimitée, est désignée sous le nom d'Anahuac.

« En voyageant de la capitale du Mexique aux grandes mines de Guanaxuato, écrivait Alexandre de Humboldt au commencement du xixᵉ siècle, on reste d'abord pendant 10 lieues dans la vallée de Tenochtitlan, élevée de 2227 mètres (1168 toises) au-dessus des eaux de l'océan voisin. Le niveau de cette belle vallée est si uniforme que le village de Gueguetoque, situé au pied de la montagne de Sincoq, n'est encore que de 20 mètres plus élevé que la ville de México... D'immenses plaines, qui paraissent autant de bassins desséchés d'anciens lacs, se suivent les unes les autres ; elles ne sont séparées que par des collines qui à peine s'élèvent de 200 à 250 mètres au-dessus du fond de ces mêmes bassins (2). » L'Anahuac est désigné aussi quelquefois sous le nom de *vallée*, quoique ce soit non une vallée, mais une cuvette bordée de cônes volcaniques, éteints ou fumants, qui comptent parmi les plus hauts sommets de l'Amérique (Nevado de Toluca 4578 mètres, Popocatepetl 5478 mètres, Pic de Orizaba 5584 mètres, Cofre de Perote 4089 mètres) et que couronnent des calottes de glace, pendant que la température moyenne de l'année est de 24 degrés centigrades sur la côte.

1. México prend un accent tonique, différent de l'accent aigu de la langue française ; c'est pourquoi nous le conservons dans le texte français.
2. *Essai politique sur le royaume de la Nouvelle-Espagne*, 2ᵉ édition, t. I, p. 258 et 260.

Les cactus, spécialement les cierges, hauts parfois comme des peupliers, sont à peu près les seules plantes de la végétation spontanée sous ce climat, surtout dans les plaines découvertes du nord.

Sur tout le plateau, la pluie est rare, si rare dans le nord que la contrée est un désert qui sépare bien effectivement le territoire actuel du Mexique de celui des États-Unis. Les cours d'eau n'ont qu'un maigre débit ; à l'exception de quelques fleuves qui se sont frayé une issue jusqu'à la mer par les fissures des talus montagneux, ils se déversent dans des lacs ou étangs intérieurs et forment plusieurs bassins isolés.

Cependant, des versants extérieurs des deux talus descendent des torrents nombreux. Ils ne sont pas navigables, et il faut aller dans la partie basse, au sud et à l'est de l'Anahuac, pour trouver des rivières portant bateau. Mais ces torrents, qui de chute en chute tombent de plus d'un millier de mètres, procurent des facilités particulières à l'irrigation des campagnes subjacentes, et ils ne tarderont sans doute pas, comme le fait remarquer M. Élisée Reclus, à fournir une force électrique propice à la grande industrie. Le Mexique n'a jusqu'ici presque pas de houille minérale (1) ; mais peu de pays sont mieux doués de la nature sous le rapport de la « houille blanche ». Nous en reparlerons dans la conclusion.

M. Élisée Reclus compare ingénieusement le grand plateau mexicain à une mâchoire, dont les sierras sont les dents et dont le devant est formé des volcans de l'Anahuac. On pourrait le comparer aussi, autant du moins qu'une comparaison peut être permise entre choses si différentes, à la moitié d'un navire, dont l'Anahuac serait la proue, se dressant à l'extrémité, comme le château d'une galiote du xve siècle.

En avant de la proue, à un niveau bien inférieur, quoique encore parfois considérable (pic de Tancitaro 3 862 mètres, Zempoltepec 3 396 mètres), moutonnent, semblables à une mer démontée, les hauteurs du Michoacan, du Guerrero et de l'Oaxaca.

---

1. Voir le chapitre : *Mines et Industries minières*, par M. de LAUNAY.

Les accidents de terrain cessent complètement à l'isthme de Tehuantepec, plaine de terrain plus récent, traversée aujourd'hui par une voie ferrée, dont la plus haute cote n'est qu'à 260 mètres.

A l'est de cet isthme, le relief et les eaux du Chiapas et du Tabasco dépendent du système orographique de l'Amérique centrale.

Le Yucatan, grande dalle calcaire à travers laquelle filtrent les eaux pluviales, est une région à part.

Les climats varient avec la latitude et se succèdent par étages, surtout dans la zone tropicale, la température s'élevant à mesure que l'altitude diminue : 1° les « Terres chaudes » dans les plaines côtières et dans les provinces situées à l'est de l'isthme de Tehuantepec avec une température moyenne de 24 degrés centigrades et une végétation tropicale, région du cacaoyer, de la canne à sucre, du bananier, du vanillier ; 2° les « Terres tempérées » sur les versants d'une altitude de 1 000 à 1 500 mètres et plus, où la chaleur moyenne varie de 20 à 15 degrés environ ; 3° les « Terres froides » sur les plateaux, qui, avec une moyenne inférieure à 15 degrés, correspondent aussi à peu près aux climats de la France, mais avec une autre répartition diurne et saisonnière, région du maïs et du blé.

Alexandre de Humboldt généralise avec trop de sévérité, quand il parle de « l'aridité du plateau central » ; car c'est sur ce plateau surtout qu'on cultive les céréales ; il apprécie mieux les climats subjacents. « Cette aridité du sol, dit-il, dont nous venons d'indiquer les causes physiques, ne se trouve heureusement que dans les plaines les plus élevées, une grande partie du vaste royaume de la Nouvelle-Espagne appartient aux pays les plus fertiles de la terre. La pente de la Cordillère est exposée à des vents humides et à des brumes fréquentes ; la végétation constamment nourrie de vapeurs aqueuses y est d'une beauté et d'une force imposantes (1). »

Fernand Cortez n'a pas connu toute l'étendue du territoire mexi-

---

1. *Essai politique sur le royaume de la Nouvelle-Espagne*, t. I, p. 283.

cain. Les Espagnols l'ont exploré peu à peu par des expéditions militaires, des concessions de terres, des établissements religieux et des missions.

Nous devions en donner tout d'abord un aperçu ; pour les détails nous renvoyons à l'excellente étude qu'y a consacrée M. Élisée Reclus et aux ouvrages spéciaux publiés, à l'occasion des dernières expositions universelles, par MM. A. Garcia y Cubas, del Paso y Troncoso, Rafael de Zayas Enriquez.

Le Groupement des premières Populations.

Dans toutes les contrées du monde la terre explique, non pas complètement, mais en partie, l'homme. La diversité des formes du terrain et des climats, hauts plateaux, versants montagneux, vallées, plaines, côtes, et la difficulté des communications font comprendre l'isolement dans lequel vivaient confinés la plupart des groupes sociaux et la multiplicité des types ethniques que les conquérants espagnols ont rencontrés. Fernand Cortez profita habilement des divisions qui régnaient parmi les habitants du pays.

Dans la plaine crétacée et chaude du Yucatan, une race avait créé sur place ou importé une civilisation caractérisée par la langue maya et remarquable par les monuments dont on admire aujourd'hui les ruines. Cette civilisation, suivant l'opinion de plusieurs érudits, remonterait à une date un peu antérieure à l'ère chrétienne ; suivant d'autres, elle ne daterait que des derniers siècles du Moyen Age. Quoique les hommes du midi n'aiment pas en général à émigrer vers le nord, les partisans de la première opinion supposent qu'à une certaine époque, des Mayas auraient escaladé les rampes de l'Anahuac et introduit dans la contrée qu'ils avaient envahie leur langue, leur civilisation, beaucoup plus avancée que celle des autres peuplades du plateau, et enfin que, plus tard, ils auraient été victimes d'invasions venues du nord dont la dernière a été celle des Aztèques.

En tout cas, les Mayas avaient été précédés sur le plateau par d'autres couches de populations primitives, ayant les mêmes caractères physiques que les Cliff-Dwellers et les Mount-Builders de la partie sud-ouest des États-Unis, et deux âges de civilisation se sont succédé, l'une encore rudimentaire, l'autre policée. La dernière est la civilisation toltéco-mexicaine, avec sa langue le nahua. Dans une vieille légende mexicaine sur le double mariage d'Ixtac-Mixcohuatl, dont les enfants du premier lit auraient été la souche de la race primitive et celui du second lit (Quetzalcoatl) aurait été la souche des Toltèques, le Dr Hamy pense retrouver la trace de cette succession.

Multiples, d'ailleurs, paraissent avoir été les foyers de ces civilisations précolombiennes. Les ruines de Mitla, détruite par le roi de México, Ahuitzotl (1494) [1], attestent que celle des Zapotèques, habitant au sud de l'Anahuac, était avancée.

Le nord était le grand foyer des invasions. Le plateau, malgré ses chaînons transversaux, ses profondes crevasses et l'isolement de ses bassins, leur fournissait un chemin assez facile pour s'avancer vers le sud-est. Maintes fois des hordes, plus ou moins sauvages, ont suivi ce chemin, s'arrêtant peu dans les déserts de la région septentrionale, et poussant vers l'équateur à la recherche d'un climat meilleur et d'une proie plus riche.

Les Aztèques, qui paraissent avoir été de toute ancienneté des constructeurs de cités lacustres, ont occupé une île du lac Chapala ou du lac de Chalco avant de se porter, de lagune en lagune, jusqu'à México.

Les migrations de ces peuplades du nord se sont enfoncées jusqu'à l'extrémité de la proue du plateau, dans l'Anahuac, comme s'accumulent les matières au fond d'un entonnoir fermé. Aussi est-ce là qu'était et qu'est encore maintenant la plus forte densité de population. On y compte en moyenne environ 35 habitants par

---

1. *Codex Telleriano Remensis*, manuscrit mexicain du cabinet de Ch. M. Le Tellier, archevêque de Reims, à la Bibliothèque nationale, précédé d'une introduction par le Dr E. T. Hamy, Paris 1899, in-fol., fol. 40 verso.

kilomètre carré, tandis que dans la zone tempérée et chaude subjacente il s'en trouve à peine 15, et qu'on en a recensé moins de 2 dans les plaines désertiques du nord.

Sans s'être rendus maîtres absolument de tout le pays, les Aztèques, peuple guerrier, dominaient au commencement du xvi⁰ siècle sur l'Anahuac et, au delà, par leur puissance militaire, par leur langue, par leur commerce, par la civilisation toltèque qu'ils s'étaient appropriée. Près d'eux vivaient à demi sauvages, dans les montagnes, les Otomis, un des éléments primitifs; au pied du plateau, les Tarasques du Michoacan qui étaient civilisés et qui avaient résisté aux attaques des Aztèques; les Totonaques habitaient la côte orientale; c'est avec ces derniers que Fernand Cortez se trouva d'abord en contact. Dans le nord erraient des tribus nomades, que la civilisation n'avait pas même effleurés, et dans les parties montagneuses, des tribus sédentaires à peine sorties de l'état sauvage.

Dans le nord-est les Huastèques, dans le sud-ouest et le sud les Mixtèques et les Zapotèques, dans le Yucatan et terres voisines les Mayas, formaient des groupes tout à fait séparés. Chacun de ces peuples avait son dialecte. Quoique les idiomes particuliers reculent depuis longtemps devant le castillan, on en compte une cinquantaine qui sont encore en usage (1).

L'Histoire.

L'arrivée des Espagnols marque le commencement d'une ère nouvelle dans l'histoire de la péninsule mexicaine. L'année 1521 est la date la plus importante de cette histoire, qui comprend trois périodes : période précolombienne, période coloniale, période nationale, laquelle se divise en sous-période de formation révolutionnaire et sous-période de développement pacifique. Pour faire

---

1. Voir le chapitre : *Population et Colonisation*, par le prince Roland Bonaparte.

comprendre l'état actuel du Mexique, tel qu'il est décrit dans le présent ouvrage, il est utile de donner, en quelques pages, un aperçu du caractère et des résultats de ces périodes.

PÉRIODE PRÉCOLOMBIENNE

On désigne sous le nom général d'Indiens les peuples qui habitaient l'Amérique avant la découverte de Christophe Colomb. Ils n'ont aucun rapport de parenté avec les habitants de l'Inde asiatique. Mais le grand navigateur génois se proposait d'aller aux Indes par la route maritime de l'ouest, et il crut y toucher quand il aborda aux Antilles. De là, le nom d'Indiens qui est resté aux indigènes, comme celui d'Indes occidentales aux îles qu'ils habitaient.

L'histoire de la période précolombienne est très obscure. Les Toltèques, les Aztèques, les Zapotèques se sont servis de signes figurés, les Mayas de caractères hiéroglyphiques que des érudits s'efforcent de déchiffrer, mais qui n'ont pas encore livré leurs secrets.

Ces peuples possédaient une certaine science astronomique, car ils connaissaient les solstices et les équinoxes, et ils avaient dressé deux calendriers, tous d'eux d'origine sacerdotale. L'un, qui servait à l'art divinatoire, semble avoir été réglé sur le cours de la lune et se composait de deux cent soixante jours, groupés en vingt treizaines. L'autre, que l'on employait pour les actes publics et la rédaction des annales, comprenait dix-huit mois de vingt jours plus cinq jours complémentaires, pour correspondre à la révolution solaire. Après chaque cycle de cinquante-deux ans, on intercalait treize jours comme nous intercalons les années bissextiles. Ils exécutaient des enluminures et des sculptures, grossières il est vrai, mais ils étaient habiles à composer en plumes de couleur des parures, comme une sorte de mosaïque; ils faisaient aussi des mosaïques en pierre.

Ils bâtissaient des maisons de pierre ou d'*adoles* (briques séchées au soleil). Ils construisaient même de grands édifices, par exemple des temples voûtés par approche ou étagés en haute pyramide. México (Tenochtitlan) renfermait, dit-on, 300 000 habitants, et, les jours de marché, les gens de la campagne et les marchands y affluaient par milliers. La ville était reliée à la terre ferme par de longues et solides chaussées sur pilotis. Une crue ayant détruit une partie de cette capitale, Moctezuma Ier fit appel au roi de Tezcuco qui vint avec deux mille travailleurs élever, en pierre et en bois, une digue de 16 kilomètres pour défendre la côte contre les inondations. Le palais de Moctezuma était d'une étendue considérable, assemblage de salles somptueusement décorées, de parcs, d'étangs, qui étonna les Espagnols. Un des compagnons de Fernand Cortez, le capitaine Bernal Diaz del Castillo, en parle comme d'une merveille (1).

Le luxe du souverain qui y trônait et le cérémonial de sa cour attestent une civilisation qu'on peut comparer à celle des monarques de l'Orient.

Le jardinage et l'agriculture étaient deux arts très pratiqués, bien que les instruments fussent tout à fait rudimentaires et que le bétail fût à peu près inconnu.

Les Aztèques avaient une armée régulièrement recrutée et organisée, munie d'arcs, d'épées, de cuirasses en coton, de boucliers. Leurs épées étaient en obsidienne, quoiqu'ils exploitassent des mines et qu'ils travaillassent certains métaux.

Science et art étaient peut-être d'origine toltèque. Une tradition nahua faisait même des Toltèques les inventeurs de l'architecture. En tous cas les Toltèques paraissent avoir eu des mœurs relativement douces; car ils proscrivaient l'immolation des personnes et ils propageaient avec Quetzalcoatl, un culte moralisateur.

---

1. *Historia verdadera de la Conquista de la Nueva España*, 1632, Madrid. A été traduit par M. D. Jourdanet, 2 vol. in-8º, 1876, et par M. José Maria de Heredia, sous le titre *Véridique Histoire de la Conquête de la Nouvelle-Espagne*, 3 vol. 1878-1884, Paris.

Malgré la civilisation dont ils s'étaient imprégnés, les Aztèques avaient conservé des mœurs plus barbares à divers égards que les Toltèques. Au retour des expéditions, ils immolaient à Huitzilopochtli, dieu de la guerre, leurs captifs en leur ouvrant la poitrine sur la plate-forme des temples, et ils se repaissaient de leur chair. Comme il n'y avait dans le pays ni animaux de charge, ni voitures, en conséquence pas de routes, c'était à dos d'homme que se faisaient les transports; tout un peuple d'esclaves était affecté à ce service et traité à peu près comme de véritables bêtes de somme. Esclaves aussi, ou tout au moins serfs attachés à la glèbe, étaient les cultivateurs.

Les nobles possédaient-ils en propre des terres, à titre héréditaire ou à titre de bénéfice viager? Le fait est contesté. Ce qui paraît mieux établi, c'est que sur le territoire de la tribu ou du clan (calpulli), des lots étaient réservés à l'entretien des temples, des prêtres et des chefs, héréditaires ou électifs. Le reste du domaine ou du clan était cultivé en commun; les produits, déposés dans des magasins, étaient répartis, en partie au moins, entre les familles.

Quand et comment s'était formée cette civilisation? Dans les âges primitifs ont vécu sur ce sol des hommes qui employaient des pointes de flèche et des haches en silex, comme les primitifs de l'Europe; on en a trouvé quelques spécimens au Mexique; ils fourmillent aux États-Unis. On a découvert aussi des sépultures dans lesquelles la position des corps accroupis et la forme des crânes rappellent une ancienne race du sud-ouest des États-Unis. D'autres sépultures, qui renfermaient des armes en obsidienne et des vases en terre à côté des corps étendus et enveloppés de nattes, semblent indiquer une civilisation postérieure (1). Chez les Aztèques, la crémation paraît avoir été l'usage ordinaire.

Les Toltèques ont-ils communiqué leur civilisation aux Mayas ou les Mayas ont-ils porté leur propre civilisation sur le plateau?

---

1. Le musée ethnographique du Trocadéro à Paris possède de nombreuses et importantes collections recueillies en partie dans les fouilles exécutées dans la vallée de México, notamment par MM. E. Bobau, Charnay, Labadie, Gerux, etc.

Des historiens, entre autres Bancroft, supposent que la civilisation maya, dont les ruines du Chiapas (surtout celles de Palenqué) et du Yucatan, (celles d'Uxmal) attestent l'importance, florissait quelques siècles avant l'ère chrétienne dans cette province, que les Mayas la transportèrent dans l'Anahuac où Tollan, ville depuis longtemps disparue, serait restée pendant plusieurs centaines d'années un des centres principaux de la confédération toltèque. Vers le xe siècle de l'ère chrétienne, des Chichimèques, venus peut-être du Nord, auraient conquis le pays, ou du moins secoué la domination toltèque, sans détruire la civilisation, et auraient même fait de leur capitale, Tezcuco, une grande cité prospère. D'autres archéologues pensent au contraire, avec M. Désiré Charnay, que les monuments mayas sont une imitation de l'art toltèque et que leur construction ne doit pas être reportée au delà des derniers siècles du Moyen Age.

Cependant, du nord-ouest étaient arrivés dans l'Anahuac la tribu des Aztèques, subordonnée peut-être dans le principe aux Chichimèques, puis formant au xive siècle un petit État indépendant dont ils bâtirent (1325) la capitale Tenochtitlan (dit plus tard México) dans une île. Guerriers et conquérants, leurs rois étendirent leur empire, soumirent une partie de l'Anahuac, saccagèrent le pays des Zapotèques, s'allièrent aux chefs qu'ils n'avaient pas subjugués, ceux de Tlacopan et de Tezcuco par exemple, étendirent leur autorité jusqu'aux rives des deux océans et poussèrent leurs excursions jusque dans l'Amérique centrale. Au milieu de la multiplicité des petits États et des tribus cantonnées dans les multiples compartiments du territoire mexicain, les rois de México étaient les potentats de la contrée. L'occupation de leur capitale fut le nœud de la conquête de Fernand Cortez. Depuis là, il n'y a pas eu de grandes immigrations indiennes. Les indigènes se sont trouvés dès lors à peu près fixés sur le sol.

Quel était le nombre des Indiens avant la conquête espagnole? On l'ignore, car nous n'oserions pas admettre les évaluations hypothétiques qui l'ont porté jusqu'à 30 millions.

Les premiers conquérants, étonnés de la densité qu'ils rencontraient dans l'Anahuac, ont été enclins à exagérer en généralisant; leur propre importance d'ailleurs en était rehaussée (1). Que toutefois le nombre des habitants ait été plus considérable qu'à la fin du xviie siècle, c'est incontestable. Certainement, il avait déjà diminué avant l'arrivée des Espagnols, par suite des longues et sanglantes guerres des Aztèques contre les autres peuples. Le témoignage de Humboldt confirme cette opinion. « Il est tout aussi difficile, dit-il, d'évaluer avec quelque certitude le nombre des habitants qui composaient le royaume de Moctezuma que de se prononcer sur l'ancienne population de l'Egypte, de la Perse, de la Grèce ou du Latium. Les villes et les villages qu'on observe sous les 18e et 20e degrés de latitude, dans l'intérieur du Mexique, prouvent sans doute que la population de cette partie du royaume était bien supérieure à celle qu'on y trouve aujourd'hui... Tous les partis étaient également intéressés à exagérer l'état florissant des pays nouvellement découverts... Les environs de la capitale du Mexique et peut-être le pays tout entier soumis à la domination de Moctezuma, étaient jadis plus peuplés qu'ils ne le sont aujourd'hui; mais cette population se trouvait concentrée sur un très petit espace. »

Dans les temps passés, le contact d'une race supérieure et dominatrice n'a pas été en général favorable au développement de la race inférieure et dominée. Les Anglo-Saxons en ont fourni la preuve dans leurs colonies; depuis l'indépendance des États-Unis les Peaux-Rouges ont été refoulés, parqués, réduits jusqu'à n'être plus guère qu'une infime portion de la population totale de la grande république. Le résultat a été différent au sud du rio Grande del Norte. Les Indiens, après avoir beaucoup diminué en nombre, ont augmenté de nouveau dans la seconde moitié du xviiie siècle, grâce à une administration plus douce et à l'accroissement de richesse du pays. Ils forment encore aujourd'hui le fond ethnique de la population mexicaine; c'est dans l'histoire de cette période

---

1. *Essai politique sur le royaume de la Nouvelle-Espagne*, t. I, p. 297 et 300.

un fait essentiel à retenir pour comprendre l'état actuel de la population mexicaine.

C'est ainsi qu'en France le fond ethnique est composé principalement d'anciens Gaulois, Celtes, Aquitains et Belges; la domination romaine, qui a donné à la Gaule sa civilisation et sa langue, et les invasions germaniques, qui en ont transformé les institutions, ont mêlé au sang gaulois un sang nouveau, sans altérer profondément la race (1).

---

1. Les antiquités mexicaines sont aujourd'hui l'objet d'études très suivies en Amérique et en Europe. Plusieurs bibliographies ont été publiées sur cette matière; nous citons comme la plus récente celle qui se trouve dans la *Bibliothèque de bibliographies critiques* 1902, sous le titre : *Les Antiquités mexicaines (Mexique, Yucatan, Amérique centrale)*, par Léon LEJEAL, chargé d'un cours d'antiquités américaines au Collège de France. Nous nous bornons à en détacher quelques noms.

Parmi les auteurs du xvie siècle :

GOMARA (Francisco Lopez de) : *La historia general de las Indias con todo lo descubrimiento y cosas notables que han acaescido en ellas...* 1 vol. in-fol., 1553. (Traduit en français, *Histoire des Indes occidentales et Terres neuves*, par Martial Fumée in-12, 1560).

SAHAGUN (Fr. Bernardino de) : *Historia general de las cosas de Nueva España dada à luz con notas y suplementos.* CARLOS MARIA DE BUSTAMANTE. 3 vol. in-4, 1829-183. (Traduit en français par Jourdanet et Siméon, 1880.)

Parmi les auteurs du xixe siècle :

HUMBOLDT (Alexandre de) : *Vues des Cordillères et Monuments des peuples indigènes de l'Amérique.* 2 vol in-8°, 1816, Paris.

BANCROFT (H.-H.) : *The native races of the Pacific States.* 5 vol. in-8°, New York, 1875-76.

HAMY (Dr E-. T.) : *Anthropologie du Mexique.* Imp. nat., in-4°, 1884. (Première partie des *Recherches zoologiques* de la mission scientifique au Mexique.)

HAMY (Dr E.-T.) : *Galerie américaine du musée d'ethnographie au Trocadéro. Choix de pièces archéologiques et ethnographiques décrites et figurées.* In-folio, 1897, Paris.

CHARNAY (Désiré) : *Les Anciennes villes du Nouveau Monde. Voyages d'exploration au Mexique et dans l'Amérique centrale, (1857-1882).* In-4°, 1885, Paris.

SELER (Ed.) : *Gesammelte Abhandlungen zur Amerikanischen Sprach- und Alterthums Kunde*, Berlin, 1902-1903.

Parmi les savants mexicains contemporains qui ont le plus contribué à faire connaître les antiquités de leur pays, il convient de citer surtout MENDOZA Y OROZCO Y BERRA. *Codice Mendocino. Ensayo de describracion geroglifica*, 1877-1882. — *Geografia de las lenguas y carta etnografica de México, precedidas de un ensayo de clasificacion de las mismas lenguas y de apuntes para las immigraciones de las tribus*, 1864. — *Historia antigua y de la conquista de México.* 4 vol. in-4°, 1880, etc.)

J. Fern. RAMIREZ : (Publication de *la Historia de la Nueva España y islas de Tierra firme*, del Padr. Diego DURAN. Publication du *Codex Ramirez.* Notice sur Ixtlilxochitl, etc.).

F. del PASO Y TRONCOSO (*Descripción, Historia y Exposición del Codice Pictórico de los antiguas Náuas que se conserva en la Biblioteca de la Cámara de diputados de Paris.* (Ce codex a été publié en 1899 par M. le Dr HAMY, sous le titre de *Codex Borbonicus.* *El calendario de los Tarascos. Catálogo de los objetos que presenta la República de México en la Exposición histórica-americana de Madrid.*)

Les Religions du Mexique, de l'Amérique centrale et du Pérou, par M. Albert RÉVILLE, professeur au Collège de France.

PÉRIODE COLONIALE

Fernand Cortez n'avait guère que neuf cents hommes, soldats et matelots, quand sa flotte, qu'une tempête avait éprouvée, prit définitivement terre près Saint-Jean-d'Ulúa (avril 1519). S'il avait connu d'avance le nombre des habitants du pays, il n'aurait peut-être pas tenté l'entreprise. Mais une fois lancé, il ne pouvait plus reculer, s'étant mis en rebellion à l'égard du gouverneur de Cuba. D'ailleurs, lorsqu'il commença à connaitre ce pays, il apprit aussi les profondes divisions qui y régnaient et sut en profiter. Il n'est pas de notre sujet de raconter les péripéties de sa conquête, les dangers que lui firent courir les envois d'expéditions espagnoles aussi bien que les soulèvements mexicains. Il suffit de rappeler que le roi de México, chef de la confédération Colhua, Moctézuma, lui envoya des présents, prenant les blancs pour des envoyés des Dieux; que, malgré ce monarque, Cortez entra dans México, accompagné de sa troupe et de plus de six mille Indiens alliés : Totonaques, Tlaxcaltèques, Cholultèques, et qu'il fit Moctezuma prisonnier. Les massacres odieux et les pillages, commis principalement par Alvarado, amenèrent dans la capitale un soulèvement général. Assiégés dans leurs quartiers et réduits à la famine, les Espagnols furent obligés d'évacuer, la nuit, México en laissant 600 Espagnols et 4 000 Indiens auxiliaires sur les chaussées qu'ils eurent à traverser. Fernand Cortez rétablit ses affaires par la victoire d'Otumba, remportée en rase campagne (juillet 1520) et par une série d'autres

---

MENDOZA, premier directeur du recueil très important *Anales del Museo nacional de México*, qui a été dirigé ensuite par MM. F. DEL PASO Y TRONCOSO et J. SANCHEZ.

A la suite de l'intervention française, le ministre de l'Instruction publique, Victor Duruy, avait créé une Commission scientifique du Mexique qui, de 1864 à 1869, a publié trois volumes en neuf livraisons.

M. le duc de Loubat a fait plusieurs donations pour créer des chaires à Berlin, à New York et pour instituer au Collège de France (en 1902) un cours complémentaire d'Antiquités américaines. Ce cours est professé par M. Lejeal.

A l'École pratique des Hautes-Études, les religions de l'ancien Mexique sont enseignées (L. de Rosny et G. Raynaud).

combats qui le rendirent maître d'une grande partie de l'Anahuac. Après un siège de plus de deux mois et une résistance acharnée, il rentra dans México (août 1521), qui n'était plus qu'une ruine, distribua le terrain à ses compagnons et à ses alliés indiens les plus fidèles et commença à reconstruire la ville.

Désormais Fernand Cortez était maître du plateau central. Il fit occuper (1521-1522) les provinces du sud jusqu'au Guatemala. En octobre 1522, il fut nommé par Charles-Quint gouverneur et capitaine général du Mexique; il entreprit une longue et très pénible expédition dans le Honduras (1524-1526), pour réprimer la révolte de Cristobal de Olid, un de ses lieutenants. Accusé de meurtres et de dilapidations, il alla se justifier triomphalement à la Cour de Madrid (1527-1536); puis à son retour, sans cesse en butte aux attaques de ses adversaires, il alla explorer la Californie (1534-1535). Étant retourné une seconde fois en Espagne, il n'y trouva plus qu'un froid accueil; il prit part, comme volontaire, à l'expédition d'Alger, tentée par Charles-Quint (1541) et mourut disgracié la même année.

Le conquérant qui a changé les destinées du Mexique a été un homme de génie; si l'on peut lui reprocher des cruautés inutiles, peut-être même des crimes, il est juste de reconnaître aussi qu'il avait d'éminentes qualités d'explorateur intrépide, de général et d'administrateur. Il a doté l'Espagne d'une de ses plus belles colonies.

Antonio de Mendoza, nommé en 1535, fut le premier des soixante-quatre vice-rois qui ont successivement gouverné le pays.

Dès que la conquête fut connue en Europe, les Espagnols affluèrent, attirés par la perspective des emplois et des terres à distribuer. L'immigration fut relativement considérable au xvie siècle; elle continua, quoique avec moins d'intensité, pendant les deux siècles suivants. Les vice-rois attribuèrent de vastes domaines à des Espagnols. Toutefois ceux des chefs indigènes, désignés improprement sous le nom de caciques, qui embrassèrent le christianisme et surent capter la faveur, conservèrent leur situation et obtinrent des terres ou conservèrent celles sur lesquelles ils exerçaient leur autorité; plusieurs même épousèrent des femmes de sang européen; beaucoup plus souvent leurs filles, recherchées comme riches héritières, se marièrent à des Européens. Il se fit de cette manière un mélange de sang dans la classe supérieure. De leur côté, les évêques et les abbés furent dotés largement, et le clergé rivalisa en richesse foncière avec la nouvelle aristocratie (1). Une grande partie du pays fut divisée en « haciendas », lesquelles souvent étaient moins des fermes que des provinces. La très grande propriété fut une des caractéristiques de l'économie mexicaine.

Nombre de ceux qui découvrirent les mines d'argent firent des fortunes énormes, surtout dans la seconde moitié du xviiie siècle. Humboldt affirme qu'il y avait plus de gens très riches à México qu'à Lima; il cite un mineur, le comte de Valenciana, qui jouissait de plus d'un million de livres de revenu, et le marquis de Fagoaga, auquel un filon du district de Sombrerete procura en un semestre un bénéfice net de vingt millions.

L'archevêque de México et les évêques avaient plus de 100 000 piastres de revenu régulier, non compris le casuel qui était considérable, tandis, ajoute Humboldt, qu' « une partie du clergé gémit dans la dernière misère » (2).

L'Europe, en s'unissant à l'Amérique, lui avait apporté de précieux éléments de civilisation : le blé et les animaux domestiques, cheval, bœuf, mouton, porc. Le Mexique en profita; l'élevage s'y développa, et l'homme cessa, en partie du moins, d'être, comme par le passé, asservi aux transports.

Il y avait des fermes dans lesquelles on cultivait surtout des céréales, « haciendas de trigo ». Mais d'ordinaire une minime portion du sol de l'hacienda leur était consacrée; le reste était en

---

1. Humboldt estime à 2 ou 3 millions de piastres la valeur des biens-fonds du clergé et à 44 millions 1/2 ses prêts hypothécaires. (*Op. cit*, t. III, p. 104). Il évalue à 14 000 environ le nombre des membres du clergé. Bancroft donne, pour l'année 1803, environ 10 000 (4 229 prêtres, 3 112 moines, 2 098 religieuses).

2. Humboldt, *Op. cit*. t. I, p. 434 et 439.

friche ou en pâtures, dans lesquelles errait un bétail à demi sauvage.

Plusieurs vice-rois organisèrent des colonies dans les régions septentrionales et y envoyèrent des convois de blancs, de métis et d'Indiens de l'intérieur, qui ont fait souche et ont fondé des villes (1).

Les premiers vice-rois donnaient les hommes avec la terre. Dans les premiers temps les Indiens, n'ayant aucun recours contre leurs conquérants, furent victimes d'une brutale oppression. Le Conseil des Indes essaya de tempérer cet asservissement en le réglant; il créa les « encomiendas », système qui plaçait les tribus indiennes dans une sorte de servage de la glèbe sous la main d'un maître, laïque ou ecclésiastique, et qui n'atteignit que très imparfaitement le but. Les « encomiendas » étaient de véritables fiefs, dont beaucoup disparurent au xviiie siècle, parce que le Gouvernement n'en renouvela pas l'investiture et finit par les supprimer.

L'exploitation des mines a été une des sources de richesse les plus productives. Elle a été aussi le plus puissant attrait pour la colonisation espagnole, surtout au xvie et dans la moitié du xviiie siècle. Fernand Cortez, dès son arrivée à México, avait admiré l'abondance des métaux précieux et l'art des orfèvres mexicains à les travailler, et il s'était empressé de signaler ces merveilles à Charles-Quint.

Les Espagnols perfectionnèrent les procédés d'extraction et d'amalgamation, sans cependant économiser la main-d'œuvre. A la fin du xviiie siècle, on comptait près de cinq cents localités et de trois mille mines où cette exploitation était pratiquée. Elle l'était surtout dans les districts de Guanajuato, de Zacatecas et de Catorce qui à eux seuls produisaient environ 1 300 000 marcs d'argent. Les gisements d'or étaient beaucoup moins importants. Dans les vingt dernières années du xviiie siècle, le rendement annuel, d'après Humboldt qui a étudié spécialement la question, a été de

---

1. Voir le chapitre : *Population et Colonisation*, par le prince ROLAND BONAPARTE.

7 000 marcs d'or et de 2 500 000 marcs d'argent, soit une valeur de 22 millions de piastres fortes. Le monnayage, qui avait commencé à México en 1537 (1) et qui était, année moyenne, à peine de 4 millions 1/2 de piastres dans la dernière décade du xviie siècle, monta à plus de 22 millions pendant la première décade du xixe.

Les ouvriers indiens, qu'on désignait sous le nom de « péones », ne furent pas cependant délivrés par là de la sujétion où les maîtres les retenaient dans les haciendas ou dans les fabriques. Aimant le plaisir et n'ayant aucun sentiment de la prévoyance, ils demandaient à leur maître ou acceptaient de lui des avances d'argent qu'ils étaient incapables de rembourser, et ils se trouvaient liés par leur dette et obligés de se contenter d'un salaire infime (2).

Grâce au progrès général des idées sociales en Europe durant la seconde moitié du xviiie siècle, à des réformes administratives telles que la division en province et l'institution des intendants en 1786 (3), à l'accroissement du rendement des mines et de l'agriculture, à des vice-rois de haut mérite, la population gagna en richesse et la situation des Indiens s'améliora.

1. Le monnayage de l'argent a commencé en 1537; celui de l'or en 1679. On n'a de données précises sur le monnayage (de l'argent) que depuis 1690.
2. Humboldt, parlant des fabriques, peu nombreuses d'ailleurs et misérablement installées, dans lesquelles des ouvriers libres travaillaient en compagnie de forçats, dit : « Les fabricants de Queretaro emploient le même stratagème dont on se sert dans plusieurs manufactures de draperies de Quito et dans les fermes où, par manque d'esclaves, la main-d'œuvre est excessivement rare. On choisit parmi les indigènes ceux qui sont les plus misérables, mais annonçant de l aptitude au travail ; on leur avance une petite somme d'argent ; l'Indien, qui aime à s'enivrer, la dépense en peu de jours ; devenu le débiteur du maître, il est enfermé dans l'atelier, sous prétexte de solder la dette par le travail de ses mains. On ne lui compte la journée qu'à un réal et demi ou à vingt sous tournois. (Le salaire moyen en France alors n'était pas plus élevé ; mais dans un pays où l'argent abondait il devait être plus élevé). Au lieu de le payer argent comptant, on a soin de lui fournir la nourriture, de l'eau-de-vie et des hardes, sur le prix desquelles le manufacturier gagne 50 à 60 p. 100 ; de cette manière l'ouvrier le plus laborieux reste toujours endetté, et l'on exerce sur lui les mêmes droits qu'on croit acquérir sur un esclave qu'on achète. » HUMBOLDT. *Essai politique sur le royaume de la Nouvelle-Espagne*, t. IV, p. 9.
3. Voici le jugement que portait un témoin oculaire et éclairé, Alexandre de Humboldt, parlant sur les fonctionnaires : « Le premier choix des personnes auxquelles la Cour a confié les places importantes d intendants ou de gouverneurs de province a été très heureux. Parmi les douze qui administraient le pays en 1804, il n'y en avait pas un seul que le public accusât de corruption ou d'un manque d'intégrité. » *Essai politique sur le royaume de la Nouvelle-Espagne*, t. I, p. 390.

Situation bien humble cependant. « Le Mexique, disait Humboldt, est le pays de l'inégalité. Nulle part il n'en existe une plus effrayante dans la distribution des fortunes, de la civilisation, de la culture du sol et de la population. » Il citait, d'une part, la bande de terre du plateau entre México, peuplé de 135 000 habitants, et Puebla, « couverte de villages et de hameaux comme les parties les plus cultivées de la Lombardie », et, tout près de là, des régions qui n'avaient pas « dix à douze personnes par lieue carrée »; et, d'autre part, la somptuosité des édifices publics et le raffinement du luxe des riches citadins, contrastant avec « la nudité, l'ignorance et la grossièreté du bas peuple (1). »

Les distinctions légales aggravaient la différence des fortunes. Les Indiens étaient considérés comme en perpétuelle minorité et ne pouvaient signer d'obligation valable au-dessus de 5 piastres. A la campagne ils étaient parqués dans des villages de 500 mètres de rayon, dont ils cultivaient les terres en commun sans avoir toujours le bénéfice de la récolte. Ils travaillaient en outre pour les grands propriétaires.

« Les Indiens et les sang-mêlé, écrivait en 1799 l'évêque de Michoacan dans une supplique au roi, cultivent le sol; ils sont au service des gens aisés; ils ne vivent que du travail de leurs mains. Leur couleur propre, l'ignorance et surtout la misère, les placent dans un éloignement presque infini des blancs, entre les mains de qui se trouvent presque toutes les propriétés et les richesses. Il en résulte entre les Indiens et les blancs cette opposition d'intérêt, cette haine mutuelle, qui naît facilement entre ceux qui possèdent tout et ceux qui n'ont rien...

« La loi défend le mélange des castes; elle défend aux blancs de se fixer dans les villages indiens; elle empêche que les natifs ne s'établissent au milieu des Espagnols. Cet état d'isolement met des entraves à la civilisation. Les Indiens se gouvernent par eux-mêmes; tous les magistrats subalternes sont de la race cuivrée.

---

1. Humboldt, *Essai politique sur le royaume de la Nouvelle-Espagne*, p. 390 et 391.

Dans chaque village, on trouve huit ou dix vieux Indiens, qui vivent aux dépens des autres, dans l'oisiveté la plus complète, et dont l'autorité se fonde ou sur une prétendue illustration de naissance, ou sur une politique adroite et devenue héréditaire de père en fils. Ces chefs, généralement les seuls habitants du village qui parlent l'espagnol, ont un grand intérêt à maintenir leurs concitoyens dans l'ignorance la plus profonde... (1) »

L'auteur semble avoir rassemblé à dessein les couleurs sombres pour émouvoir la Cour. Mais il n'a pas forcé la séparation des castes; elle existait encore au début du xix° siècle.

On distinguait sept races ou nuances, qu'on peut ramener à quatre : les Espagnols purs, nés en Europe ou aux Canaries; les créoles, nés au Mexique, mais de sang blanc; les métis, comprenant les descendants de blancs et d'Indiens, de blancs et de nègres, de nègres et d'Indiens, les Indiens et, en septième lieu, les nègres importés ou nés dans le pays.

Espagnols et créoles étaient des blancs qui, devant la loi, avaient les mêmes droits, mais qui en fait n'étaient pas égaux. Les premiers, dits « Gachupines », avaient la morgue de leur origine; par esprit de défiance, la métropole leur réservait tous les hauts emplois. Sur les soixante-quatre vice-rois, dont quelques-uns furent hommes d'Etat remarquables, il n'y en a eu que quatre, Luis de Valasco, marquis de Salinas (1590-1595), don Juan de Acuña (1722-1734), Bernardo de Galvez (1783-1784) et le comte de Revillagigedo (1789-1794), qui fussent nés en Amérique. Parmi les Espagnols, les créoles, tenus à l'écart, les enviaient et leur étaient hostiles; à leur tour, ils tenaient en mépris, comme gens d'essence vile, tous les métis. Les familles de sang mélangé qui s'élevaient à la fortune et qui, par leur instruction et leur intelligence, ne le cédaient pas aux blancs, se fondaient vite dans la population créole.

La culture intellectuelle était en général très médiocre. Il y avait cependant des hommes qui se distinguaient dans les lettres

---

1. Cité par AL. DE HUMBOLDT. *Op. cit.*, t. I, p. 396-398.

et surtout dans les sciences. Humboldt en parle (1). Mais c'était une petite élite.

Il y avait peu d'étrangers; l'accès des colonies leur était, en principe, fermé. Cependant on cite plusieurs Français qui ont occupé de hautes positions. Mais les Espagnols avaient importé des nègres d'Afrique, qui avaient multiplié sur le littoral et dans les terres chaudes, et qui s'étaient mêlés par le sang à la race indigène, en créant une sous-race de métis appelés « Zambos ».

En 1794, les intendants évaluaient la population de la Nouvelle-Espagne à 4 483 000 habitants. Humboldt, se fondant sur la natalité, estimait ce nombre inférieur à la réalité et proposait, pour l'année 1808, 6 500 000 habitants (2) dont la moitié environ d'Indiens, un sixième d'Espagnols et le reste surtout de métis (3). Les métis, nés presque tous de mère indienne, s'étaient multipliés sous la domination espagnole; les maîtres dans les haciendas et les mines favorisaient des unions qui leur valaient des recrues de serviteurs.

La conquête espagnole avait été rude pour les races indigènes; il est juste d'ajouter qu'elle n'était pas plus douce, au XVIe et au XVIIe siècle, dans les colonies des autres États. La politique administrative et commerciale fut très exclusive et jalouse de toute concurrence étrangère; mais les autres nations suivaient alors une politique à peu près semblable. La population autochtone a été plusieurs fois décimée; mais, en regardant de près, on reconnaît que la cause de la grande mortalité a été moins dans la brutalité des maîtres et dans les travaux excessifs des mines (4) que dans les

---

1. Voir le chapitre : *Art et Littérature*, par M. Jules CLARETIE.
2. HUMBOLDT, *Op. cit.* t. I, p. 315. Une évaluation de 1810 porte 6 122 354. Voir Matias ROMERO, *Geographical and statistical notes on Mexico*, p. 89.
3. Humboldt donne pour l'année 1810 6 122 000 habitants, dont 1 107 000 blancs (18 p. 100), 3 676 000 Indiens (60 p. 100), 1 339 000 métis (22 p. 100). Le recensement de 1900 évalue la proportion des blancs ou réputés blancs à 19 p. 100, celle des Indiens à 38, celle des métis à 43. En 1895 le recensement portait 1 909 000 Indiens ne parlant pas ou parlant peu l'espagnol.
4. Humboldt dit qu'au Mexique les Indiens n'étaient pas soumis, comme au Pérou, à la mita, c'est-à-dire au travail forcé des mines. « Dans le royaume de la Nouvelle-Espagne, du moins depuis trente ou quarante ans, le travail des mines est un travail libre...

famines et dans deux maladies épidémiques, le matlazahuatl, espèce de peste indigène, et la petite vérole importée d'Europe (1).

Avant la conquête, il y avait un trafic intérieur, mais il ne pouvait pas exister un mouvement commercial important parce que les Indiens n'avaient ni routes, ni marine. Sous l'administration espagnole, les transports ne se faisaient encore qu'à dos de mulets, faute de bons chemins, même entre la capitale et Acapulco, d'une part, et la Veracruz, d'autre part. Cependant, vers la fin de la période espagnole, le commerce extérieur, très variable suivant les années, a été en moyenne de 21 millions de piastres par an, et s'est même élevé, en 1802, l'année la plus prospère, à 60 millions (2). La Veracruz, principal foyer de ce commerce, recevait les tissus, les vins et eaux-de-vie, le papier, le fer, et expédiait l'argent, la cochenille, l'indigo, le sucre.

En résumé, la conquête a introduit au Mexique la race européenne et, subsidiairement, mais en petite quantité, la race noire; elle a créé des sous-races de métis, ajoutant ainsi un élément très important, l'élément européen, au fonds ethnique autochtone et transformant en partie ce fonds. C'était, quelles qu'aient été les péripéties de la lutte et de la domination, l'apport d'un élément très supérieur en civilisation. Cet élément a donné au Mexique son

---

Mécontent d'un propriétaire d'une mine, l'Indien l'abandonne pour offrir son industrie à un autre qui paie plus régulièrement ou en argent comptant. Ces faits exacts et consolants sont peu connus en Europe. » (HUMBOLDT, Op. cit., t. I, p. 339.) Humboldt n'estime pas d'ailleurs à plus de 30 000 le nombre des mineurs de la Nouvelle-Espagne. Toutefois Humboldt ne parle pas en cet endroit des avances d'argent par lesquelles les maîtres retenaient les péons dans leur dépendance.

1. Voir le chapitre : *Population et Colonisation*, par le prince ROLAND BONAPARTE, et HUMBOLDT, *Op. cit.*, t. I, p. 327 et suivantes. Humboldt signale comme une des plus terribles épidémies de petite vérole celle de 1770, qui fit, dans la seule ville de México, 9 000 victimes. L'introduction de la vaccine, en 1804, fut un grand bienfait pour le pays.

2. En cette année 1802 le commerce se subdivisait ainsi :

Importation d'Espagne.	Piastres.	30 390 859
Exportation pour l'Espagne.	—	33 866 219
Importation d'Amérique.	—	3 749 988
Exportation pour l'Amérique	—	4 581 148
		60 445 955

Le total du commerce des 25 années (1796-1826) a été de 538 millions 1/2 de piastres. (HUMBOLDT, *Op. cit.*, t. IV, p. 84.)

agriculture et son bétail, ses arts et ses sciences, la religion catholique qui, malgré la persistance de certaines superstitions parmi les Indiens, a adouci les mœurs et a élevé le sens moral de la population. A la multiplicité des dialectes, il a superposé la langue espagnole, qui a contribué au développement intellectuel et à l'unité politique du pays. C'est à l'Espagne que revient le mérite d'avoir fait cette unité : il n'y avait pas en réalité de Mexique avant qu'elle eût réuni les peuplades de la péninsule sous l'autorité de ses vice-rois. Ce sont là de grands services que l'histoire doit enregistrer.

Mais il n'y avait pas encore, au commencement du XIXe siècle, de nation mexicaine. La défiance de la cour de Madrid tendait encore et en dépit du progrès de la colonisation, à maintenir les divisions de classes pour les mieux tenir toutes sous sa dépendance : le pouvoir, avec les fonctions administratives, à des natifs de la métropole, nommés et révocables par elle ; une grande autorité ainsi que de grands revenus au haut clergé séculier et régulier qui se recrutait parmi les Espagnols, et au contraire une humble position aux prêtres des campagnes, sortis pour la plupart de la classe des créoles ou des métis : nulle influence sur les affaires publiques laissée à cette classe ; un assujettissement complet des races indienne, nègre et métissée, résultant des mœurs autant que des lois.

Cependant l'esprit philosophique du XVIIIe siècle et l'exemple de l'indépendance des États-Unis éveillaient des sentiments nouveaux. Auparavant on se glorifiait d'être Espagnol, et les natifs du Nouveau Monde ambitionnaient de se glisser, même indûment, dans la classe des maîtres. Quand Humboldt visita la Nouvelle-Espagne, les créoles et les métis commençaient déjà à revendiquer, comme plus national, le titre d' « Américain ». Celui de « Mexicain » devait redevenir plus tard en honneur, lorsque le Mexique eut conquis son indépendance.

PÉRIODE NATIONALE

Sous-période de formation révolutionnaire.

Le renversement du trône des Bourbons par Napoléon fut un moment critique pour les colonies espagnoles ; métropolitains et créoles étaient attachés à la dynastie légitime et s'accordaient pour ne pas reconnaître la royauté imposée par l'invasion. Mais ils ne s'accordaient pas sur la manière d'administrer le pays ; les créoles réclamaient plus d'égalité. Au Mexique, le vice-roi Iturrigaray tendait à la leur accorder ; les Espagnols, nés en Europe et formant une sorte de caste impériale, indignés de ce projet d'assimilation, saisirent le vice-roi (septembre 1808), le renvoyèrent en Espagne et convoquèrent une junte révolutionnaire qui nomma un autre gouvernant. C'est alors (1810) que le curé Hidalgo, un créole, affilié à une conspiration comprenant plusieurs officiers des troupes coloniales, appela aux armes les habitants des contrées centrales, et entra en vainqueur à Guanajuato, à Vallodid et à Guadalajara. Peu après il était vaincu, livré par un traître et fusillé. Un autre curé, Morelos, opéra dans le sud, en 1812, et y déploya un véritable talent militaire ; il réunit un fantôme de congrès à Chilpancingo, organisa un embryon de gouvernement, exerça une sorte de dictature, et finalement eut le même sort qu'Hidalgo (1813). Le parti de la métropole triomphait, mais l'agitation ne cessa pas.

En 1821, un créole qui s'était distingué dans les rangs de l'armée royale, le colonel Iturbide, d'accord avec d'autres officiers, proclama l'indépendance, s'allia les insurgés, entra dans México à la tête de l'armée et renversa le vice-roi (21 septembre 1821) ; soutenu par les créoles sans être vivement combattu par le clergé que la révolution parlementaire en Espagne rendait mécontent, il conçut le projet de fonder un empire du Mexique avec un prince espagnol pour souverain, et il se fit nommer lui-même généralissime. A la suite d'une convention qui ne fut pas ratifiée à Madrid avec l'envoyé du roi d'Espagne, le divorce entre la métropole et la colonie fut consommé. Les dernières troupes européennes et ceux des créoles qui n'admettaient pas le nouvel état de choses, quittèrent le pays.

Le congrès, convoqué en 1822, se partageait en monarchistes, comprenant les anciens partisans de la métropole ainsi que les grands propriétaires, et en libéraux, comprenant les anciens partisans de l'insurrection; aspirant, les premiers, à une monarchie parlementaire, les seconds, à une république fédérative comme aux États-Unis. Appuyé sur les monarchistes, Iturbide se fit proclamer empereur sous le nom d'Augustin Ier. Mais il ne put réorganiser les finances et manqua aussitôt de ressources.

Au parti libéral le général Antonio Lopez de Santa-Anna apporta son épée; il prit les armes à Veracruz (décembre 1822) et chassa Iturbide. Le congrès qu'il réunit alors vota (16 décembre 1823) une constitution qui fut mise en vigueur le 4 octobre 1824, constitution instituant sur le modèle des États-Unis une république fédérative de dix-huit États, avec une chambre des représentants, un sénat, un président élu pour quatre ans. Toute distinction de race était abolie. C'est le fondement de la constitution actuelle.

L'Espagne conservait encore, en face de Veracruz, la forteresse de Saint-Jean-d'Ulúa; constamment assiégée, elle capitula en novembre 1825.

Conservateurs et libéraux se disputaient le pouvoir; un conservateur ayant été porté à la présidence en 1828, Santa-Anna le renversa et fit nommer un libéral. En 1829, un décret bannit tous les Espagnols, au nombre d'une vingtaine de mille; les Espagnols, toujours maîtres de Cuba, répondirent à cette proscription par une expédition qui demeura infructueuse. Cependant, sous une inspiration plus tolérante, le décret de proscription fut rapporté en 1831.

L'ordre ne se rétablit pas. Pendant plusieurs années, des présidents ou prétendants à la présidence, Pedraza, Guerrero, Bustamente, Santa-Anna, se renversèrent les uns les autres; la discorde et l'anarchie affligèrent le pays jusqu'en 1839, année où Santa-Anna devint président provisoire, puis, en 1841, dictateur. C'est pendant cette période que fut promulguée la constitution de 1835, qui substituait un régime centralisateur au régime fédératif, et qui vit se produire la sécession du Texas (mars 1836), et aussi qu'une escadre française bombarda la forteresse de Saint-Jean-d'Ulúa (novembre 1838).

En 1844, un soulèvement général obligea Santa-Anna à prendre la fuite; ses biens furent confisqués.

Il est remarquable toutefois que, pendant la période 1822-1844, les recettes du Trésor public triplèrent, et que, malgré quelques mauvaises années, elles excédèrent, en somme, les dépenses. La production croissante des mines était une des causes de cette bonne situation financière.

Le successeur de Santa-Anna, Herrera, eut la douleur d'assister à la séparation définitive du Texas, qui, en 1845, devint un des Etats de la grande république américaine, et, à la suite d'un différend au sujet de la frontière, il dut déclarer la guerre aux Etats-Unis. Il perdit le pouvoir. La lutte continua, désastreuse pour la nation mexicaine. L'ancien président Santa-Anna fut rappelé de la Havane avec le titre de généralissime (octobre 1846). Il fut malheureux. La marche des armées nord-américaines sur México (septembre 1847) obligea les Mexicains à signer, après une défense très honorable, le traité de Guadalupe Hidalgo (2 février 1848), qui enleva au Mexique le territoire contesté par le Texas et la vaste région californienne située au nord du rio Grande del Norte et du rio Gila jusqu'à son confluent avec le rio Colorado (545 783 milles carrés = 1 413 578 kilomètres carrés). Une ligne droite, tirée de ce confluent à la côte du Pacifique, entre la pointe Lorna et la baie de Todos Santos, complétait cette frontière. Quelques années après, pour mettre fin aux déprédations des Apaches, le Mexique céda aux Etats-Unis une portion de territoire situé au sud du rio Gila (45 535 milles carrés = 117 935 kilomètres carrés) par le traité de Mesilla et aussi le traité Gadsden (30 décembre 1853).

Santa-Anna était tombé avant la signature du premier traité, et le désordre continua pendant quelques années. Santa-Anna fut encore une fois rappelé et investi de la dictature, en décembre 1853. Comme il chercha son appui sur le parti centralisateur et clérical, les libéraux le forcèrent à se retirer définitivement, et le désordre s'accrut encore.

Depuis 1821, le Mexique avait été successivement empire, république fédérale, république unitaire, et n'avait ainsi jamais joui d'un gouvernement stable. Un président libéral, Ignacio Comonfort, promulgua la constitution fédérale du 5 février 1857, la sécularisation et la vente des biens du clergé, auquel, d'ailleurs, la valeur de ces biens devait être en grande partie restituée en argent. Cette constitution était calquée en partie sur celle de 1824.

Le clergé, ayant les sympathies des conservateurs, résista ouvertement et appuya le général Zuloaga qui s'empara, après une lutte de plusieurs jours, de la capitale (1858). Mais, dans le même temps, les libéraux, abandonnés par le président Ignacio Comonfort, acceptaient la direction d'un avocat, de pure race indienne, Benito Juarez, vice-président élu de la République, qui, reconnu par les États-Unis, réunit sous son drapeau les provinces du nord et celles de l'Atlantique; de 24 États 17 étaient ouvertement pour Juarez. Celui-ci prononça la séparation de l'Église et de l'État, la suppression des couvents, la nationalisation des biens ecclésiastiques. Le général Miramon, successeur de Zuloaga, qui s'était procuré des fonds par des emprunts très onéreux, entama contre Juarez et les libéraux une lutte sanglante; après des alternatives de succès et de revers, Miramon, malgré le talent militaire qu'il avait déployé, fut obligé, par l'intervention d'une frégate américaine, de lever le siège de Veracruz et finalement d'évacuer México. Juarez fut élu (1861) président et expulsa les membres du haut clergé.

Les finances étaient dans un état déplorable. Les intérêts des emprunts, contractés pour la plupart à des taux usuraires, ne pouvaient pas être payés. Le congrès suspendit le paiement de la dette intérieure, puis celui de la dette extérieure : ce qui occasionna des réclamations de la France et de l'Angleterre, puis de l'Espagne.

Quoique Juarez eût rapporté la loi qui ajournait le paiement de la dette extérieure, les trois puissances décidèrent de faire une manifestation armée (décembre 1861).

Napoléon III qui, pendant la guerre de Sécession, penchait imprudemment du côté des Sudistes et qui caressait le rêve de la création, au Mexique, d'un Etat de race latine pour en faire une barrière contre l'extension de la race anglo-saxonne, voulait autre chose qu'un solde de créance. Quand ses alliés comprirent sa pensée, ils retirèrent leurs troupes. Napoléon III, malgré l'opposition très vive que souleva en France cette entreprise, dans la presse et à la tribune, poursuivit son dessein. Le parti libéral se serra autour de Juarez. La résistance fut énergique à Puebla (1862); l'armée française ne put s'en emparer que l'année suivante, après un siège terrible de trois mois. Elle entra immédiatement après à México, où une assemblée, composée par les conservateurs, vota le rétablissement de la monarchie sous un prince catholique, et offrit le titre d'empereur à l'archiduc d'Autriche Maximilien.

La résistance continua, dirigée principalement par Juarez au nord et par Porfirio Diaz au sud-est, mais dans des conditions très difficiles, en face de l'armée française qui, vigoureusement conduite, occupa bientôt presque toutes les villes. Quand Maximilien, séduit par l'appât d'une couronne et aussi par la pensée d'une œuvre à accomplir, arriva à México (juin 1864), il semblait que la lutte touchât à sa fin. Le nouveau monarque, marin et artiste, n'était ni soldat ni administrateur. Il ne put organiser les finances; il essaya la conciliation et indisposa par là les conservateurs sans gagner les libéraux, irréconciliables avec l'étranger.

Le monarque n'avait en effet pour soutien que l'armée étrangère; quand Napoléon, sur des invitations pressantes faites par les États-Unis conformément à la doctrine de Monroë, eut rappelé ses troupes (1866-1867), l'Empire s'effondra. Les libéraux, dirigés politiquement par Juarez et commandés par Escobedo au nord, Corona à l'occident et Porfirio Diaz à l'orient, regagnèrent rapidement tout le terrain perdu, et le malheureux Maximilien, ayant quitté la capitale pour tenter le sort des armes, alla trouver une fin tragique à Queretaro (juin 1867) (1).

Le parti conservateur était définitivement abattu. Juarez fut réélu président, puis réélu encore en 1871; mais une certaine agitation contre sa politique personnelle se manifestait lorsqu'il mourut le 18 juillet 1872. Son successeur fut Lerdo de Tejada qui, à la fin d'une période tourmentée (1876), quitta le pays.

Le pouvoir passa aux mains du général Porfirio Diaz (décembre 1876), qui en février 1877 fut élu président. Après ses quatre années d'exercice régulier de la présidence, il eut pour successeur son ancien chef d'état-major, le général Manuel Gonzalez, qui accomplit régulièrement aussi son cycle quadriennal. En 1884, le général Porfirio Diaz fut élu pour la seconde fois président. L'ère des révolutions était terminée en réalité depuis 1877.

Long et douloureux enfantement de la République fédérative et libérale. La crise a duré un demi-siècle et plus, pendant lequel les soulèvements militaires et populaires n'ont cessé d'interrompre le jeu des institutions constitutionnelles, et les passions politiques ont été surexcitées dans les divers camps par les violations mêmes du droit public. Deux présidents seulement avant Juarez étaient parvenus au terme légal de leur mandat (2). Sous les noms divers qu'ont pris les partis, la lutte en réalité s'est établie principalement entre les représentants de l'ancienne politique coloniale, qui constituait le parti conservateur, et les couches nouvelles qui, comprimées sous l'administration coloniale, grandissaient sous le régime

1. Voir, entre autres, les ouvrages :
Expédition du Mexique (1861-1867), récit politique et militaire, par G. Niox, capitaine d'État-Major;
Les Français au Mexique, par le général Thomas;
La Marine française au Mexique, par le commandant H. Rivière;
Un Essai d'Empire au Mexique, par E. Masseras;
Queretaro, par Albert Hans;
Rêve d'Empire, l'empire de Maximilien, et *Fin d'Empire*, par Paul Gaulot.
L'Empire libéral, par Émile Ollivier (tomes V, VI et VII).
Voir aussi, pour le côté mexicain, les ouvrages analysés par Albert Hans, dans *la Guerre du Mexique selon les Mexicains*, Paris, 1899.
2. Remplirent leur mandat de quatre ans, les présidents Guadalupe Victoria, après l'Indépendance et Jose Joaquin de Herrera (1848-1852).

de l'indépendance et avaient le double avantage du nombre et des idées de libéralisme. C'est ce dernier parti qui a défendu la terre natale contre les armées de Napoléon III, et c'est cette défense qui a fortifié, et même fait naître, dans beaucoup d'esprits, le sentiment national. La démocratie, qui tenait le drapeau, en a recueilli le profit. Elle a triomphé, et sa cause paraît aujourd'hui sans possibilité d'appel dans l'opinion. On peut donc dire que la période de la formation révolutionnaire est close. L'intervention française aura eu un résultat que ses auteurs n'avaient pas cherché; elle a discrédité définitivement le parti conservateur pour s'être allié à l'étranger, et fait surgir un homme, le président Porfirio Diaz, qui a été le pacificateur de son pays et l'organisateur de la République.

Durant cette période cinquantenaire (1821-1877) la constitution ethnique du peuple mexicain avait peu changé. Les nouvelles générations étaient nées sur le sol mexicain; mais le nombre total des habitants et la proportion relative des races étaient demeurés à peu près les mêmes.

La continuité des révolutions n'est pas propice aux intérêts économiques. Aussi les importations du commerce extérieur, qui étaient de 15 millions 1/2 de piastres au commencement de la période nationale, n'étaient-elles pas montées à plus de 20 millions en 1872-1873 (1).

Le Mexique n'avait encore qu'un chemin de fer, celui de Veracruz à México, achevé en 1873 par une compagnie anglaise.

Les recettes du Trésor, qui avaient triplé de 1822 à 1844, étaient retombées en 1869-1870 au-dessous du chiffre de 1822 (2).

Les finances étaient très obérées; le service des emprunts contractés par les divers gouvernements n'aurait pas coûté moins d'une centaine de millions par an, si Juarez n'avait fait annuler ceux qui avaient été souscrits par les partis adverses, mesure qui indisposa fortement les États créditeurs.

1. Voir M. Matias Romero, Op. cit., p. 155-156.
2. Voir le chapitre : Finances, par M. P. Leroy-Beaulieu.

Sous-période du développement pacifique.

On pourrait faire commencer la sous-période du développement pacifique à l'élection de Juarez en 1867. Car depuis cette année jusqu'à 1884, les présidents ont été régulièrement élus : en 1871 (réélection de Juarez); en 1872, après la mort de Juarez élection de Lerdo de Tejada; en 1877, première élection du général Porfirio Diaz; en 1880, élection du général Manuel Gonzalez, et chacun d'eux a conservé le pouvoir pendant les quatre années de son mandat constitutionnel. Mais c'est plus exactement avec l'année 1877 et l'élévation du général Porfirio Diaz à la présidence que commence l'ère actuelle.

Les deux périodes de l'histoire contemporaine du Mexique ont des caractères très différents, pour ainsi dire opposés. Pendant la première, une suite ininterrompue de convulsions presque sans trêve; l'anarchie, suspendue par de courtes intermittences de calme, fatigue le pays et l'expose aux pires dangers; la seconde ouvre une ère de paix que le passé ne permettait pas de présager, et dont il y a lieu d'espérer la continuité dans l'avenir.

Les luttes contre les Etats-Unis et l'intervention étrangère avaient fortifié le patriotisme des Mexicains, en donnant à l'idée de nationalité une force de cohésion qu'elle n'avait pas eue jusque-là. Le parti libéral, devenu désormais une puissance incontestable, est resté à la tête des affaires. Il a achevé d'accomplir la séparation de l'Eglise et de l'Etat, et il a travaillé fructueusement à la propagation de l'instruction et à la restauration des finances et du crédit mexicain.

Après la seconde élection du général Porfirio Diaz en 1884, un amendement à la constitution, voté en 1887, a autorisé la réélection du président en charge, et le général a été réélu déjà quatre fois, en 1889, en 1892, en 1896, en 1900. Tout annonce qu'il sera réélu pour 1904, aucun concurrent ne s'étant présenté contre lui.

Pendant les vingt-sept années déjà écoulées de ce régime, des progrès considérables ont été accomplis :

Tantum ordo juncturaque pollet,

disait Horace.

Paris et le monde entier ont pu apprécier quelques-uns des résultats de ce nouvel ordre de choses aux Expositions universelles de 1889 et 1900. Le Mexique y a figuré au nombre des États américains les plus remarquables.

Après la clôture de cette dernière Exposition, M. Sebastian de Mier, ministre plénipotentiaire et envoyé extraordinaire, qui était investi du titre de commissaire général de l'Exposition mexicaine, a conçu la pensée de perpétuer le souvenir de cette solennité en faisant dresser un tableau des progrès accomplis depuis la pacification et de l'état actuel des choses. Les Expositions universelles ont été, depuis 1851, l'occasion de nombreuses publications de ce genre. Presque tous les États, en même temps qu'ils exposaient leurs produits, ont voulu donner au monde civilisé une notion précise de leurs richesses et de leurs forces productives. Ils ont rassemblé et condensé, à cet effet, les documents que la statistique leur fournissait, et ils les ont illustrés par des commentaires ; ce sont, en quelque sorte, des examens nationaux de conscience qui ont enrichi la littérature sociale, et qui n'ont pas été sans profit pour l'État qui les avait entrepris.

C'est une œuvre de ce genre que M. Sebastian de Mier a conçue. Pour donner plus d'autorité au témoignage, il a demandé ses collaborateurs à la France où venait d'avoir lieu l'Exposition, et il les a cherchés parmi les sommités de la Science, de la Littérature et de la Politique :

M. Élisée Reclus, géographe, pour la description physique du pays ;

Le prince Roland Bonaparte, pour la population et la colonisation ;

M. Léon Bourgeois, président de la Chambre des députés, ancien président du Conseil des ministres, pour les Institutions politiques, judiciaires et administratives;

M. Hippolyte Gomot, sénateur, ancien ministre, pour l'agriculture;

M. L. de Launay, ingénieur en chef des mines et professeur à l'École supérieure des mines, pour les mines et industries minières;

M. Alfred Picard, membre de l'Institut (Académie des sciences) et président de section au Conseil d'État, pour l'industrie, la navigation et le commerce;

M. Camille Krantz, député, ancien ministre, pour les chemins de fer et les travaux publics;

M. Michel Lagrave, commissaire général pour la France à l'Exposition universelle de Saint-Louis, pour les postes et télégraphes;

M. Alfred de Foville, membre de l'Institut (Académie des sciences morales et politiques) et conseiller-maître à la Cour des Comptes, pour les monnaies, le change et les banques;

M. Paul Leroy-Beaulieu, membre de l'Institut (Académie des sciences morales et politiques), professeur au Collège de France, pour les finances;

M. Gréard, membre de l'Institut (Académie française et Académie des sciences morales et politiques) et recteur honoraire, pour l'instruction publique;

M. Albin Haller, membre de l'Institut (Académie des sciences), pour les sciences;

M. Jules Claretie, membre de l'Institut (Académie française), pour l'art et la littérature;

Le général Niox, pour l'armée et la marine;

M. d'Estournelles de Constans, député, ministre plénipotentiaire, et membre du Tribunal d'arbitrage de la Haye, pour les relations extérieures.

M. Sebastian de Mier, qui est lui-même un lettré, a su grouper autour de lui ces éminents collaborateurs. Il a été l'âme de l'œuvre qu'il a animée de son zèle et a éclairée de ses lumières, et à laquelle il a fourni les matériaux statistiques et administratifs, qu'il était difficile de se procurer en Europe et sans lesquels la précision dans les détails et l'exactitude dans les lignes générales n'auraient pu être obtenues.

J'ai accepté la mission qu'il m'a confiée de surveiller l'ensemble de la publication et d'en former le lien par une introduction et une conclusion, parce qu'il me paraissait, comme à tous mes collaborateurs, juste et utile de propager en Europe comme en Amérique la connaissance du Mexique contemporain, en disant quel essor un gouvernement libéral et pacifique lui a permis de prendre, et de l'enregistrer dans une œuvre française, qui, en attestant la sympathie naturelle des deux nations latines, montrera au monde que le temps a dissipé entièrement le nuage que la politique personnelle d'un régime passé avait soulevé.

Après avoir conduit le lecteur jusqu'au seuil de l'époque contemporaine, je laisse à mes collègues le soin d'exposer ce qu'elle a produit.

E. LEVASSEUR.

APERÇU GÉOGRAPHIQUE

PAR

ÉLISÉE RECLUS

I

CONSIDÉRATIONS GÉNÉRALES

A l'exception des îles, qui d'ailleurs croissent ou diminuent en surface, s'unissent ou se fragmentent suivant le niveau de la mer, aucun domaine politique indépendant n'est absolument limité par un ensemble de frontières naturelles : partout, des espaces intermédiaires appartiennent à la fois aux deux contrées limitrophes, soit par la forme du relief, soit par la nature des roches, les conditions du climat, les espèces animales et végétales, soit aussi par la parenté des populations et la communauté des traditions historiques.

Le territoire de la république Mexicaine offre ce caractère de transition à ses deux extrémités continentales, du nord et du sud : d'un côté, on ne pourrait dire avec précision où finissent les chaînes des Rocheuses et les gradins des hautes terres de l'Union nord-américaine, ni où commencent les plateaux du Mexique proprement dit; de l'autre, le merveilleux et inextricable fourré de la végétation tropicale couvre également les pentes qui sont terre mexicaine et celles qui font partie du Guatemala. Mais ainsi qu'une amande ferme dessine ses contours dans une pulpe de matière plus amorphe, de même le noyau de terres qui constitue l'Anahuac, le Mexique par excellence, forme une individualité géographique des mieux construites et en même temps des plus remarquables par les diversités et les contrastes de sa grandiose unité.

Vu de l'une des mers, occidentale ou orientale, le plateau mexicain ne présente guère que des faces abruptes. Il se dresse comme une place forte, n'ayant à l'extérieur qu'un étroit glacis et se relevant de toutes parts en escarpements difficiles à gravir, qui montent jusque dans la région des neiges et qu'enceignent, comme des écharpes de couleurs différentes, autant de climats distincts correspondant aux diverses altitudes : ainsi des pays étagés, contrastant les uns avec les autres par les froidures ou les chaleurs, étaient habités par des populations qui ne pouvaient se déplacer sans avoir à courir les dangers de l'acclimatement. Il en résultait que les résidents du plateau, enfermés dans la haute citadelle, n'avaient guère à craindre les assauts des peuples de la zone inférieure. En premier lieu, ils étaient de beaucoup les plus nombreux, grâce à la nature de leur sol tempéré, qui partout se prêtait au défrichement et à la culture; ensuite ils devaient à cette prééminence de densité la formation de grandes villes et la naissance de classes industrielles, ingénieuses à tous les travaux, entre autres à ceux de la défense, tandis que les tribus parsemées dans les terres chaudes du littoral, n'ayant point à s'ingénier pour trouver leur nourriture, restaient dans leur torpeur intellectuelle primitive et ne pouvaient guère songer à l'escalade des hauts sommets et à l'attaque des montagnards. Aussi, lorsque les conquérants espagnols, forts de leur génie et de leurs armes de guerre, entrèrent dans le pays, ils constatèrent que l'empire de Moctezuma, établi dans le bassin fermé de México, comprenait également la plus grande partie des pentes extérieures : l'initiative de la conquête avait appartenu aux gens de la montagne, de même qu'en tant de régions des Andes, de l'Himalaya, des Alpes, de l'Altaï.

Le pourtour de ce plateau mexicain, dont l'altitude moyenne, d'après Perron, serait de 1105 mètres, affecte la disposition d'une gigantesque mâchoire tournant sa convexité vers le sud-est, tandis que les deux branches, très inégales, il est vrai, se dirigent, l'une vers le nord-ouest, l'autre, beaucoup plus courte, vers le nord. Une saillie de monts en hémicycle enferme l'ensemble des hautes terres, qui s'inclinent d'une manière générale dans la direction du nord, vers les bassins du rio Grande et du Colorado.

L'entrée naturelle du Mexique est celle qui s'ouvre toute grande par ces bassins, et les recherches des ethnologistes prouvent qu'en effet le mouvement principal des populations s'est produit par cette voie. C'est aussi dans ce sens que se sont tracés, sur les vestiges des anciennes routes historiques, les nouveaux chemins aux rapides convois qui rattachent México à Saint-Louis et à New York. Mais cette large ouverture du Mexique vers les contrées du Nord n'a point pour conséquence d'en faire une dépendance normale du territoire de la République nord-américaine. En cette région, le manque d'eau a transformé la zone intermédiaire des deux États en déserts, que les rochers, les sables, les argiles dures rendent difficiles à traverser, et que récemment de rares Indiens sauvages étaient les seuls à parcourir. Ainsi, les solitudes constituaient de ce côté une frontière parfaite, et de part et d'autre les populations civilisées, de langue anglaise et de parler castillan, étaient séparées par des tribus d'aborigènes, réfractaires à l'assimilation. Il est probable que les migrations des temps préhistoriques s'accomplirent à des époques où le climat était plus humide et les vallées plus fertiles; cependant les peuplades purent toujours se déplacer facilement à travers ces régions, grâce aux ruisseaux issus des vallées latérales et aux troupeaux de bêtes sauvages qu'ils rencontraient dans les plaines.

Quant au long appendice péninsulaire de la Basse-Californie, le « Four brûlant » des premiers explorateurs, il est séparé du Mexique actuel par la longue manche dite jadis « mer Vermeille » ou « golfe de Cortez », mais il se rattache historiquement à la grande terre par la continuité des rapports aussi bien que par les droits de la découverte et de l'occupation. La péninsule montueuse se continue au nord par la « chaîne Côtière », ou *Coast Range* des Américains du Nord, tandis que le golfe de Californie a, de l'autre côté du nœud montagneux de San Bernardino, son prolongement naturel dans la longue vallée que parcourent au sud le San Joaquin, au nord le Sacramento. L'étroite presqu'île californienne était certainement plus large autrefois : des îles et des îlots situés au large de la côte occidentale sont les débris d'anciennes terres effondrées.

A son extrémité méridionale, le plateau du Mexique est nettement limité par la dépression des terres de l'isthme de Tehuantepec, que l'on nomme ainsi d'après la ville principale qui s'y trouve, près de la rive du Pacifique. Pourtant, à l'est de cette frontière naturelle, le territoire politique continue de s'étendre dans les régions de l'Amérique centrale, et d'ailleurs il en fut toujours ainsi, non seulement sous le régime colonial, mais aussi avant la conquête espagnole. En effet, les Nahua ont occupé et colonisé le Soconusco, ils ont même poussé plus avant, et on les retrouve jusque dans le Nicaragua, où ils arrivèrent au moins un siècle avant l'apparition des Espagnols. Même d'autres émigrants du Mexique étaient venus sur les bords du lac de Nicaragua plus anciennement encore, en passant par le Guatemala, le Salvador, le Honduras et en y laissant des essaims nombreux (Albert Hans).

Au sud-est de l'isthme, la république mexicaine embrasse maintenant la province de Chiapas, qui confine à la république du Guatemala, tandis qu'au nord, elle s'est annexé, jusqu'au Honduras anglais, toute la péninsule du Yucatan, qui constitua au Moyen Age, avant l'arrivée des Européens, un foyer de culture très différent de celui de l'Anahuac, mais se rattachant également, ainsi que l'attestent toutes les traditions et qu'en témoignent les hiéroglyphes et le système du calendrier, au foyer toltèque de l'ancienne civilisation centre-américaine. Mais sous la domination espagnole, qui s'inquiétait peu des individualités nationales, les divisions administratives se réglaient surtout d'après les facilités d'accès, et le Yucatan devait se rattacher à México, moins parce qu'il en complète le massif que parce qu'il appartenait par l'extrémité de sa péninsule aux mêmes parages que la grande île de Cuba, et se trouvait sur le chemin direct de l'Espagne, la mère patrie des conquérants. Quoique séparé du reste de la région côtière par les innombrables courants et marais du bassin inférieur de l'Usumacinta, le Yucatan entra donc, grâce à la mer qui l'entoure, dans la sphère d'attraction du Mexique, de par les lois de la gravitation des petits États vers les grands, de même qu'à l'autre extrémité du territoire mexicain, le domaine espagnol s'était accru, par delà les solitudes et les pays des Indiens sauvages, jusqu'aux sources du Colorado et à l'admirable baie double de Benicia et de San Francisco, qui s'ouvre sur le Pacifique par la « Porte d'Or ».

Les deux côtes maritimes du Mexique, à l'est et à l'ouest, contrastent comme les deux frontières continentales par leurs conditions naturelles, et en conséquence, par leur rôle historique. Le littoral de l'est, de forme concave, limite à l'occident les eaux d'une méditerranée n'ayant que deux ouvertures, au nord et au sud de Cuba, sur l'Atlantique et sur la mer des Antilles : il a dû s'y produire de tout temps un phénomène de convergence pour les produits des régions qui forment le pourtour de cette mer fermée : ce côté du Mexique est un foyer d'appel. L'autre rivage, qui se développe en une grande courbe convexe, et que baignent les eaux de l'immense Océan, dut rester au contraire, jusqu'à l'époque des grandes navigations mondiales, une côte solitaire, sans autres relations que celle du petit trafic riverain, de l'une à l'autre crique. Sur cette rive, les migrations de peuples et les rapports internationaux ont dû se faire de proche en proche le long du littoral ; il est depuis longtemps prouvé que le Mexique n'est point cette terre de Fousang dont parlent les annales chinoises comme ayant été découverte, il y a treize siècles environ, par des navigateurs du Céleste Empire. Il n'est pas même probable que les Mexicains aient connu les îles volcaniques de Revillagigedo, qui dressent leurs roches à 600 kilomètres au large de la côte : Hernando de Grijalva, auquel on attribue la découverte de ces îles dans la première moitié du seizième siècle, n'y trouva point d'habitants.

La superficie totale du territoire mexicain est évaluée à près de 2 millions de kilomètres carrés, soit environ quatre fois la surface de la France (1). Le Mexique est donc l'un des grands États après ceux qui occupent à eux seuls une part considérable de la rondeur terrestre, tels que l'empire Russe, les États-Unis, le Brésil, le domaine colonial de la Grande-Bretagne. Cette république représente en étendue environ la soixante-dixième partie des espaces continentaux, tandis qu'en population elle ne possède pas

(1) Superficie du Mexique en kilomètres carrés: d'après Behm et Wagner, 1 921 240 ; d'après Peñafiel, 1 987 063.

encore la centième partie des habitants de la Terre. C'est qu'au moins une moitié du sol reste en dehors de l'aire du travail, soit pour la culture, soit pour l'exploitation des forêts ou des mines. Mais les ressources du Mexique sont pratiquement illimitées, puisque toutes les plantes utiles de la Terre peuvent y être cultivées et produites en abondance, et que les richesses du sous-sol s'y ajoutent à celles du territoire nourricier. En outre, le Mexique est indiqué pour exercer dans l'avenir un rôle spécial dans l'ensemble de l'humanité, comme intermédiaire naturel entre les côtes occidentales et les côtes orientales de l'Ancien Monde. Durant près de trois siècles, sous la domination espagnole, des voyages se faisaient régulièrement de Cadiz à Veracruz pour se continuer à travers le Mexique au port d'Acapulco, d'où les galions se dirigeaient vers les Philippines. De nos jours, le réseau des lignes de navigation embrasse le globe entier, mais certaines directions majeures restent indiquées comme les grands chemins par excellence. L'isthme de Panama, destiné à devenir un détroit, est une de ces voies historiques futures; l'isthme de Tehuantepec, encore à peine utilisé en proportion des avantages qu'il peut offrir, est aussi désigné comme une de ces routes qui prendront une importance universelle (1).

(1) Pourtour du territoire mexicain, points extérieurs : au nord du Colorado, sur la rive droite, en aval du fort Yuma; au nord-est, la bouche du rio Bravo; au sud-est, Punta Molas, île de Cozumel (Yucatan); au sud, Barra Ayutla, sur le Pacifique; au nord-ouest, côte du Pacifique, au sud de San Diego.

Caps principaux : Catóche, au Yucatan; cap San Lucas, à la pointe de Californie; cap Corrientes, sur le Pacifique, au sud du rio Banderas.

II

RELIEF DU SOL.

Dans l'orographie mexicaine, la chaîne qui parcourt dans toute sa longueur la péninsule californienne, — Baja California ou « Basse-Californie » — doit être considérée comme absolument à part des autres montagnes mexicaines : séparée des arêtes de l'intérieur par l'estuaire du Colorado, elle continue au sud la Sierra Nevada de la Californie américaine et constitue un ensemble de crêtes aux pointes fort inégales, et non encore explorées dans toute leur étendue.

Vers la racine de la presqu'île, dominant à la fois les deux mers, s'élève un massif de granit, le Calamahue (3086 mètres), auquel les Espagnols, suivant l'habitude de désigner les traits géographiques d'après les saints du calendrier, donnèrent le nom de Santa Catalina. Prolongeant les épaulements de ce massif, une chaîne de roches tertiaires borde la rive du Pacifique et se montre de loin aux marins du large comme l'épine dorsale de la péninsule, mais elle se trouve interrompue vers le milieu de la longue terre, et précisément au milieu de la brèche, a surgi un volcan assez rapproché du golfe de Californie, le groupe des Tres Virgenes, continué à l'ouest par d'autres cônes volcaniques. Les pitons de ce massif sont les seuls qui, d'après les indigènes, épancheraient encore des laves et des vapeurs à de rares intervalles. Une éruption se serait produite en 1857 ; cependant le géologue Gustav Eisen, qui explora récemment la contrée, affirme que le volcan est complètement épuisé (1). Une table de basalte, qui rend toute agriculture impossible, occupe une grande partie de la région environnante. A l'ouest, une chaîne indépendante, haute de 1000 mètres

(1) Sur la carte de la page 19, le volcan a été représenté comme se trouvant encore dans la période active.

et davantage, forme une grosse saillie en dehors de la côte occidentale de la presqu'île et se prolonge au nord par un musoir et par de hautes îles rocheuses.

Dans la moitié méridionale de la Basse-Californie, la chaîne principale, composée surtout de roches tertiaires, longe la côte de l'est, au bord du golfe ; sa pointe culminante (1 388 mètres) est dite la Giganta, la « Géante » ; mais ce n'est pourtant point le sommet dominateur de la contrée. La pointe méridionale de la péninsule se termine par une masse granitique dont un dôme atteint 1 890 mètres. D'une manière générale, on peut dire que dans leur développement linéaire et continu d'environ 1 200 kilomètres, les monts de la Californie péninsulaire se redressent principalement en quatre massifs : celui du nord, qui se rattache au Calamahue, celui du centre que commandent les pitons des Tres Virgenes, la chaîne dont le centre se redresse à la Giganta, et le promontoire terminal, au pied duquel les eaux du golfe viennent s'unir à la houle du Pacifique. Presque déserte à cause du manque d'eau, de l'extrême rareté des cultures, qui se cachent dans les bas-fonds, la péninsule n'est guère qu'une réserve minière d'or, de mercure et d'argent, dont la richesse, encore inconnue, est peut-être considérable.

Le rio Gila, qui coule de l'est à l'ouest vers le bas Colorado, sépare les montagnes nord-américaines de l'Arizona et les chaînes mexicaines de la Sonora et du Chihuahua, qui se profilent vers le sud-est en lignes parallèles, comprises dans leur ensemble sous le nom de Sierra Madre, la « Montagne Mère ». Elles se rattachent en effet à l'ossature générale de tout le territoire mexicain, mais se scindent en éléments distincts les uns des autres et présentent des physionomies très diverses par suite de l'altitude, de l'orientation et de la composition des roches. D'ordinaire, la dénomination de Sierra Madre est réservée au système de saillies en crêtes et en massifs qui se développe sur une longueur d'environ 1 500 kilomètres entre le cours du rio Gila et celui du rio Lerma, le plus grand fleuve se trouvant en entier sur le territoire mexicain. Le noyau de la Sierra Madre consiste principalement en granits revêtus sur les deux versants de formations stratifiées, depuis les calcaires carbonifères jusqu'aux terrains modernes, mais principalement de roches mésozoïques. La hauteur moyenne des monts de la Sierra Madre s'élève graduellement dans la direction du sud : de 1500 mètres dans la Sonora, elle atteint le double dans le Durango; mais, partout, des massifs dressent leurs pitons au-dessus des longues ondulations de la chaîne. Au nord, un sommet des Alamos ou « monts des Peupliers » a 1791 mètres; le pic des Frailecitos ou « Petits Frères », vers le centre du système, n'a pas moins de 3000 mètres, tandis qu'au sud, la cumbre Pimal, dans la Sierra dite de Nayarit, culmine à 3450 mètres. Les déchirures volcaniques ont en maints endroits de la Sierra Madre bouleversé l'ordre primitif des monts, en les perçant de saillies nouvelles et en étendant au loin d'immenses coulées faiblement inclinées. Ainsi, le volcan de Piñacate (1656 mètres) s'avance en un fier promontoire à l'ouest de la Sierra Madre, dans les plaines de la Sonora, tandis qu'à l'autre extrémité, dans le Durango, s'étend un chaos de laves dures, un vaste désert de dalles rugueuses, rouges ou noirâtres, où rarement s'aventurent les chasseurs. C'est le *malpaïs* de la Breña, au-dessous duquel l'ancienne chaudière de matières en fusion paraît être complètement éteinte. Au nord de la coupure transversale où coule le rio Lerma, le sol du Mexique, brûlant en tant d'endroits, n'a plus de restes actifs de son ancien bouillonnement de laves, à peine une fumerolle du mont Piñacate, à laquelle les Indiens des alentours apportent des offrandes.

Au sud du rio Lerma, le Ceboruco (2164 mètres) couronne de son cratère le premier massif des volcans actifs, qui parsèment les massifs montagneux du Mexique central dans le sens du nord-ouest au sud-est. Il est probable que cette orientation générale des monts brûlants du Mexique indique une corrélation des forces à l'œuvre dans le sous-sol de la contrée : on se demande même s'il ne faut pas voir un même alignement de cassures volcaniques dans la série des bouches de feu encore actives, ou depuis longtemps en repos, qui se dirige transversalement au continent d'Amérique depuis les hauts sommets d'Havaï, par les îles Revillagigedo, les volcans mexicains et les rangées des Antilles. On pourrait donc être tenté de considérer les volcans du Mexique comme formant un système orogénique à part et les décrire séparément, d'autant plus que les phénomènes ignés excitent un intérêt spécial par l'élément de magnificence et de terreur qu'ils apportent dans les tableaux de la nature. Mais on doit reconnaître que, dans la plus grande partie de son développement, la chaîne volcanique limitant au sud le plateau de l'Anahuac se confond avec le prolongement de la Sierra Madre occidentale, et qu'elle entremêle ses roches récemment éjectées avec les coulées anciennes d'éruption et toutes les formations stratifiées qui se sont succédé sur le rebord du plateau. D'ailleurs, l'ensemble des hautes terres qui commence au nord-ouest avec le volcan de Ceboruco et qui se termine au sud-est avec le superbe cône de l'Orizaba et ses longues croupes descendant par degrés dans la plaine, ne présente aucune régularité géométrique dans son développement; c'est moins une chaîne qu'un piédestal allongé sur lequel se dressent des massifs inégaux en élévation et en grandeur : quelques-uns, les plus hauts du Mexique, sont presque inaccessibles, mais dans leurs migrations les peuples les ont tournés par les profondes dépressions du plateau : ces passages sont les seuls par lesquels ont dû de tout temps se diriger les voies historiques entre les diverses populations et se déterminer les destinées de la nation.

Succédant au cratère actif que s'est ouvert le Ceboruco en 1870 et qui flambait encore en 1875, un autre massif plus fameux, le Colima, lance aussi des vapeurs et des laves : son activité, d'ailleurs constante, s'est exaspérée en 1903. Par un contraste dont on retrouve des exemples analogues dans le reste de l'Amérique, le Colima se décompose en deux groupes dont l'un, le plus élevé (4 330 mètres), a reçu le nom de volcan de Nieve ou « volcan de Neige », bien qu'il soit complètement inactif, tandis que l'autre (3 960 mètres) est le vrai volcan de Fuego, le « volcan de Feu ». Du sommet, d'où se sont épanchées des coulées énormes pendant la période contemporaine, on voit de profonds ravins échancrer la montagne jusqu'aux plaines du littoral et à la nappe du Pacifique, et de l'autre côté, s'étendre à l'infini le chaos des pointes et des croupes pâlissant par degrés. A l'est du Colima, et comme lui, en dehors de la chaîne bordière du plateau central mexicain, s'alignent deux autres volcans, le Tancitaro (3665 mètres), et le cône beaucoup plus modeste d'apparence, mais plus fameux, le Jorullo (1315 mètres), que l'on disait autrefois s'être élevé dans l'espace d'une seule nuit, à la fin de 1759. Cette légende est née de l'amour du merveilleux; mais n'est-ce pas déjà un fait des plus remarquables que le fissurement du sol en un croissant régulier d'environ 12 kilomètres, et l'éjection par cette crevasse de cônes de cendres fumantes se dressant graduellement à plus d'un kilomètre de hauteur, là où s'étendaient naguère des campagnes cultivées et des bois? Des milliers de petits monticules, pareils à autant de pustules, avaient jailli des fissures environnantes, et deux ruisseaux recouverts par les débris s'étaient vaporisés. Par suite de la réfrigération continue du sol depuis la période de l'éruption, les eaux courantes reparurent en sources chaudes à quelques kilomètres du volcan, puis leur température diminua peu à peu avec le temps. Chaque voyageur qui visite la célèbre montagne, constate un amoindrissement de la chaleur volcanique dans les eaux et les fumerolles; maintenant les pentes nouvelles sont revêtues de forêts semblables à celles des antiques sommets du voisinage.

Au nord de la rangée volcanique à laquelle appartient le Jorullo, la chaîne majeure est également percée de cratères, de fumerolles et de galeries verticales lançant des jets de vapeur. Le Nevado ou « Neigeux » de Toluca, qui arrondit sa haute croupe (4578 mètres) blanche, au sud de la ville de ce nom, est lui-même un volcan; mais ses cratères, ne vomissant plus de laves, sont maintenant emplis d'une eau pure et glaciale qu'entourent des talus gazonnés. D'autres monts voisins furent aussi des foyers brûlants, et leurs coulées de laves rugueuses descendent en escaliers formidables vers le bassin lacustre dans lequel s'est bâti México, la capitale de l'ancien empire et de la moderne République.

Au sud-est de cette même plaine élevée s'allonge du sud au nord un autre alignement volcanique, le plus fameux de tout le territoire mexicain, celui que domine la longue croupe neigeuse du Popocatepetl ou « mont Fumée », haute de plus de 5 400 mètres, — 600 mètres de plus que le mont Blanc; — la limite des neiges persistantes contourne le versant oriental à plus de 4300 mètres, et quelques petits glaciers crevassés descendent dans les ravins supérieurs formant la collerette du volcan. Déjà gravi pour la première fois par un des compagnons de Cortez, le Popocatepetl est probablement le plus haut sommet de la Terre qu'on escalade souvent, car il n'est pas seulement un observatoire incomparable, d'où l'on contemple en même temps la ville de México, entourée de bois, tout le grand jardin de la « vallée » avec les villes de son pourtour, et le panorama sans fin des montagnes et des pentes jusqu'au versant brumeux du golfe; il était également visité naguère, comme usine naturelle, par les *volcaneros*, qui venaient chercher tous les jours leur provision de soufre dans la « Bouche de l'Enfer ». Ce cratère formidable, dont le pourtour extérieur n'aurait pas moins d'une lieue et dont la profondeur est d'environ 500 mètres, ne rejette ni laves, ni cendres; mais quelques jets de vapeurs sulfureuses y fondent çà et là les neiges, les jaunissant sur de vastes espaces. Jusqu'à maintenant, les petits hommes qui pullulent en bas de la montagne géante n'ont point osé demander la force motrice de leurs usines à cet autre Encelade. Le Popocatepetl reste encore environné d'une sorte de mystère divin par la légende antique : on voit en lui le mont viril par excellence, le Dieu, tandis qu'au nord, l'Ixtaccihuatl ou « Femme Blanche » est encore la déesse, et que, plus à l'est, le groupe inférieur en altitude du Malinche, Malintzin ou Matlacueye (4107 mètres), serait la fille ou le fils des deux gigantesques époux.

Quoique séparés de ces masses éruptives par des roches intermédiaires, d'autres volcans, qui se dressent au bord oriental du plateau et dont on aperçoit le profil en cinglant le long des côtes, furent probablement les émissaires du même lac intérieur des laves. Un de ces volcans (4089 mètres), nommé le Cofre de Perote d'après sa forme quadrangulaire, qui est en effet celle d'un « coffre », et d'après le nom de la ville qui se blottit à sa base septentrionale, est entouré de coulées qui se sont épanchées au loin, même jusque dans la mer, où le long récif dit Boquilla de Piedras est un reste figé de l'ancien fleuve de laves. Directement au sud du Cofre, un coteau contraste singulièrement avec lui par l'élégance et la régularité de son cône superbe : c'est le pic d'Orizaba ou le Citlaltepetl, le « mont de l'Étoile », supérieur en élévation à toutes les autres montagnes du territoire mexicain : il a été fréquemment mesuré, et les résultats varient de 5450 mètres (Ferrer) à 5650 (Zendejas). D'après la moyenne des mensurations, l'Orizaba l'emporterait sur le Popocatepetl de 176 mètres (Heilprin, Douglass). Quoi qu'il en soit, le volcan de l'Étoile se dresse beaucoup plus majestueusement, ses pentes orientales reposant sur les avant-monts du plateau mexicain, dont la base plonge dans les alluvions marines. L'Orizaba, qui eut trois grandes éruptions depuis l'arrivée des blancs, semble être actuellement dans une période de repos. Son cratère suprême est empli de névé, et quelques langues de glace débordent sur le pourtour par les brèches du volcan. A l'exception du petit massif de las Derrumbadas, qui s'élève à 3120 mètres vers le nord-ouest, tous les anciens cônes adventices sont depuis longtemps revêtus d'herbes et de bois.

C'est dans le voisinage du Popocatepetl, vers le sud-est, que se trouve la « Junta » ou la « Jonction », c'est-à-dire le bastion terminal de Tehuacan, où la Sierra Madre de l'occident vient rejoindre la Sierra Madre de l'orient. Cette deuxième « Mère » est en moyenne beaucoup moins large et moins haute que celle de l'ouest; son altitude moyenne n'atteint pas 1000 mètres. De même que la Sierra occidentale, qui limite le plateau mexicain du côté du Pacifique, la Sierra orientale, bordière du côté de l'Atlantique, est le prolongement d'une arête qui commence sur le territoire des États-Unis : le rio Grande del Norte la coupe par une succession de défilés sauvages; les monts des Apaches, composés de roches calcaires, que percent çà et là de petits massifs d'éruption, n'ont d'abord qu'un millier de mètres en altitude, mais la crête s'élève graduellement dans la direction du sud, de même que la crête de la chaîne mère occidentale et l'ensemble du plateau qu'enferment les deux rangées convergentes. Successivement on voit des cimes se profiler à 2000, à 3000 mètres et davantage, suivant en moyenne une orientation assez régulière, mais en beaucoup d'endroits constituant des massifs détachés, dont les seuls intermédiaires sont les chemins naturels entre le bord du golfe mexicain et les plateaux de l'intérieur. D'autre part, quelques groupes de montagnes très rapprochés n'ont pourtant que des communications difficiles l'un avec l'autre à cause de la présence des formidables ravins d'érosion qui entaillent le rebord du plateau : ce sont les *barrancas* redoutées, au fond desquelles il faut descendre, et dont on escalade ensuite les talus par d'étroits sentiers qui cèdent sous les pas, aggravant ainsi les difficultés de l'ascension. Les barranques les plus pénibles à traverser sont celles que les pluies ont creusées dans les cendres et les roches décomposées, glissant parfois sous le seul effort du vent.

Vers sa partie méridionale, la Sierra Madre de l'est se relie à l'autre chaîne-mère par des rangées transversales et par des groupes épars donnant à l'ensemble une apparence chaotique. En cette région, les volcans Malinche, Cofre de Perote, Orizaba, exhaussent par leur grand relief la chaîne orientale, et là où se fait la jonction des deux systèmes orographiques, c'est en égaux qu'ils vont au devant l'un de l'autre. Unis en un seul massif, ils vont rejoindre au sud un autre système de montagnes, la Sierra d'Oaxaca, autre « chaîne-mère » — Sierra Madre del Sur — de laquelle se détache, comme une branche puissante du tronc d'un chêne, une rangée de monts étroite et régulière qui se prolonge vers l'ouest entre le littoral du Pacifique et la vallée profonde du Mexcala. Vers le milieu de cette arête se dresse, à près de 2 200 mètres, un massif de roches éruptives dont les alentours sont fréquemment ébranlés par des tremblements de terre : en janvier 1902, la ville de Chilpancingo, située immédiatement à l'ouest de ce massif, a été renversée par une terrible secousse, ainsi que plusieurs villes et villages du district environnant.

Le Mexique est l'une des contrées du globe où les tremblements de terre sont le plus fréquents et le plus destructeurs. On en a dressé le tableau depuis une période d'environ quatre siècles et demi, remontant jusqu'à l'époque pré-cortésienne : les annales des Aztèques mentionnent en effet de terribles catastrophes qui se produisirent sur le plateau, notamment en 1474. En admettant que les trépidations du sol se succèdent au Mexique suivant un rythme assez régulier, on peut évaluer à vingt mille environ le nombre des frémissements appréciables de la croûte terrestre qui auraient eu lieu depuis la conquête dans le territoire mexicain. Les cartes des « isoséïsmes » nous montrent que le grand centre des tremble-

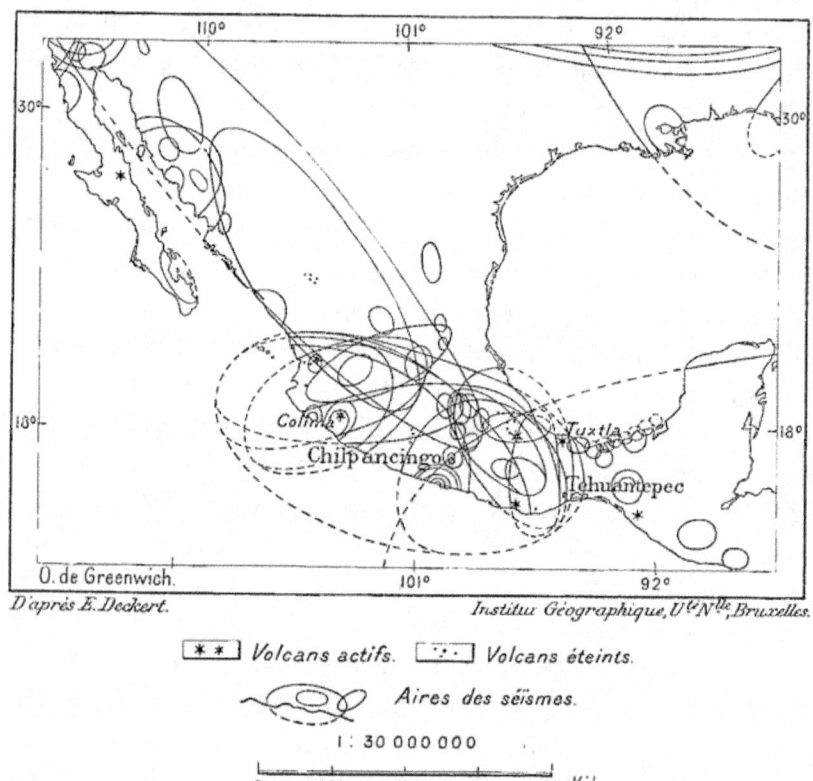

Fig. 1. — Aire des principaux tremblements au Mexique depuis le xve siècle.

ments de terre au Mexique se trouve au sud de la Junta(1), sur le rebord abrupt du plateau central, et tout spécialement dans le massif d'Oaxaca, près de Chilpancingo et plus à l'est, vers Tehuantepec : ce sont les villes les plus menacées. La fréquence des catastrophes, de même que le grand nombre et la profondeur des barrancas, sont parmi les causes qui ont empêché le peuplement

(1) E. Deckert, *Zeitschrift der Gesellschaft für Erdkunde zu Berlin*, n° 5, 1902.

de quelques-uns des districts méridionaux. Le sol de México même, où l'on compte en moyenne trois ou quatre microséismes appréciables, est relativement stable. La ville « abuse de sa position de capitale pour accaparer à son profit les tremblements venus d'ailleurs », nous dit M. Montessus de Ballore. Le nord du Mexique et le Yucatan sont aussi relativement indemnes de tremblements ; le littoral de l'Atlantique est très stable tandis que la côte du Pacifique est très fréquemment agitée, surtout dans le voisinage des grandes profondeurs : certaines régions côtières ont plus à souffrir des raz de marée que des vibrations du sol.

Au delà des monts d'Oaxaca, les hauteurs s'abaissent du nord au sud par degrés vers la dépression de l'isthme, où les seuils entre les deux mers ont seulement de 210 à 250 mètres de relief : le groupe qui peut être considéré comme la dernière forteresse des hautes terres mexicaines atteint encore une altitude considérable, plus de 3 000 mètres. Le massif de Zempoaltepetl ou les « Vingt-Monts » s'élève à 3 396 mètres par son piton suprême, d'où l'on apercevrait à la fois les deux mers. Toutes les croupes de plateaux qui se ramifient de part et d'autre sont puissamment ravinées par les eaux, formant une région des plus tourmentées à laquelle on donnait autrefois le nom de Mixtlan ou « Pays des Nuages ». C'est la Mixteca Alta des Espagnols.

Comme pour terminer le système des plateaux et des montagnes de l'Anahuac, un massif volcanique se dresse au bord de chaque mer : d'un côté, sur le golfe du Mexique, le groupe des pitons de Tuxtla ; de l'autre, sur le Pacifique, le volcan éteint de Chacahua. Quant au Tuxtla (1 500 mètres), il se reposa pendant des siècles, mais il a de terribles réveils : en 1793, on entendit des mugissements à 200 kilomètres de distance. Une rivière d'eau chaude jaillit de ses flancs. Le peuple, qui aime à personnifier les montagnes, et surtout celles dont il redoute les avalanches ou les éruptions, croit que dans les périodes de grande calamité les deux géants, l'Orizaba et le Tuxtla, s'entretiennent ensemble par de longs roulements. Sans doute, le Tuxtla ne peut se comparer pour l'altitude avec le « mont de l'Étoile » ; mais il paraît être plus élevé qu'il ne l'est en réalité, parce qu'il se montre en île parfaite, entourée par les eaux, les marais et les terres alluviales. A une époque récente, il était encore séparé de la terre ferme.

L'isthme de Tehuantepec est une véritable coupure, une solution de continuité complète entre les montagnes mexicaines du système de l'Anahuac et celles de l'Amérique centrale proprement dite. A l'époque crétacée, les flots de l'Océan s'épanchaient librement de la « Mar del Norte » à la « Mar del Sur »; mais des assises tertiaires et quaternaires, diversement découpées par les pluies en mamelons arrondis, se sont déposées dans l'avenue transversale (Spear). Le seuil le plus élevé du chemin de fer, qui franchit l'isthme de Tehuantepec entre les deux ports de Coatzacoalcos et de Salina Cruz, est à 260 mètres; mais diverses brèches, moins favorablement situées pour la construction de la voie, sont pourtant un peu plus basses : un de ces *portillos* s'ouvrirait à 210 mètres.

Au delà du seuil, les montagnes se redressent aussitôt, longeant de près par leur escarpement rapide la côte du Pacifique, et projetant des chaînons latéraux vers les marécages qui bordent le golfe mexicain. Cette chaîne, dite de Chiapas ou de Soconusco d'après les noms de la contrée qu'elle traverse, est en réalité la terminaison occidentale du système orographique guatémaltèque, qui se poursuit vers le sud-est jusque dans le Salvador, à la brèche de Sonsonate, ou même plus loin, jusqu'à la baie d'Amapala; dans la partie mexicaine de son développement elle se confond avec l'alignement volcanique, dominée, près de la frontière du Guatemala, par le cône du Soconusco (2 380 mètres); plus loin, se dresse une pyramide, plus élevée, mais beaucoup moins connue à cause des vastes forêts qui l'environnent, le Tacana, auquel Dollfus et de Montserrat attribuent plus de 3 500 mètres d'altitude. Du Soconusco s'échappent encore quelques vapeurs, tandis que le Tacana est ébranlé par de fréquentes explosions : les récents tremblements de terre ont forcé nombre d'habitants à quitter les plantations, surtout aux environs de Tapachula et d'Union Juarez. D'après Crawford, on constate que toute la côte du Pacifique, à la base des monts du Soconusco, est en voie de graduel affaissement.

La longue pente des montagnes de Chiapas, qui s'incline au nord vers le golfe du Mexique, est découpée en plusieurs fragments inégaux par les vallées profondes où coulent les rivières très abondantes qui vont parcourir les plaines alluviales de Tabasco. Quelques-uns des sommets de cette région alpestre, très richement boisée, dépassent 2000 mètres, mais la plupart des

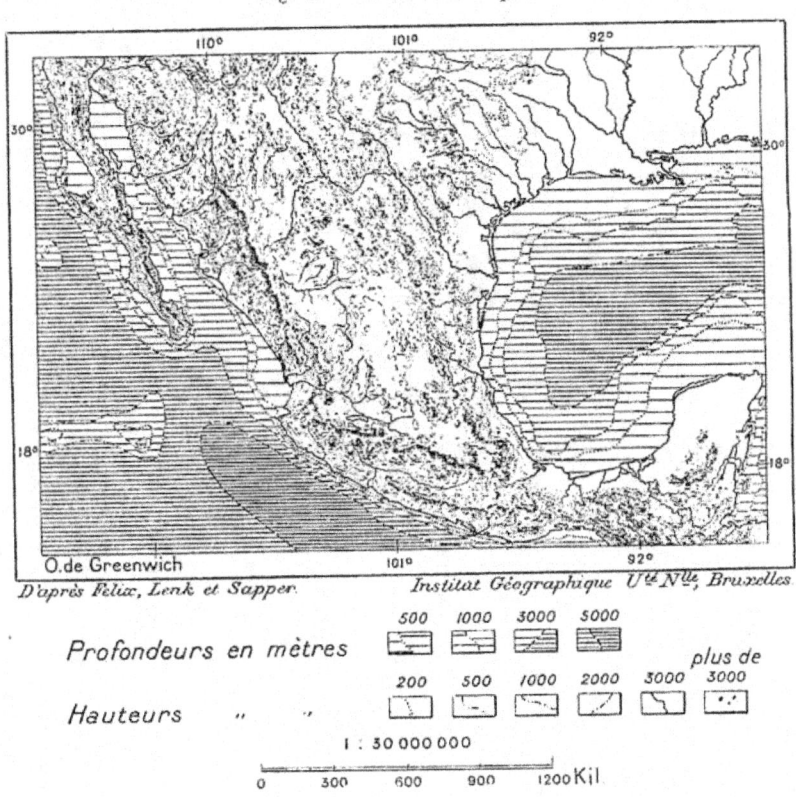

Fig. 2. — Relief du Mexique.

massifs sont d'accès facile et vont se terminer dans les campagnes par des collines aux longues ondulations, destinées à se recouvrir de cultures comme elles en eurent jadis, lorsque la population policée de ces régions n'avait pas encore été exterminée par les conquérants espagnols.

D'après les géologues mexicains Ordoñez, Aguilera et autres, le bloc continental du Mexique serait d'origine très ancienne. Les formations archaïques du gneiss y occupent une grande étendue, principalement dans l'État d'Oaxaca et le long du Pacifique. On a cru reconnaître aussi çà et là des roches siluriennes et dévoniennes, mais le manque de fossiles n'a pas permis de déterminer les âges avec certitude. Les terrains carbonifères du Chiapas sont connus, et on en signale également au nord du Mexique, dans le Sonora et le Chihuahua. La formation secondaire la mieux développée dans

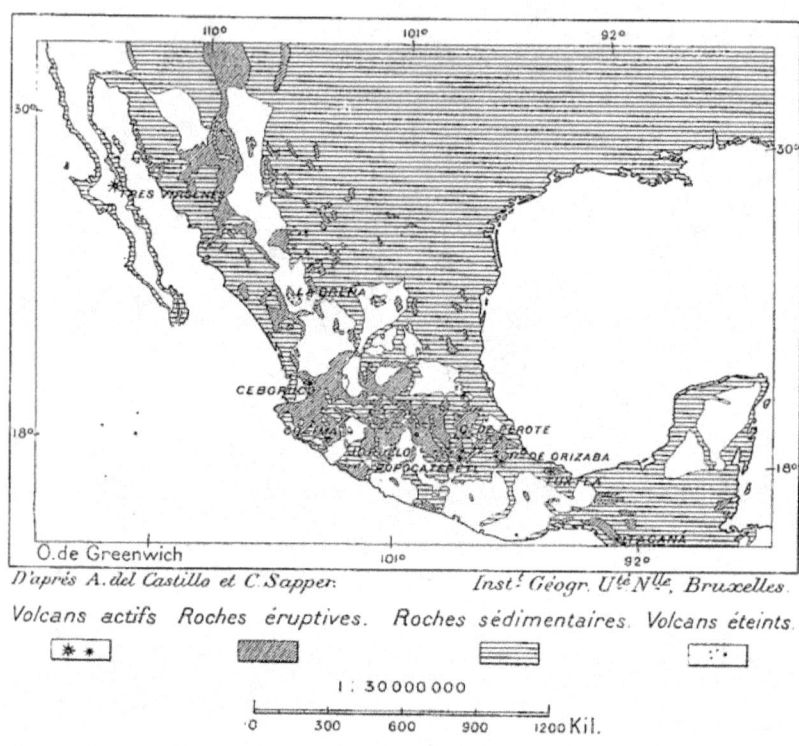

Fig. 3. — Roches du Mexique.

Les régions en blanc n'ont pas encore été classées géologiquement d'une manière définitive.

le territoire mexicain est celle de la craie, qui s'étend en très grandes plaines entre les massifs de montagnes. C'est depuis la période crétacée que l'activité volcanique s'est produite dans la contrée, épanchant ses laves sur de vastes étendues qui représentent environ le tiers de la surface du Mexique, plus de 600 000 kilomètres carrés.

La grande péninsule quadrangulaire du Yucatan, limitée au

sud par la base des avant-monts qui limitent la frontière du Guatemala, ne présente point de montagnes. C'est une table calcaire, régulièrement inclinée dans la direction de l'axe péninsulaire et présentant çà et là quelques gibbosités aux pentes à peine visibles, qui nulle part n'atteignent 150 mètres au-dessus de la mer. L'ensemble de la dalle calcaire s'est évidemment déposé pendant une même période géologique, et la formation s'en continue sous les eaux du golfe à plus de 200 kilomètres de distance, jusqu'au bord de la berge sous-marine qui descend vers les grands abîmes océaniques de ces parages. Au point de vue géologique il n'y a guère de différence entre le Yucatan émergé et le socle de grands bancs encore sous-marins qui le bordent à l'ouest et au nord, rendus visibles çà et là par des récifs coralligènes. Plusieurs petits archipels, points d'appui de terres futures au cas où le fond de la mer serait en voie de soulèvement, font saillie au-dessus du flot, au grand péril des embarcations ; cependant le balisage de ces récifs et le creusement de havres pourraient transformer ces parages dangereux en lieux d'abri lorsque soudain se mettent à souffler les redoutables *nortes*, bouleversant les flots. Des îlots minuscules bordent le socle des bancs, au-dessus des grands abîmes dits « fonds de Sigsbee », d'après l'un des explorateurs de ces parages.

À l'est, la partie de la côte du Yucatan attribuée récemment au territoire de Quintana Roo n'est plus bordée d'un plateau sous-marin ; la ligne des profondeurs de 100 à 200 mètres se rapproche du littoral, en laissant même au large la grande île de Cozumel. D'autres îles se profilent au sud comme les restes d'un ancien rivage, et les falaises de la terre ferme, découpées en criques, en baies, même en golfes bien abrités où viennent se jeter des rivières, présentent un aspect analogue à celles du Honduras britannique.

III

FLEUVES ET LACS

L'hydrologie du Mexique est d'une manière si évidente sous la dépendance directe des vents et de l'humidité des airs, qu'il est impossible de la décrire sans parler en même temps de quelques-unes des conditions générales du climat : c'est dans l'atmosphère d'abord que se forment les neiges et les fontaines. On s'explique donc facilement pourquoi certaines parties du Mexique sont d'une pauvreté extrême en eaux courantes ou même dormantes, tandis que d'autres sont à demi noyées par la surabondance des eaux.

A l'angle nord-occidental du Mexique, le rio Colorado n'appartient à la république hispano-américaine que par la partie très inférieure de son cours et par son estuaire. Le fleuve, ouvert en entonnoir, ne forme qu'un tout petit delta, quelques îlots et terres basses s'étant déposés vers le milieu de l'ouverture. Les bateaux, presque tous mus par la vapeur, qui voguent sur les eaux « rouges » ou « vermeilles » du Colorado, — d'où l'ancien nom de « mer Vermeille » donné au golfe de Californie, — trouvent en moyenne une profondeur de 3 mètres d'eau dans le chenal: mais la marée, qui pénètre en mascaret dans l'entonnoir fluvial, en relève le niveau de plus du double, et quelquefois du triple pendant les heures du flot. Le débit du Colorado est très faible en comparaison des dimensions considérables du bassin, ce qui s'explique par la rareté des pluies qui tombent dans la partie des États-Unis où se ramifient les vallées affluentes du Colorado. La portée moyenne du courant ne dépasserait pas 500 mètres cubes d'eau par seconde, ce qui, pour une surface de 660 000 kilomètres carrés, ne représente pas même une tranche liquide d'un millimètre pour la superficie totale du territoire; c'est-à-dire, que non seulement la précipitation d'humidité est très faible dans cette région de l'Amérique, mais aussi que presque toutes les pluies se sont évaporées ou perdues dans le sol aride, absorbées par les radicelles des plantes. Dans la péninsule voisine, sur un énorme développement de plus de 2000 kilomètres, on ne rencontre pas un seul ruisseau qui se déverse visiblement dans la mer. Toutes les eaux vives, et elles sont fort rares, sont captées au passage pour l'irrigation des jardins.

Sur la rive continentale du golfe de Californie, les eaux courantes nées dans les gorges élevées de la Sierra Madre descendent joyeusement vers la mer jusqu'à leur entrée dans les plaines ou les basses vallées du littoral, puis elles se raréfient dans les sables et tarissent peu à peu; c'est en des saisons exceptionnelles seulement qu'elles ne sont pas fermées à leur embouchure par un cordon de sable. Le rio de la Asuncion, le rio Sonora, le rio Yaqui, le rio del Fuerte, le rio Sinaloa sont pourtant des cours d'eau de plusieurs centaines de kilomètres en longueur, aux vallées d'un aspect grandiose. Un des affluents du rio del Fuerte, le rio de Urique, passe au fond d'un cañon, à près de 1500 mètres au-dessous des bancs de trachyte qui forment le plateau supérieur : telle a été la puissance de l'érosion dont l'agent est le faible ruisseau qu'on n'aperçoit pas même du haut des précipices.

Au nord-est de la République mexicaine, le rio Bravo (rio Grande) del Norte forme le pendant du Colorado. Tandis que celui-ci n'appartient à la République mexicaine que par son bas cours et son estuaire, le rio Bravo reste entièrement mexicain par sa rive droite sur tout son développement moyen et inférieur d'environ 1200 kilomètres, sans compter les petites sinuosités. De même que le Colorado, le Bravo, ainsi nommé sans doute à cause de ses brusques et « sauvages » écarts, ne roule en temps ordinaires qu'un maigre flot, en comparaison de son vaste bassin de réception, évalué à 544000 kilomètres carrés; d'après le météorologiste Blodget, dont les calculs provisoires datent de plus d'un demi-siècle, le débit de ce fleuve atteignait 1600 mètres cubes d'eau par seconde, beaucoup moins que les fleuves européens, pourtant bien inférieurs en longueur et en surface de bassin, le Rhin et le Rhône. Cette portée si faible a été diminuée de plus de moitié par les saignées latérales qu'on a faites à son courant et dans les bassins de ses tributaires : récemment Henry Gannett n'évaluait plus le débit moyen qu'à 750 mètres. Un grand nombre des affluents naturels n'arrivent pas jusqu'à son cours : ils s'éteignent en route, vaporisés par le vent et par les rayons solaires, ou se perdent en des salines marécageuses; sur le versant mexicain, le principal tributaire est le rio Conchos, dont les premières eaux arrosent les campagnes de Chihuahua. Sur sa rive nord-américaine, en aval de Ciudad Juarez et de el Paso, le Bravo alimente un canal latéral abondant; mais on peut dire d'une manière générale que les alluvions fertilisantes et le flot vivifiant sont loin d'être utilisés avec autant d'ampleur et de science dans la vallée du rio Bravo que dans celle du rio Pecos, l'affluent de gauche, qui rivalise d'importance et de longueur avec le haut rio Grande.

Quoique d'un faible débit relatif, le rio Bravo charrie pourtant assez d'alluvions pour que l'ensemble de la côte projette une très forte saillie sur le golfe du Mexique. Le littoral en est modifié sur un espace de plus de 300 kilomètres en développement total. De la baie de Corpus Christi, dans le Texas, jusqu'à la laguna Madre, dans l'État mexicain de Tamaulipas, les flèches de sable qui séparent les eaux de la mer et les baies intérieures ne s'infléchissent pas suivant une courbe régulière dessinée par le système des vagues, mais elles forment ensemble un angle obtus, dont le sommet se trouve précisément à l'endroit où le fleuve vient se déverser dans la mer, comme pour former la bissectrice naturelle de tout le grand delta d'alluvion qui s'est déposé pendant le cours des siècles. A voir l'étendue si considérable de terrains d'apport à profondeur inconnue, on se demande s'ils ne proviennent pas en grande partie d'une époque géologique où le rio Bravo portait à la mer une beaucoup plus grande quantité d'eaux troubles que de nos jours. En réalité, le delta du fleuve représente la poussière de toute une haute chaîne de montagnes.

Plus au sud, le long de la côte du Mexique proprement dit, plus d'une moitié des rivages se compose d'étroits cordons littoraux semblables à ceux des lagunes bordières du rio Bravo; mais aucune de ces levées de sable n'est repoussée à une grande distance en mer par le dépôt des alluvions fluviales. Le rio Soto la Marina et le rio Panuco ne forment point de saillies en dehors de la côte, et celle que l'on voit immédiatement au sud, enfermant la grande lagune de Tamiahua, est de formation exclusivement marine. Elle est due à l'existence de récifs qui arrêtent le flot du large et le forcent à déposer les troubles, les animalcules, les débris menuisés des coquillages qu'il transporte avec lui.

Le débit total des petits fleuves côtiers est peu considérable, vu la faible quantité relative des pluies sous un climat à forte évaporation; mais ils sont parmi les mieux connus du territoire mexicain, parce qu'ils prennent leur origine dans les régions les plus populeuses du plateau. Le rio Panuco, qui naît dans la haute montagne, est fréquemment cité parce qu'un de ses hauts affluents naît dans le voisinage de México, et que son embouchure, maintenant rectifiée par de grands travaux hydrauliques, se déverse dans la mer à la barre de Tampico. C'est également le fleuve mexicain dont on connaît le mieux les curiosités naturelles. Un de ses affluents, près de la ville de Jalpan, à moitié chemin entre México et Tampico, coule dans une grotte profonde, d'environ 3 kilomètres de longueur, dont les concrétions calcaires recouvraient des corps humains de la période préhistorique. Un autre ruisseau appartenant au bassin du Panuco, par le lac de Metztitlan, est aussi devenu fameux par ses curiosités naturelles : ce ruisseau, dit Regla, s'est taillé, près de la ville de Pachuca, un lit raboteux en pleine coulée de lave basaltique; puis, arrivé à l'extrémité du rocher, plonge en une nappe blanche entre les fûts verticaux de la haute colonnade noirâtre et fuit dans un cañon de plus d'un kilomètre, coupé dans les couches crétacées que surmontent des tufs volcaniques et des corniches de basalte. Plus au sud, divers fleuves côtiers, qui tombent brusquement des escarpements du plateau dans les terres basses du littoral veracruzain, s'élancent en cascades plus abondantes et non moins pittoresques, où les colonnes d'eau rayées d'écume disparaissent à demi sous le branchage des arbres entrecroisés. Telles sont les chutes de Necaxa, hautes de 144 mètres, et de San Marcos ou Cazones.

La partie la plus méridionale du bassin de la rivière Tula, l'affluent le plus lointain du Panuco, reçoit les eaux d'une région qui, au point de vue de l'hydrologie et des grands travaux publics, est une des plus intéressantes du monde, et qu'il importe en conséquence de décrire d'une façon spéciale. C'est là que se trouve le bassin jadis fermé de México, d'une surface d'un peu plus de 8 000 kilomètres carrés, que de grands lacs, inégaux en hauteur, emplissaient à demi. Ce bassin est connu sous la dénomination tout à fait impropre de « vallée. » On sait que l'antique Tenochtitlan était une cité lacustre, coupée de canaux, comme une autre Venise, et s'unissant à la terre ferme par d'étroits viaducs, des ponts, des planchers sur pilotis. Mais pourquoi la ville se trouvait-elle ainsi à l'endroit le plus bas de la vaste dépression partiellement inondée? Les prêtres aztèques eux-mêmes s'en étonnaient, mais le mysticisme théologique trouve l'explication de tous les mystères : on prétendait que l'oracle des dieux avait indiqué, comme emplacement futur de la cité, le lieu où apparaîtrait un aigle posé sur un nopal et dévorant un serpent : c'est le blason actuel de la cité. Evidemment, cette légende, d'un symbolisme assez lourd, a été inventée bien après la fondation de Tenochtitlan, et l'on doit recourir à une explication plus simple, justifiée par tant d'autres exemples historiques : les immigrants aztèques établirent leurs constructions au milieu du lac, afin que les eaux environnantes leur servissent de défense contre les attaques éventuelles de nations ennemies ou des peuplades de la montagne.

Mais, devenue grande et puissante, la capitale des Aztèques crut le moment venu de s'exonder un peu en asséchant les fonds de sa lagune. Dès le milieu du XVe siècle, à la suite d'une crue formidable qui noya et renversa une partie de la cité, Moctezuma Ier ou le « Vieux » fit appel à son voisin Netzahualcoyotl, le roi de Tetzcoco, qui était en même temps un très habile ingénieur, et le supplia de construire une digue pour défendre ses palais, ses temples et sa ville contre les inondations. Netzahualcoyotl accourut avec ses alliés des États limitrophes et toute une armée de vingt mille travailleurs; mettant lui-même la main à l'ouvrage, il dirigea la construction d'une digue « de pierre et de bois », longue de 16 kilomètres, qui s'appuyait sur deux promontoires, au sud-est et au nord-est de la ville, et la défendait à l'est contre les débordements du lac de Tetzcoco, la principale cuvette de la « vallée ». La digue se maintint solidement pendant un demi-siècle, de manière à séparer complètement deux réservoirs lacustres, d'un côté le grand lac saumâtre de Tetzcoco, de l'autre, le moindre lac de México, empli d'eau douce. Des sources pures l'alimentaient; les poissons s'y jouaient en multitude, et des jardins fleuris ou *chinampas* y étaient ancrés autour des constructions. Pendant la saison des sécheresses, les écluses de chasse s'ouvraient à travers la digue pour laisser passer les eaux douces du lac de México et nettoyer les masses croupissantes et les terres salines de l'est. Mais en 1499, un terrible déluge s'abattit sur la contrée, Tenochtitlan fut renversée, et la digue détruite à ses deux extrémités; il n'en reste plus qu'une moitié, servant actuellement de chemin public.

Les superstitions ont la vie dure. L'oracle donna l'ordre à l'empereur Ahuitzotl de reconstruire la ville sur les débris de l'ancienne ; puis, en 1521, après les désastres de la guerre de conquête, lorsque Fernand Cortès eut détruit Tenochtitlan, quartier à quartier, maison à maison, l' « orgueil castillan » décida qu'elle serait rebâtie au même endroit, au milieu des boues, et non sur les gracieux coteaux qui se succèdent à l'ouest et où s'élèvent actuellement, en terrain solide et salubre, les élégantes villas (Obregón). México se redressa ; néanmoins, la plaine s'était graduellement asséchée et même exhaussée d'environ 1 mètre par l'effet des ruines et des alluvions ; en outre, on construisit en 1855 une nouvelle digue, dite de San Lazaro, qui s'arrondissait à l'est de la ville, et l'on prit soin de détourner tous les ruisseaux dangereux qui se déversaient dans la cuvette de México. Grâce à ces travaux, la capitale cessa d'être une cité lacustre, et plusieurs des mares environnantes disparurent, tandis que les lacs du sud, le Chalco et le Xochimilco, alimentés par des sources très abondantes, que leur verse le massif de l'Ajusco et que l'on évalue à 5 mètres cubes d'eau par seconde, furent partiellement changés en jardinages, analogues aux watteringhes des Flandres ou aux marais cultivés de la Somme. Toutefois le régime des eaux dans le haut bassin de México n'était que partiellement corrigé; les irrégularités du niveau lacustre dans le réservoir de Tetzcoco, les oscillations dans l'écoulement des crues et la stagnation des eaux d'égout, rendaient parfois le séjour de la ville très insalubre.

Il était donc très urgent, au point de vue de l'hygiène publique, d'égaliser le débit des lacs, et dès l'année 1607, un « cosmographe » français, Henri Martin, plus connu sous le nom hispanifié d'Enrique (ou Enrico) Martinez, fit adopter son plan de drainage, qui consistait à creuser, au nord-ouest de la plaine, un tunnel de dégorgement pour emporter pendant la saison des crues le trop-plein des étendues lacustres et de la dangereuse rivière Cuautitlan. La galerie de Nochistongo, longue de plus de 8 kilomètres, était alors considérée comme une œuvre grandiose ; mais elle ne put résister à l'érosion des eaux : le plafond s'effondra, des éboulis obstruèrent le canal, qu'il fallut creuser à nouveau entre des tranchées taillées à ciel ouvert, puis s'éboulant encore en divers endroits. Même incomplète, l'œuvre entreprise était certainement utile, et la vallée s'exondait graduellement, lorsque, en 1623, le vice-roi de Gelvez fit interrompre les travaux et même fermer la galerie, sous l'étrange prétexte qu'il lui était indispensable de constater par « expérience » quelle serait « l'action des eaux » (Obregón). Le résultat fut un désastre ; à la fin du mois de septembre 1629, la ville se trouva « noyée » par l'inondation, et de vingt mille familles domiciliées à México, il n'en resta plus que quatre cents ; on évalua le nombre des morts engloutis ou écrasés par les ruines à trente mille. Il fut même question de déplacer la capitale et de la transférer à Puebla. Les mares d'inondation ne disparurent complètement dans la ville ruinée qu'après un laps de quatre années, grâce à l'évaporation et à des crevasses d'origine séismique, dans lesquelles s'engouffrèrent les eaux. Puis les travaux de la coupure recommencèrent sans plan et sans méthode, sous la direction des divers ingénieurs, qui succédèrent à Henri Martin.

C'est vers la fin du XIXe siècle seulement que les canaux d'égouttement ont été terminés d'une manière complète, mais non par l'ancienne coupure : la nouvelle, qui avait été déjà proposée en 1620 par un paysan indigène, Simón Mendez, se trouve plus à l'est et va rejoindre la rivière Tequizquiac, dans le bassin de la rivière

Tula, qui porte l'excédent des eaux, évalué de 17 à 18 mètres cubes par seconde, au Panuco et au golfe du Mexique. Le plan de Mendez, repris ensuite par divers ingénieurs, avec de légères modifications, consistait dans le creusement d'une galerie souterraine d'environ 10 kilomètres de longueur, à laquelle devait aboutir un canal d'égouttement de la « vallée », d'un développement total de

Fig. 4. — Versants fluviaux et bassins fermés du Mexique.

48 kilomètres. L'œuvre, qui termine enfin, d'une façon grandiose, une série de travaux irréguliers ayant duré quatre siècles et demi depuis Moctezuma Ier, se complète par un drainage d'assainissement du sol sur lequel repose México. Les égouts de sortie, ayant ensemble un développement d'une centaine de kilomètres, se déversent dans le grand collecteur qui se dirige vers l'issue de la plaine, et des canaux d'amenée déversent l'eau vive du lac Xochimilco dans le réseau des galeries souterraines de la cité pour en

enlever toutes les alluvions impures, au grand profit de la salubrité générale. A la sortie du canal, dans la vallée dite de Mezquital, qui appartient à l'État de Hidalgo, les eaux, disposant d'une chute de près de 3 mètres, sont utilisées pour l'irrigation des campagnes et la transformation en force motrice.

Si le bassin de México était naguère un réservoir lacustre fermé, sans déversoir vers les deux mers, il existe encore, dans la partie septentrionale du territoire, plusieurs bassins complètement clos, limités à droite et à gauche par les chaînes bordières. Ces bassins ont dû naturellement se transformer peu à peu à mesure que les pluies ont diminué dans la contrée. A une époque très lointaine, il y eut excédent de masse liquide, et ce flot surabondant trouvait sa voie vers le cours du rio Grande par des vallées où il est encore facile de suivre du regard l'ancien lit fluvial; puis, le courant de sortie s'étant asséché, les eaux de l'intérieur du bassin, encore douces dans le premier stade de leur isolement, s'étaient amassées dans les fonds en petits réservoirs lacustres, et graduellement s'étaient chargées du sel marin et autres substances chimiques des terres environnantes. Les torrents, descendus des montagnes « Mères » de l'est et de l'ouest, venaient se perdre dans ces lacs ou laguets, puis successivement se desséchaient au sortir de leurs gorges; il ne reste plus de leurs alluvions que des plaines en partie salines, auxquelles leur caractère d'anciens fonds lacustres a valu le nom de *bolsones*. Les anciennes alluvions apportées de la Sierra se réduisent en une poussière que soulève le vent, et qui tourbillonne au loin sur la campagne déserte. Même dans la partie méridionale du plateau se creusent des cuvettes parsemées de lacs, qui furent autrefois emplies par des mers intérieures : telle est la plaine du Bajio, hérissée de volcans innombrables qui flambaient aux âges quaternaires, laissant des cratères réguliers en forme d'ampoules, et dont quelques-uns sont emplis d'eau (Ezequiel Ordoñez).

Le plus grand fleuve mexicain du versant occidental, souvent connu comme le rio Bravo sous le nom de « rio Grande », a perdu son appellation indienne de Tololotlan, si ce n'est près du village de ce nom : c'est le rio Lerma ou Santiago, dont les affluents présentent aussi une grande diversité de noms, plaie de la nomenclature hydrographique mexicaine. Le Lerma naît sur les hauts plateaux, alimenté dans une faible proportion par les neiges qui recouvrent le Nevado de Toluca et dont les eaux vont se perdre çà et là dans les galeries souterraines, pour reparaître en sources bouillonnantes dans les cirques supérieurs des vallées. Vers le milieu de son cours, avant d'avoir atteint le rebord extérieur des hautes terres, le Lerma entre dans un grand réservoir lacustre, le plus considérable de tout le Mexique : c'est le lac de Chapala, beaucoup plus étendu que le Léman suisse, mais contenant néanmoins une masse liquide beaucoup moindre, car la plus grande profondeur du bassin ne dépasse guère une trentaine de mètres. Le niveau lacustre a plusieurs fois changé, et le lieu de l'émissaire s'est déplacé. Il fut un temps, pensent des géologues, où le trop plein des eaux s'écoulait à l'ouest par une vallée encore parsemée de lacs, et s'épanchait dans la mer par la gorge où coule actuellement le rio Banderas ou Amecas. Le fleuve avait alors une embouchure digne de lui dans le beau golfe que limite au nord la Punta Mita et le cap Corrientes. Mais une coulée de laves s'étant déversée de la montagne, immédiatement au-dessus de l'affluent, forma barrage, et les eaux du lac durent s'élever jusqu'au point le moins haut de son pourtour, le seuil d'Ocotlan : c'est là que commence actuellement le cours moyen du fleuve. On a souvent proposé de rendre au rio Lerma son ancienne porte de sortie, par le creusement d'un canal à travers le mur de laves vers la vallée du rio Banderas. La grande irrégularité de son bassin semble indiquer que les tremblements de terre, aussi bien que les coulées de lave ont empêché le Lerma de donner à sa coulière une forme normale.

Le nouveau lit du rio Lerma, n'étant pas encore égalisé par le courant fluvial, se développe en une série de gradins, qui se succèdent de plaine en plaine à travers les courants de lave descendus des montagnes voisines. Une des premières cascades, celle de Juanacatlan, est fort abondante, puisque son débit est évalué à plus de 100 mètres cubes d'eau par seconde, et c'est aussi la plus renommée, non seulement à cause de sa beauté, de la nappe énorme de ses eaux plongeant de 17 mètres sur une largeur de

146 mètres entre de noirs rochers, mais aussi à cause du voisinage de la grande cité de Guadalajara, qui reçoit du flot moteur la force nécessaire à son éclairage et à ses travaux d'édilité. En aval de la ville, dont l'altitude dépasse 1500 mètres, le fleuve creuse profondément l'épaisseur du plateau par une coupure dont les précipices presque verticaux ont en certains endroits 1300 mètres d'altitude. La masse liquide est beaucoup trop inégale dans son cours pour qu'elle puisse servir à la navigation, et ses riverains ne l'ont que très partiellement utilisée pour l'arrosement des terres. Du moins forme-t-elle de nouvelles campagnes par les apports qu'elle dépose dans la mer et qui se prolongent au nord en cordons littoraux.

Le Mexcala ou rio de las Balsas — des « Radeaux » — quoique moins abondant de moitié que le Lerma, est cependant quelque peu navigable dans la partie inférieure de son cours. Il naît, comme le Lerma, sur le plateau d'Anahuac, mais pour lui échapper presque aussitôt. Connu sous le nom d'Atoyac dans la partie tout à fait supérieure de son bassin, près de Puebla, il descend des hautes terres par des galeries profondes, et jusqu'à une époque récente, ses eaux, après avoir été utilisées par l'industrie, aux environs de Puebla, s'encaissaient et traversaient en des gorges profondes une contrée au sol fécond que le courant fluvial eût vivifié. Dès le XVIe siècle, on avait projeté de ramener l'Atoyac à la lumière, pour le jeter dans le rio Nexapa, qui est lui-même un affluent de l'Atoyac dans son cours inférieur; mais ce travail n'a été accompli que dans le dernier quart du XIXe siècle. Échappé à la haute région, l'Atoyac s'unit à de très nombreux cours d'eau qui naissent dans un vaste cirque de montagnes, entre le musoir méridional du plateau d'Anahuac et les montagnes côtières. Un de ces tributaires est l'Amacusac, dont un des gros affluents se perd près du village de Chontancantlan sous un massif calcaire : il y coule souterrainement pour reparaître à une vingtaine de kilomètres, en aval, par deux grottes à la grandiose architecture. En aval du grand cirque de réception, le cours du Mexcala est coupé de distance en distance par des seuils qui forment des cascades ou des rapides. Enfin, le dernier obstacle est franchi par la percée de la chaîne du littoral, et le fleuve, devenu majestueux et roulant en moyenne de

60 à 75 mètres cubes d'eau, descend à la mer en ouvrant vers elle un large estuaire.

Au sud, le rétrécissement graduel du corps de l'Amérique centrale a pour effet de diminuer en proportion le bassin des fleuves. Sur le versant du Pacifique un autre Atoyac, ou rio Verde, qui reçoit les gaves des montagnes d'Oaxaca, est encore un courant de belle allure, mais les cours d'eau les plus considérables sont ceux du versant atlantique, dont les bassins sont plus étendus, et qui reçoivent des vents alizés une masse liquide beaucoup plus forte en proportion. Ces fleuves ont même de trop grandes quantités d'eau, puisqu'ils débordent fréquemment dans les campagnes inférieures et se ramifient en des marécages insalubres. Le labyrinthe changeant des rivières est l'obstacle le plus sérieux que les ingénieurs de chemins de fer auront à surmonter pour rattacher le réseau déjà presque achevé des voies ferrées du Mexique proprement dit à celui du Yucatan, qui s'avance par étapes dans la direction du sud et du sud-ouest. Un de ces cours d'eau, le Papaloapam, qui débouche dans la baie d'Alvarado, au sud de Veracruz, est la branche principale de toute une ramure fluviale encore imprécise dont il sera nécessaire de fixer les rivages. Plus loin, une autre rivière, le Coatzacoalcos, dont la barre, constamment renaissante, avait été souvent draguée par les ingénieurs pour faciliter l'entrée des navires dans l'estuaire où vient aboutir le chemin de fer isthmique de Tehuantepec, a été désormais fixée par des digues latérales ; mais à l'est, les bouches nombreuses de cours d'eau, nées au loin dans les « Altos » ou monts élevés du Guatemala occidental, transforment la contrée en un espace alternativement terre et mer, où les travaux de l'homme n'ont pu avoir jusqu'à nos jours qu'un caractère provisoire.

Les deux fleuves qui sont, en proportion de leurs bassins, les plus abondants du Mexique, le Grijalva et l'Usumacinta, s'unissent par une ramure incessamment changeante dans la région de leur delta commun, qui présente sur le littoral marin un front d'environ 200 kilomètres. Le Grijalva, qu'on appelle aussi Mezcalapa dans la partie navigable de son cours inférieur, envoie plusieurs bras directement à la mer, les Dos Brazos, le Chiltepec, puis la bouche de Tabasco, où se trouve actuellement l'entrée principale des navires : un bras de l'Usumacinta vient y rejoindre le Mezcalapa. Plus à l'est se succèdent d'autres barres ou « graus », l'entrée de San Pedro y San Pablo, puis l'estuaire du rio Palizada, branche de l'Usumacinta qui se déverse dans la lagune de Terminos, ainsi que plusieurs autres fleuves nés dans la racine méridionale du Yucatan. Pendant la saison sèche, la région du delta, qu'on évalue à une superficie d'environ 15 000 kilomètres carrés, expose au soleil ses terres molles que fait craqueler la chaleur, tandis que pendant la saison des grandes pluies, c'est-à-dire d'octobre en mars, le lac d'inondation recouvre au moins 5 000 kilomètres carrés des campagnes, interrompant toute communication par terre : on ne voyage plus que par eau, d'ailleurs au grand avantage du commerce local, qui est celui du bois de teinture ; les radeaux de troncs d'arbres sont transportés directement des chantiers d'abatage au port de Tabasco. En quelques années exceptionnelles, des masses d'eau déversées par les montagnes du Guatemala et du Chiapas atteignent une hauteur de 15 mètres à l'issue des gorges dans la plaine. Il est arrivé que les Tabasqueños ont dû abandonner leurs villages, construits pourtant sur des buttes en partie artificielles, et se réfugier sur les anciennes berges laissées au pourtour des collines par l'émergence du sol. Certains districts du double bassin fluvial sont encore peu connus, habités seulement par des Indiens ou des métis ; mais des voyageurs disent merveilles des cascades et des chutes formées par les gaves de la montagne. Le Grijalva coule souterrainement dans une partie de son cours, et l'on raconte d'un affluent de l'Usumacinta, le San Pedro, qu'il contient une quantité de carbonate de chaux assez grande pour pétrifier des troncs de bois flottants et les accumuler aux tournants du fleuve en barrages inégaux.

L'inondation temporaire du Tabasco se continue à l'est par une lagune permanente, celle de Terminos, ainsi nommée parce que le pilote Antonio de Alaminos, le premier explorateur européen de la côte, en 1518, crut y trouver l'extrémité méridionale du Yucatan, considéré par lui comme une île. Du moins la presqu'île est-elle assez nettement séparée de la masse continentale de l'isthme américain par de nombreuses rivières qui coulent à l'ouest dans la lagune de Terminos, et par d'autres affluents se déversant à l'est dans le lac de Bacalar et dans la baie de Chetumal ; même quelques petits lacs, situés entre les deux versants, limitent les terres du versant guatémaltèque et la grande dalle calcaire de la péninsule du Yucatan. Un de ces lacs, le Petha, renferme une île très curieuse par ses pétroglyphes relatifs au culte des morts (Maler).

Au point de vue hydrologique, le Yucatan est l'une des plus curieuses régions du monde entier. Elle n'est point dépourvue d'eau, car les saisons pluvieuses lui apportent une quantité suffisante d'humidité, mais l'eau ne reste point à la surface : filtrée par le crible fissuré de la roche calcaire, elle pénètre dans les profondeurs jusqu'à la couche d'argile imperméable qui se trouve au-dessous. C'est là qu'il faut descendre par les galeries et les puits de la pierre pour recueillir l'eau fraîche qui séjourne dans les cavités ou *cenotes*, aux parois bordées de fougères. Certains de ces réservoirs dorment au-dessous du sol à plus de 100 mètres, même à 125 mètres, et la très pénible existence des femmes se passait à conquérir journellement quelques cruches d'eau par d'incessantes descentes et remontées. Certaines parties du Yucatan sont restées désertes à cause de la trop grande profondeur des nappes souterraines. Le pays se peuple en proportion de la proximité des puits : dans les districts septentrionaux, vers la capitale Merida, c'est à 8 ou 9 mètres du sol que se trouve en moyenne la nappe des cenotes, et grâce aux procédés industriels modernes, il est facile d'obtenir l'eau en abondance pour l'irrigation des campagnes. Ailleurs, on a maçonné et enduit de ciment étanche des galeries rapprochées de la surface, pour en faire autant de citernes où les bestiaux viennent s'abreuver. Une seule ouverture, que l'on ferme d'une grosse pierre pour empêcher l'évaporation et maintenir l'eau pure, met le réservoir en communication avec l'extérieur. En quelques endroits, les Espagnols ont découvert d'anciens travaux de ce genre oubliés depuis les temps de l'antique civilisation maya. Naturellement, la division de la propriété correspond à la répartition des eaux dans les galeries souterraines, la terre n'ayant de valeur qu'à la condition de recevoir l'eau nourricière. Le hameau, le village, la ville dépendent de l'eau cachée, mais tous les citoyens n'ont pas de droits égaux au précieux trésor : loin de la mer, la plupart des cenotes appartiennent à de grandes familles d'origine espagnole, auxquelles la population maya se trouve par conséquent inféodée ; en échange de l'eau, elle doit la corvée, qui est d'ordinaire fixée à un jour de travail par semaine.

Sur le pourtour de la péninsule yucatèque, les eaux de la nappe sous-calcaire s'épanchent dans la mer au niveau même du flot : les fissures innombrables de la roche permettent à la masse liquide de se maintenir à la même hauteur dans les cavernes de l'intérieur et sur les plages marines. Cet écoulement d'eau douce sur l'hémicycle de la côte détermine la formation d'une sorte de ruisseau marin, que l'on appelle en effet *rio*, et qui se développe sur près de 300 kilomètres, abrité contre la haute mer par un récif de corail parallèle au littoral et en suivant toutes les inflexions avec une précision singulière. La genèse de ce long mur extérieur, qui n'a pas son pareil dans le monde, s'explique facilement par le mélange des eaux douces et des eaux salées. Les espèces coralligènes ne naissent et ne prospèrent que dans le flot marin à haute teneur de sel : l'eau douce voisine de la rive tue les polypiers, et c'est à une certaine distance seulement que le récif commence à se former, d'autant plus solide et plus haut que la mer est plus violente, apportant aux millions de petits organismes des éléments de vie. Tôt ou tard, la fosse ou rio qui sépare le plateau du Yucatan et son mur extérieur sera comblé par les vases, les apports marins, les éboulis de corail ; le continent s'agrandira d'un cordon de pierre, puis la pression des nappes liquides qui s'écoulent de l'intérieur créera de nouvelles issues à travers ces débris, et le travail de construction du plateau calcaire continuera de se poursuivre en empiétant incessamment sur la mer. L'étude géologique du Yucatan montre que cet accroissement de la presqu'île par l'adjonction de récifs annulaires se poursuit depuis une époque très ancienne. Probablement, tout le nord de la péninsule yucatèque, jusqu'au delà du musoir formé par le cap Catóche, a cette même origine coralligène.

Un travail complet sur le débit général des fleuves et nappes liquides qui s'épanchent dans les mers mexicaines sur tout le développement littoral, évalué par Garcia y Cubas à une longueur totale de 8 830 kilomètres, ne paraît pas avoir été fait jusqu'à maintenant, et certaines évaluations présentent des résultats trop contradictoires, pour qu'on puisse hasarder, relativement à l'ensemble du débit mexicain, une approximation sommaire; mais ce n'est point à cause du manque d'eau que la navigation a si peu d'importance en proportion du développement total des rivières : la cause en est à l'inclinaison du terrain et au grand nombre de seuils qui interrompent les lits fluviaux. D'après Garcia y Cubas, l'ensemble des lignes de navigation dans tout le Mexique ne dépasserait guère un millier de kilomètres, en saison ordinaire; d'après d'autres auteurs, elle atteindrait 1 500 kilomètres. Dans la saison des pluies, le double delta du Grijalva et de l'Usumacinta présente à lui seul un réseau navigable plus étendu.

Si le Mexique n'a guère de fleuves portant radeaux ou barques, la même raison qui rend ses cours d'eau impropres à la navigation leur donne une grande force motrice : les barrages naturels, qui forment comme les marches d'un immense escalier des plateaux élevés de 2 000 et de 3 000 mètres jusque dans le voisinage de la côte, facilitent d'autant l'emploi des eaux pour l'irrigation des campagnes, la mise en marche des usines et la propulsion des voitures. L'industrie moderne a déjà commencé d'utiliser les cascades et les rapides qui descendent du plateau comme les nappes d'eau qui dans un parc s'épanchent des vasques de marbre. Nul doute que dans un avenir prochain, le Mexique ne devienne comme la Suisse et le Dauphiné, comme la Thuringe et la Saxe, un très grand pays industriel : dans sa partie méridionale, le pourtour du plateau d'Anahuac est, grâce à l'abondance d'eau, incomparablement supérieur par les réserves de force aux pentes des Alleghanies et des Rocheuses dans la République nord-américaine.

Le Mexique occupera aussi très certainement un des premiers rangs dans le monde par l'abondance et la variété de ses eaux médicinales. Il possède même de véritables rivières, riches en substances chimiques, dont leur flot s'est saturé à l'issue des volcans : tel fut le rio San Pedro qu'avaient recouvert les cendres du volcan Jorullo en 1759. Quelques sources acidules du Popocatepetl, contenant beaucoup d'acide sulfurique, sont également de provenance éruptive. Certainement aussi, nombre de fontaines jaillissantes, qui portent les noms très communs d'Agua-Caliente, d'Ojo-Caliente ou d'Atotonilco, sont d'origine volcanique : la quantité d'eau qui s'élance ainsi du sol en « sources brûlantes », représente une masse liquide énorme, non seulement suffisante pour le traitement de tous les malades du Mexique et de l'Amérique entière, mais aussi pour les besoins de mainte industrie locale. Tous les types d'eaux médicinales que les physiciens, chimistes et médecins ont étudiés en Europe, eaux acides, carbonatées, sulfureuses, ferrugineuses, salines, sont représentés au Mexique par des sources nombreuses, de températures fort diverses, du point de glace au point de bouillonnement.

IV

CLIMAT

Le climat du Mexique ne ressemble à celui des États-Unis, la contrée voisine, que dans la partie septentrionale du plateau, continuant, entre les deux chaînes bordières, les hautes plaines de l'Arizona, du Nouveau-Mexique et du Texas. Là l'atmosphère est d'une grande sécheresse, et l'oscillation des froidures et des chaleurs s'y succède en une très grande amplitude, du jour à la nuit et de l'été à l'hiver. Partout ailleurs, la variété infinie du relief et de l'exposition a pour conséquence tous les contrastes imaginables entre les climats locaux, suivant l'altitude du lieu, les mers dont il reçoit les vapeurs, l'angle sous lequel il est frappé par le soleil. Le territoire offre toute la série des températures, des pressions barométriques et de vapeur d'eau, tous les écarts entre les sécheresses et l'abondance d'humidité.

Afin d'introduire un certain ordre dans cette succession de climats étagés, le langage populaire les classe en raison de leur température, qui est le phénomène principal, en trois zones : la *tierra caliente* ou « terre chaude », où le thermomètre dépasse en moyenne 23 degrés centigrades ; la *tierra templada* (15° à 20°) ou « terre tempérée », qui occupe la zone des pentes autour des monts et du plateau, entre 1 000 et 2 000 mètres de hauteur, mais en s'élevant d'une altitude sensiblement plus grande sur les pentes du sol qui regardent le Yucatan et l'isthme de Tehuantepec ; enfin, la *tierra fria* (5° à 15°) ou « terre froide » dans laquelle se trouve la capitale du pays et où s'est massée la part la plus considérable de la population. C'est la partie des contrées mexicaines qui correspond le mieux aux pays d'Europe, et où dut se porter en conséquence le mouvement de l'immigration blanche venue de l'Ancien Monde ; c'est là aussi que devait se former la culture spéciale du

Mexique, ayant le double caractère que donnent les deux hérédités, celles des Indiens et des races aryanisées. Quoique les conditions particulières de la température y soient très diffférentes, puisque le voisinage de l'équateur ne permet pas qu'il se forme un écart annuel de l'hiver à l'été, les Européens s'acclimatent pour la plupart assez facilement à ces hautes régions de l'ancien Anahuac,

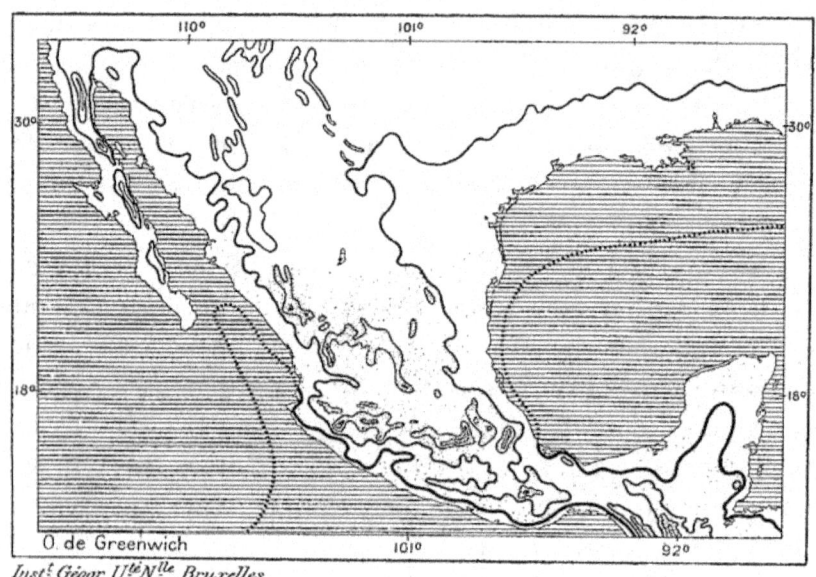

Fig. 5. — Zones étagées du climat.

Ces isothermes sont construites d'après les résultats directs des observations, sans réduction des températures à une même altitude.

Dressé par J. Bertrand, d'après les données de l'Observatoire de Mexico et d'autres.

et ont constitué la souche de familles nombreuses d'où sont issues en maint district et dans les grandes villes la plupart des habitants, à l'état pur ou métissé. A ces trois zones, chaude, tempérée, froide, on pourrait ajouter aussi la *tierra helada*, la zone gelée, dont la température est inférieure à 5 degrés; mais les hommes n'habitent pas ces pointes de montagnes ou ces croupes élevées, région des vents glacés. Les phénomènes météorologiques de la contrée sont notés en trente et quelques observatoires (32 en 1898) établis dans les principales villes de la République et appartenant pour la plupart à l'État.

Il est tout à fait naturel de prendre la ville de México comme le représentant de la moyenne générale des climats, car cette capitale se trouve en effet vers le milieu du plateau d'Anahuac, à l'altitude de 2 255 mètres, qui est à peu près la moitié de la hauteur entre le niveau de la mer et les points culminants de la contrée ; jusqu'à une époque récente le bassin lacustre, dans lequel est bâtie la cité, était sans écoulement vers la mer, constituant comme un centre naturel entre les deux versants océaniques.

Dans cette ville, la pression barométrique moyenne, observée pendant vingt-quatre années, de même que les autres faits météorologiques, est de 586 millimètres, entre les extrêmes de 594 et de 580. La température moyenne à l'ombre, de 15°,4, a oscillé de 31°,6 à 1°,7, offrant ainsi un écart total de 29°,9 ; tandis que l'humidité moyenne de l'air calme s'est élevée en moyenne à 61 centièmes, la pluie annuelle, en 139 jours, fut de 604 millimètres, un peu moins que celle de Paris, et vint avec le même vent, celui du sud-ouest ; mais le vent dominant pendant les seize années fut celui du nord-ouest. Presque tous les vents pluvieux furent accompagnés d'orages, puisque sur 139 jours de pluie, il y eut 136 jours d'éclairs.

La succession des saisons se fait autrement que dans les régions tempérées de l'Europe, vu que la latitude de México se trouve comprise dans la zone tropicale, à 19°,26′ : si le mois le plus froid et le plus sec est décembre et quelquefois janvier, comme en beaucoup de contrées de l'hémisphère septentrional, le mois le plus chaud est mai et quelquefois avril ; les pluies, beaucoup plus abondantes en été que dans les autres saisons, rafraîchissent alors l'atmosphère.

La ville de México ayant été choisie comme représentant une sorte de moyenne de climat de l'ensemble territorial, il importe de signaler aussi les points qui diffèrent, dans les plus fortes proportions, des conditions météorologiques de la capitale, marquant ainsi les limites extrêmes du climat. Prenons, par exemple, Monterey

APERÇU GÉOGRAPHIQUE

(496 mètres) comme type des régions de la Sierra Madre orientale (25°,40' lat. nord) voisines des étendues torrides que parcourt le rio Grande del Norte. La température moyenne (d'après Hann, 10 années d'observation) 21°,3, y est beaucoup plus élevée qu'à México, et l'extrême du chaud y atteint 40 degrés, tandis que l'extrême du froid descend à 2°,9; les pluies, apportées également par le vent du sud-ouest, diminuent graduellement vers l'ouest, de l'autre côté de la Sierra Madre orientale : sur les plateaux d'entre les deux Sierras et dans les bassins fermés, le climat est presque toujours sec; l'humidité est arrêtée par le versant maritime des monts.

Sur le versant du Pacifique, Mazatlan (23°,11' lat. nord) est située au bord immédiat de la mer, sous la libre influence des vents du large, puisque la pointe de la presqu'île de Californie vient mourir sous la même latitude. Là les chaleurs de l'été sont très fortes (34°,1) d'environ 24 degrés de plus que les minima; la température atteint pour 15 années la hauteur thermométrique de 23°,6. Grâce au voisinage de la mer et à la prédominance du vent du nord-ouest, l'humidité de l'air est de 77 centièmes, et les pluies, calculées pour dix-huit années, s'élèvent à 788 millimètres.

Huejutla (21°,41'), située à 376 mètres, sur le versant du golfe mexicain et pleinement exposée à l'air marin, a naturellement une température élevée, soit 23 degrés en moyenne, entre des extrêmes de 34 et de 10 degrés; mais ce qui distingue surtout son climat, c'est l'humidité de l'air (81 centièmes) et une grande abondance de pluies, $1^m,311$ pour une moyenne de 8 années. Tuxpan, presque sous la même latitude (20°,59') mais tout à fait au bord de la mer, a des températures encore plus élevées (24°,5) : l'humidité de l'air y atteint 81, et les pluies y sont aussi très abondantes ($1^m,564$), calculées pour une période de 9 années. Puebla (19°,03'), qui se trouve à une grande hauteur sur le rebord du plateau (2172 mètres) et dont la température moyenne est de 17°,1, reçoit directement ses pluies (926 millimètres) par les vents du nord-est, continuation des alizés, de même que Tlacotalpam, bourg maritime situé au sud-est de Veracruz (18°,36'). La moyenne des pluies, apportées par le vent du nord-est, y est de 2071 millimètres pour 2 années. La température annuelle s'y élève à 25°,3. Enfin les montagnes du sud, qui s'étendent jusqu'à l'océan Pacifique et qui avaient reçu des anciens habitants le nom de Mixtlan ou « Pays des Nuages », méritent parfaitement ce nom. Presque chaque après-midi, le ciel se couvre de vapeurs amenées de l'Atlantique : le soir, elles s'entassent en nuages épais et menaçants où le soleil couchant allume des incendies.

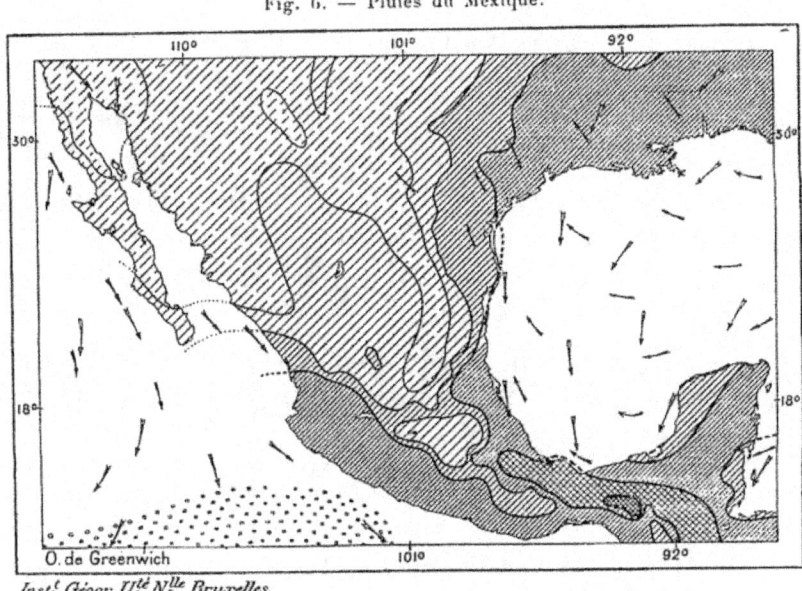

Fig. 6. — Pluies du Mexique.

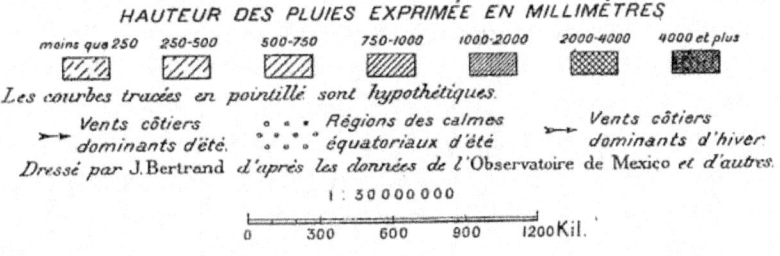

Les villes du bas Chiapas et du Yucatan sont signalées par les météorologistes comme ayant la température moyenne la plus haute du Mexique. San Juan Bautista, dans le Tabasco, se trouve sous l'isotherme de 26°,2. A Merida le thermomètre s'élève à 25°,6. Il y pleut pendant 115 jours de l'année, et la pluie totale y est de 875 millimètres, dont près du tiers dans le mois d'août (267 millimètres). A cet égard, cette ville se trouve donc dans la même aire de climat que le reste du Mexique.

En peu de contrées le vent souffle avec plus de violence que dans les montagnes de Chiapas, battues par le « norte » qui vient du golfe du Mexique et cherche une issue vers le Pacifique. C'est à cause de la force extrême de ce vent, que les voyageurs ont dû abandonner la route directe qui se dirige du port de Tonalá vers Tuxtla Gutierrez, la capitale, et prendre un nouveau chemin qui passe à l'ouest, par un seuil assez bas de la montagne, dit Cuesta de San Fernando. Néanmoins, cette voie relativement facile est encore dangereuse, et l'on doit attendre parfois pendant des journées entières avant de tenter le passage contre le vent; même ceux que le norte pousse dans la direction du sud et porte, pour ainsi dire, avec lui, sont obligés de descendre de leurs montures pour se blottir dans les fossés ou s'accrocher aux rochers qui dominent la route. (Cœcilie Seler).

Un service spécial pour l'étude des grandes tempêtes et des ouragans, si dangereux dans les Antilles, le golfe du Mexique et les régions continentales voisines, rattache les observatoires mexicains au bureau Central (*Weather Bureau*) de Washington.

Le climat se révèle par la faune et par la flore, ou, du moins, par certaines races et espèces caractéristiques plus sensibles aux différences de la température, de l'insolation, de l'humidité et du vent que les formes les plus communes et les plus résistantes. Au point de vue de la faune générale, les naturalistes ont été amenés à partager le Mexique en deux régions dont les limites coïncident d'une manière générale avec celles des *tierras calientes*. Toute la partie méridionale du Mexique, à partir du versant des plateaux, et les deux zones du littoral, du côté de l'Atlantique jusqu'à Tampico, du côté du Pacifique jusqu'à Mazatlan, appartiennent à l'aire « néotropicale », qui comprend aussi l'Amérique centrale et le continent du sud. La région des hauts plateaux et, surtout, l'espace presque sans eau de l'entre-sierra font partie de la zone de transition appelée « sonorienne » par les naturalistes américains. D'ailleurs, pour les différentes espèces, la frontière respective se déplace et les deux aires se pénètrent diversement. Dans cette zone de transition, on trouve encore le jaguar, le tapir, le pécari, une espèce d'armadillo, mais on n'y voit pas de singes : ceux-ci ne dépassent point les limites de la forêt tropicale. La région sonorienne continue l'Amérique du Nord par diverses espèces de musaraignes, des sarigues, un lièvre, un écureuil, un renard. Elle possède plus de cinquante espèces de lézards, dont près des trois quarts, appartenant au genre des iguanes, et l'on y trouve aussi onze des treize espèces de serpents à sonnettes de la faune nord-américaine.

Les animaux se cachent, tandis que la végétation se montre et donne précisément à la nature les caractères essentiels de sa physionomie. Grâce à la présence et à la variété des plantes, le botaniste sait lire le climat avec clarté dans l'aspect que lui présentent les forêts, les bois ou les broussailles, les herbages épais ou rares, les déserts parsemés de touffes ou complètement nus. La chaleur, l'humidité, l'exposition du sol expliquent par leurs phénomènes la diversité des plantes qui se succèdent des âpres plateaux du nord, voisins des États-Unis, aux splendides montagnes boisées du sud, limitrophes du Guatemala.

La famille des cactus, représentée même par des espèces de valeur industrielle, est une de celles qui caractérise le mieux certaines parties du territoire mexicain. Dans les régions septentrionales, y compris la péninsule de Californie, la végétation des plaines et des monts, à distance des ouadi, ne consiste qu'en « cierges » ou *pitahayas*, colonnes cannelées, épineuses, dont les rameaux se détachent à angle droit pour se redresser à quelques décimètres de distance du tronc et reprendre le port vertical : nombre de candélabres s'élèvent ainsi jusqu'à plus de 10 mètres. La plupart des autres plantes qui croissent à côté des cierges se défendent comme eux par des épines et conservent leur suc de la même manière, dans leur épaisse chair. Seulement au bord des ravins où coulent parfois les eaux, où séjourne un peu d'humidité suintante, naissent quelques arbres à feuillage grêle, des peupliers et des saules. Phénomène démographique qui peut nous sembler extraordinaire et qui témoigne de la merveilleuse ingéniosité des peuples dans l'art de s'adapter à leur milieu : les Indiens du Coahuila, d'après lesquels un des États du Mexique est encore désigné, trouvaient dans les plantes de leurs vallées presque désertes toutes les ressources qui leur étaient nécessaires : fruits, racines et tubercules pour la nourriture et la boisson, fibres pour les vêtements et les objets de vannerie, bois pour les cabanes, sèves et gommes pour les remèdes et les drogues.

Les espèces d'agavés, si nombreuses au Mexique, sont en maintes régions du nord représentées par une sorte de gazon de plantes naines qui recouvrent entièrement le sol, tandis que dans l'intérieur, sur les hautes terres du plateau, dominent les grandes espèces, si caractéristiques du paysage, qui sont utilisées dans l'économie rurale de la contrée, soit par leurs fibres, avec lesquelles on façonne des cordes, soit par leurs sèves, qui fournissent des liqueurs enivrantes; en quelques endroits les grands cactus se pressent en *organos* ou « jeux d'orgue », tant les hampes sont rapprochées les unes des autres. Des cactées de toutes dimensions croissent en si grande abondance sur les montagnes des États de Chihuahua et de Durango, pourtant si faiblement arrosées par les pluies, que les pentes apparaissent d'un beau vert, avec les reflets d'or que donnent les fleurs jaunes. Dans la péninsule du Yucatan, c'est encore une espèce d'agavé, le henequen, qui livre au commerce de si grandes quantités de « chanvre » de Sisal, ainsi nommé d'après la rade de la côte nord-ouest où l'on embarquait la plus grande quantité de ce textile.

Les terres fertiles des trois zones superposées, torride, tempérée, froide, correspondent naturellement à une succession de climats dont les flores se succèdent à travers 40 degrés de latitude, des forêts de l'Inde à celles de la Scandinavie et de la haute Écosse. En bas, ce sont en effet les « Indes occidentales » dans toute leur magnificence d'arbres et de plantes, que lient ensemble les réseaux de lianes ; la vanille y développe ses longues ramures, et les fleurs que l'on admire dans les serres chaudes s'y épanouissent en liberté. Plus haut vient la zone intermédiaire où s'entremêlent les climats torrides et tempérés, où croissent les bananiers et les caféiers, à côté des orangers et des pamplemousses; c'est une contrée qui correspond à l'Andalousie du littoral méditerranéen. Puis on monte aux régions qui ressemblent à l'Espagne, au Portugal, à la France, et qui produisent les aliments principaux du Mexicain : le maïs, le haricot, le piment; on est là dans la région du chêne, et on entre ensuite dans celle du pin, dans la Norvège mexicaine, qui finit vers 4000 mètres et par-dessus laquelle s'étend le climat boréal avec ses herbes basses, ses mousses et ses lichens. Les formes arborescentes présentent une très grande variété, évidemment par suite de la pénétration mutuelle des climats auxquels ont à s'accommoder les diverses espèces. Quelques-uns de ces arbres atteignent des proportions étonnantes, tels les frênes et les *ahuehuetes* qui forment les admirables avenues de Chapultepec et les massifs de San Mateo, entre Atzcapotzalco et Guadalupe (Albert Hans). Quoique l'inventaire des arbres gigantesques du monde n'ait pas encore été dressé avec certitude, il est très probable que le plus grand de tous est le *sabino (taxodium mucronatum)* de Santa Catarina Tule, près d'Oaxaca : son pourtour est de 52 mètres, en suivant toutes les verrues et protubérances du tronc. C'est l'arbre saint des Zapotèques; ils veillent avec soin à ce que les touristes stupides n'en cassent point de branches. Puisse-t-il, si l'on voit en lui le symbole de l'indépendance politique du Mexique et de ses progrès sociaux, puisse-t-il grandir à jamais!

Élisée Reclus.

POPULATION ET COLONISATION

PAR LE

PRINCE ROLAND BONAPARTE
Vice-Président de la Société de Géographie de Paris.

I

LE RECENSEMENT DE 1900

Le dernier recensement de la population du Mexique remonte au 28 octobre 1900, et a été exécuté dans des conditions qu'il faut rappeler.

Très désireux d'arriver, mieux que par le passé, à l'exactitude, le Gouvernement avait pris des mesures pratiques, dictées par l'expérience et fait appel au zèle des citoyens. Le président Porfirio Diaz avait voulu donner l'exemple en opérant lui-même, comme recenseur, dans la section de son domicile. En outre, on avait obtenu, officieusement, le concours précieux du clergé. Les évêques avaient lancé des lettres pastorales pour conseiller aux fidèles de faciliter la tâche de l'Administration. Les prélats expliquaient que l'opération n'avait pas pour but l'établissement d'impôts nouveaux, ni le recrutement militaire, et serait profitable à la nation. Dans toutes les paroisses on avait prêché en faveur du recensement.

Finalement, l'opération donna 13 611 694 habitants, soit, sur 1895, une augmentation d'environ 1 million d'âmes, ou près de 7,45 pour 100 gagnés en cinq ans. Plus d'une nation européenne se serait déclarée très satisfaite d'un semblable résultat.

Selon un travail de la Direction de statistique, — qui nous a été communiqué par M. Antonio Peñafiel, — le total des recensés, arrêté définitivement, se divisait conformément au tableau ci-après :

ÉTATS	POPULATION EN 1895	POPULATION EN 1900	AUGMENTATION	DIMINUTION
Aguascalientes	104 645	102 416		2 199
Campêche	88 121	86 542		1 579
Coahuila	241 026	296 938	55 912	
Colima	55 752	65 115	9 363	
Chiapas	319 599	360 799	41 200	
Chihuahua	262 771	327 784	65 013	
District Fédéral	476 413	541 516	65 103	
Durango	295 105	370 294	75 189	
Guanajuato	1 062 554	1 061 724		830
Guerrero	420 339	479 205	58 866	
Hidalgo	558 769	605 051	46 282	
Jalisco	1 107 227	1 153 891	46 664	
México	841 618	934 463	92 845	
Michoacan	896 495	935 808	39 303	
Morelos	159 355	160 115	760	
Nuevo Léon	309 252	327 937	18 685	
Oaxaca	884 909	948 633	63 724	
Puebla	984 413	1 021 133	36 720	
Queretaro	228 551	232 389	3 838	
San Luis Potosi	568 449	575 432	6 983	
Sinaloa	258 865	296 701	37 836	
Sonora	191 281	221 682	30 401	
Tabasco	134 839	159 834	24 995	
Tamaulipas	206 502	218 948	12 446	
Tlaxcala	166 803	172 315	5 512	
Veracruz	866 355	981 030	114 675	
Yucatan	298 850	314 087	15 237	
Zacatecas	452 578	462 190	9 612	
Territoire de Tepic	148 776	150 098	1 322	
Territoire de la Basse-Californie	42 245	47 624	5 379	
	12 632 427	13 611 694	983 875	4 608

Il ressort du tableau précédent que certains États, de population dense, ont eu un accroissement insignifiant, tandis que d'autres, de population faible, comme Colima et la Basse-Californie, ont eu une augmentation annuelle de 17 à 18 pour 100. Et si, comme dans l'État d'Aguascalientes, la population a diminué légèrement, ou est restée à peu près stationnaire, comme dans les États de Jalisco et de Guanajuato, c'est que des habitants ont émigré vers des régions où la main-d'œuvre est sollicitée.

A peine connus, les résultats du recensement de 1900 donnèrent lieu à des critiques fondées. On constata que certaines difficultés n'avaient pu être surmontées, et que, en beaucoup d'endroits, les ruraux, malgré les recommandations du clergé, avaient persisté dans la défiance. De plus, quantité de fonctionnaires ne s'étaient pas montrés à la hauteur de leur tâche (1).

D'après l'opinion de gens bien placés pour savoir, le nombre de 13 611 694 indiqué par l'Administration, est très au-dessous de la réalité, et, en octobre 1900, le total se trouvait entre 14 et 15 millions : un recensement plus exact l'eût démontré. Aussi, en tenant compte de l'excédent des naissances sur les décès, qui fait augmenter annuellement la population d'environ 200 000 âmes, on peut évaluer à 14 millions 1/2, pour la fin de 1902, le nombre des habitants de la République mexicaine. Et on reste plutôt au-dessous de la vérité.

La population du Mexique est presque exclusivement d'origine locale. Sur le total des personnes recensées, en 1900, 57 507 seulement étaient d'origine étrangère, soit moins de 1/2 pour 100 de la population. Nous reviendrons sur ce sujet.

Selon l'administration, la densité de la population était, en 1900, de 6,82 par kilomètre carré. Toutefois, en rectifiant le total du recensement, suivant l'avis d'hommes compétents, et en y ajoutant l'augmentation présumée pour les années 1901 et 1902, cette densité s'élèverait à 7,20 environ.

---

(1) Par exemple, dans l'État de Campêche, où la population est portée en diminution, les autorités de plusieurs cantons, entre autres celui de Champoton, s'étaient bornées à compter les habitants qu'ils avaient sous la main, sans s'occuper des groupements éloignés, où la vérification aurait coûté quelques efforts.

Fig. 7. — Densité kilométrique de la population mexicaine.

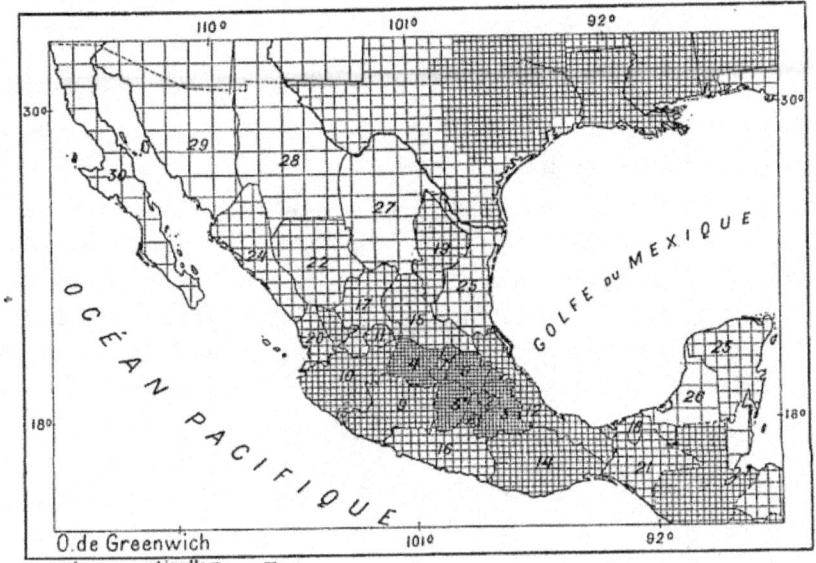

Habitants par kilomètre carré.

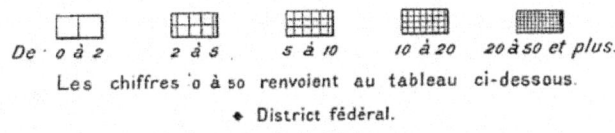

De 0 à 2   2 à 5   5 à 10   10 à 20   20 à 50 et plus.

Les chiffres 0 à 50 renvoient au tableau ci-dessous.

♦ District fédéral.

1 : 30 000 000

0   300   600   900   1200 Kil.

États et Territoires mexicains par ordre de densité kilométrique (1900).

	ÉTATS ET TERRITOIRES	Habitants par kilom. car.		ÉTATS ET TERRITOIRES	Habitants par kilom. car.		ÉTATS ET TERRITOIRES	Habitants par kilom. car.
1	District fédéral.	451,26	11	Aguascalientes.	13,39	21	Chiapas	5,11
2	Tlaxcala	41,7	12	Veracruz	12,96	22	Durango	3,76
3	Mexico	39,	13	Colima	11,06	23	Yucatan	3,44
4	Guanajuato	36,04	14	Oaxaca	10,34	24	Sinaloa	3,40
5	Puebla	32,29	15	San Luis Potosi	8,77	25	Tamaulipas	2,59
6	Hidalgo	26,19	16	Guerrero	7,40	26	Campêche	1,85
7	Queretaro	25,32	17	Zacatecas	7,20	27	Coahuila	1,80
8	Morelos	22,28	18	Tabasco	6,12	28	Chihuahua	1,44
9	Michoacan	15,79	19	Nuevo Leon	5,25	29	Sonora	1,11
10	Jalisco	13,98	20	Tepic	5,14	30	Basse-Californie	0,31

Au point de vue ethnographique, la population du Mexique n'est pas homogène. Elle peut être divisée en trois groupes principaux, à savoir :

1° Groupe européen ;

2° Groupe métis ;

3° Groupe autochtone.

De plus, il existe encore des représentants de la race noire, d'autres de la race jaune viennent d'arriver. Mais ce ne sont que des quantités négligeables.

Approximativement, la proportion des blancs s'élève à 20 pour 100, celle des métis à 40 pour 100 et celle des Indiens également à 40 pour 100. Mais, il faut le répéter, ce ne sont là que des évaluations conjecturales.

En réalité, les éléments ethniques de la nation mexicaine sont simples. Il reste à les examiner.

II

LES BLANCS

A partir de 1521, et dès que le récit des exploits de Fernand Cortez et de ses compagnons parvint à la cour de Charles-Quint et dans la péninsule Ibérique, un courant d'émigration se forma et se dirigea vers la région conquise, appelée la Nouvelle-Espagne. Celle-ci, dont les richesses étaient fort exagérées, ne tarda pas à attirer, comme le Pérou, toutes les cupidités.

Les parents et amis des *conquistadores*, les fonctionnaires, les marchands, artisans, mineurs, agriculteurs et aventuriers, arrivant d'Espagne, amenèrent peu de femmes. Les plus fortunés épousèrent des filles de l'aristocratie indigène et de jeunes métisses de la première génération ; les autres, des Indiennes.

Ce premier noyau fut grossi constamment, pendant les trois siècles du régime colonial, par des apports de race blanche, apports rendus considérables de par leur continuité, et composés surtout d'hommes faits, célibataires.

L'élément ethnique, dit européen, provenait de toutes les régions espagnoles. Les Castillans, les Andalous et les Estramaduriens, d'abord en tête (1), furent vite dépassés par les Basques des trois provinces et de la Navarre, les *Montañeses* de la région de Santander, les Asturiens et les Galiciens, c'est-à-dire par ceux partant de la longue chaîne montagneuse du nord de l'Espagne, prolongement des Pyrénées, et l'un des plus grands réservoirs d'hommes alimentant l'émigration dans le Nouveau Monde.

Les Aragonais comptaient pour peu ; les Catalans furent moins nombreux que ne pourrait le faire croire leur esprit d'entreprise, car la Méditerranée et l'Orient les hypnotisèrent longtemps.

Les Canariens, ou *Isleños*, envoyèrent un contingent apprécié

---

(1) Fernand Cortez était de Medellin, en Estramadure.

dans les terres chaudes et tempérées ; mais ce furent toujours les Andalous qui donnèrent le ton.

Après l'installation, à México, d'un nouvel ordre de choses, la Société coloniale naissante reçut l'apport de l'ancienne aristocratie indigène. Les *Tlataones* ou seigneurs féodaux et héréditaires, que les Espagnols appelaient « Caciques », — mot provenant des Antilles — qui voulurent conserver un rang et des biens, demandèrent le baptême et prirent les nom et prénoms de leur parrain ; ils abandonnèrent, non sans peine, la polygamie, offrirent leurs filles aux Espagnols, et leurs fils, instruits par des religieux, recherchèrent les premières métisses.

Pour sa part, Fernand Cortez, aussi habile administrateur et fin politique que grand capitaine, s'attacha la noblesse alliée et appela à lui l'aristocratie des vaincus. A la première, il accorda des récompenses, et, à la seconde, des compensations. Il s'occupa avec persistance de leur hispanification, et leur fit distribuer des emplois, des dotations et des titres, cela, autant que possible, d'accord avec les lois castillanes.

Ainsi, le fils de l'empereur Moctezuma reçut une seigneurie, comprise dans México, et fut nommé inspecteur des ateliers indiens. Il surveillait et animait les anciens sujets de son père, occupés à reconstruire la capitale. Il accompagna Fernand Cortez, avec d'autres caciques, dans un voyage en Europe, et fut présenté, par le conquérant, à Charles-Quint (1). Il eut des descendants qui épousèrent des Espagnoles, et l'un d'eux devint vice-roi de la Nouvelle-Espagne (2).

Quatre filles de Moctezuma — elles avaient été dotées par les soins de Fernand Cortez — épousèrent des Européens.

De nos jours, la parenté avec l'infortuné souverain aztèque est revendiquée, à Madrid, par des membres de la grandesse, et donne encore droit, à México, à des pensions de l'Etat.

---

(1) Durant leur séjour en Espagne, le fils de Moctezuma et les caciques se perfectionnèrent dans le castillan, et furent somptueusement habillés aux frais du monarque. Dès lors, ils adoptèrent les modes de la Cour.

(2) Jose Sarmiento Valladares, comte de Mocteuhzoma y Tula, entra à México, le 18 décembre 1697. Il administra convenablement le pays, jusqu'au 4 novembre 1701, et retourna dans la péninsule. Ses héritiers portent le titre de ducs et sont grands d'Espagne.

Autres faits instructifs :

Le noble et infortuné Cuahutemoc, dernier chef de l'empire aztèque, après la perte du trône et la torture subie, avait été baptisé et était devenu le « vicaire » de Fernand Cortez, pour le gouvernement des Indiens. Sa fin dramatique l'a empêché de laisser une famille qui se serait hispanifiée. Mais, sa veuve, l'impératrice, fort belle personne et qui conserva longtemps ses attraits, dit Bernal Diaz del Castillo, épousa un Castillan, avec qui elle fit bon ménage.

Fernando de Alva Cortez, un des historiens de la conquête, était un prince de la famille des Ixtlitlscohiltl, qui avait régné a México et à Teotihuacan. Il avait changé son nom aztèque pour un autre composé avec celui du conquérant.

Charles-Quint autorisa les mariages entre Espagnols et filles de caciques, et, aussi entre caciques et Espagnoles. Aussi, les collèges pour indigènes nobles, fondés par les ordres religieux, disparurent-ils promptement, les grandes familles indiennes ayant été absorbées par la société créole.

Depuis cette époque, toute famille indienne qui s'est élevée a été immédiatement comme aspirée par la nouvelle classe dirigeante, composée uniquement de blancs purs ou métissés (1).

Depuis, des unions innombrables d'Espagnols, voire d'Espagnoles, venus d'Europe ou nés dans le pays, avec des métisses et métis, souvent bien pourvus, ont encore infiltré du sang indien dans la race blanche (2).

L'émigration des péninsulaires vers le Mexique fut activée par les découvertes et l'exploitation des mines d'argent, qui éveillaient les convoitises. Cette émigration se ralentissait pendant les guerres

---

(1) Un exemple : Benito Juarez, Indien Zapotèque, hispanifié par l'instruction et l'éducation, et l'une des figures du Nouveau Monde, devient avocat et l'un des chefs d'un parti politique. Il épouse alors une femme appartenant à la classe « decente » (dirigeante), et dont la mère était Italienne. A leur tour, ses enfants se marient : le fils, avec une Française, les cinq filles, avec trois Espagnols, un Mexicain et un Cubain. Puis ses petits-enfants s'allient tous avec des blancs. Si Juarez avait vécu aussi longtemps que certains hommes de sa génération, il aurait vu sa descendance transformée dans un sang nouveau.

(2) Il faut être connaisseur pour distinguer les traces du sang indien ; celles-ci disparaissent dès le second croisement, tandis que, pour les noirs, les stigmates persistent au troisième croisement, et que, pour les Mogols, le bridement des yeux existe encore au septième.

de la monarchie espagnole contre la Hollande, la France et l'Angleterre, et reprenait activement, durant les périodes de paix. Sous la maison d'Autriche, elle fut gênée par la piraterie des flibustiers européens croisant dans la mer des Antilles. L'établissement de la maison de Bourbon, à Madrid, lui fut très favorable.

L'esprit de clocher dont tous les émigrants étaient imbus, les portait à s'entr'aider et à former des sortes de clans. Les Basques se distinguaient par leur esprit de solidarité.

On donnera une idée de l'importance de l'élément ethnique fourni par la mère patrie, en rappelant que, en 1811, lors de l'insurrection, le nombre des péninsulaires s'élevait à 70 000.

Les Européens, fort goûtés des femmes créoles, recherchaient les unions profitables. Ceux de caractère vulgaire et de basse origine, ne parvenant pas à la fortune, se contentaient de femmes métisses, ou prenaient des concubines indiennes. Peu retournaient en Espagne; la lenteur des communications et les fatigues du voyage étaient alors rebutantes. Du reste, les péninsulaires qui, après fortune faite ou par devoir, quittaient le pays, y laissaient presque toujours de la progéniture.

Tous les enfants nés des péninsulaires, même ceux nés d'une mère venue d'Europe, devenaient *hijos del pais* (fils du pays), c'est-à-dire que, tout en restant fidèles au roi et en obéissant à son représentant, le vice-roi, ils appartenaient à une population nouvelle, ayant un esprit particulier et des aspirations spéciales. Chez ces créoles, les coutumes et les mœurs espagnoles se trouvaient modifiées par certaines influences et traditions provenant des indigènes, du climat, du milieu et de l'infusion d'un peu de sang indien; de plus, le castillan était parlé avec un accent doux et caressant qui n'existait pas de l'autre côté de l'Atlantique.

Mû par le patriotisme étroit et le protectionnisme à outrance de l'époque, le Conseil des Indes prohiba toujours l'entrée des étrangers dans les colonies espagnoles (1).

(1) Dans les premiers temps de la découverte faite par Christophe Colomb, les Espagnols appartenant aux provinces de la couronne de Castille prétendaient avoir seuls le droit d'exploiter le Nouveau Monde. Ils voulaient en exclure, non seulement toutes les nations d'Europe, mais encore les Espagnols appartenant à la couronne d'Aragon. Ils se basaient sur ce point que l'expédition de découverte avait été organisée aux frais et par

Mais, sur ce point comme sur bien d'autres, la loi ne fut pas toujours rigoureusement observée. Il vint en Amérique un certain nombre de gens, nés hors de la péninsule, voire hors des possessions royales. C'est ainsi que l'ingénieur fameux, Enrique Martinez qui, dès le commencement du xviie siècle, s'occupa de mettre México à l'abri des inondations, et a laissé une réputation qui survivra longtemps, était un Français appelé Henri Martin, dont le nom fut castillanisé. Péninsulaires et créoles le considéraient comme un compatriote. D'autres étrangers, Italiens, Flamands, Suisses ou Wallons, venus comme prêtres, officiers, techniciens, employés et aventuriers, s'établirent dans le pays. Des naufragés et des prisonniers de guerre, traités avec humanité, y restèrent également.

A noter que la Nouvelle-Espagne eut comme vice-rois, au xviiie siècle, un Français, le marquis de Croix, et un Italien, Branciforte. D'autre part, un Français, nommé Laborde, créa au Mexique quantité d'entreprises minières, et y fut ce qu'on appellerait aujourd'hui le « Roi de l'argent ». Il modifia son nom en Borda, et eut des enfants. Un autre Français, appelé Miramon, fut fonctionnaire et laissa des descendants; un de ses petits-fils, le général Miguel Miramon, acquit une grande notoriété par ses talents et sa fin tragique.

Au commencement du xixe siècle, un certain nombre d'étran-

les soins uniques d'Isabelle, reine de Castille, et que l'époux de celle-ci, le roi Ferdinand d'Aragon, n'y avait participé en rien.

La mort d'Isabelle la Catholique et la prise de son pouvoir par Ferdinand d'Aragon, et surtout la force des choses, annulèrent les prétentions des sujets de la couronne de Castille.

Le Conseil des Indes, qui administrait les possessions espagnoles, dut admettre l'émigration, en Amérique, des sujets de la couronne d'Aragon, c'est-à-dire originaires des provinces de Navarre, d'Aragon, de Valence, des Baléares et de la Catalogne. Malheureusement, il s'opposa toujours à laisser partir des émigrants provenant des autres parties de la couronne d'Aragon, ou autrement, des royaumes de Naples, de Sicile et de Sardaigne. Même sous Charles-Quint et ses successeurs de la maison d'Autriche, les sujets espagnols des Pays-Bas, du Milanais et de la Franche-Comté n'obtinrent pas la permission de passer au Nouveau-Monde. Seulement, de 1580 à 1640, le Portugal se trouvant réuni, l'émigration portugaise fut tolérée. Ainsi, la colonisation de l'Amérique semblait réservée aux seuls habitants de la Péninsule ibérique.

Cette opposition du Conseil des Indes fut un grand malheur pour l'Amérique espagnole. En effet, les Italiens eussent pu lui fournir ce que l'Espagne n'envoyait guère : des agriculteurs; et les Français de la Franche-Comté et des Pays-Wallons, ainsi que les Flamands des Pays-Bas, des artisans et des colons en quantité. L'émigration italienne, aujourd'hui si recherchée, vient à l'appui de notre opinion.

gers participaient à la vie publique. D'aucuns, comme le Sicilien Filisola, étaient officiers dans les milices royales, et le curé Hidalgo, en organisant, à Guadalajara, sa grande armée d'insurgés, réclama, pour commander son artillerie, le concours d'un ingénieur français nommé Fléchier, qui travaillait dans la région (1).

Bref, sous le régime colonial, si les étrangers n'émigraient pas ouvertement au Mexique, on peut dire qu'ils pouvaient s'y glisser et y rester.

Un antagonisme, né au lendemain de la conquête, entre créoles et Européens, persista près de trois siècles, et d'autant plus que ceux-ci monopolisaient les meilleurs emplois et s'arrogeaient une supériorité morale. Après avoir déclaré les Indiens *menores* (mineurs) et s'être qualifiés eux-mêmes *Gente de razon*, c'est-à-dire gens possédant seuls la raison, les péninsulaires tendaient à considérer les créoles comme des êtres un peu inférieurs, vu que, à l'exemple des indigènes, ils étaient nés dans le pays. Ce préjugé, accepté par la Cour de Madrid, était indéracinable. Du reste, à la même époque, il existait également dans les Amériques anglaise et française. On sera surpris d'apprendre qu'en arrivant au Canada, les Français s'affirmaient supérieurs à ceux de leurs compatriotes nés sur les bords du Saint-Laurent.

Cet antagonisme entre Espagnols créoles et européens contribua fort à faire éclater la guerre de l'Indépendance, en 1810, et fut alors cause du massacre de milliers de péninsulaires.

Les apports de blancs ne s'arrêtèrent pas après la séparation, en 1821, du Mexique et de la mère patrie. Au contraire, ils reprirent sous une autre forme. Effectivement, l'émigration européenne apparut, d'abord faible, puis plus accentuée. Les Espagnols, qui continuèrent leur mouvement, — ralenti par un bannissement incomplet et passager, — les Français, les Anglais, les Allemands, les Italiens et les Nord-Américains apportèrent, d'une façon suivie, des éléments inestimables.

Ici, on ne saurait omettre que les troupes nord-américaines, qui, en 1846 et 1847, occupèrent diverses régions septentrionales

(1) Carlos Maria Bustamente.

et centrales du Mexique, ainsi que le corps expéditionnaire français et ses auxiliaires belges et austro-hongrois, qui séjournèrent dans la plus grande partie du pays, durant la longue période de l'Intervention, ont laissé derrière eux quantité de déserteurs et des traces ethniques de leur passage, les Français surtout, qui sympathisaient avec la population.

En majorité, les étrangers font souche, et leurs fils acceptent avec empressement la nationalité mexicaine que la constitution leur concède, de par la naissance sur le sol de la République. C'est que, au Mexique, — il en est de même dans tout le Nouveau Monde, — les enfants des étrangers s'identifient instinctivement au peuple au milieu duquel ils sont nés, et dont ils adoptent la langue, les mœurs et l'esprit. Cette identification, due à une influence territoriale et locale, est encore favorisée par la largeur de l'Atlantique. Durant la guerre contre l'Intervention, quantité de fils de Français luttèrent, les armes à la main, contre la France. Ceux qui tombèrent au pouvoir du corps expéditionnaire protestaient de leur patriotisme mexicain. Plusieurs se distinguèrent par d'éclatants services (1).

Le phénomène s'étend même à la descendance des Nord-Américains. Le voisinage des États-Unis ne contrebalance pas l'influence du milieu. Les enfants d'un Nord-Américain et d'une Mexicaine se déclarent presque toujours Mexicains et le sont en effet.

Finalement, ne voulant pas se réclamer de leur pays d'origine, et étant favorisés par une législation éclairée, les fils d'étrangers font partie intégrante de la nation.

Donc, la race blanche est alimentée, et tout porte à croire que l'émigration européenne ira la fortifiant en l'avenir.

(1) Albert HANS : *La Guerre du Mexique selon les Mexicains*, Paris, 1899.

III

LES MÉTIS

Tandis que, décimés par des épidémies épouvantables, — la variole notamment, — les indigènes diminuaient, une race, celle des métis, apparaissait. Son origine est la suivante :

Les conquérants, n'ayant pas amené de compagnes avec eux, en prirent parmi les Indiennes. On sait que Fernand Cortez en choisit une, doña Marina, native du Coatzacoalcos, qui lui fut d'un immense secours, comme interprète et conseil.

Des femmes, offertes par des alliés et considérées comme butin de guerre, furent distribuées aux soldats. Un de ceux-ci, Bernal Diaz del Castillo, dans son livre immortel, raconte que les hommes se plaignaient de recevoir des Indiennes usées, tandis que les officiers gardaient pour eux les plus jeunes et les plus jolies. Il ajoute que des femmes enlevées et réclamées refusaient de retourner avec leurs premiers maitres, en déclarant, d'accord avec Cortez, qu'elles étaient devenues chrétiennes. Mais la vérité, selon le chroniqueur, est que ces Sabines préféraient de beaucoup « leurs Espagnols ».

Le camp des envahisseurs vit promptement naitre des enfants métis, et Fernand Cortez eut de doña Marina un fils, Martin Cortez, torturé et décapité injustement en 1567.

Une fois le régime colonial établi, la nouvelle race se multiplia sans arrêt. Les maitres espagnols et leurs majordomes voyaient dans les femmes des Indiens, comme les planteurs dans les négresses, une sorte de cheptel. Il faut aussi tenir compte des amours ancillaires. Au reste, le potentiel de procréation de la race blanche, conquérante, opulente et dominatrice, était très élevé.

Il est à remarquer que les croisements de l'Indien avec la femme blanche ont été presque aussi rares que ceux du nègre avec l'Européenne, et que ce sont le blanc et l'Indienne qui ont créé la race mixte.

D'abord, les métis, mal vus, furent traités en gens inférieurs. Leur situation était à peu près celle des *Half-Cast* de l'Indoustan anglais et des métis franco-annamites de l'Indo-Chine. Mais la Nouvelle-Espagne, — en principe colonie d'exploitation, — devenant colonie de peuplement, les gens de sang-mêlé devinrent très utiles et fournirent, surtout aux mines, une main-d'œuvre intelligente et à bon marché.

Un des premiers vice-rois ordonna de recueillir les enfants abandonnés de la nouvelle race, et de leur donner une instruction castillane et chrétienne. Un autre gouvernant, le marquis de Mancera, décrit les métis comme partie importante du peuple et fait leur éloge (1).

Dès 1588, Philippe II enjoignit de leur conférer les ordres. Admis dans le clergé, ils surent y tenir un rang.

La race mixte a reçu des renforts de l'extérieur. Outre les quelques centaines d'Indiens hispanifiés que Cortez d'abord, Panfilo de Narvaez ensuite, et Garibay après eux, amenèrent des Antilles au moment de la conquête, beaucoup de sang-mêlés, stimulés par la découverte des mines, quittèrent Cuba, Puerto Rico, Saint-Domingue et la Jamaïque (2), pour aller s'établir en Nouvelle-Espagne. Même les mineurs de la partie espagnole de Saint-Domingue l'abandonnèrent en masse, et vinrent travailler sur les gisements de Guanajuato, nouvellement découverts.

En 1804, les métis, au nombre de 1 300 000 (3), montraient un caractère passionné et inquiet; ils avaient une tendance à s'élever au-dessus de la qualité de serviteurs et dissimulaient mal leur jalousie contre les Européens et les créoles; ils s'employaient principalement au travail des mines, aux transports et à la petite industrie. Enfin, ils envahissaient les professions libérales et se montraient avides de savoir et ambitieux de richesses et de pouvoir (4).

Un développement de l'histoire des métis serait superflu. Tou-

---

(1) Justo SIERRA.
(2) La Jamaïque, d'abord colonie espagnole, fut enlevée par les Anglais, en 1658. Une partie de ses habitants quittèrent l'île et passèrent en Nouvelle-Espagne, avec leurs esclaves.
(3) HUMBOLDT.
(4) G. RAIGOSA.

tefois, on doit rappeler qu'ils ont fourni de bons soldats aux vice-rois, soit dans les escadrons de *Presidiales*, chargés de refouler les Indiens *bravos* du Nord, soit dans les gardes-côtes, ayant pour mission de protéger le littoral contre les corsaires hollandais, français et anglais. Ils ont même constitué le fond des contingents envoyés pour défendre les Florides, la Jamaïque, Cuba, Puerto Rico et Saint-Domingue.

Les cavaliers qui luttèrent si longtemps et si vaillamment contre les boucaniers et flibustiers français de Saint-Domingue, étaient des métis mexicains et non des Espagnols d'Europe, comme nos pères l'ont répété.

Plus que l'Indien et autant que le blanc, les métis ont le sentiment du patriotisme. Au commencement du xixe siècle, Humboldt a raconté qu'après le traité de Versailles, donnant la vie nationale aux États-Unis, les métis lui disaient ouvertement : « Nous ne sommes pas Espagnols, mais Américains (1). » Aussi, la race mixte prit-elle une part active aux luttes pour l'indépendance et procura aux insurgés quantité de chefs, dont Morelos, qui montra les qualités d'un grand capitaine. Plus tard, elle supporta le poids principal des guerres contre les Nord-Américains, au Texas, et durant les années 1846-1847, puis contre l'Intervention française, de 1862 à 1867. Les blancs exigeaient des grades et des avantages ; les Indiens ne marchaient que contraints et forcés ; les métis, eux, constituaient les cadres inférieurs, se montraient tenaces et formaient le nerf des forces militaires (2).

Les métis ont les cheveux noirs et les attaches des mains et des pieds d'une grande finesse ; ils parlent le castillan, recherchent l'instruction, sont intelligents et ont des aptitudes pour les arts. Jadis, ils n'aimaient pas les Espagnols ; ils dédaignent les Indiens ; ils ont les goûts et la mentalité de l'Européen et préfèrent la vie

(1) Sous le régime colonial, « Mexicain » servait à désigner les indigènes. Les créoles étaient appelés « Américains » et les Espagnols « Européens ». Ces derniers recevaient le sobriquet de « Gachupines », remontant à la conquête, et signifiant « hommes à souliers ». Ces dénominations persistèrent jusqu'en 1821. L'Indépendance proclamée, le nom de Nouvelle-Espagne, qui tombait déjà en désuétude, fut remplacé par celui d'Empire mexicain, ensuite, par celui de République mexicaine, et la nouvelle nation, en entier, s'appela : « les Mexicains ».

(2) Albert Hans.

des cités à celle des champs ; ils se consacrent au commerce et à l'industrie et font d'excellents ouvriers.

Leur type n'est pas uniforme. C'est que le métissage se continue sur tous les points du territoire, et que le mélange des sangs blanc et indien donne des résultats dissemblables, les races indigènes différant entre elles, au point de vue de la teinte, des traits et de la rareté du poil barbu.

Dans le Yucatan, les métis d'Espagnols et de Mayas sont l'une des plus belles races du Nouveau-Monde, par les femmes surtout. Mais, malgré de nouveaux croisements avec les blancs, le type indien se conserve de génération en génération (1). Le métis d'Espagnol et de Zapotèque est plus près du blanc que celui de l'Espagnol et de l'Aztèque. Bref, il est impossible de fixer le degré de métissage des sujets. Les uns pourraient être, au besoin, qualifiés Européens, les autres, ayant à peine quelques gouttes de sang blanc, pourraient être confondus avec les Indiens.

Une autre complication réside dans les innombrables cas d'atavisme, qui reproduisent, chez les enfants, des traits et une nuance provenant d'aïeux parfois éloignés. Ces cas d'atavisme, « saltos atras », sauts en arrière, sont opposés, toujours victorieusement, au mari jaloux qui doute de la vertu de son épouse.

La difficulté de caractériser la race mixte est encore augmentée par la résorption, en cours, des éléments ethniques fournis par l'Afrique, durant le régime colonial.

Les nègres ne représentent qu'une fraction faible de la population. Ils ont d'abord été amenés dans les mines, puis dans les Terres Chaudes du golfe et de la région de Cuernavaca, pour y faire un travail que les Indiens ne pouvaient donner. Ils ont été également, dans la capitale, domestiques et ouvriers boulangers. Il en arriva également à Acapulco et dans quelques ports du Pacifique, comme San Blas, par la voie du Panama. Ils se montraient cruels envers les Indiens et très turbulents.

Parfois, leurs désordres furent durement réprimés. Sous la Maison d'Autriche, à México, le tribunal de la « Real Audiencia »,

---

(1) Désiré Charnay.

pour l'exemple, en fit pendre vingt d'un coup, avec quatre négresses par-dessus le marché.

Dans la province de Veracruz, il y eut des esclaves marrons, qui, vers 1699, groupés, firent résistance, en un lieu inaccessible et bien choisi, situé non loin de la route de México, au Golfe (1). Il fallut envoyer de la troupe contre eux et admettre leurs offres de capitulation.

Par un recensement qui eut lieu en 1747, pour la capitale, il est établi que celle-ci comptait alors 40 000 familles de métis, de *mulâtres* et de *nègres*.

Pour les gens de couleur, l'esclavage ne disparut qu'en 1821, lors de la proclamation de l'Indépendance. La traite avait été supprimée en 1817.

On aperçoit encore des individus chez lesquels domine évidemment le sang noir; mais, à coup sûr, il n'existe pas deux nègres de race pure dans la descendance des anciens esclaves. Les quelques noirs qu'on rencontre viennent du sud des États-Unis, des Antilles, de Cuba et de la Jamaïque; ils sont occupés, dans les Terres Chaudes, sur les chantiers et dans les ateliers des chemins de fer. D'autres, venus de la colonie anglaise de Belize, sont employés à des travaux publics dans le Yucatan et le nouveau territoire de Quintana Roo. Les hauts plateaux ne leur conviennent pas. Ils sont aussi bruyants et aussi peu maniables que leurs devanciers.

Les esclaves arrivant d'Afrique étant en majorité des mâles, il y eut immédiatement des croisements avec les Indiennes: ces croisements ont fourni les Zambos, si connus dans la région de Cuernavaca. D'autres croisements entre blancs et négresses ont fourni des mulâtres. Et les alliances entre blancs, métis, mulâtres, Zambos et Indiens ont produit des combinaisons à l'infini.

La fusion de tous ces éléments ethniques est très avancée. Et, dans les terres basses de l'État de Veracruz, il en est résulté une population acclimatée, hispanifiée, et ayant le tour d'esprit spécial et des coutumes qu'on retrouve dans les pays tropicaux. Ce sont les

---

(1) Un village existe près de là, aux environs de Cordoba, et s'appelle encore *San Lorenzo de los negros*. Au reste, la ville de Cordoba doit son origine à un poste militaire établi pour surveiller les travailleurs noirs de la région veracruzaine.

Jarochos. Ils ont tenacement combattu, dans leur région, les troupes nord-américaine et française.

Aux métis, on peut ajouter, ainsi que le font certains auteurs, les indigènes vivant habituellement dans les centres de population. Ceux-ci parlent le castillan, subissent l'influence de l'esprit moderne, s'associent à la nation, commencent à produire et à consommer, et diffèrent ainsi des Indiens vivant isolés dans les villages et parlant des dialectes anciens.

Quant aux subdivisions de la race mixte, elles ne peuvent être fixées, même approximativement. Le recensement n'enregistre pas les nuances de la peau et les différences de type. La tâche serait difficile.

Déjà, il en était un peu ainsi sous le régime colonial. Les recensements alors opérés, et qui divisaient la population en blancs, métis, noirs et Indiens, étaient surtout faussés en ce qui concerne les trois premières catégories.

Le préjugé de couleur engageait beaucoup de gens de peau trop brune à se faire classer, non parmi les métis ou les mulâtres, mais bien parmi les créoles blancs. Les recenseurs y prêtaient la main, par complaisance ou par intérêt.

Il n'y a pas longtemps, on a vu les fonctionnaires espagnols de Cuba porter, moyennant finance, des sang-mêlés sur les listes des Castillans. En y mettant le prix, un mulâtre aurait pu se faire inscrire parmi les « hidalgos au sang bleu » si les registres avaient compris cette soi-disant aristocratie.

De cet acabit étaient les recenseurs de la Nouvelle-Espagne. Pour eux, l'once d'or avait des propriétés de blanchiment.

Et La Fontaine qui a dit :

> Selon que vous serez puissant ou misérable,
> Les jugements de cour vous rendront blanc ou noir,

aurait pu, aux jugements de Cour, ajouter les qualifications des recensements espagnols.

Heureusement, les appréciations, au point de vue ethnographique, n'ont jamais tiré à conséquence, et, en pratique, c'est l'éducation, le langage, la situation sociale et le mode de vie qui servent à classer l'individu.

Au surplus, le préjugé de couleur, qui n'a jamais été aussi vif dans l'Amérique espagnole que dans l'Amérique anglaise, est très atténué chez les Mexicains. Les gens de teint foncé sont désignés sous l'épithète de « trigueños ». Pour parler de l'un d'eux avec ironie, on dit : « Un tel, c'est un Indien! » Et, dans le peuple, on accentue avec une moquerie triviale : « Le nègre un tel. » Ce sont là les derniers vestiges des préjugés anciens.

Naturellement, un côté mystérieux et secret de la fusion des éléments ethniques échappe à l'observation, mais il ressort des faits que la race mixte s'accroît rapidement, grâce aux rapports incessants et simultanés des blancs et des Indiens.

En somme, les métis ont fait leurs preuves et tendent à devenir la majorité du peuple. Le chef de l'Etat ne néglige pas de le faire constater à l'occasion. Lorsque, par exemple, un ministre plénipotentiaire d'Espagne présente ses lettres de créance, en audience solennelle, au Palais National, il rappelle, cela coule de source, l'origine espagnole de la nation mexicaine; mais alors, habituellement, le président Porfirio Diaz lui répond que le fait est vrai *en partie*. Les mots *en partie* indiquent bien que, tout en étant flatté de la parenté européenne, on n'entend pas renier les aïeux indigènes.

IV

LES INDIENS

Nous n'avons à nous occuper des autochtones, ou Indiens, qu'au point de vue de leur situation actuelle dans la nation mexicaine (1).

Relativement à leur passé historique, bornons-nous à dire que la conquête espagnole, contre laquelle il est d'usage de s'élever, ne diffère point de celles du même genre, et que ses cruautés, qui remontent à près de quatre cents ans, ne dépassent point ce que nous avons vu se produire, au début du xxe siècle, dans l'Afrique centrale et aux Philippines, du fait de peuples modernes, et qui prétendent au plus haut degré de culture.

Quoi qu'on en dise, la domination espagnole remplaça la sanguinaire religion des Aztèques par le christianisme, détruisit des institutions barbares pour leur en substituer de plus policées, supprima la caste des *Tamenes* ou « porteurs », — ilotes et véritables bêtes de somme, composée de vaincus et de leur descendance, — en introduisant dans le pays le cheval, l'âne et le bœuf, transforma en servage le dur esclavage d'une multitude d'indigènes; et, — on le lui reproche maintenant, — conserva, sur un tiers du territoire, les communautés d'Indiens possédant les terres indivis. Enfin, le clergé et le Conseil des Indes protégèrent toujours les Indiens contre la rapacité des colons, et les missionnaires surent amener à la civilisation la plus grande partie des peuplades sauvages du Nord.

---

(1) Les indigènes, de sang plus ou moins pur, mais dont la vie sociale rappelle celle des ancêtres au moment de la conquête, sont désignés sous le nom générique d'" Indiens ". Ce nom leur a été donné par les premiers Européens arrivés dans le Nouveau Monde, et qui, à l'exemple de Christophe Colomb, prirent les terres nouvellement découvertes pour l'extrémité occidentale des Indes. De cette confusion vient la nécessité d'appliquer, à l'instar des Anglais, le nom d'" Indous " aux peuples de l'Inde, pour distinguer les deux races.

L'appellation d'" Indiens ", qui désigne les autochtones des deux Amériques, ne saurait maintenant être changée.

Ce n'est point l'épée des conquérants qui a causé les grandes pertes de la race indienne, mais la variole (1) et les épidémies apportées du Vieux Monde, principalement celles de 1545 et 1576. Il serait aussi injuste d'accuser les Espagnols du quasi-anéantissement des races américaines, que les Français de la disparition

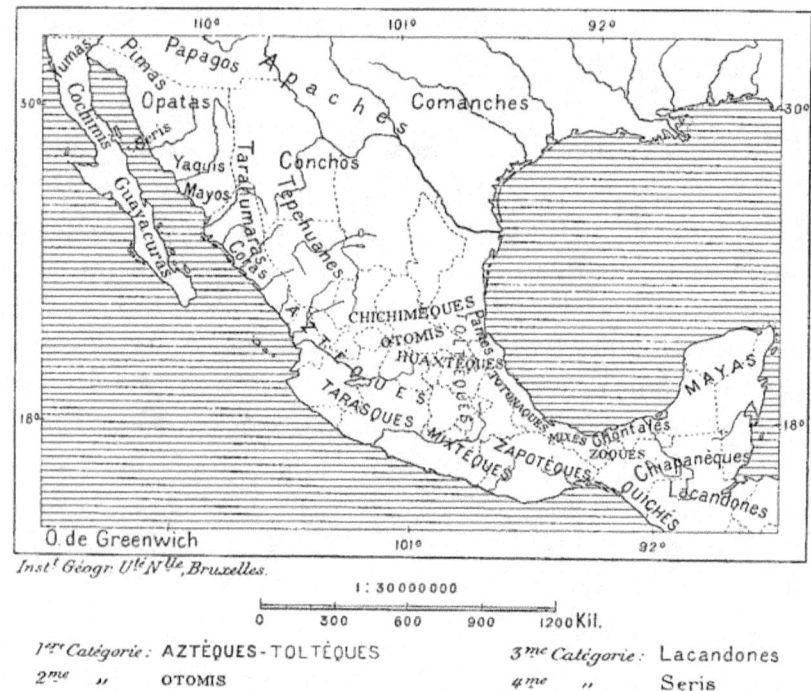

Fig. 8. — Les anciennes populations indiennes du Mexique.

1ʳᵉ Catégorie : AZTÈQUES-TOLTÈQUES   3ᵐᵉ Catégorie : Lacandones
2ᵐᵉ   „   OTOMIS   4ᵐᵉ   „   Seris

graduelle des Polynésiens. Ces destructions ont été produites par le contact non préparé de deux mondes absolument différents.

En somme, il faut admettre, avec Élisée Reclus, que même la conquête espagnole, avec les massacres, les fléaux et les épidémies qui l'accompagnèrent et la servitude qui la suivit, fut un bonheur

(1) La variole fut apportée par les conquérants et se propagea avec une rapidité foudroyante chez les Indiens, qui ne surent pas se défendre et qui faillirent être anéantis. Durant l'époque coloniale, les épidémies de variole firent un nombre incalculable de victimes, surtout dans la population native. Les ravages les plus furieux du choléra, aux bords du Gange et parmi les agglomérations de pèlerins, à la Mecque, furent peut-être dépassés. La découverte de Jenner vint tard; elle aurait permis cependant de remédier au mal si l'apathie et l'ignorance des Indiens n'avaient opposé des obstacles, encore insurmontés, à la vaccine.

pour les Indiens, car elle les arracha à une fatalité sans issue, pour les faire entrer, par un bien rude apprentissage, dans le monde nouveau de la solidarité humaine (1).

Une partie des autochtones n'est pas encore associée complètement à la nation, et le nombre de ceux-ci ne peut être fixé avec précision. Seuls, les évêques peuvent renseigner, par à peu près, l'ethnographe. Il faut donc se contenter d'une énumération sommaire des principales familles indigènes.

Les Aztèques, si célèbres, ne sont qu'une tribu de la race Nahua, laquelle a primé ses congénères, et qui, après la fondation de Tenochtitlan ou México, a joué sur le plateau de l'Anahuac un rôle analogue à celui des Latins en Italie, après la fondation de Rome.

Une partie de la race aztèque, non pure de tout mélange, parle encore la langue des ancêtres, employée, à côté du castillan, dans les campagnes du plateau de l'Anahuac et sur le littoral du Golfe, jusqu'à Coatzaccalcos, puis sur la côte du Pacifique, depuis le golfe de Californie jusqu'à Acapulco et dans le Soconusco (2). Mais les patois modernes ne renferment guère que le tiers des mots de l'idiome primitif, très appauvri par suite de l'amoindrissement social (3).

Non loin de la capitale, sur les montagnes et dans les vallées écartées, se trouvent des groupes épars d'Otomis. Autour de Queretaro, pris comme centre de leur domaine, les Otomis occupent presque entièrement les parties montueuses de l'Anahuac, entre San Luis Potosi et la chaîne neigeuse. Dans certaines régions, ils avaient accepté la langue aztèque dès avant la conquête, et, en d'autres, ils ont adopté le castillan. On les appelle *serranos*

(1) L'opinion émise par Élisée Reclus est aussi celle de tous les historiens, archéologues et américanistes mexicains, entre autres de MM. Justo Sierra, Chavero, Orosco y Berra, Pimentel, Gustavo Baz, Garcia y Cubas, etc.

(2) Certains dialectes aztèques se parlent encore dans le Guatemala, le Salvador et le Nicaragua.

(3) La langue aztèque était devenue, dans l'Empire, celle de la civilisation, et le parler de la Cour, de la diplomatie, de l'administration et du haut commerce. Dès qu'un territoire avait été conquis, les vaincus étaient tenus de l'apprendre. L'aztèque est une langue polysynthétique, élégante et souple. Sa plasticité et sa richesse en termes descriptifs sont remarquables. Elle possède en abondance des mots abstraits. Sa littérature a laissé des chefs-d'œuvre, vantés par les américanistes.

(montagnards). Ce sont les Auvergnats et les Piémontais du Mexique. Leur langue, le *hia-hiu*, est presque entièrement syllabique.

A l'ouest et au sud, dans le Michoacan et une fraction de l'État de Guanajuato, le fond de la population se compose de Tarasques, descendants d'un peuple que les Aztèques n'avaient pu subjuguer et qui avait créé un État civilisé.

Vers le Golfe, sur le versant oriental du plateau, au milieu de populations d'origine aztèque, plus ou moins hispanifiées, se trouvent les Huastèques, habitant des enclaves. Ce sont les frères, par la race et la langue, des Mayas du Yucatan, dont ils ont été séparés il y a fort longtemps.

Un peu plus vers le sud, dans les montagnes d'où se déverse le rio Cazones, sont les Totonaques. Enfin, dans le Hidalgo septentrional et l'État de Veracruz, principalement autour de la ville de Huejutla, vivent quelques milliers d'Acalmans qui ont leur langue propre.

Un autre groupe de populations indigènes vit dans les régions montueuses du Sud et le long du Pacifique, des environs d'Acapulco à l'isthme de Tehuantepec. Ce sont les Miztèques et les Zapotèques, dont les langues diffèrent peu, et dont la civilisation fut égale à celle des Aztèques et des Tarasques. Les Mixès, les Zequès, les Chiapanèques et diverses peuplades de l'État d'Oaxaca et de l'isthme de Tehuantepec se résorbent graduellement dans la population métissée.

Au delà de l'isthme de Tehuantepec, dans le Mexique oriental, géographiquement compris dans l'Amérique centrale, la population indigène est proportionnellement plus considérable que sur le plateau de l'Anahuac. Les Aztèques, nous le répétons, sont représentés dans le Soconusco. Les descendants des belliqueux Chiapanèques habitent la partie nord-occidentale du Chiapas. Plus nombreux, mais avec moins de culture, les Tzendals et les Tzotzils occupent les régions forestières comprises entre la dépression de l'isthme et les frontières du Guatemala. Enfin, de nombreuses tribus errantes ou sédentaires se rattachent aux Mayas policés des États du Yucatan, de Campêche et de Tabasco.

Les Mayas étaient le peuple le plus avancé du Nouveau Monde au moment de la découverte, et le seul qui connût un peu de navigation. Ils ont été tenaces dans la résistance et cruels dans la révolte. Presque exterminée par les épidémies apportées par les conquérants, la race maya s'est reconstituée peu à peu, et, tout en s'hispanifiant, n'a point abdiqué sa langue (1). Dans la péninsule yucatèque, les descendants des Espagnols, blancs ou métis, avaient, en grand nombre, désappris le parler de leurs aïeux. En Amérique, pareille vitalité d'un idiome indigène ne se retrouve qu'au Paraguay, où les Guaranis ont également fait accepter leur langage aux fils des conquérants (2). Heureusement, les communications avec le dehors, les besoins du commerce et le développement de l'instruction publique ont empêché l'absorption de l'élément européen.

Au nord de México, dans les États de Guanajuato, de San Luis Potosi, de Tamaulipas, de Nuevo Léon, de Coahuila, d'Aguascalientes, de Zacatecas, de Durango et de Sinaloa, les anciennes peuplades indiennes, — leurs noms importent peu, — se sont fondues dans la masse de la population métissée et ont perdu leur parler distinct. A peine reste-t-il quelques traces d'idiome nahua.

Dans ces régions, l'empire aztèque n'avait point dominé, et les Indiens, désignés autrefois sous le nom de Chichimèques, étaient restés à l'état barbare ou vivaient en nomades. Vaincus par les soldats coloniaux et leurs auxiliaires tlaxcalans, aztèques, tarasques, puis convertis par les missionnaires, retenus au travail par les mineurs et les *hacendados*, les indigènes ont dû apprendre le castillan, afin de pouvoir comprendre leurs maîtres et de s'entendre entre eux, ainsi qu'avec les Indiens de l'intérieur, principalement Tlaxcalans, envoyés en gros détachements pour renforcer les colonies naissantes (3).

---

(1) Le domaine de la langue maya comprend les États du Yucatan, de Campêche, de Tabasco presque tout entier, du Chiapas en partie, et le territoire de Quintana Roo. Même il s'étend au delà des frontières du Mexique, dans la colonie anglaise de Belize, et sur une moitié du territoire de la République du Guatemala.

(2) Albert Hans : *Le Paraguay et l'Argentine*.

(3) Un fait analogue s'est produit aux Antilles, où les noirs amenés comme esclaves, de toutes les parties de l'Afrique, appartenant à des races diverses et parlant des idiomes différents, se sont vus aussitôt obligés de parler une langue unique. Et de cette nécessité est né le gracieux patois créole.

Dans le Chihuahua, la Sonora et le nord du Sinaloa, la situation n'est pas absolument identique. Plusieurs groupes indigènes ne sont pas encore amalgamés. Les Tarahumaras ont conservé leurs anciennes mœurs, très douces, et vivent paisiblement en des villages épars, dans les vallées de la Sierra Madre, sur les deux versants du Pacifique et de l'Atlantique. Seuls, les Tarahumaras habitant les villes et haciendas parlent le castillan.

En Sonora, on trouve un groupe de tribus désignées sous les noms de Pimas et de Opatas, et vivant surtout dans les hautes vallées de la Sierra Madre; ces Indiens sont agriculteurs, amis des blancs, et à demi hispanifiés. Les Mayas, établis près le golfe de Californie, sont réputés pour leurs habitudes de labeur. Beaucoup émigrent, chaque année, pour aller travailler dans les haciendas et les centres de la Sonora ou du Silanoa, mais avec esprit de retour.

Remarquables par leur cohésion, les Yaquis, frères des Mayas et parlant comme eux le *cahita*, existent dans le sud de la Sonora, mais ils viennent d'être disloqués violemment.

Quelques faibles tribus, telles les Séris, dans l'île de Tiburon, et sur le littoral voisin de la Sonora, assimilés aux anciens Caraïbes (1); dans la Sierra Madre, les Tépéhuans, dont le type et le langage les rapprochent des Mogols; les Cochimis et les Guayacuras de la Basse-Californie, vivant comme à l'âge de la pierre, ne sont plus que des curiosités ethnographiques qui disparaîtront sous peu.

Le malheur de ces pauvres peuplades, et aussi de quantité d'autres des deux Amériques, c'est que l'apostolat des Jésuites a été trop vite interrompu. Il fallait encore au moins un siècle aux missionnaires pour compléter l'œuvre admirable qu'ils avaient entreprise, et que, l'histoire le démontre, ils pouvaient mener à bien; faire passer, sans risques de destruction et par des transitions indispensables, des hommes primitifs à un état de civilisation relative, et préparer ainsi leur entrée dans l'Humanité nouvelle.

(1) Orozco y Berra.

V

SITUATION DES INDIGÈNES

L'énumération des races indiennes terminée, il convient de jeter un coup d'œil sur leur situation présente.

A part l'aztèque, l'otomi, le tarasque, le mixtèque, le zapotèque et surtout le résistant maya, les dialectes indigènes, au nombre d'une cinquantaine encore employés, ne sont parlés que par des peuplades sans importance numérique. Ils disparaîtront en peu de temps, comme quantité d'autres ont déjà disparu, sous le régime colonial.

Au reste, certains de ces dialectes ne comptent guère plus, dans leur vocabulaire, que ce millier de mots que Littré assignait aux tribus vivant d'une façon primitive.

Actuellement, l'emploi des dialectes est borné à des villages ; dans toutes les villes et bourgades, dans la plupart des haciendas, l'espagnol est devenu le langage usuel. Les idiomes indiens — tels les idiomes gaéliques encore parlés en Bretagne et dans le pays de Galles — ne sont pas dangereux pour l'unité nationale, car ils n'ont point de littérature et ne sont pas utilisés par l'administration. Le clergé les néglige à présent. En certains diocèses, les évêques font, parfois encore, traduire et imprimer leurs mandements pour les fidèles de race indigène, mais aucune langue indienne ne représente un lien moral (1).

Non seulement les anciens idiomes ont perdu toute influence politique, mais, de plus, les villes ayant survécu à la conquête,

---

(1) Près de 2 millions d'Indiens se servent encore de dialectes indigènes, mais dans le nombre, beaucoup connaissent aussi le castillan.

On estime que le mahuatl est parlé par environ 650 000 personnes ; le maya, par 250 000 ; le zapotèque est la langue mère de 224 000 individus, résidant en grande partie dans l'État d'Oaxaca ; l'otomi sert de communication intellectuelle à 205 000 âmes ; le mixtèque, à 165 000 ; le totonaque, à 74 000 ; le tarasque, à 42 000 ; le huastèque, à 45 000, etc.

POPULATION ET COLONISATION

Fig. 9. — L'hispanification des populations mexicaines.

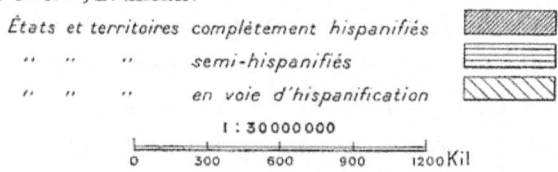

ÉTATS ET TERRITOIRES

	HISPANIFIÉS			SEMI-HISPANIFIÉS		EN VOIE D'HISPANIFICATION
1	Aguascalientes.	10	Morelos.	18	Hidalgo.	26	Campêche.
2	Basse-Californie	11	Nuevo Leon.	19	Jalisco.	27	Chiapas.
3	Chihuahua.	12	Quintana Roo.	20	México.	28	Oaxaca.
4	Coahuila.	13	San Luis Potosi.	21	Michoacan.	29	Tepic.
5	Colima.	14	Sinaloa.	22	Puebla.	30	Tlaxcala.
6	District fédéral.	15	Tamaulipas.	23	Queretaro.	31	Yucatan.
7	Durango.	16	Veracruz.	24	Sonora.		
8	Guanajuato.	17	Zacatecas.	25	Tabasco.		
9	Guerrero.						

N. B. — Les États suivants: Chihuahua, Guerrero, Sinaloa, Veracruz, Michoacan, Queretaro et Jalisco, ainsi que le territoire de Tepic, n'appartiennent pas exclusivement à un seul groupe.

telles : Cholula, Texcoco, Tlaxcala, etc., sont hispanifiées. En un mot, l'hispanification gagne chaque jour du terrain et sa marche ne peut plus être enrayée.

Les races indiennes sont inégalement réparties sur le territoire et ont des densités différentes. La famille Nahua occupe une grande étendue, et forme divers tronçons, entre lesquels s'intercalent d'autres peuples. Les Zapotèques, les Mixtèques, les Tarasques et les Mayas ont toujours une certaine compacité ; mais ils n'ont point conservé de centre intellectuel et n'entretiennent pas de rapports entre eux. Les divisions administratives, établies par le régime colonial et modifiées par la République forment autant de compartiments étanches où les indigènes restent enfermés.

Il n'y a plus l'ombre d'une organisation nationale chez les Indiens. Les villages ont à leur tête un chef et des anciens, sans aucune action au dehors. Familles princières et caciques de tous rangs ont été remplacés par de grands propriétaires et des fonctionnaires appartenant à la race nouvelle.

Donc, pour les autochtones, plus de langues littéraires, plus de classes élevées, plus de groupements dépassant la commune, plus de souvenirs historiques, plus de foi ancienne, plus de culture particulière, plus de centre de population de quelque importance ; mais, dans les haciendas, un demi-servage, et, dans les villages isolés, la vie en communauté rappelant le mir russe.

La variété d'origine des Indiens empêche de leur donner une caractéristique générale. Ils ont la peau bistrée et épaisse, les pommettes un peu proéminentes, mais moins que chez le Mogol ; le nez aux larges ailes, les lèvres fortes, mais moins que chez le nègre. Les paupières ont une forme spéciale ; tandis que la paupière du haut est à peine infléchie au-dessus de la ligne médiane de l'œil, celle du bas décrit vers la joue, une courbe beaucoup plus prononcée que chez les hommes de toute autre race (1). Le crâne est brachycéphale ; les cheveux sont noirs, rudes, sans ondulations. La calvitie est rare et les vieillards grisonnent à peine. Les extrémités sont fines.

(1) Hamy.

Les indigènes des hauts plateaux sont forts, bien pris, ont la poitrine bombée et des jambes bien musclées. Leur nourriture est presque entièrement végétale. Ils sont rarement malades, mais la mortalité infantile fait chez eux de grands ravages. On en voit peu de contrefaits. Ils donnent des soldats disciplinés, stoïques et d'une excessive endurance (1).

Quant aux femmes, elles sont robustes et souvent belles de corps. En les voyant immobiles, le regard fixe, la poitrine haute, elles rappellent, dit un voyageur, les statues égyptiennes (2).

On a calomnié les Indiens en avançant qu'ils s'adonnaient plus que d'autres peuples à l'ivrognerie. C'est le contraire qui est vrai. Ils absorbent moins de boissons alcooliques que les moujicks russes, les paysans irlandais et les citadins d'Europe et des États-Unis. L'Indien est plutôt sobre, et son ivresse n'est pas plus répugnante que celle du blanc.

On les a dénoncés également comme superstitieux. Ils le sont moins qu'avant la conquête, et pas davantage que les slaves orthodoxes d'Europe. Ce n'est point le clergé catholique qui les a maintenus dans l'ignorance et la pauvreté, mais bien les coutumes et le système de propriété collective des terres, que le régime colonial a eu le tort de laisser subsister.

Quant aux progrès de la race indienne, quoique lents, ils sont indéniables. Dans chaque groupement, existe maintenant, très respectés, un prêtre, un instituteur, et, innovation de grande portée, une institutrice, — généralement métis, — agents actifs de la civilisation moderne. On l'a noté, les indigènes ne dédaignent pas l'instruction; les Mayas, en particulier, la recherchent.

Déjà, les entreprises minières, agricoles et industrielles, récemment établies, et les grands chantiers des chemins de fer et travaux publics attirent les Indiens par de bons salaires et les font sortir de leur isolement.

Pour sa part, l'Église mexicaine, reconstituée, mieux subdivisée et dirigée, et plus éclairée que jadis, contribue au relèvement des indigènes.

(1) Albert Hans.
(2) Lucien Biart.

Une preuve, entre autres : en 1901, l'archevêque de México, Mgr Alarcon, d'accord avec les prélats des « diocèses à Indiens », a prohibé les « verbenas », ou fêtes de la semaine sainte, réminiscences du paganisme. Donc, les voyageurs ne relateront plus avec tristesse, ces « verbenas », qui, après avoir débuté par des cérémonies religieuses, comprenaient les plaisirs les plus profanes et se terminaient, la nuit, dans une ivresse et une licence sauvages.

En supprimant radicalement, et en dépit de bien des suppliques, ces concessions aux coutumes aztèques, l'Eglise mexicaine a reçu l'approbation de tous les hommes éclairés. Les succès du clergé catholique sont à poursuivre dans cette voie.

Dès à présent, les Indiens sont citoyens de droit. Personne ne leur est hostile. La loi les pousse à l'assimilation, et le gouvernement s'efforce de les faire vivre de la vie nationale (1).

Il est certain que l'assimilation des indigènes villageois dépendra surtout de l'application de la loi de *reparto,* qui abolit la propriété collective et assure la mise en valeur des terrains inoccupés en fait. Le développement de l'instruction publique, qui diffuse le castillan, et l'accroissement du réseau ferré, qui multiplie les relations, ainsi que des mesures administratives énergiques, tel l'établissement décidé du recrutement militaire par voie de tirage au sort (2), accéléreront encore la fusion de l'élément indien dans la nation.

(1) Au surplus, à toutes époques, les Indiens ont participé, peu ou prou, aux affaires publiques. Sous le régime colonial, ils ont fourni d'excellents soldats, voire de bons officiers, à l'armée royale. Après l'Indépendance, ils ont donné des chefs de valeur aux différents partis qui se disputaient le pouvoir. Rappelons Benito Juarez, qui a montré les qualités d'un homme d'État et est mort premier magistrat de la République.

Quel contraste entre la situation des Indiens du Mexique et celle des Afro-Américains des États-Unis! Dans la Grande République, où le préjugé de couleur paraît indestructible, les noirs, implacablement repoussés par leurs concitoyens blancs, ne sont, d'après un mot célèbre « qu'un bétail électoral », auquel on demande un vote, mais qu'on ne tolère, ni dans l'Administration, ni dans la Société.

Et tout porte à le croire : les Indiens du Mexique auront fusionné avec les hispanifiés, seront « métissés » selon l'expression d'Élisée Reclus, lorsque les noirs des États-Unis représenteront encore ce qu'ils sont de nos jours : « une caste de parias. »

On le voit, le contraste plaide éloquemment en faveur de la nation mexicaine.

(2) Albert Hans.

VI

L'ÉMIGRATION

Il existe une émigration mexicaine. On la connaît peu. Cependant, elle cause un tort sensible à un pays qui réclame des habitants. Son origine remonte loin.

Sous le régime colonial, le Mexique a dirigé des émigrants aux Philippines, où ils ont fondé Manille et introduit le christianisme et la civilisation moderne.

Pendant deux siècles et demi, de puissants navires, dits *Naos de China,* faisaient annuellement, en temps normal, un voyage aller et retour entre Acapulco et Manille. Ils emportaient de l'argent en barre ou monnayé, des fonctionnaires, des soldats et des passagers pour l'archipel des Philippines. C'est que le Pacifique offrait alors beaucoup plus de sécurité que la mer des Antilles et l'Atlantique. Rarement, les flibustiers allaient insulter le littoral occidental du Mexique, car il leur fallait doubler le cap Horn, et s'éloigner par trop de leurs points d'appui. Les corsaires hollandais et anglais prirent quelques galions, mais exceptionnellement.

Et en réalité, les Philippines sont une ancienne colonie mexicaine.

Un autre courant d'émigration s'est dirigé, autrefois, en Floride. Ce sont des créoles mexicains qui ont fondé Pensacola et renforcé la population de la Louisiane, quand celle-ci fut cédée à la Couronne d'Espagne.

Après l'Indépendance, quantité de Mexicains ont couru en Californie, lors de la découverte des placers et y sont restés.

Il y a une cinquantaine d'années, il se faisait au Yucatan, appauvri et ravagé, une sorte de traite des travailleurs indigènes pour Cuba, dont les plantations atteignaient alors un haut degré de prospérité. Les indigènes ainsi enlevés se sont mélangés avec la population de couleur de la perle des Antilles.

Actuellement, un courant d'émigration se dirige vers les États-Unis. Il est composé surtout d'ouvriers agricoles qui vont au Texas, au Nouveau-Mexique, dans le Colorado, en Arizona, en Californie, et jusque dans le Kansas, où ils représentent ce qu'on appelle « la main-d'œuvre à bon marché », et où ils sont attirés, à l'exemple des Canadiens français, dans les états de la Nouvelle-Angleterre et de l'Ouest, par l'appât des salaires rémunérateurs et payables en or.

Dans les parties de l'Union Nord-Américaine bordant leur territoire, les émigrants mexicains prennent volontiers contact avec les descendants de leurs compatriotes annexés en 1847, lesquels, surtout au Nouveau-Mexique, ont conservé, dans les petits centres avec le catholicisme, la langue et les coutumes castillanes (1).

Au Texas, en particulier, les Mexicains travaillant dans les plantations de coton, sont plus souvent déçus et maltraités ; ils y trouvent tous les ennuis du « péonnage », c'est-à-dire un demi-servage, sans les soins et les attentions que les hacendados du Mexique accordent par tradition et par intérêt. Les protestations n'ont servi de rien. Les avis de la presse, les conseils des autorités, aussi bien que la cherté de la vie et les durs traitements subis, n'arrêtent pas les émigrants.

Enfin, plusieurs milliers de Yaquis de la Sonora, fuyant des représailles, ont émigré, en 1901 et 1902, sur le territoire nord-américain de l'Arizona. Leur départ a privé l'agriculture et les mines d'hommes laborieux.

La dépréciation de l'argent est pour beaucoup dans ce mouvement, qui cessera sans doute quand le Mexique, imitant d'autres pays, acceptera l'étalon d'or et verra ses ouvriers mieux payés.

Il est impossible de chiffrer l'importance de l'émigration mexicaine dans la grande République, vu qu'elle passe, en se dissimulant plutôt, la frontière du nord, et que, depuis longtemps, l'administration nord-américaine ne relève plus les entrées par terre.

D'autre part, tous les ans, des centaines de jeunes gens vont

---

(1) On remarque que, aux États-Unis, le Mexicain s'assimile encore moins vite que l'Allemand et le Canadien. Dans les états frontières, le sang hispano-mexicain s'infiltre quelque peu dans le grand peuple nord-américain en formation, surtout par les femmes.

aux États-Unis, pour y parachever leur instruction. Toutefois, ceux-là rentrent dans la patrie au bout de quelque temps, sans connaître ni le grec ni le latin, mais capables d'affronter la lutte pour la vie, et aptes au commerce et à l'industrie.

A noter également que beaucoup de Mexicains opulents vont dépenser leurs revenus en Europe, et y fixent leur résidence, créant de cette manière un absentéisme préjudiciable à leur pays.

Il ne faut pas que le prochain recensement fasse éprouver aux Mexicains une déception aussi amère que celle ressentie par les Canadiens, en 1901. Alors les Canadiens ont constaté que leur nombre de 5 336 000, en 1891, ne s'était accru — en dix ans — que de 505 000 âmes, l'émigration vers les États-Unis contrebalançant presque l'augmentation due à la natalité.

On a peine à le croire, le Mexique envoie plus d'émigrants au dehors qu'il ne reçoit d'immigrants européens et nord-américains. Toutefois, les émigrants ne représentent guère qu'une perte de bras, tandis que le gros des immigrants forme un gain économique de premier ordre.

VII

L'IMMIGRATION

Jusqu'ici, le Mexique a sollicité, avec peu de succès, les apports de l'immigration étrangère. Déduction faite des naturalisés et des colons installés par l'administration, — catégorie fort maigre, — les recenseurs n'ont trouvé, en 1900, que 57 507 étrangers, se répartissant ainsi :

Allemands	2 565	Guatémaléens	5 804
Arabes	278	Hollandais	69
Argentins	61	Honduriens	34
Australiens	72	Anglais	2 845
Austro-Hongrois	234	Italiens	2 564
Belges	130	Japonais	41
Brésiliens	27	Nicaraguéens	24
Canadiens	140	Nord-Américains	15 265
Colombiens	68	Péruviens	76
Costaricains	25	Portugais	59
Cubains	2 721	Russes	61
Chiliens	75	Salvadoriens	25
Chinois	2 834	Suédois	208
Danois	88	Suisses	208
Équatoriens	31	Turcs	301
Espagnols	16 258	Uruguayens	11
Français	3 976	Vénézuéliens	35
Grecs	99	Divers	43
		Total	57 507 (1).

Il ressort du tableau ci-dessus un gain de 6 418 âmes sur 1895,

---

(1) Évidemment, ce tableau, dont les éléments ont été communiqués par M. Antonio Peñafiel, serre de près la vérité. Cependant il suggère quelques observations.

L'Arabie n'étant qu'une expression géographique, et la race arabe s'étant répandue sur une immense surface en Asie et en Afrique, les individus qualifiés Arabes, et qui sont, probablement des Mahométans, auraient dû être mieux classés.

Les soi-disant Turcs sont des Maronites de Syrie, qui essaient de former une colonie dans le Yucatan, comme ils en ont déjà établi en Argentine ; ils sont, il est vrai, sujets du sultan, mais appartiennent à la religion chrétienne et à un peuple autonome, vivant dans la chaîne du Liban.

Enfin, les Australiens et les Canadiens, étant sujets britanniques, pourraient être ajoutés, à l'exemple des Jamaïcains, au total des Anglais.

résultat infime, comparé à ce que gagnent annuellement les États-Unis, l'Argentine et le Brésil. C'est que, sur la foule des travailleurs qui partent, chaque année, d'Europe pour le Nouveau Monde, le Mexique en reçoit à peine quelques centaines. Les États-Unis, par des salaires rémunérateurs, ainsi que l'Argentine et le Brésil, par leurs offres, attirent presque tous les émigrants.

Anciennement, les étrangers débarquaient à Veracruz, montaient à México, où ils laissaient un contingent, puis se dispersaient sur le territoire. A présent, ils entrent, non seulement par les ports du Golfe, mais aussi par ceux du Pacifique, et par les points de jonction avec le réseau nord-américain. Les chemins de fer ont facilité la dispersion. Malgré cela, un fort groupement d'étrangers existe toujours dans la capitale. En voici le détail :

Allemands	785	Anglais	624
Australiens	10	Italiens	536
Austro-Hongrois	87	Japonais	15
Belges	47	Nord-Américains	2 117
Brésiliens	9	Suisses	115
Canadiens	46	Hispano-Américains de	
Cubains	345	divers États	222
Chinois	116	Européens de divers États	58
Espagnols	6 302	Turcs, Égyptiens et Arabes	
Français	1 671	bes	62
Haïtiens	6		
Total			13 173

C'est la colonie espagnole (16 258) qui tient encore la tête. Le commerce de détail est, en partie, entre ses mains; elle tire avantage de la communauté de langue, de coutumes et de religion.

La colonie française (3 976) est très aimée et très estimée; elle a initié les Mexicains aux arts et à une foule de métiers. Une fraction de cette colonie, composée de gens de la vallée de Barcelonnette (Basses-Alpes), a monopolisé la vente des étoffes et fait preuve d'un grand esprit de solidarité.

La colonie allemande (2 565) est industrieuse et participe à la prospérité du pays. Elle détient le commerce de quincaillerie et des fers.

La colonie anglaise (2845), riche et entreprenante, continue, de préférence, l'exploitation des mines, mais est, de beaucoup, dépassée par les Nord-Américains.

La colonie italienne (2564), quoique la dernière venue, a déjà acquis un bon rang; ses membres sont laborieux et savent amasser des épargnes.

La colonie Nord-Américaine (15265) bénéficie du voisinage et de la facilité des communications avec les États-Unis, ainsi que de la puissance commerciale et industrielle de ce pays. Les Nord-Américains ont apporté des capitaux considérables et gèrent des intérêts énormes; ils ont particulièrement développé le réseau ferré mexicain. Leur rôle grandit vite. Cependant, leur influence morale ne contrebalance pas absolument celle des Latins, c'est-à-dire des Espagnols et des Français, maintenant renforcés par les Italiens, et ne met nullement en péril la nationalité mexicaine, comme certains l'ont prétendu.

L'infiltration *yankee*, puisque l'épithète de *yankee* est acceptée, modifie les us et coutumes, propage la langue anglaise, et fait tort à la culture française, mais procure, paraît-il, des avantages au point de vue économique.

Parmi les Mexicains, il existe des yankisés qui affectent de suivre les modes et de copier les usages de New York et de Chicago, dédaignent ce qui provient d'Europe et cherchent à donner le ton dans la capitale et les principaux centres. Quoi qu'il en soit, l'esprit castillan persiste dans les masses, lesquelles très patriotes, absorbent l'apport ethnique nord-américain aussi facilement que tout autre (1).

A côté de la faible émigration européenne, il en existe une que l'on ne prévoyait guère et qu'on ne doit pas oublier.

Des Cubains (2721), venus comme réfugiés, ont perfectionné la culture du tabac dans l'État de Veracruz, et la grande île, encore très éprouvée, envoie des travailleurs dans le Yucatan.

Des Guatémaléens (5804), subissant l'attraction d'un pays plus opulent et plus fort que le leur, apportent un contingent qui, vu

---

(1) Du total des Nord-Américains, il faut déduire les touristes qui viennent séjourner à México et dans sa vallée durant l'hiver, sans s'y établir à demeure.

la parenté, se fond aussitôt, comme celui des Cubains, dans la population.

On doit tenir compte que, depuis 1900, le nombre des étrangers s'est notablement augmenté en ce qui concerne les Nord-Américains, les Cubains, les Guatémaléens, etc. et, malheureusement, les Chinois.

En somme, si l'on en excepte les Chinois, jugés nuisibles et dont nous parlons plus loin, les éléments étrangers sont infiniment utiles à la nation mexicaine, et il est incompréhensible qu'ils ne soient pas plus largement représentés.

Même, l'immigration est très inférieure à celle qui existait sous le régime colonial. Effectivement, au commencement du siècle dernier, quand le Mexique n'avait que six millions d'habitants environ, on y trouvait un minimum de 60 000 Européens, provenant, en immense majorité, de la vieille terre ibérique et, pour cela, appelés « péninsulaires ». Aujourd'hui, la population ayant presque doublé, on ne trouve guère, dans le pays, que 50 000 individus venus d'Europe et des États-Unis et appartenant à la race blanche. Franchement, cet état de choses est déplorable. Il faut y remédier.

VIII

LES IMMIGRATIONS MORMONE ET CHINOISE

Deux immigrations d'un caractère spécial, celles des Mormons et des jaunes asiatiques, méritent un examen particulier.

Les Mormons, venus de l'Utah, ont pénétré au Mexique depuis 1882, et ont fondé des colonies prospères dans l'État de Chihuahua.

Plus loin, nous le savons, on fait l'éloge, comme agriculteurs, des adeptes du prophète Joë Smith. L'éloge est mérité, nous en convenons, car, de visu, nous avons pu juger leurs œuvres. Toutefois, à notre avis, pour le Mexique les avantages procurés par le labeur des nouveaux venus ne compense pas les inconvénients, déjà visibles, de leur installation.

C'est que les Mormons ne sont pas appelés, à l'instar des autres immigrés de race blanche, à se résorber dans la nation. Au contraire, leurs aptitudes et leurs aspirations les portent à former une individualité ethnique. Si, aux États-Unis, et malgré la communauté de langue et de coutumes, ils forment un peuple dans le peuple, à plus forte raison, au Mexique, dont ils dédaignent l'idiome, constitueront-ils une nation dans la nation.

Qu'on ne l'oublie pas, les Mormons du Chihuahua, aussi bien que ceux établis en Polynésie, se considèrent comme l'avant-garde d'un peuple élu ayant une grande mission à remplir : coloniser et dominer dans l'ouest de l'Amérique et sur les côtes du Pacifique. Ils s'intitulent les « saints des derniers jours », traitent les peuples chrétiens de gentils, et sont dirigés en toutes choses par leurs évêques.

Il est certain que les Mormons, amalgame germano-celte, dont les éléments proviennent originairement de Scandinavie, d'Allemagne et des Iles-Britanniques, n'ont pas, contrairement aux Hispano-Américains, aux Nord-Américains, voire aux Afro-Américains, gardé de relations morales avec l'Europe.

Enfin, le mormonisme n'est pas une de ces sectes protestantes comme il en a tant surgi chez les Anglo-Saxons, mais bien un retour très accentué vers le judaïsme primitif, et, au total, une religion absolument nouvelle, la première éclose dans le Nouveau Monde depuis sa découverte.

Ses adeptes ont l'esprit de prosélytisme et de solidarité porté jusqu'à l'extrême. Leur foi ardente et leurs lois religieuses les poussent à essaimer hardiment et à vivre partout d'une vie propre. Aussi offrent-ils une certaine ressemblance avec les Boers; mais les Mormons prennent profondément racine sur la terre qu'ils ont su défricher et irriguer, tandis que les Boers sont plutôt pasteurs.

Jamais les Mormons ne deviendront des Mexicains. L'arrivée d'autres coreligionnaires et une natalité prodigieuse, que n'explique pas seulement la polygamie, leur permettront sans doute de jouer un rôle à part, et, un jour, de donner la main, par-dessus la frontière, à leurs frères du Nord. C'est pourquoi, en les encourageant libéralement à venir dans le Chihuahua et la Sonora, on a peut-être préparé, bien involontairement, des événements analogues à ceux survenus au Texas, en 1840, et qui ont laissé chez les Mexicains de douloureux souvenirs.

Puissent, sur ce point, nos pronostics être erronés.

Quant à l'immigration des jaunes, elle n'est pas entièrement nouvelle. Déjà, quelques éléments de provenance asiatique se sont glissés dans la population mexicaine. Effectivement, à l'époque coloniale, le galion qui opérait annuellement la traversée entre Acapulco et Manille, et vice versa, rapportait des marchandises, surtout de provenance chinoise. A la faveur de ces échanges, des Tagals et autres Malais des Philippines, des métis Chino-Tagals et aussi des Chinois, débarquaient à Acapulco et pénétraient jusqu'à México, où s'opérait un débit considérable d'étoffes et d'objets de l'Extrême-Orient.

Ces relations furent rompues par l'Indépendance. Les Philippines ne suivirent pas le mouvement séparatiste; elles restèrent fidèles à l'Espagne jusque vers la fin du xixe siècle. On connaît leur sort.

On pouvait croire que les rapports entre le Mexique et l'Asie orientale ne reprendraient pas de sitôt, lorsque des jaunes, attirés par la mise en valeur de la Californie et de la Colombie anglaise, arrivèrent sur le littoral du Pacifique. Depuis, repoussés par l'intransigeance nord-américaine, ils se portent vers le Mexique, où l'on est plus tolérant.

Les Chinois viennent avec l'esprit de retour, offrent une main-d'œuvre à bon marché, accaparent des métiers humbles, se montrent laborieux et vivent à part; mais, contrairement à ce qui se passe en Australie et aux États-Unis, ils font souche dans le pays. En effet, jusque dans la capitale ils trouvent des Indiennes qui ne les dédaignent pas, et même, s'ils sont à l'aise, des femmes de race mixte qui acceptent leurs hommages. De là naît une autre nouvelle race de métis, laquelle, heureusement, garde la langue, la religion et les usages de la mère.

On s'en doute, dans le prolétariat mexicain, des colères ont été soulevées par l'immigration des Chinois, auxquels on reproche d'être inassimilables, de faire baisser les salaires, d'avoir introduit le vice de l'opium, d'obtenir la naturalisation et de passer ensuite aux États-Unis où, en vertu de leur nouvelle nationalité, ils bravent la loi prohibant le séjour des Célestes et ravalent le titre de citoyens mexicains.

En Sonora et dans le Chihuahua, les Chinois travaillent aux exploitations minières. Dans la péninsule Yucatèque, on les a vus construire un chemin de fer à travers des marécages; les moustiques, les fièvres et le soleil ne les incommodaient pas autrement. On a constaté que les Chinois abandonnent vite l'agriculture, à laquelle ils seraient vraiment utiles dans les terres chaudes, pour venir s'installer dans les ports du Pacifique et les grands centres, et que leur présence n'a jamais engendré un progrès quelconque.

En plus petit nombre, les Japonais ont suivi. Agriculteurs, ils ont établi, dans le Chiapas, une colonie qui a réussi, et une autre près de Juchitlan, dans l'isthme de Tehuantepec, qui a laissé de mauvais souvenirs; les colons, mal recrutés, se sont livrés au maraudage. On a dû sévir contre eux.

Jusqu'à présent, les Chinois recensés par l'administration mexicaine ne comptent que quelques milliers d'individus, mais leur nombre peut s'augmenter tout d'un coup, — et formidablement. En effet, la Chine renferme des réserves d'hommes innombrables. Et si, chaque année, l'Europe, sans s'épuiser, peut envoyer, dans les autres parties du monde, près d'un million d'émigrants, la Chine, elle, peut en déverser le quintuple sans s'en apercevoir.

Au Mexique, de trop gros contingents de jaunes arrivant, l'assimilation de la race indienne serait retardée et peut-être empêchée. En tous cas, les effets profitables de l'immigration européenne seraient annulés.

A ce propos, un grand propriétaire mexicain, de vraie souche castillane, à qui nous exprimions nos appréhensions sur les embarras que pourrait causer, à son pays, l'accroissement de l'immigration des jaunes, nous répondit :

« N'ayez crainte, Chinois, Japonais et autres de la même famille, tout ça, pour nous, c'est encore des Indiens. »

Cette assurance ne saurait nous convaincre.

Tout comme les Nord-Américains et les Australiens, les Mexicains ont intérêt à ne pas « s'enchinoiser », mais, au contraire, à rester un peuple « blanc » et à resserrer plutôt leurs liens de parenté avec nous, les Européens.

IX

LA COLONISATION

Dans le but d'encourager l'immigration spontanée, le Gouvernement mexicain a promulgué la loi du 15 décembre 1883, qui vise le sujet. Cette loi, très libérale et bien étudiée, prévoit tous les genres de colonisation, depuis l'individuelle jusqu'à la collective; elle fixe les franchises et privilèges accordés aux simples particuliers, ainsi qu'aux entreprises colonisatrices. De plus, l'Administration fédérale, à titre d'essai, a fondé des colonies agricoles. On en comptait 29, en 1899, sur lesquelles, 13, établies par le Gouvernement, avaient une population totale de 3800 habitants, et 16, établies par des Compagnies, 3770 âmes. Dans la première catégorie, étaient compris les centres mormons (1). Depuis, le chiffre des colons a beaucoup augmenté.

Après les colonies mormones du Nord, on doit citer les colonies italiennes du Centre, qui sont en bonne voie de réussite, telles : *Aldana*, dans le District Fédéral, dont les débuts furent pénibles, et qui est aujourd'hui florissante; *Porfirio Diaz*, dans l'Etat de Morelos; *Chipilo*, près de Cholula; *Carlos Pacheco*, aux environs de Mazataplan; *Manuel Gonzalez*, proche de Huatusco, et *Gutierrez*, dans l'État de San Luis Potosi. La constance des cultivateurs italiens a été généralement récompensée par le succès.

L'Italien ayant la même mentalité que le Mexicain, parlant aussi un idiome latin, pratiquant comme lui le catholicisme, se nourrissant également de maïs et ayant des coutumes analogues, s'assimile promptement. C'est donc avec raison qu'on essaye de dériver sur le Mexique, au moins un filet de l'immense courant d'émigration italienne, qui, annuellement, porte dans le Nouveau Monde tant de force transformatrice.

---

(1) Voir le chapitre : *Agriculture*, de M. H. Gomot.

En passant, il est bon de rappeler la prospérité des anciennes colonies françaises de Jicaltepec et de San Rafael, dans l'État de Veracruz. Les descendants des premiers colons français continuent la culture de la vanille, habilement commencée par leurs pères.

Quoi qu'il en soit, il y a loin, de ces essais modestes à ce qui a été entrepris, sur une si grande échelle, par le Chili, l'Argentine et le Brésil.

D'un autre côté, de louables efforts sont tentés pour faire revenir dans les États du Nord, les Mexicains ou descendants de Mexicains, habitant les régions annexées par les États-Unis. Ce sont là, en effet, d'excellentes recrues, dont l'assimilation est immédiate.

Mais il est indéniable que, au Mexique la question de l'immigration est liée à celle de l'irrigation. Tous les agriculteurs mexicains réclament des travaux permettant de retenir et d'utiliser les eaux tombant sur le plateau central et s'en échappant aussitôt pour traverser torrentueusement les terres tempérées et se jeter dans la mer. Les eaux, retenues sur les hauts plateaux au moyen de barrages, scientifiquement placés et solidement construits, transformeraient le pays. Alors, les émigrants européens y accourraient en foule.

Toutefois, grâce à la mise en valeur du sol, à la part prise par le plus grand nombre dans l'exploitation des richesses nationales, aux mesures intelligentes arrêtées par les pouvoirs publics et à la facilité nouvelle des moyens de communication, une véritable *autocolonisation* s'opère jusque dans les régions les plus reculées du pays. Il convient d'en parler spécialement.

X

L'AUTOCOLONISATION

Jadis, sous l'impulsion du Conseil des Indes, l'autocolonisation a accompli des merveilles. L'Europe n'envoyant que des Espagnols, et en nombre restreint, l'administration de México entreprit elle-même la tâche ardue de mettre en valeur les régions inhabitées du Nord. Faisant appel aux familles de créoles, de métis et d'indigènes, elle en formait des convois et les envoyait dans des régions étudiées à l'avance. De cette façon ont été peuplés les États de San Luis Potosi, de Guanajuato, de Zacatecas, de Jalisco, en partie, de Tamaulipas, de Nuevo Léon, de Cohahuila, de Durango, de Sinaloa, de Chihuahua, de Sonora et la Basse-Californie.

Les exploitations de mines opulentes donnaient parfois naissance à des centres de population, qui grandissaient avec rapidité, et, de suite, l'administration royale reliait les nouveaux centres aux villes anciennes, par des chaînes de villages et d'haciendas. L'annexion de vastes régions s'opérait ainsi, sans autres difficultés que réduire ou refouler les Indiens *bravos*, le pic du mineur remplissait un rôle aussi saillant que l'épée du soldat et la croix du missionnaire.

Cette autocolonisation, presque inconnue de ce côté de l'Atlantique, sera l'éternel honneur de la domination espagnole. Et, si l'on réfléchit qu'elle a été opérée, sans le secours de la vapeur et de l'électricité, insoupçonnées en ces temps reculés, on doit reconnaître que l'Espagne s'est montrée, en Amérique, la digne héritière du génie colonisateur de Rome. Les noms des villes de Salvatierra, de Horcacitas, de Monclova, de Linares, de Guadalcazar, de Monterey, et de bien d'autres, rappellent des vice-rois sous lesquels celles-ci ont été fondées et témoignent de la reconnaissance publique.

Mais, dès le soulèvement contre la mère patrie, en 1810, l'autocolonisation s'arrêta brusquement, et, de 1821 à 1857, du terrain fut perdu. Heureusement, le président Porfirio Diaz a repris les traditions des meilleurs vice-rois espagnols. Sous sa direction énergique et prévoyante, l'autocolonisation a retrouvé sa vigueur d'autrefois et repris son essor.

C'est ainsi que, déserte, il y a une trentaine d'années, la contrée dite de la " Laguna ", à cheval sur les États de Durango et de Cohahuila, compte à présent deux cent mille habitants, desquels 10 0/0 tout au plus sont des étrangers. Et, au milieu des plaines où l'on entendait seulement le hululement de l'Indien, s'élève Torréon, d'abord nœud de chemin de fer, autour duquel se sont groupées des usines, et dont l'agglomération réunit déjà trente mille individus; puis Ciudad Lerdo, San Pedro de Las Colonias et Gomez Palacio sorties du sol en peu de temps. On y fabrique des étoffes avec le coton récolté aux environs. Plus haut, Sierra Mojada et Esperanza, nées à côté de gisements miniers récemment découverts et exploités, abritent chacune près de huit mille âmes.

Dans le Jalisco, un ancien hameau, appelé Chapala, situé au bord du grand lac de ce nom, petite mer intérieure, est devenu une station balnéaire recherchée, à cause de son site pittoresque et de son climat délicieux. Chapala se développera davantage, quand les moyens de communications avec Guadalajara auront lieu par voie ferrée. Et son grand lac, qui a ses tempêtes, attirera une légion de touristes nationaux et Nord-Américains.

L'autocolonisation se montre aussi dans le Sud; le territoire de Quintana Roo, reconquis sur les Mayas rebelles, s'est trouvé peuplé, au bout de quelques mois, par huit mille colons civilisés, presque tous mexicains, et installés sur des points bien choisis.

On ne voit pas au Mexique, comme aux États-Unis, ces apparition de cités surgissant du jour au lendemain. Néanmoins, on peut appliquer à certains centres l'épithète de « villes champignons ».

En Basse-Californie, la Compagnie française des mines de cuivre du Boléo a créé, de toutes pièces, Santa Rosalia et son port, et y a groupé six mille âmes.

Des coins inhabités de la Sonora ont vu édifier, en quelques années, des centres de plusieurs milliers d'âmes, tels la Cananea

(8 000 habitants) et Nacosari (7 000 habitants), près de puissantes exploitations cuprifères; la Colorada (4 000 habitants) et Minas Prietas (4 000 habitants), près de riches mines d'or et d'argent. Ces localités sont reliées, par des voies ferrées spéciales aux réseaux mexicain et nord-américain. Leur naissance, à peine connue des Européens, rappelle la création des villes minières de l'Alaska et du Transvaal.

Sur la rive droite du rio Bravo, fleuve servant de frontière avec les États-Unis, on rencontre Nuevo Laredo et Ciudad Porfirio Diaz, situées aux points terminus de voies ferrées, qui se soudent avec les lignes nord-américaines. Ces deux créations résultent de l'établissement d'ateliers et de dépôts de matériaux de chemin de fer, d'entrepôts de douane, de magasins appartenant au commerce, de casernements pour les troupes, d'édifices administratifs. Des gens laborieux y ont transporté leurs pénates et élevé des constructions de tous genres.

Tout à fait au nord, Ciudad Juarez, autrefois Paso del Norte a pris une importance de premier ordre, comme point de raccordement du Central mexicain avec le réseau nord-américain.

Sur la ligne idéale servant de frontière entre le Mexique et les États-Unis, et partant près de Ciudad Juarez pour finir en Basse-Californie, est né Nogales, où le chemin de fer venant de Guaymas et traversant la Sonora du sud au nord, fait jonction avec les voies ferrées du pays voisin.

Les villes frontières ont d'autant plus d'avenir, que les échanges avec la Grande République se multiplient à vue d'œil et emploient de préférence la voie de terre. De ce fait, les recettes des douanes montent constamment.

Le développement des ports plaide également en faveur de l'autocolonisation.

Sur le littoral regardant l'Atlantique, où les abris naturels sont rares, Veracruz (30 000 habitants) et Tampico, sont plus fréquentés, grâce à la sécurité qu'ils offrent à présent aux navigateurs; mais un détestable climat les condamne à demeurer lieux de transit et de négoce. Cependant, Tampico est déjà presque aussi peuplée que Veracruz, si on y comprend son annexe, El

Paso de Doña Cecilia, jadis hameau de pêcheurs, transformé, par l'arrivée du chemin de fer central, en commune de huit mille âmes.

Encore enfermée dans les murailles construites pour la protéger contre les flibustiers, Campêche végète, mais Tuxpan, Alvarado, Frontera, Carmen et Progreso présentent de l'animation.

Sur le littoral du Pacifique, mieux pourvu en havres, les villes croissent lentement. Toutefois, si San Blas et Acapulco restent stationnaires, Guaymas, Altata et Mazatlan ont gagné. D'autre part, Manzanillo, où s'exécutent des travaux considérables d'aménagement, prend figure, et rivalisera avec Tampico quand le chemin de fer qui le reliera aux États du Centre et à Guadalajara sera achevé; puis le port de Topolobambo, où doit aboutir une grande ligne, en construction, venant de Kansas City, dans les États-Unis, et traversant les États de Chihuahua et de Sinaloa, voit s'élever sur ses rivages une cité qui prendra de l'extension.

Quant à Tonala, Puerto Angel, Huatusco, Sihuantanejo, Chamela, Peñitas, etc., ce ne sont encore que des villages, mais ils se transformeront à l'arrivée de la locomotive.

Aux extrémités de la voie ferrée qui traverse l'isthme de Tehuantepec, deux villes viennent d'être fondées auprès de ports en construction : Coatzacoalcos, du côté de l'Atlantique, et Salina Cruz, sur le Pacifique.

Coatzacoalcos s'élève à l'embouchure du fleuve du même nom, et à hauteur de la barre qui arrêtait autrefois la navigation. Des travaux, dont il sera parlé ailleurs, vont supprimer l'obstacle. En 1901, la ville avait déjà cinq mille habitants.

Salina Cruz, non loin de Tehuantepec, autrefois pauvre hameau situé sur une rade foraine, deviendra une cité moderne et bien tracée. Les entrepreneurs du port ont nivelé le sol et fait des installations intelligentes.

Un auxiliaire merveilleux, le chemin de fer, est venu apporter son concours à l'autocolonisation. Avec lui, on obtient des résultats plus prompts et plus efficaces qu'avec les colonnes militaires et les missions de l'époque coloniale. Une voie ferrée fait sentir sa féconde influence sur une large zone s'étendant à droite et à gauche. Et dans un pays neuf, chaque halte de la locomotive devient un foyer de progrès.

Que de stations, principalement dans la région du Nord, ont donné naissance à des centres nouveaux et permis de transformer des terres désertes en champs cultivés et en pâturages (1)! Malheureusement, l'autocolonisation est ralentie par ce fait que les Indiens des États du Sud et du Centre : Chiapas, Oaxaca, Puebla, Veracruz, Guerrero, Michoacan, México, Tlaxcala, Morelos, Hidalgo, Queretaro, Jalisco, Colima et Tépic, ne se déplacent pas; ils aiment leurs vallées et en ont la nostalgie. Cependant, sobres et se contentant d'une rétribution modique, ils aideraient au développement de certaines régions favorisées par la nature, telles que la Sonora et le Yucatan (2), où des travailleurs sont réclamés à grands cris.

Certes, des déplacements d'Indiens ont eu lieu autrefois, par ordre des vice-rois et sous la conduite de religieux, mais les lois en vigueur ne permettent plus de transporter ainsi des populations contre leur gré. Toutefois, bon nombre d'enfants de la montagneuse Huatesca ont traversé la mer pour aller cultiver le henequen dans les plaines yucatèques. C'est de bon augure.

(1) L'exemple le plus frappant en est offert sur la ligne de Chihuahua aux États-Unis. Là où, après l'inauguration, la ligne ne traversait que des solitudes, le voyageur aperçoit maintenant des fermes et d'innombrables troupeaux.
(2) Les grands propriétaires du Yucatan font venir des bras des États de l'intérieur. Pour cela, leurs courtiers emploient souvent des moyens illicites. La Justice a arrêté le départ des jeunes garçons recrutés par des procédés délictueux, jusque dans la capitale.

XI

L'AUTOCOLONISATION

(Suite)

L'autocolonisation a repris également par les armes, car de vastes contrées, disputées aux barbares sous le régime colonial, ou abandonnées à ceux-ci après l'Indépendance, restaient à conquérir ou à récupérer.

Autrefois, les Mexicains et, d'après eux, les géographes classaient les Indiens en *mansos* paisibles, soumis, et en *bravos* ennemis, sauvages. Et, au milieu du XIXe siècle, dans le nord du Mexique, les Indiens *bravos* Comanches, Apaches et autres, vivaient en nomades, tels leurs congénères, les Peaux-Rouges du Far-West des États-Unis et du Canada, et dévastaient continuellement le pays. Les Apaches et les Comanches sont célèbres; leurs terribles exploits ont été racontés par des voyageurs et des écrivains qui n'ont rien exagéré (1). Il est bien vrai que là, et durant une longue période, la civilisation a reculé devant la barbarie. Finalement, les Comanches se sont soumis à l'autorité nord-américaine, mais les Apaches — dont le nom, en opata, « mauvais chiens » était bien mérité — n'ont cédé qu'après de multiples et sanglantes rencontres.

De tous les Indiens *bravos*, les Apaches étaient les plus redoutables, et, à aucune époque, les missionnaires les plus dévoués n'avaient eu prise sur eux. Des régions où, durant les XVIIe et XVIIIe siècles, s'étaient fondées de florissantes colonies et missions, avaient été changées en déserts. Les habitants se voyaient réduits à la défensive. — Les guerres civiles employaient les troupes et dépensaient les ressources de la nation ailleurs. — Du reste, relancer et châtier les Apaches n'était point facile : cavaliers infatigables, valant les Turcmènes transcaspiens, et aussi mobiles que les Toua-

---

(1) En dernier lieu, M. Louis Lejeune.

regs du Sahara, ils passaient, à l'occasion, sur le sol des États-Unis.

Cependant, la paix intérieure affermie, le président Porfirio Diaz fit reprendre énergiquement l'offensive; puis, dans le but d'obtenir un résultat prompt et radical, il conclut, en 1890, avec le Gouvernement de Washington, une convention autorisant le passage réciproque et provisoire de la frontière par les troupes des deux pays lancées à la poursuite des dévastateurs (1). Et une guerre, sans trêve ni merci, entreprise à la fois sur les territoires mexicain et nord-américain, a forcé les Apaches à chercher le salut dans la reddition. Une partie d'entre eux est entrée dans la population métissée. Le reste, cerné aux États-Unis, a été transporté dans des « réserves » où il est entretenu et surveillé.

Dans les « réserves » nord-américaines, les Apaches changent de mœurs; leur jeune génération n'a déjà plus la férocité de l'ancienne. Ils ont à combattre un ennemi terrible, « l'eau de feu », comme ils appellent si éloquemment l'alcool. Cependant, les amis de l'homme américain espèrent que, à l'exemple des Peaux-Rouges de « l'Indian Territory » et de la « réserve » Canadienne des Six Nations, ils se policeront et assureront leur existence par le travail agricole.

En un mot, les derniers Indiens *bravos*, pourchassés comme des fauves, ont disparu.

Mais les Indiens *bravos* n'étaient pas les seuls adversaires de la colonisation; il restait deux groupes d'autochtones, réfractaires à l'assimilation : les Yaquis turbulents et les Mayas rebelles; il convient d'en parler.

Dans le sud de la Sonora, les Yaquis, montagnards laborieux, chrétiens, organisés en " pueblos " ou communes, fédérés (2), parlant le *cahita* et connaissant l'espagnol, procuraient une main-d'œuvre très estimée, mais aussi entendaient conserver une sorte d'autonomie et la propriété collective et exclusive des terres par eux occupées. Ils en appelaient très souvent aux armes et se fiaient trop à leur courage. A la fin, ils ont succombé devant la supériorité d'instruction, de discipline et d'armement des troupes régulières;

---

(1) Convention spéciale du 25 août 1890.
(2) Fortunato Hernandez, *La Guerra del Yaqui*. — México, 1902.

ils ont perdu la hauteur escarpée où était leur capitole rustique, et vu s'installer des garnisons fédérales sur les points stratégiques de leur pays. Puis leurs terres, arrosées, boisées et fertiles, ont été divisées et adjugées par lots.

Les vaincus pris durant la lutte, ainsi que les femmes et les enfants, ont été déportés dans les États de Jalisco, de Veracruz et du Yucatan, et confiés à des agriculteurs. Des hommes jeunes et vigoureux, versés d'office dans l'armée, sont devenus d'excellents soldats ; quantité de fuyards ont pu gagner les fermes et les ateliers de la Sonora, où ils résident, protégés par leurs maîtres. D'autres ont passé la frontière. Enfin, quelques-uns ont tenté de se reformer en bandes de partisans dans la Sierra de Bacalete, mais toujours ils ont été atteints et dispersés.

En tant que groupe politique, les Yaquis devaient fatalement être dissous. Leur combativité a précipité cette solution. Encore quelques années, et l'infortunée peuplade sera entièrement absorbée par la population mexicaine (1). Les temps sont loin où les mineurs répétaient que « prospecter » chez les Yaquis équivalait à la mort.

Quant aux Mayas rebelles, autre peuplade réputée indomptable, elle existait à l'autre extrémité du Mexique, dans la péninsule yucatèque, et son origine est à rappeler.

En 1847, une terrible rébellion des Mayas, favorisée par les guerres civiles et alimentée par les haines de races, avait failli replonger le Yucatan dans la barbarie. Cette rébellion après des excès et des crimes inouïs, s'était localisée dans l'est, et y avait engendré un petit État indépendant de fait, dont la capitale était Chan Santa Cruz. Les féroces révoltés, pour la plupart, de sang mêlé, se montraient très friands de femmes blanches ou métisses ; ils tendaient au retour vers la vie précolombienne et avaient proscrit le castillan, sans toutefois abandonner leurs prénoms et noms chrétiens. Aucun prêtre ne résidait parmi eux. Ayant perdu les traditions religieuses des ancêtres, ils professaient un culte pour les images catholiques. Ils obéissaient à des « généraux », sortes de dictateurs, qui détenaient tous les pouvoirs.

(1) Fortunato Hernandez, *Las Razas indigenas de Sonora*.

Entre leur territoire et le nord-ouest du Yucatan, qui leur avait échappé, et qui était défendu par une ligne de postes militaires, les Mayas rebelles avaient créé un véritable désert, qui les protégeait. Les Mexicains et les étrangers qui se hasardaient parmi eux étaient immolés aussitôt. Leur État n'était reconnu par aucune puissance, mais n'en existait pas moins. Les géographes consciencieux devaient le signaler (1). Ils possédaient un littoral, mais ne l'utilisaient pas, persistant dans un isolement farouche. Ils offraient quelques produits du sol aux colons anglais de Belize, qui leur fournissaient des armes pour lutter conte les civilisés, et aussi un terrible alcool, qui les abrutissait et les décimait.

Jamais on n'avait pu vaincre définitivement les rebelles, favorisés qu'ils étaient, par la distance, les forêts, les marais et le climat tropical. Chan Santa Cruz, occupée plusieurs fois, avait dû être évacuée. Souvent, les retraites des troupes mexicaines s'étaient changées en désastres. Toutefois, en 1900, le Président Porfirio Diaz résolut de supprimer cette verrue déshonorante pour la Nation. Une expédition fut donc préparée. On sut éviter le renouvellement des fautes passées (2). Cinq mille hommes, marchant en plusieurs colonnes, prirent part à la guerre — une vraie guerre. — Les opérations furent lentes, méthodiques, pénibles et onéreuses. La difficulté principale était, non pas de vaincre l'ennemi, mais de vivre en attendant l'occasion de le joindre. Des chemins furent ouverts à travers la brousse, avec côtés et abords déboisés, pour empêcher les surprises, et des gîtes d'étapes et des campements, établis avec soin. Attaqués et menacés partout à la fois, les Mayas rebelles perdirent Chan Santa Cruz, le 4 mai 1901, et durent se rendre ou se réfugier au Guatemala. Leurs débris, affaiblis et misérables, errent dans les solitudes. Les prisonniers, hommes, femmes et enfants, ont été déportés dans le nord du Yucatan, ou au delà de la mer, dans l'État de Veracruz et, selon la coutume, confiés à des propriétaires d'haciendas. Ceux susceptibles d'accomplir un service armé ont été versés dans les corps de troupes de la garnison de México.

(1) Élisée Reclus.
(2) Albert Hans.

En 1902, une mesure d'une haute portée a consolidé la conquête. Avec l'ancien pays des vaincus et la partie nord-ouest du Yucatan, autrefois ravagée, on a formé le territoire fédéral de Quintana Roo, relevant directement du Gouvernement national. La nouvelle unité administrative a été affranchie, pour un temps, de tous droits de

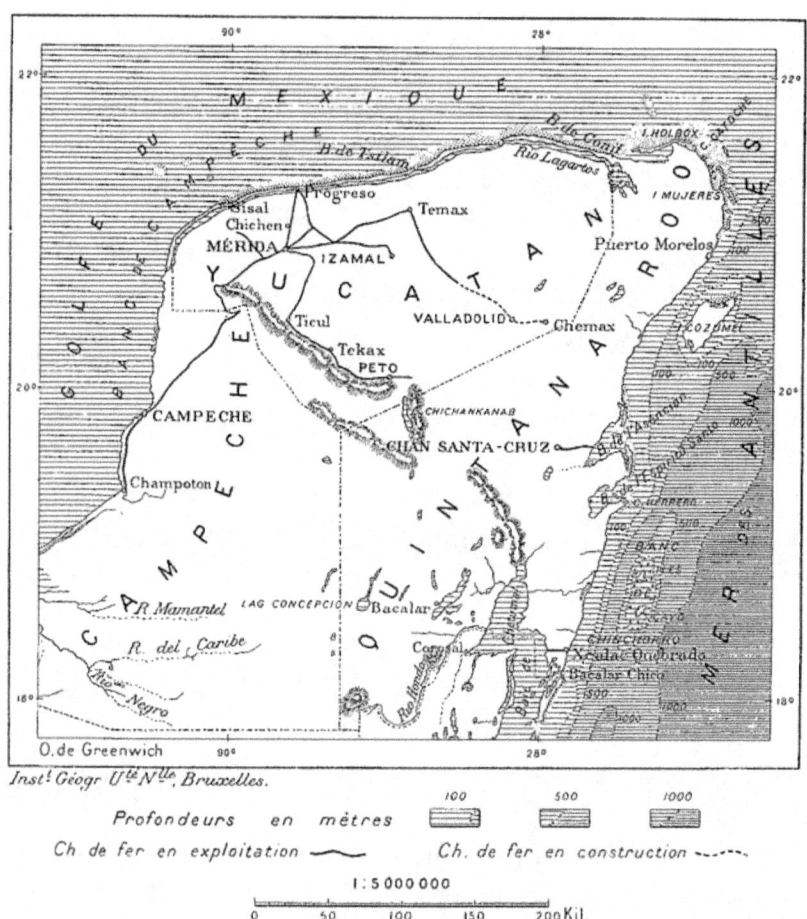

Fig. 10. — La péninsule du Yucatan et le nouveau territoire de Quintana Roo.

douane, organisée militairement et sillonnée par des routes; elle a reçu des colons, entre autres, des descendants de Mexicains qui, pour se soustraire à la férocité des rebelles, s'étaient, vers le milieu du xix° siècle, enfuis dans la colonie anglaise de Belize. Les nouveaux venus ont aidé spécialement à relever Bacalar, jadis habitée par leurs pères.

Un des avantages procurés par la guerre contre les Mayas rebelles est, pour le Mexique, la pleine possession du littoral de la mer des Antilles, littoral qui présente des fonds et des abris meilleurs que ceux du Golfe, et qui était resté à l'abandon jusqu'à nos jours.

Même, dans sa prévoyance, le Gouvernement mexicain a fondé, sur ce littoral, Puerto Morelos, centre d'avenir, puisqu'il est désigné comme point terminus d'une voie ferrée, qui hâtera la colonisation de la contrée et se soudera, par Valladolid, au réseau local, déjà en exploitation, du Yucatan. En attendant, un chemin de fer à voie étroite, construit par le corps expéditionnaire, relie la baie de l'Ascencion à Chan Santa Cruz, — appelée à présent Santa Cruz de Bravo, — et une autre ligne, venant de Progreso et Merida, s'avance peu à peu vers ce dernier point.

La création du nouveau territoire fédéral équivaut à un réel agrandissement territorial (1). La dénomination de Quintana Roo, en souvenir d'un patriote, n'est point géographique. Nous le regrettons, mais le mal, très secondaire, est facile à réparer.

Le Yucatan, en particulier, a tiré grand profit de la guerre. Ses anciens centres, compris dans la zone de désolation, brûlés, ruinés ou transformés en postes militaires (2), renaissent tous, notamment Valladolid. Cette ville, que l'on croyait morte, se repeuple. Ses maisons, longtemps silencieuses, abritent à nouveau les ébats d'enfants

---

(1) Le territoire de Quintana Roo est ainsi délimité :

Au nord, une ligne partant du littoral, au point 87°, 32' de longitude ouest du méridien de Greenwich, jusqu'à son intersection avec le parallèle 21°; de là, la ligne va chercher le parallèle passant par la tour sud de Chemax, à 20 kilomètres est de cette ville; la ligne continue jusqu'au sommet de l'angle formé par les limites de l'État de Campêche et de celui du Yucatan, près de Put, puis descend vers le sud, aux frontières du Guatemala.

La colonie anglaise de Belize est donc, *actuellement*, limitrophe d'un territoire fédéral mexicain, et non plus de l'État maya, indépendant de fait.

Aujourd'hui la péninsule du Yucatan, si intéressante aux points de vue de l'archéologie et de l'ethnographie précolombiennes, et qui connut d'antiques civilisations, se trouve découpée en quatre corps politiques : l'État proprement dit du Yucatan, celui de Campêche et le territoire de Quintana Roo, qui font partie de la République mexicaine, plus la colonie anglaise de Belize, que ses possesseurs appellent, à tort, le Honduras britannique.

En outre, la République de Guatémala possède, plutôt nominalement, au pied de la péninsule, un vaste territoire à peine exploré.

(2) Désiré Charnay.

joyeux ; ses temples, réparés, retrouvent des fidèles, et ses environs, des cultivateurs. Une voie ferrée va la joindre à Mérida, dont, autrefois, elle attendit vainement secours. Elle communique, par un téléphone, en attendant mieux, avec Puerto Morelos. C'est une résurrection.

Tout danger d'invasion ayant disparu, la marche militaire et ses garnisons ont été supprimées. A présent, on est tranquille sur le sort de la péninsule.

Toutes les guerres faites par le président Porfirio Diaz aux Apaches, Yaquis et Mayas, n'ont été que la continuation des luttes successives entreprises, presque toujours avec succès, pendant plus de deux siècles, par les vice-rois espagnols, conformément aux instructions envoyées de Madrid par le Conseil des Indes, pour annexer et coloniser les parties du Mexique non soumises en même temps que l'Empire aztèque.

En somme : au centre des régions dont jadis les barbares étaient les maîtres redoutés, le sifflet strident et rassurant de la locomotive éveille maintenant les échos et remplace le cri de guerre du sauvage. Au nord comme à l'orient, la sécurité est complète. Et l'autocolonisation, profitant de la quiétude assurée, met en valeur d'immenses surfaces.

XII

LES CENTRES URBAINS

Au Mexique, les centres urbains s'augmentent aussi au détriment des campagnes, mais d'une façon moins inquiétante qu'en Europe. Et cela nous amène à parler de la capitale et des villes.

Le recensement de 1900 accuse, pour México, 368777 habitants, contre 331781, en 1895, soit, en cinq ans, une augmentation de 37000 âmes (1).

Toutefois, dans le district fédéral, les recenseurs ont opéré plus défectueusement encore que dans les États. Et on a signalé, tant dans les huit quartiers de la capitale que dans ses environs, des omissions innombrables, commises par un service inexpérimenté et ne disposant pas de moyens suffisants.

Aux non-recensés, en 1900, il convient d'ajouter l'augmentation des années 1901 et 1902, et, aussi, la population des communes adjacentes : Tacubaya, Guadalupe Hidalgo, etc., véritables faubourgs. On totalise ainsi, en 1902, 450000 âmes, pour l'agglomération de México.

Par son grand rôle historique, au temps de l'Empire aztèque et de la domination espagnole, son heureuse situation géographique et sa population relativement élevée, México, foyer de civilisation, embellie et assainie, est une capitale dans toute l'acception du mot. On y sent battre le cœur de la nation. Ce n'est point une parvenue, telles : Berlin, que des cités allemandes plus glorieuses envient; Saint-Pétersbourg, que Moscou, plus ancienne et moins excentrique, jalouse; Madrid, que Barcelone menace; Lima, contre laquelle Cuzco peut réclamer. Non, c'est une ville au passé illustre, habituée à commander, à l'exemple de Paris, Vienne, Rome, Athènes, et devant laquelle tous s'inclinent. Malgré cela, México

---

(1) Les limites actuelles de México ont été fixées par décret du 28 juillet 1899.

n'absorbe pas le pays, comme Sydney et Melbourne, en Australie, et Buenos Aires, en Argentine, têtes de géants sur des corps malingres. Au contraire, d'autres cités lui font équilibre.

Ainsi, Guadalajara, Puebla, Leon et Monterey sont des agglomérations de 100 000 âmes. — Cette dernière s'est grandement développée depuis quelque temps. — Guanajuato, Lagos, Aguascalientes, Morelia, Silao, Queretaro, Zacatecas, Durango et San Luis Potosi se maintiennent au rang secondaire. Saltillo, Chihuahua, Toluca, et Pachuca acquièrent de l'importance. Orizaba, à cause des entreprises industrielles qui s'y installent, a vu sa population dépasser 50 000 habitants (1). Acaponeta, Cuernavaca, Jalapa, Cordoba, et d'autres, grandissent silencieusement, grâce à la production agricole de leurs régions. Quelques-unes, comme Merida, ayant périclité, se relèvent avec éclat (2).

Donc, les villes mexicaines, sans rivaliser avec la capitale, rayonnent utilement sur le territoire.

La capitale compte dans son sein, des " colonies " provenant de tous les États de la Fédération. Naturellement, les " colonies " des États les plus voisins sont les plus nombreuses. Par contre, les habitants de la capitale essaiment sur quantité de points du territoire national. On retrouve des gens, nés à México, fonctionnaires, commerçants, artisans, etc., jusque dans les localités de la frontière. Cet échange de sang entre capitale et provinces est l'indice d'une bonne circulation et a des effets excellents.

---

(1) Dans les environs d'Orizaba, à un endroit appelé Rio Blanco, une compagnie d'industriels français a monté récemment une des plus belles usines du monde, dotée d'un outillage perfectionné et mue par l'électricité, pour la fabrication des étoffes de coton. Un bourg, de plusieurs milliers d'âmes, a surgi auprès de l'usine.

(2) Merida, par suite de la prospérité du Yucatan, prospérité due à la hausse persistante du henequen, compte maintenant, avec ses faubourgs, 60 000 habitants.

XIII

LE MOUVEMENT DÉMOGRAPHIQUE

Les détails du recensement de 1900 n'ont pas encore été publiés. Nous sommes donc obligés de glisser sur les points secondaires. Le mouvement démographique, pour cinq années, est résumé comme suit :

ANNÉES	NAISSANCES		MARIAGES	DÉCÈS
	LÉGITIMES	ILLÉGITIMES		
1895.......	217 288	117 414	53 691	391 177
1896.......	242 773	155 607	52 968	404 654
1897.......	230 452	144 924	51 000	455 009
1898.......	281 926	208 007	61 687	452 328
1899.......	290 432	214 770	59 957	507 890

D'après le tableau ci-dessus, l'autorité civile a enregistré, en 1899, 290 432 naissances légitimes, et 214 770 illégitimes, soit au total 502 202. La proportion des enfants naturels paraît donc excessivement élevée. Cependant, cette proportion ne doit pas être attribuée à l'immoralité, mais plutôt à ce fait : l'autorité civile ne veut reconnaître que les mariages contractés devant les magistrats, tandis que quantité de gens se contentent de la cérémonie religieuse. Et il en sera toujours de même tant que le clergé mexicain, avant d'accorder la bénédiction nuptiale, n'exigera pas un bulletin prouvant l'accomplissement du mariage civil.

Déjà deux prélats éclairés, don Pedro Loza, archevêque de Guadalajara, et don Eulogio Guillow, archevêque d'Antequera (1),

---

(1) Antequera est l'ancien nom donné, sous le régime colonial, à Oaxaca, en souvenir d'une ville d'Andalousie, et conservé par l'Église romaine.

ont ordonné à leurs prêtres de ne plus unir de fidèles sans avoir la preuve authentique que le mariage civil avait été effectué au préalable, et cela, disaient-ils, afin de prévenir la bigamie et de protéger la morale. Malheureusement, ces sages prescriptions n'ont pas été répétées dans les autres diocèses.

Relativement aux mariages civils, on en a enregistré 59959 en 1899. Les unions purement religieuses n'ont pas été relevées.

Du tableau précédent, qui exprimerait le mouvement démographique mexicain, de 1895 à 1899 inclus, il ressort que le chiffre des décès serait supérieur de plus de 107000 à celui des naissances. Or cela est contraire aux faits et en contradiction avec les résultats du recensement général, lequel, pour la même période, porte un accroissement de la population à près d'un million d'habitants, accroissement dû à l'excédent des naissances sur les décès, puisque les étrangers n'entrent guère en ligne de compte.

Toutefois, l'anomalie s'évanouit devant la constatation que, si les Indiens ont recours à l'autorité pour enterrer leurs morts, ils négligent trop souvent de l'informer des naissances (1). Cette fâcheuse coutume remonte aux temps coloniaux, et ne disparaîtra qu'après une entente entre le clergé et le pouvoir fédéral. L'administration du baptême et la déclaration de naissance à l'état civil ne sont nullement incompatibles.

En somme, les chiffres de détail fournis inspirent plutôt la méfiance, et, de plus, il y a défaut d'accord entre les deux autorités, civile et religieuse; celles-ci, au lieu de travailler en commun pour le bien public, affectent de s'ignorer et engendrent un désordre, qui attriste les démographes.

(1) Auguste Génin.

XIV

L'ACCROISSEMENT DE LA POPULATION

Avant de terminer, il convient de revenir au recensement de 1900, et de comparer ses données avec celles recueillies en 1803 par Humboldt, qui fixait la population du Mexique à 5 837 000 âmes (1); on trouve que le pays a gagné à peu près 7 743 000 habitants, et cela, malgré les pertes successives, vers le milieu du xixe siècle, du Texas, du Nouveau-Mexique, de la Californie et de l'Arizona, contrées, il est vrai, à peine explorées et peu habitées.

L'augmentation est donc satisfaisante, surtout si l'on se souvient des consommations de vies humaines causées par le feu, les maladies et la misère durant les guerres dites de l'Indépendance, — en réalité une épouvantable guerre civile, — de 1810 à 1821, et de la « Réforme », autre guerre civile, de 1854 à 1867, dont l'intervention française ne fut qu'un épisode. Par exemple, la *leva* ou recrutement forcé, a détruit des foyers par milliers, et dissous ou dispersé d'innombrables familles (2).

A faire aussi entrer en ligne de compte les pertes occasionnées par les incursions des Indiens *bravos*, qui, après l'Indépendance, nous l'avons exposé, dévastèrent, pendant de longues années, les provinces septentrionales, ainsi que les épouvantables massacres exécutés par les Mayas rebelles du Yucatan, lesquels massacres coûtèrent la vie à 300 000 personnes (3).

A noter encore les guerres contre les Nord-Américains et les Français, qui coûtèrent beaucoup d'hommes.

Quant aux révolutions du Mexique, survenues entre l'Indépendance et la Réforme, elles furent surtout des mouvements mili-

---

(1) *Essai sur la Nouvelle-Espagne*.
(2) Justo Sierra.
(3) Justo Sierra.

taires, ou *pronunciamientos*, qui engendrèrent le désordre et ruinèrent l'autorité du pouvoir central, mais qui firent couler peu de sang.

Plusieurs fléaux ralentissent l'accroissement de la population mexicaine : la variole, le typhus, les fièvres pernicieuses — entre autres, le *vomito negro* — l'alcoolisme et la phtisie.

Le typhus étend ses ravages dans les villes; la variole, dans les villes et les campagnes; le *vomito negro*, dans les terres basses du littoral; la phtisie, qui s'était cantonnée dans les terres basses, est montée dans les terres tempérées, puis dans les hautes altitudes. Quant à l'alcoolisme, il sévit partout. Les pouvoirs publics ont entrepris la lutte contre ces fléaux et d'autres secondaires.

Selon toutes probabilités, le typhus a surgi dans México, assiégée par Fernand Cortez, en 1521, parmi une population affamée, entassée, épuisée, et résistant au milieu d'un amoncellement de cadavres, qui ne pouvaient être enterrés profondément, vu la nature du sol. Quoi qu'il en soit, depuis cette époque, l'épidémie apparaît, périodiquement, dans la capitale. Mais la construction d'un réseau d'égouts, déjà opérée, et l'adduction d'eaux pures et abondantes, en voie d'exécution, vont changer cet état de choses.

La variole, cela est clair, s'attaque de préférence aux agglomérations pauvres et arriérées; la misère et l'ignorance accompagnent toujours le défaut d'hygiène. Ainsi l'État de Hidalgo et le district fédéral de México ont un nombre presque égal d'habitants. Or la proportion des décès, par suite de variole, est dix fois plus élevée dans l'État de Hidalgo que dans le district fédéral, où la vaccine est pratiquée avec méthode.

Devant la force d'inertie opposée à ses avis répétés, le Conseil supérieur de Salubrité a réclamé des pouvoirs publics une mesure radicale : la vaccine obligatoire pour tous, avec peines sévères appliquées aux contrevenants. Par ce moyen, certain pays s'est débarrassé de la variole. Pourquoi le Mexique ne profiterait-il pas de l'exemple?

Le *vomito negro* ou fièvre jaune, si mal famé chez nous, est apparu, longtemps après la conquête, à l'état endémique, sur le littoral de l'Atlantique. Le littoral du Pacifique paraissait devoir en être préservé, mais la maladie a passé, soit par l'isthme de Tehuantepec, soit par celui de Panama, et existe maintenant, — à l'état épidémique, il est vrai, — dans les ports et basses terres. On remarque que la fièvre jaune pénètre à des altitudes de plusieurs centaines de mètres, où l'on se trouvait hors d'atteinte autrefois.

Pour combattre le *vomito negro* et le paludisme, dont on connaît à présent l'origine, — transmission de microbes virulents par piqûres de certains moustiques, — la science bactériologique procure des moyens qui approchent déjà de l'efficacité. D'autre part, on est convaincu que les découvertes de Pasteur et de ses disciples permettront de vaincre prochainement le typhus et la phtisie. Le Gouvernement fédéral, — il faut l'en applaudir, — encourage les recherches dans ce sens (1).

Quant à l'alcoolisme, provenant de l'usage du *pulque* et de l'introduction de véritables poisons, principalement nord-américains, il peut être combattu victorieusement par une législation éclairée et des règlements préventifs, ainsi que cela s'est vu en Suède et en Finlande.

Quoi qu'il en soit, la population mexicaine s'accroît en dépit de tout et dans des proportions très satisfaisantes. En effet, si on remonte à 1803, à la fin de l'administration du vice-roi Iturrigaray, on constate que le Mexique ne comptait que 5 837 000 âmes. Toutefois l'augmentation était sensible, et, à l'époque, Humboldt disait : « En moins d'un siècle, la population de la Nouvelle-Espagne égalera celle de la Métropole ». Cette prédiction, qui s'est presque réalisée, serait accomplie, et même au delà, si le Mexique avait conservé sa souveraineté sur d'anciens territoires, comme le Texas et la Californie, aujourd'hui parties intégrantes de l'Union nord-américaine.

En somme, les résultats du recensement de 1900, rectifiés selon l'avis de gens compétents, — entre autres des membres du clergé, — et augmentés des excédents de 1901 et 1902, autorisent à fixer, au bas mot, la population du Mexique à 14 millions et demi d'âmes.

(1) Voir le chapitre : *Sciences*, par M. Albin Haller, membre de l'Institut; professeur à la Sorbonne.

Et si, comme on est en droit de l'espérer, la paix et la prospérité continuent à régner dans le pays, on peut affirmer, sans crainte d'erreur, que sa population doublera en une trentaine d'années, avec la natalité pour principal facteur. Même, l'immigration étrangère peut encore réduire ce délai.

Une dernière remarque : l'accroissement de la population a lieu très rapidement dans les États du Nord. C'est que l'exploitation des mines et l'industrie y ont pris de l'extension et appellent des travailleurs fournis par les régions du Centre (1), et aussi que le climat y est très favorable. Donc, dans le voisinage des États-Unis, la population mexicaine acquiert rapidement une compacité plus forte, ce qui lui permettra de résister, si besoin est, à l'infiltration, tant de fois annoncée, des Nord-Américains.

(1) D'après le dernier recensement, sont établis dans le Nuevo Léon 28 000 habitants, nés dans l'État de San Luis Potosi, 13 000 dans celui de Zacatecas, et, en moindre proportion, des gens venus des États de Jalisco, Hidalgo, Guanajuato, etc.
Sur les 370 294 habitants recensés, en 1900, dans l'État de Durango, 28 851 étaient nés dans le seul État de Zacatecas, et quantité d'autres dans des États d'Aguascalientes, de Guanajuato, de Jalisco et de San Luis Potosi, situés plus au sud.
Un mouvement analogue existe dans les États de Cohahuila, de Chihuhua et de Sonora.

XV

LA COHÉSION NATIONALE

Avant de terminer notre étude, examinons l'homogénéité du peuple mexicain.

Entre les hispanifiés des Terres Chaudes et ceux des Terres Froides, il y a quelques dissemblances de mœurs, mais ils ne sont pas séparés par ces variétés de langues, de traditions et de coutumes que l'on rencontre dans les vieux États d'Europe. Au contraire, les hispanifiés de l'intérieur, les " provinciaux ", comme nous dirions, ne se distinguent guère des gens de la capitale; ils ont le même esprit, la même culture, parlent tous l'espagnol. Il n'y a point de patois chez les hispanifiés, mais seulement de faibles différences de prononciation. Il n'y a ni divergence, ni antagonisme entre les fractions de la nation, ainsi que cela se voit, en Espagne, entre Catalans, Basques et Castillans; en Italie, entre Piémontais et Napolitains; en Allemagne, entre Bavarois et Prussiens; aux États-Unis, entre les gens du Nord et ceux du Sud. Donc, tous les Mexicains hispanifiés forment une masse homogène. Et cet incomparable avantage pallie le grave inconvénient de la coexistence, en certaines régions, de groupements isolés d'Indiens, lesquels, après tout, s'ils restent encore inertes, ne sont pas du moins des adversaires pour la cohésion nationale.

Quant aux mouvements séparatistes, qui ont éclaté autrefois dans le Yucatan, ils s'expliquent par l'isolement de la péninsule, qui ne communique encore que par mer, avec la Fédération. Cette situation changera lorsqu'un chemin de fer, traversant les États de Tabasco et de Campêche, ainsi que le nouveau territoire de Quintana Roo, reliera le réseau yucatèque, déjà important, au réseau national, et assurera, en tous temps, des communications rapides et commodes avec le reste du pays.

Il faut rappeler ici que l'immense majorité des Mexicains

(99 p. 100) professe une même religion : le catholicisme. L'unité religieuse est, après l'unité de langue, le plus puissant lien d'une nationalité.

Les missionnaires venus des États-Unis, et qui ont eu toute liberté d'action, ont remporté peu de succès. Les classes élevées restent fidèles à la foi des ancêtres. Et les libéraux, qui ont fermé les couvents et expulsé les congrégations, ne se sont jamais attaqués aux dogmes; le clergé séculier a toujours été respecté.

Malgré leurs généreuses distributions de maïs, les pasteurs nord-américains ne sont pas vus avec sympathie (1). D'instinct, le peuple refuse de se diviser en confessions diverses. Il préfère les pompes de l'Église catholique aux froides cérémonies protestantes.

Certes, le catholicisme des Indiens est loin d'être orthodoxe. Peu importe : indigènes, métis et blancs ne sont pas séparés par des différences de culte. La communauté de religion est le point où le blanc et l'Indien sont tangents l'un à l'autre, et par où peut s'absorber définitivement l'âme indienne, âme muette, repliée, énigmatique, dont la persistance, près de l'âme collective de la nation mexicaine, est un anachronisme.

Il convient également d'exposer que tous les Mexicains, aussi bien les hispanifiés que les Indiens, ont un état civil européen. Effectivement, sous le régime colonial, le clergé, en baptisant les Indiens et les gens de couleur, leur donnait, non seulement des prénoms, mais aussi des noms de chrétiens.

Le *christiano nuevo* des possessions espagnoles, tout comme celui de la péninsule ibérique, — morisque ou juif converti, bon gré mal gré — était censé faire peau neuve et devenir membre d'une société plus parfaite. Et avec des prénoms choisis parmi les saints du calendrier, l'Indien et l'Africain recevaient le nom de leur parrain ou de leur maître, ou, à défaut, s'en voyaient octroyer un d'« office ». C'est à peu près ainsi que notre assistance publique agit avec les enfants trouvés.

L'Église s'interdisait la recherche de la paternité. Dans sa charité, elle ne se préoccupait point de l'origine des métis, mulâtres,

---

(1) On donne aux néophytes des missionnaires nord-américains le surnom de « chrétiens de maïs ».

zambos, tercerons, quarterons et autres sang-mêlés de toutes nuances; elle pressentait l'axiome de Beaumarchais : « On est toujours le fils de quelqu'un. »

De là, un état civil, pas plus mal tenu qu'ailleurs, qui dépendit de l'autorité religieuse jusqu'à la promulgation des lois de « Réforme », sous la présidence de Benito Juarez, et qui, depuis lors, reste entre les mains de l'autorité civile.

Et, aujourd'hui, les hispanifiés, au teint le plus bistré, que, par exemple, on trouve sur les quais de la Veracruz, dans les galeries des mines de Real del Monte et dans les usines de Monterey, ainsi que les Indiens semi-policés, qui travaillent dans les haciendas du Jalisco, ou qui peuplent des villages perdus dans les sierras du Nord, portent tous, moins quelques exceptions, des noms espagnols, noms sonores, dont beaucoup évoquent le souvenir des preux chevaliers de Castille et d'Aragon et des audacieux *conquistadores* du Nouveau Monde.

Au surplus, l'existence d'un état civil européen, chrétien et moderne facilite extraordinairement l'amalgame des populations. Les tares originelles, que les préjugés ont imprimées aux races indienne et noire, — à la noire surtout, — ne suivent pas chez les gens de race mixte hispanifiés.

Ajoutons que la législation moderne a fait disparaître tout ce qui, à l'époque coloniale, tendait à établir des castes et à les régir. Théoriquement, l'égalité est devenue complète entre tous les citoyens. Pratiquement, les mœurs se prêtent, — nous l'avons indiqué, — à la fusion des races, et, partant, aident la législation.

Un facteur nouveau, la classe moyenne, vient renforcer la cohésion nationale. Avant et après l'Indépendance, la classe moyenne n'existait qu'à l'état embryonnaire; mais la désamortisation des biens du clergé, qui a subdivisé et jeté dans la circulation des richesses considérables, puis l'adaptation des industries européennes, le développement de toutes les branches du commerce, la vente et la mise en valeur des terres publiques, la multiplication des petits domaines ruraux, l'exploitation récente d'une quantité de gisements miniers, l'apparition du crédit et des valeurs mobilières, l'arrivée de capitaux étrangers, la construction d'un splendide réseau ferré, tout a contribué à faire naître une prodigieuse prospérité économique, dont a largement profité la classe moyenne. Celle-ci grandit constamment en nombre et en influence. Placée entre les grands propriétaires territoriaux et la foule plébéienne, elle joue le rôle de la bourgeoisie dans un État de l'Europe occidentale et sert de lien à tous. C'est un ciment qui unit étroitement les divers matériaux de l'édifice social.

En somme, l'unité morale du peuple mexicain correspond assez bien au magnifique ensemble géographique de son territoire. L'élément hispanifié, bien supérieur, en nombre et en capacités, à l'élément indien, est partout superposé à ce dernier. Les groupements isolés d'indigènes se trouvent étroitement encastrés par les blancs et métis, et le tout, fortement aggloméré, constitue un bloc solide.

XVI

RÉSUMÉ

Pour conclure :

Le président Porfirio Diaz s'est montré, dans sa patrie, le digne successeur de ces hommes éminents, — honneur de l'Espagne, — qui ont composé le Conseil des Indes, et qui, en matière de colonisation, ont, avec de faibles moyens, accompli de si grandes choses dans les deux Amériques !

Grâce au président Porfirio Diaz, les Indiens *bravos* ont vécu, le domaine de la civilisation s'est accru, et, à l'exemple de la Russie, le Mexique s'agrandit au dedans, car il colonise, avec son propre peuple et ses seules ressources, des fractions de son territoire dont, auparavant, la possession n'était que nominale, et d'où sa souveraineté avait même été repoussée.

Au reste, l'autocolonisation est loin d'avoir accompli sa tâche.

Dans les États du Nord, les prospecteurs de mines poursuivront leurs travaux, et de futures exploitations minières enfanteront des cités. Le mineur appellera toujours l'agriculteur, le marchand et l'artisan.

Mais ce qui favorisera extraordinairement l'autocolonisation, c'est le développement des chemins de fer. Aussi, la prompte construction de la voie ferrée, dont le tracé est adopté en principe, et qui doit partir de la ligne transisthmique de Tehuantepec et aboutir à Puerto Morelos, au nord-est de la péninsule du Yucatan, est par-dessus tout souhaitable. Cette ligne procurera de précieux avantages politiques, stratégiques et économiques ; elle sera un trait d'union entre le Mexique central et le Mexique oriental ; elle supprimera toute velléité de séparatisme dans le Yucatan ; elle permettra la mise en valeur de régions inabordables, faute de moyens de communication ; elle portera, pour mieux dire, le Mexique sur son littoral, à peine fréquenté actuellement, de la mer des Antilles, littoral qui présente des fonds et des abris meilleurs que ceux du Golfe, et qui, le canal de Panama ouvert, fera face à l'une des routes maritimes les plus fréquentées du globe ; elle renforcera la position du Mexique dans l'Amérique centrale, où se trouve l'avenir de la Nation ; elle opérera, enfin, dans le Mexique oriental, une transformation merveilleuse et comparable à celle réalisée dans le *Dominion* par le chemin de fer transcanadien.

En passant à un autre ordre d'idées, les Pouvoirs publics doivent obéir aux suggestions du Conseil supérieur de Salubrité en rendant la vaccine obligatoire pour tous. C'est l'unique moyen de mettre un terme aux ravages de la variole. Il faudra encore de longues années à l'hygiène pour infiltrer ses enseignements salutaires dans les masses urbaines et rurales. Et il est pratique d'assurer l'augmentation du capital humain, le plus précieux des biens d'un pays, en sauvegardant l'existence des enfants et des adultes nés sur le sol national. On peut alors se passer de l'immigration étrangère.

L'émigration vers les Etats-Unis est un mal naissant. Il faut l'enrayer par des mesures économiques, sous peine d'en souffrir cruellement, comme le Canada.

Il convient, pour le Gouvernement fédéral, d'attirer une fraction plus considérable de l'émigration européenne, qui va enrichir sans cesse le Nouveau Monde. Et la tâche paraît assez facile en ce qui concerne particulièrement l'émigration italienne, laquelle conviendrait admirablement au pays.

Au point de vue national, les Chinois sont pernicieux. L'expérience a révélé que c'était acheter trop cher l'abondance et le bon marché de la main-d'œuvre, que d'inoculer à une civilisation à base européenne le virus des mœurs, des vices, des qualités même des « jaunes ». Le « mal jaune » n'est pas un vain mot. Les États-Unis ont su l'éviter et l'Australie est en train de l'éliminer. Au Mexique d'imiter ces deux pays, indéniablement très avancés et clairvoyants.

La population mexicaine est en pleine fusion.

La race blanche peut compter sur de nouveaux apports, qui lui permettront de continuer sa mission civilisatrice.

L'amalgame des Indiens ruraux n'étant plus retardé par des

coutumes surannées et la possession indivise des terres, devient certain. Il suffira d'appliquer avec énergie et méthode les lois promulguées, de développer l'instruction publique, de diffuser le castillan chez les Indiens et d'accepter la collaboration efficace que pourrait lui procurer le nouveau clergé séculier, à qui les indigènes obéissent au moins autant qu'à l'administration civile. L'amalgame peut être achevé à la fin du siècle.

Les métis sont appelés à devenir le fond de la population. Dès aujourd'hui, grâce à la législation et aux mœurs, ils sont, en tout, les égaux des blancs, de race plus ou moins pure; ils ont le sentiment du patriotisme; ils régissent les destinées du pays; ils s'étendent d'Acapulco à Veracruz et de la Sonora au Yucatan; ils poursuivent un même idéal et s'acheminent vers l'unité ethnographique. A eux appartient l'avenir.

Et un jour viendra où, de par l'atavisme, les traces ethniques des Européens et des Indiens s'apercevront encore chez le peuple mexicain, comme s'aperçoivent aujourd'hui celles des Arabes et des Goths chez le peuple espagnol, et celles des Finnois et des Tartares chez le peuple russe; mais l'esprit national n'en sera pas altéré. Alors, tous les Mexicains ne parleront qu'une langue, riche et harmonieuse, et n'auront qu'une âme, noble et bien trempée.

ROLAND BONAPARTE.

INSTITUTIONS POLITIQUES, JUDICIAIRES
ET
ADMINISTRATIVES

PAR

LÉON BOURGEOIS

Ancien Président de la Chambre des Députés, ancien Président du Conseil des Ministres.

AVANT-PROPOS

Il n'est pas de pays dont l'histoire offre deux périodes aussi complètement opposées que celles qui se déroulent au Mexique, l'une de 1821 à 1875 et l'autre de 1875 à 1900.

Pendant la première, une suite ininterrompue de convulsions ne lui laisse ni trêve ni repos; l'anarchie suspendue par de courtes intermittences de despotisme ne lui épargne aucune misère, l'expose aux pires dangers; aucun pays ne pouvait passer pour plus réfractaire à l'établissement d'une situation pacifique et normale.

Avec la seconde s'ouvre une ère de paix et de prospérité que rien dans le passé ne permettait de présager et dont il y a lieu d'espérer la durée dans l'avenir. Il est intéressant de rechercher sous quelles inspirations a été préparé, par quelles causes a été assuré le relèvement d'un pays naguère encore en pleine désorganisation, et notamment dans quelle mesure les institutions politiques, judiciaires et administratives que s'est données la République du Mexique ont pu contribuer à une aussi extraordinaire transformation.

Pour procéder à cette enquête il importe d'exposer d'abord ce qu'est la constitution mexicaine, sur quels principes elle repose, quelles attributions elle assigne à chacun des pouvoirs reconnus par elle, quelles garanties elle accorde à la liberté individuelle.

I

LA CONSTITUTION ET LES LOIS FÉDÉRALES

L'existence du Mexique, en tant que nation maîtresse de ses destinées, date du 27 septembre 1821, jour où l'armée de l'Indépendance, entrant dans México, mit un terme au régime colonial. Mais le pays avait à traverser bien des crises avant de se constituer définitivement. Pour débuter, il essaya de la forme impériale; cet essai dura moins d'un an (1822-1823), et la Constitution de 1824 organisa une république fédérale, sur le modèle de celle des États-Unis; toutefois, pendant de longues années, aucune stabilité ne put être assurée; la lutte des principes conservateurs et centralistes contre les principes libéraux et fédéralistes, les *pronunciamientos* militaires, les dissensions intestines, les guerres étrangères ne cessèrent de désoler le pays, jusqu'à 1877, date de l'avènement du président Porfirio Diaz (1).

Au milieu de ces convulsions, la tendance libérale et fédéraliste finit cependant par l'emporter. C'est la Constitution du 5 février 1857 qui aujourd'hui encore est en vigueur. Élaborée par des hommes désintéressés et vraiment patriotes, cette Constitution a fait du Mexique une république démocratique, fédérale et représentative. Après certaines modifications et additions, elle est restée la loi suprême de la Nation.

La Constitution mexicaine repose sur trois principes :
1° La Souveraineté nationale;
2° La Division des Pouvoirs;
3° L'Inviolabilité du Pacte fédéral.

1° **Souveraineté nationale**.

« La Souveraineté nationale réside essentiellement et souverainement dans le peuple, dit la Constitution. Tout pouvoir

---

(1) Voir le dernier chapitre de l'*Introduction*, par E. Levasseur, membre de l'Institut.

émane du peuple et est constitué à son bénéfice. En tout temps le peuple a le droit inaliénable de modifier la forme du Gouvernement. »

Il exerce cette souveraineté à la fois par les pouvoirs de l'Union et par ceux des Etats particuliers, qui gardent leur existence individuelle et distincte et sont seuls maîtres de leur organisation intérieure. Ces Etats sont au nombre de vingt-sept; il faut y ajouter trois territoires et le district fédéral, formé par la ville de México et sa banlieue. District et capitale ont été distraits de l'État de México pour devenir le siège des autorités fédérales.

2º Division des Pouvoirs.

Pouvoirs fédéraux. — Le pouvoir fédéral, pouvoir suprême de l'Union, se divise en pouvoir législatif, pouvoir exécutif et pouvoir judiciaire. Le premier fait les lois et, le cas échéant, les interprète et les abroge; le second les fait observer; le troisième les interprète et les applique dans les cas particuliers. « L'un a la charge de l'avenir, l'autre celle du présent, et le dernier celle du passé dans les délits tentés ou commis, les promesses non tenues et les dommages causés. » Le pouvoir judiciaire émane directement du peuple; il n'est pas, comme ailleurs, une délégation du pouvoir exécutif.

Pouvoir législatif. — Le pouvoir législatif fédéral est représenté par un Congrès général formé de deux Assemblées, la Chambre des députés et le Sénat. Le Congrès, ou réunion des deux Chambres, tient deux sessions annuelles, celle du 16 septembre au 15 décembre, qui doit compter un minimum de trente séances, et celle du 1er avril au 31 mai, avec un minimum de quinze séances. Dans la session d'avril-mai, il discute et vote le budget pour l'exercice suivant et vérifie les comptes de l'exercice antérieur, présentés par l'Exécutif. La Chambre des députés seule vote le budget et contrôle la comptabilité publique. Les membres des deux Chambres touchent un traitement annuel.

La Chambre des députés se compose de 227 représentants élus pour une période de deux ans par le suffrage indirect au premier degré ; il est nommé deux députés pour chaque collège électoral. Chaque territoire fédéral forme au moins un collège électoral. Le premier député, dit « propriétaire », siège de droit, le second député, dit « suppléant », ne siège qu'en cas d'empêchement du « propriétaire ».

L'élection se fait au scrutin secret. Sont électeurs les hommes mariés âgés de dix-huit ans et les célibataires de vingt et un ; les conditions d'éligibilité sont les suivantes : être citoyen mexicain, avoir pleine jouissance de ses droits civils, compter vingt-cinq ans d'âge au jour d'ouverture des sessions, enfin n'être ni membre du clergé catholique, ni ministre d'un culte quelconque. Les pouvoirs exclusifs de la Chambre des députés sont les suivants : elle sanctionne la nomination du président de la République et celle des magistrats de la Cour suprême de Justice, ainsi que celle des députés et des sénateurs (1) ; elle accepte ou refuse la démission du président et lui accorde les permissions d'absence qu'il demande ; elle contrôle la Chambre supérieure des Comptes, examine les comptes du Trésor, forme le jury d'accusation pour les hauts fonctionnaires ; enfin elle vote tout projet relatif aux impôts, contributions ou emprunts et au recrutement.

Le Sénat, renouvelable par moitié tous les deux ans, compte cinquante-six membres, chacun des Etats et le District fédéral étant représentés par deux sénateurs. Les sénateurs sont élus au second degré, par vote secret et à la majorité des voix, pour quatre ans. Les conditions d'éligibilité sont les mêmes que pour la Chambre des députés ; seulement le minimum d'âge est de trente ans. Les pouvoirs exclusivement réservés au Sénat sont d'approuver les traités et les conventions diplomatiques négociés par l'Exécutif avec les puissances étrangères, de ratifier la nomination des agents diplomatiques, consuls généraux, etc., des employés supérieurs des finances, des officiers supérieurs de l'armée et de la flotte. Il confie à l'Exécutif le pouvoir de permettre la sortie des troupes hors de la République ; en cas de nécessité, il nomme le gouverneur intérimaire d'un Etat ; il est arbitre entre les pouvoirs

---

(1) L'élection des sénateurs est sanctionnée par les législatures des États, mais c'est la Chambre des députés qui valide l'élection.

d'un État lorsqu'ils sont divisés sur une question politique; il applique les peines aux hauts fonctionnaires, lorsque ceux-ci sont déclarés coupables par la Chambre des députés, constituée en Grand Jury.

Les présidents des deux Chambres sont élus chaque mois.

Pendant les vacances du Congrès, siège une commission de permanence composée de quinze députés et de quatorze sénateurs nommés la veille de la clôture.

Pouvoir exécutif. — Le pouvoir exécutif est exercé par un magistrat suprême qui prend le titre de président des États-Unis Mexicains, élu par un vote des électeurs, au second degré, que sanctionne la Chambre des députés; le vote est secret; le président doit être Mexicain de naissance, avoir trente-cinq ans accomplis au moment de l'élection. La durée de ses pouvoirs est de quatre ans, mais il peut être réélu indéfiniment (1). Il entre en fonctions le 1er décembre. Il promulgue et fait exécuter les lois décrétées par le Congrès; de sa propre autorité il nomme et destitue, selon les prescriptions de la loi, les membres du Cabinet, les agents diplomatiques et, en général tous les agents fédéraux; il dispose de la force armée, soit pour la sûreté intérieure, soit pour la défense extérieure du pays; il déclare la guerre, avec l'approbation du Congrès (art. 85 de la Constitution), dirige les négociations diplomatiques, conclut des traités avec les autres puissances sous réserve de l'approbation sénatoriale. De plus, en cas d'invasion étrangère ou de graves désordres intérieurs, il a la faculté de suspendre les garanties constitutionnelles, moyennant approbation du Congrès ou de la Commission de permanence. Enfin, il a le droit de grâce dans le District fédéral et les territoires, ainsi que pour les délits militaires.

Son Cabinet se compose de sept secrétaires d'État chargés respectivement des sept départements suivants :

1° Affaires étrangères, dont le titulaire est président du Conseil et garde des sceaux de la Nation; 2° Intérieur; 3° Justice et Instruc-

---

(1) En novembre 1903, la Chambre des Députés a été saisie d'un projet de loi relatif au prolongement de quatre à six ans de la période présidentielle. Ce projet a été adopté et fera partie de la Constitution avant la fin de l'année 1904.

tion publique; 4° « Fomento »(1); 5° Communications et Travaux publics; 6° Finances; 7° Guerre et Marine.

Les ministres ne sont pas responsables devant les Chambres; chacun, en ce qui concerne ses attributions, contresigne les règlements, ordres et décrets du chef de l'Etat. La séparation des pouvoirs étant l'un des principes de la Constitution, aucun secrétaire d'Etat ne peut être ni député, ni sénateur, ni magistrat; l'âge réglementaire est pour les ministres de vingt-cinq ans, et il faut qu'ils soient Mexicains de naissance.

Jadis le président de la Cour suprême de Justice était vice-président. Une loi du 3 octobre 1882 réforma une première fois la Constitution sur ce point : elle établit qu'en cas de vacance temporaire ou définitive, la présidence temporaire écherrait de fait au président ou vice-président du Sénat, ou à celui de la Commission de permanence du Congrès. Plus tard, il fut établi, lors d'un remaniement de la Constitution (avril 1896), que, en cas de démission acceptée par le Congrès, le président absent serait remplacé dans ses fonctions par le ministre des Affaires étrangères, et, à défaut de ce dernier, par le ministre de l'Intérieur, jusqu'à ce que le Congrès nommât un président *pro tempore* (2).

---

(1) *Fomento*, comprend : l'Agriculture, le Commerce, l'Industrie et les Mines.

(2) Cet état de choses est sur le point d'être modifié. En effet, en novembre 1903, le ministre de l'Intérieur (*Gobernacion*) a saisi la Chambre des Députés d'un projet de loi sur la création d'une vice-présidence. En voici les points principaux :

Le vice-président sera, de droit, président du Sénat. Il pourra, en outre, remplir toute autre fonction publique.

Au cas où le président de la République ne pourrait exercer ses fonctions, pour une cause temporaire ou permanente, ou aurait obtenu un congé, le vice-président sera, de droit, chef du Pouvoir exécutif.

Au cas où la présidence deviendrait vacante, le vice-président l'occupera jusqu'à la fin de la période présidentielle courante, et, dans les autres cas, jusqu'à ce que le président reprenne ses fonctions.

Si le président élu et, à son défaut, le vice-président élu ne se présentent pas, la présidence intérimaire sera dévolue au ministre des Affaires étrangères, ou, à son défaut, au ministre de l'Intérieur.

Dans ce cas, le Congrès de l'Union, ou, en son absence, la Commission permanente, convoqueront immédiatement les électeurs.

Le vice-président sera nommé, comme le président, pour une période de six ans.

Le président et le vice-président ne pourront sortir du territoire national sans motifs graves, qu'appréciera le Congrès, ou, à son défaut, la Commission permanente.

Ce projet de réforme constitutionnelle a été partout favorablement accueilli. Il est certain qu'il passera dans les faits acquis durant 1904.

Pouvoir judiciaire. — Le pouvoir judiciaire de la Fédération est exercé par la Cour suprême de Justice et les Tribunaux de districts. Voir l'organisation judiciaire (chapitre II).

3° Inviolabilité du pacte fédéral.

Telle est la distribution des pouvoirs fédéraux et ainsi se trouve délimitée en principe la sphère où chacun d'eux s'exerce.

Quant aux Etats ou provinces, ils restent libres et souverains en tout ce qui concerne leur régime intérieur ; chacun d'eux a sa Constitution particulière, modelée sur la Constitution générale, et comportant les mêmes organes. Chacun d'eux nomme son gouverneur au scrutin secret, avec des prérogatives moindres, mais analogues à celles du président de la République. Une sorte de Chambre provinciale « Législatura » y exerce le pouvoir législatif ; le pouvoir judiciaire est de même dévolu à un tribunal supérieur et à des tribunaux de différents degrés. Chaque province forme donc un Etat, mais un Etat lié indissolublement par le pacte fédéral que les trois pouvoirs de la République mexicaine ont pour mission de maintenir.

II

ORGANISATION JUDICIAIRE

Cour suprême de Justice. — La Cour suprême compte onze juges ou conseillers titulaires, quatre surnuméraires et un procureur général. En vertu du principe démocratique poussé jusqu'à une de ses conséquences extrêmes, leur charge est élective; la durée de leurs fonctions est de six ans. Les conditions d'éligibilité sont de connaître le droit, d'avoir trente-cinq ans d'âge au moins, d'être Mexicain de naissance et en pleine jouissance de tous ses droits civils.

La validation des élections de magistrats à la Cour suprême est prononcée par la Chambre des députés, en sa qualité de représentante directe du peuple, car le Sénat n'est en réalité qu'une réunion de plénipotentiaires des États fédérés.

Sont nommés par la Cour suprême de Justice les magistrats de circuit et les juges fédéraux (de district) chargés de connaître des délits contre la fédération; les seconds sont spécialement chargés de garantir la liberté individuelle contre les abus de pouvoir. Ces juges sont choisis entre trois candidats proposés par l'Exécutif. Leur destitution ne peut être décrétée que par la Cour elle-même.

Le procureur général de la Justice fédérale et les sous-ordres du ministère public sont nommés par le Pouvoir exécutif. (Réforme constitutionnelle du 22 mai 1900.)

La Cour suprême prononce en première instance seulement (1) dans les différends entre deux Etats et dans ceux où la Fédération est une des parties, dans les questions de compétence soulevées soit entre les tribunaux de la Fédération, soit entre ceux-ci

---

(1) C'est au Sénat qu'il appartient de prononcer en cas d'appel.

et ceux des États particuliers, soit entre les tribunaux d'un État et ceux d'un autre. Pour tous les autres cas, elle est l'unique Cour d'appel, prononçant en dernier ressort dans tous les litiges ressortissant à la justice fédérale et suscités : 1° par les lois ou les actes de l'autorité qui violent les garanties individuelles ; 2° par les lois ou les actes de l'autorité fédérale qui portent atteinte à la souveraineté des États ; 3° par les lois ou les actes des autorités des États qui empiètent sur l'autorité fédérale.

Juridiction fédérale. — Les tribunaux de la Fédération ont à connaître :

I. — De toutes les difficultés soulevées par l'exécution ou l'application des lois fédérales, sauf dans le cas où l'application affecte seulement les intérêts des particuliers ; alors sont seuls compétents pour en connaître, les juges et tribunaux locaux de l'ordre commun des États, du District fédéral et des territoires.

II. — De celles qui touchent au droit maritime ;

III. — De celles où la fédération est partie ;

IV. — De celles qui s'élèvent entre deux ou plusieurs États ;

V. — De celles qui s'élèvent entre un État et un ou plusieurs citoyens d'un autre État ;

VI. — Des différends d'ordre civil ou criminel suscités par des traités passés avec les puissances étrangères ;

VII. — Des cas concernant les agents diplomatiques et consulaires ;

Dans tous les cas soumis aux juges fédéraux (magistrats de circuit et juges) la Cour suprême est tribunal d'appel ou de dernière instance, sauf dans les différends entre tribunaux de la fédération, ou entre tribunaux des États, ou entre ceux d'un État et d'un autre, ou entre les tribunaux fédéraux et ceux des États, ou dans les cas où la Fédération est partie, car alors la Cour suprême est appelée à connaître en première instance. (Art. 97, 98, 99 et 100 de la Constitution.)

« **Amparo** » (protection). — Une des originalités de la législation mexicaine est le jugement d'*amparo*, qui a pour objet de défendre les garanties individuelles contre les abus de pouvoir, devant les tribunaux fédéraux de première instance.

On peut demander l'*amparo* contre toute loi ou acte qui viole les garanties individuelles, contre toute loi ou acte qui restreint la souveraineté des États ou contre les lois ou actes de ceux-ci qui empiètent sur l'autorité fédérale. Le défenseur doit solliciter l'*amparo* pour la partie lésée, et quand l'acte, la loi ou la sentence cause une perte irréparable, comme la peine de mort, le juge doit faire suspendre l'exécution. Le juge peut demander le concours des forces de police ou militaires et de toutes les autorités qui, en ce cas, sont tenues de l'assister.

La Cour suprême de justice statue en seconde et en dernière instance dans les jugements d'*amparo*. Sa décision est sans appel.

Les sentences d'*amparo* se réfèrent seulement au cas visé et ne contiennent pas de déclarations générales sur la loi ou l'acte, objet de la réclamation; elles n'établissent point de jurisprudence.

Responsabilité des fonctionnaires publics. — Les députés, sénateurs et magistrats de la Cour fédérale sont responsables pour les délits de droit commun qu'ils commettent durant l'exercice de leur charge. Il en est de même des secrétaires d'État (ministres).

En cas de délit de droit commun, la Chambre des députés, érigée en grand jury, décide s'il y a ou non lieu à poursuites. Dans l'affirmative, l'accusé est remis aux tribunaux ordinaires.

Dans le cas de délits commis dans l'exercice des fonctions, la Chambre des députés siège comme jury d'accusation et le Sénat comme jury de sentence. Ce dernier genre de délit ne peut être l'objet d'une grâce.

Le président de la République et les gouverneurs des États peuvent, durant leurs fonctions, être accusés pour crimes de trahison envers la Patrie, violation expresse de la Constitution, atteinte aux libertés électorales ou pour délits graves de droit commun.

Pour les délits d'ordre politique, il y a prescription un an après que le fonctionnaire a cessé d'exercer sa charge.

Quant aux délits de droit commun, il n'y a ni privilèges ni immunités pour aucun fonctionnaire. (Titre 4=Art. 103, 104, 105, 106, 107 et 108 de la Constitution.)

Tribunaux de Droit commun. — Les États ont établi leur

système judiciaire sur les mêmes bases que celui du District fédéral, dont l'organisation est la plus parfaite.

Toutefois, les Etats n'ont pas encore adopté d'une manière absolue le système électif ni le jury.

Dans tous les Etats, les tribunaux supérieurs de justice sont élus par le peuple.

L'autorité administrative (gouverneur, chefs politiques, alcades municipaux ou maires) peut infliger des amendes pour infraction aux règlements de police.

Les tribunaux correctionnels connaissent des cas pour lesquels la peine n'excède pas un an de prison. Ils jugent des délits de presse, qui se divisent en atteintes à l'ordre public, à la morale et aux bonnes mœurs et en diffamation des citoyens; mais si, par la presse, on incite à la rébellion, le délit est porté devant le juge fédéral, et, s'il y a calomnie au lieu de simple diffamation, le cas dépend du juge criminel et du jury : alors la preuve est admise. Pour les atteintes à la morale et aux bonnes mœurs, est admise l'action populaire : tout citoyen peut traduire le délinquant devant le juge correctionnel.

Les tribunaux civils sont composés de juges ordinaires; leurs sentences sont revisées par le tribunal suprême de justice.

Les tribunaux criminels sont composés de juges qui instruisent le procès, le communiquent ensuite au *promoteur fiscal* (ministère public) et à la défense et, finalement, le portent devant le jury, qui décide s'il a été ou non commis un délit ou un crime, et, s'il y a, ou non, des circonstances aggravantes. Une fois la décision du jury connue, le juge instructeur, qui a présidé les débats, applique la peine selon les prescriptions du Code pénal. On peut en appeler de sa sentence devant le tribunal supérieur de Justice.

Contre les sentences des tribunaux civils et criminels est ouvert le recours en cassation, dont connait la première Chambre du Tribunal suprême de Justice.

Le jury est constitué par onze personnes (nationaux et étrangers) sous condition d'avoir une certaine instruction et d'exercer une profession commerciale, industrielle ou libérale, ou d'avoir les moyens de vivre indépendant. Les membres du jury sont désignés spécialement pour chaque jugement, et pris sur une liste formée, chaque année, conformément à la loi, par l'autorité publique (1).

Dans les procès criminels, l'accusé a les garanties suivantes, accordées par la Constitution :

La détention n'excède pas le terme de trois jours, si celle-ci n'est pas justifiée par une décision motivée d'emprisonnement préventif ;

On fait savoir à l'accusé le motif de l'arrestation et le nombre des accusateurs, s'il y en a ;

On lui fait subir un premier interrogatoire dans les quarante-huit heures qui suivent sa mise à la disposition du juge ;

On le confronte avec les témoins qui déposent contre lui ;

On lui procure les éléments dont il a besoin pour sa défense ;

On entend sa défense présentée par lui-même ou par une personne investie de sa confiance ou par tous deux à sa volonté. Au cas où l'accusé n'a pas de défenseur, on lui présente la liste des avocats d'office pour qu'il choisisse celui ou ceux qui lui conviennent.

Tribunaux militaires. — Selon l'article 13 de la Constitution, le « fuero » de guerre existe seulement pour les délits et fautes touchant à la discipline militaire. Les délits politiques commis par les militaires sont jugés par les tribunaux fédéraux, les crimes ou délits de droit commun par les tribunaux ordinaires.

Pour juger les délits ou fautes contre la discipline, on a érigé des Cours militaires assistées d'un avocat, et dont le *fiscal* (ministère public) est également pris parmi les avocats. La nomination des juges de l'assistant et du fiscal appartient au Pouvoir exécutif.

Les sentences sont revisées par une Cour suprême de Justice militaire dont le *fiscal* et l'assesseur sont également avocats.

Droit de grâce. — Le président de la République peut gracier ou commuer les peines dans le District fédéral. Mais, dans les États, ce droit est exercé uniquement par la législature locale.

Exercice de la profession d'avocat. — La Constitution autorise tout citoyen à défendre lui-même ses intérêts devant les tribunaux.

---

(1) Dans le District fédéral, le jury fut institué, en 1869, sous la présidence de Juarez, par M. Ignacio Mariscal, alors ministre de la Justice.

Le titre d'avocat, délivré par les écoles spéciales officielles, outre le droit d'exercer la profession, donne celui d'être désigné par les juges comme expert suivant la compétence de chacun, d'exiger des honoraires des clients, de pouvoir être nommé par l'exécutif fédéral et par l'exécutif des Etats aux postes non soumis à l'élection populaire.

Code civil. — C'est sous les mêmes inspirations qu'a été établie la législation civile ; non qu'il existe, à proprement parler, de Code civil mexicain, car il n'y a au Mexique de législation commune qu'en matière fédérale ; chacun des Etats a, par conséquent, sa législation propre. Toutefois le code rédigé primitivement pour le District fédéral et le territoire de la Basse-Californie, — et sanctionné par le Congrès, le 20 décembre 1870, pour entrer en vigueur le 1er mars 1871, — a été plus tard adopté, successivement et librement, par les autres parties de la Confédération, sauf l'État de Veracruz et celui de México ; à ce titre il peut être pris pour type de la législation civile mexicaine. Il a été revisé le 31 mars 1884. C'est un des codes les plus complets qui existent. Les jurisconsultes chargés de l'élaborer se sont efforcés de prévoir tous les cas, et de laisser, par le développement des explications et par la clarté du texte, le moins de prise possible à la controverse. Ce code contient des dispositions importantes, soit par les principes, soit par les déductions. Voici comment un juriconsulte français contemporain (1) en résume l'esprit et en indique les caractères principaux :

« Partout on a pris un vrai souci d'une justice distributive aussi complète que possible, d'une attentive équité, d'une réglementation intégrale, sans cependant chercher à gêner la liberté ou l'essor de l'individu. Dérivé à la fois de la loi espagnole et de la loi française, il porte la marque de sa double origine, cherche à en conserver les qualités, en écartant les défauts montrés par l'expérience ; il est animé d'un esprit progressif et pratique et pénétré de la science juridique contemporaine. L'évolution accomplie entre les deux rédactions est très remarquable. Il contient certains sujets qui ne sont pas traités par le nôtre, ou qui ne font

(1) Raoul de la Grasserie, *le Code civil mexicain* 1896, page 14.

pas l'objet de chapitres spéciaux; la possession, le travail, titre qui renferme ce qui a trait à la propriété littéraire, dramatique et artistique (1). »

Conflit de lois. — Les Etats n'ayant pas tous un code civil et un code pénal identiques, bien que la législation tende de plus en plus à devenir uniforme, il surgit parfois entre les États des conflits de lois. Pour résoudre ces conflits, une théorie a prévalu. Elle consiste à appliquer les règles du droit international privé, ce qui est d'autant plus facile que, dans la Fédération mexicaine, il n'y a pas de divisions en pays de coutumes et en pays de droit écrit, et que, dans tous les États, les lois sont codifiées. Si quelque différence subsiste, c'est dans la forme, mais non dans le fond ou dans la doctrine.

Les États sont obligés de se remettre mutuellement les accusés et les coupables réclamés par les autorités compétentes. Chaque État accorde un crédit absolu aux actes publics, registres et procédures judiciaires des autres États (Titre V = Art. 113 et 115 de la Constitution).

(1) Le titre VIIIe du Code civil du District fédéral est déclaré loi organique de la Constitution et considère la propriété littéraire comme propriété mobilière, perpétuelle, et sujette, par suite, à l'expropriation pour cause d'utilité publique.

III

GARANTIES CONSTITUTIONNELLES ET DROITS INDIVIDUELS

La Constitution mexicaine offre, non seulement aux citoyens, mais encore aux étrangers un ensemble de garanties telles que nulle Constitution ne peut être considérée comme plus libérale.

« Les droits de l'homme, dit le premier article, sont la base et « la raison d'être des institutions sociales; toutes les lois et auto- « rités du pays doivent donc respecter et maintenir les garanties « que nous concède la dite Constitution. » Voici sur quels points portent les principales de ces garanties.

Liberté d'enseignement. — L'enseignement est libre; la loi détermine seulement quelles sont les professions dont l'exercice ne peut être autorisé sans l'obtention de titres, et dans quelles conditions ces titres sont accordés.

Liberté du travail. — Tout homme peut adopter le travail ou la carrière de son choix, et ce droit ne peut lui être retiré que s'il se trouve sous le coup d'une sentence judiciaire ou d'une mesure administrative. En dehors de la servitude pénale et des services publics obligatoires (service militaire, fonctions électorales gratuites en même temps qu'obligatoires, charges municipales, charge du jury) nul ne peut être, sans son consentement, astreint à un travail rémunéré ou non rémunéré. La loi n'autorise l'accomplissement d'aucun contrat ou engagement attentatoire à la liberté individuelle et, de ce chef, elle répudie les vœux monastiques, ne tolère ni l'existence ni la fondation d'un ordre religieux quelconque, sous quelque forme et dans quelque but que ce soit. Ce fut une des additions les plus inportantes faites à la Constitution et décrétées le 25 septembre 1873; elle entraînait la séparation de l'Eglise et de l'État. Le Congrès n'a pas le droit d'édicter des lois qui établissent ou interdisent telle ou telle religion; le mariage est institué comme contrat; le serment civil est substitué au serment religieux. Les ministres des différents cultes sont électeurs, mais ne sont pas éligibles; ils ne peuvent être nommés à aucun emploi public.

Liberté de penser et liberté de la presse. — Il n'y est admis d'autre limite légale que le respect de la vie privée des individus, de la morale et de la paix publique.

L'inviolabilité de la correspondance est absolue.

Droit de pétition par écrit. — En matière politique, les citoyens mexicains seuls peuvent revendiquer ce droit; à tout pétitionnaire l'autorité doit une réponse écrite. En matière non politique, ce droit appartient à tous, à condition qu'il soit exercé sous une forme pacifique et avec déférence.

Droit d'association. — Toute union ou association ayant un but licite est permise; mais les Mexicains seuls sont autorisés à tenir des réunions politiques.

Droit du port d'armes. — Le port des armes non prohibées est licite, s'il est justifié comme mesure de sécurité personnelle.

Droit de circulation. — Il n'est exigé ni passe-port, ni sauf-conduits, ni aucune pièce analogue. Il n'y a nulle formalité à remplir pour avoir la faculté d'entrer sur le sol mexicain, ou d'en sortir, d'y circuler, d'y changer de résidence (sans que, pour cela, l'autorité judiciaire et la police puissent être entravées dans leur action légale).

Égalité. — Les titres de noblesse, les prérogatives et honneurs héréditaires n'existent pas au Mexique. Un Mexicain qui userait d'un titre nobiliaire ou porterait une décoration étrangère sans autorisation du Congrès se verrait, par ce seul motif, rayé du nombre des nationaux.

Protection aux étrangers. — Les lois mexicaines ne sont pas moins libérales pour les étrangers que pour les nationaux. Toute personne résidant au Mexique a droit à une égale protection, à un égal respect de sa liberté. La seule différence entre le Mexicain et l'étranger, c'est que celui-ci ne jouit pas des droits politiques réservés aux citoyens, ne peut faire partie ni de l'armée, ni de la flotte; exempt du service militaire, il doit cependant le service de la police dans le cas où l'ordre serait troublé au lieu de sa résidence.

L'extradition ne s'étend jamais aux condamnés politiques, ni même aux réfugiés coupables d'un délit de droit commun, si ces derniers étaient esclaves au moment où ils le commettaient.

Naturalisation. — La naturalisation est accordée : 1° à tout étranger qui la demande en prouvant qu'il a résidé au moins deux ans dans le pays, qu'il est majeur, que sa conduite a été bonne, qu'il a des moyens d'existence, un emploi ou une profession; 2° à tout acquéreur de biens-fonds, à moins qu'il ne manifeste l'intention de garder sa nationalité; 3° au père d'un ou de plusieurs fils nés sur le territoire de la République, s'il demande à devenir Mexicain, auquel cas ses fils suivent sa nationalité. Les marins étrangers deviennent également mexicains au bout d'un an de service dans la marine marchande.

Propriété. — Le droit de propriété n'a de limite que l'expropriation pour cause d'utilité publique, en vertu d'une loi déterminée et moyennant indemnité. Les militaires, en temps de paix, ne peuvent exiger ni logement, ni denrées, ni quoi que ce soit; en temps de guerre, ils n'en ont le droit qu'en accomplissant les formalités légales. Les corporations et institutions religieuses, quels que soient leur caractère, leur dénomination, leur durée ou leur but, les corporations civiles, lorsqu'elles sont sous le patronage, la direction ou l'administration des premières, ou du ministre d'un culte quelconque, n'ont point capacité légale pour acquérir ou administrer des biens immeubles autres que les édifices destinés immédiatement et directement au service ou au but des dites corporations ou institutions. La même incapacité existe pour acquérir ou administrer des capitaux hypothéqués sur des biens immeubles. Dans les autres cas, les corporations et institutions civiles peuvent acquérir et administrer, outre lesdits édifices, les biens immeubles ou les capitaux hypothécaires reconnus nécessaires à l'objet de leur institution, mais en se conformant aux prescriptions et restrictions établies par la loi fédérale (amendement de la dernière partie de l'article 27 de la Constitution (1900).

Monopoles. — Hormis la frappe de la monnaie et l'exploitation des postes que se réserve l'Etat, il n'existe ni monopoles, ni régies; il n'existe non plus aucun privilège au bénéfice d'une industrie ou d'une entreprise quelconque.

Application des peines. — L'application des peines proprement dites est du ressort exclusif de l'autorité judiciaire. La mutilation, les peines infamantes, la marque, le fouet, les tourments de toute espèce sont proscrits. Quant à la peine de mort, dont la suppression totale paraît subordonnée à la réforme du système pénitentiaire, elle a été abolie pour les délits politiques, et elle n'est conservée que pour un petit nombre de crimes, tels que : trahison envers la patrie en temps de guerre, attaque à main armée sur les routes, incendie, parricide, meurtre avec préméditation.

Garanties individuelles. — La loi repousse l'emprisonnement pour dettes de caractère purement civil ; elle condamne la violation du domicile sans ordre motivé de l'autorité judiciaire. Nulle loi n'a d'effet rétroactif.

Caractère de la Constitution. — Si la Fédération, en modelant sa Constitution sur celle des Etats-Unis, a emprunté à celle-ci le mécanisme de ses principaux organes, on peut, à bien des traits du tableau que nous venons d'esquisser, reconnaître dans les institutions mexicaines l'influence de la législation française ; il y a dans l'ensemble de la législation du Mexique une tentative de codification du *droit naturel,* évidemment inspirée par les travaux de nos Assemblées révolutionnaires, et cette influence est hautement déclarée par les jurisconsultes nationaux. « C'est le génie français, dit un éminent magistrat mexicain, qui a donné au monde actuel le verbe de son universelle législation. » Le Mexique a largement puisé à cette source commune du droit nouveau.

Telles sont, dans leurs traits principaux, les institutions et les lois qui forment, théoriquement du moins, l'organisation de la République des Etats-Unis au Mexique. Il est assurément peu de Constitutions plus savantes, où l'équilibre des pouvoirs ait été plus exactement mesuré ; il est d'autre part peu de codes du droit public ou privé où les progrès des idées politiques et juridiques aient été plus rapidement et plus judicieusement enregistrés.

Faut-il cependant attribuer à cette législation si remarquable le développement plus remarquable encore des États auxquels elle a été donnée ? Ou doit-on chercher ailleurs la cause principale de la prospérité actuelle du Mexique ? C'est une question qui se pose malheureusement dans un pays aussi neuf, où l'accord entre les mœurs anciennes et les nouveautés légales n'a pu se faire en peu d'années et où, certainement, bien des institutions empruntées aux vieux pays latins ne peuvent être encore comprises et pratiquées réellement par la masse des citoyens. On peut dire que les institutions mexicaines donnent encore, et pour longtemps peut-être, l'indication de ce qui devrait être plus que le signe de ce qui est en réalité. Nous avons plutôt décrit les lignes d'un édifice magnifique qu'enregistré les mouvements d'un organisme en pleine vitalité. Quelques exemples suffiront à le montrer.

IV

CENTRALISME ET PARTICULARISME

« Le régime fédératif repose entièrement sur l'harmonie entre le pouvoir central et les pouvoirs locaux, sur leur collaboration au bien national et sur l'équilibre de leurs diverses tendances (1). »

On conçoit que cette notion très élevée de l'organisation d'une république fédéraliste ne devait pas facilement pénétrer les esprits dans un pays soumis, pendant plusieurs siècles, à la servitude et où l'insurrection et la guerre civile avaient été, trop souvent depuis, les seules manifestations de la liberté. Ce devait être une tâche longue et difficile que celle de faire prévaloir les idées de solidarité sur les tendances particularistes de chaque État; les troubles avaient eu le plus souvent pour origine l'antagonisme entre les pouvoirs locaux et le pouvoir central, et l'isolement égoïste dans lequel chacune des provinces prétendait se retrancher. On se souvient encore du temps où, dans México même, alors que cette ville appartenait encore à l'État de son nom et venait d'être désignée comme capitale de l'Union, les représentants du pouvoir suprême se voyaient traités en étrangers et vivaient comme des « isolés ». Les provinces n'avaient pas toutes consenti à accepter México comme centre gouvernemental; il avait même été question de choisir pour ce rôle une ville sans importance. Longtemps l'impuissance du Gouvernement, paralysé par la guerre civile, tenu en échec par une opposition systématique, fut un grief dont on s'arma contre lui pour le paralyser davantage.

« Comme beaucoup de services publics languissaient, comme les améliorations matérielles s'ajournaient, comme l'intervention du centre avait coutume d'être tardive et lente pour les vastes

(1) PORFIRIO DIAZ. (Rapport sur les actes de son administration, du 1ᵉʳ décembre 1884 au 30 novembre 1896.)

régions de la République, les entités fédératives ne pouvaient voir le Gouvernement central sous son véritable jour, ni le considérer comme un organe indispensable du système général, et même quelques-unes en arrivèrent à le considérer comme indifférent ou hostile au développement de leurs propres intérêts locaux (1). »

Pour combattre ces préventions, il fallait fortifier et généraliser le sentiment fédératif, prouver qu'il n'était pas exclusif du patriotisme local, que la prospérité du corps fédéral était aussi la prospérité pour chacun de ses membres, et que de leur étroite harmonie dépendait l'avenir.

La Constitution n'avait d'ailleurs pas pu prévoir tous les cas où le pouvoir central aurait à faire prévaloir son autorité dans l'intérêt commun. L'armée, la marine, les voies générales de communication, les grands travaux publics, les postes et les télégraphes, les ports, les relations avec les puissances étrangères, etc., en un mot, tout ce qui était affaire d'intérêt commun rentrait dans les attributions fédérales; tout ce qui concernait le régime intérieur des États était au contraire de leur ressort. Le principe paraissait simple, mais les faits prouvaient que, dans l'application, les conflits étaient inévitables. La complexité entre les intérêts collectifs et ceux des États particuliers ou des communes était souvent telle que la bonne ou mauvaise gestion de leurs administrateurs devenait une cause de dommage et de trouble pour la République elle-même. L'autorité fédérale fut ainsi amenée, plus d'une fois, à intervenir dans les affaires intérieures des divers États fédérés.

Emprunts d'États. — C'est à ces préoccupations que doit être attribuée l'addition de l'article 3 de la Constitution fédérale qui vint limiter les droits des États en matière d'emprunt. La nécessité de cette mesure avait été démontrée par M. José Yves Limantour, ministre des Finances, dans un exposé des motifs où il faisait ressortir combien certains agissements financiers des pouvoirs locaux pouvaient être préjudiciables à la République. En cette matière l'organisation fédérative l'exposait à des dangers dont l'histoire

---

(1) Porfirio Diaz. (Rapport déjà cité.)

récente d'autres pays américains ne lui avait que trop prouvé la réalité. Il était inadmissible qu'un des États composant la Fédération restât libre de compromettre le crédit de la Nation par des emprunts, en grande partie émis au dehors, et d'entraîner pour elle des responsabilités appelant presque inévitablement les réclamations et l'intervention de l'étranger. Le Gouvernement n'hésita pas à trancher la question dans le sens de la centralisation la plus rigoureuse et fit passer à l'unanimité le texte additionnel suivant : « Les États ne peuvent, en aucun cas, émettre des titres de la Dette publique payables en monnaie étrangère ou hors du territoire national, contracter, directement ou indirectement, des emprunts avec des gouvernements étrangers, ou contracter des obligations en faveur de sociétés ou de particuliers de nationalité étrangère, lorsque, pour cela, il faudrait émettre des titres payables au porteur ou transmissibles par endossement. »

Les conséquences financières de ce texte additionnel sont exposées, avec autorité, à l'article *Finances* (1). Il était utile d'en faire ressortir ici l'importance politique.

Le territoire de Quintana Roo. — La formation, en 1902, du territoire de Quintana Roo est encore un fait caractéristique.

Après avoir, au milieu du siècle dernier, perdu la partie est de son territoire, lors du soulèvement des Indiens Mayas, l'État du Yucatan avait plus d'une fois demandé et obtenu l'aide de la Fédération pour se protéger contre les révoltés.

En 1901, par une expédition pénible et coûteuse, le président Porfirio Diaz parvint à en finir avec les Mayas ; les troupes fédérales occupèrent les points stratégiques de la région, qui fut rendue à la colonisation.

Pour achever son œuvre et assurer l'avenir, le Gouvernement fédéral voulut former, avec la contrée reconquise, un territoire administré directement par lui, comme ceux de la Basse-Californie et de Tepic, et qu'on appela territoire de Quintana Roo, en souvenir de l'un des promoteurs de l'Indépendance.

La proposition de loi souleva une certaine opposition. Les

---

(1) Voir l'article: *Finances*, par M. Paul LEROY-BEAULIEU, membre de l'Institut.

adversaires invoquaient le droit de souveraineté des États. Sur deux sénateurs du Yucatan, l'un vota contre la loi, l'autre vota pour, en disant : « Avant d'être Yucatèque, je suis Mexicain. » En somme, le projet fut approuvé par la Chambre des Députés, le Sénat et les Législatures de tous les États. Cette institution de Quintana Roo montra la force du mouvement qui tend à augmenter partout l'action du Pouvoir central.

Actuellement, on réclame la création d'un autre territoire fédéral, qu'on formerait avec les cantons des États de Veracruz et d'Oaxaca, qui se trouvent dans l'isthme de Tehuantepec. Cette intéressante région, traversée par le chemin de fer transisthmique, et où la Fédération construit, à grands frais, les ports de Coatzacoalcos et de Salina Cruz, passerait ainsi sous la direction immédiate du Gouvernement et deviendrait une unité administrative.

Organisation du District fédéral. — Ce n'est pas seulement dans les rapports entre le Pouvoir fédéral et les États particuliers que certaines modifications ont été introduites pour accroître l'action du Gouvernement central.

Dans le District fédéral qui est, nous l'avons dit, une région placée directement sous l'autorité fédérale, la limite des attributions respectives de cette autorité et des pouvoirs municipaux a été profondément remaniée par des décrets récents, soumis au Congrès en 1901, promulgués et mis en vigueur depuis le 1er janvier 1903. Les municipalités du District fédéral, y compris celle de la capitale, ne sont plus désormais que des commissions consultatives avec droit d'initiative en tout ce qui concerne les services municipaux; l'Exécutif est autorisé à remanier les divisions municipales, à réduire le nombre des municipalités, à opérer toutes les réformes exigées et à modifier, autant qu'il en sera besoin, les fonctions des divers corps et des divers bureaux; il aura seulement à rendre compte au Congrès de l'usage qu'il aura fait de ses pouvoirs et à prouver qu'il en a usé dans « l'intérêt des communes et du progrès national ».

Il est intéressant de voir par quels arguments le Gouvernement fédéral justifia devant le Congrès ces mesures exceptionnelles. Il invoqua d'abord l'importance que donne à México son rang de capitale : l'accroissement considérable de sa population, le mouvement des affaires, l'activité de la vie sociale y ont, dit-il, tellement compliqué les services publics et multiplié les charges urbaines que, depuis trente ans, le Congrès et l'Exécutif ont dû souvent intervenir afin d'alléger les charges et la tâche des administrations locales (1).

Pour ce qui concerne les finances, la séparation entre les budgets locaux et les budgets de l'Etat étant plus nominale qu'effective, il était malaisé d'établir d'une façon précise la ligne de démarcation entre ce qui était dépense fédérale ou dépense municipale. Nul n'était d'ailleurs fondé à soutenir que des travaux consacrés à la capitale de la Fédération fussent exclusivement d'intérêt particulier. Il importait de remettre les services aux mains de fonctionnaires spéciaux qui fussent réellement à la hauteur de leur tâche. Des règlements appliqués quelquefois à toutes les municipalités, le plus souvent à celle de México, leur avaient déjà en totalité ou en partie retiré les services de la police, de l'assistance, de l'instruction publique, de la salubrité et des prisons et les avaient mis à la charge du Gouvernement fédéral, quant à leur direction et leurs dépenses. C'est de même à l'aide des deniers communs qu'avait été entreprise la grande œuvre d'assainissement exécutée au profit de la cité et de ses environs.

Ces arguments parurent décisifs au Congrès ; et, depuis le 1ᵉʳ juillet 1903, le District fédéral est divisé en treize municipalités, dont la principale est México. Le gouvernement politique et l'administration municipale y sont exercés, au nom de l'Exécutif, par trois fonctionnaires dépendant du Ministère de l'Intérieur qui sont : le gouverneur, le président du Conseil supérieur de Salubrité publique et le directeur des Travaux publics.

L'ancien *Ayuntamiento* de México, qui avait fonctionné durant trois cent quatre-vingt-deux ans, a tenu sa dernière séance le 30 juin 1903, et a été immédiatement remplacé par un Conseil dont l'initiative est limitée et qui a un droit de contrôle.

(1) En 1895, le District fédéral comptait 476 413 habitants, le recensement de 1900 a porté ce chiffre à 530 723, ce qui représente une augmentation de 54 310. Voir, pour plus de détails, le chapitre : *Population et Colonisation*, par le prince ROLAND BONAPARTE.

En résumé, ce principe est désormais affirmé, que là où résident les Pouvoirs fédéraux, ceux-ci ont le droit d'édicter les lois, de rendre la justice et d'administrer les finances. Il n'y aura, dans México, d'autre souveraineté que celle de la Fédération.

Vote populaire. — On peut apercevoir, à la source même des pouvoirs conférés aux autorités fédérales, la distance qui sépare encore, au Mexique, la vérité constitutionnelle de la réalité des faits politiques. Les écrivains mexicains eux-mêmes ont souvent contesté la régularité des élections auxquelles les législateurs doivent leur mandat; le vote populaire est encore, disent-ils, un droit nominal plutôt que l'exercice intégral et réellement libre de la souveraineté nationale. L'un des plus célèbres d'entre eux, M. Justo Sierra, faisait récemment de la vie politique de son pays une critique passionnée : « La vie parlementaire est à peu près nulle; le peuple s'est convaincu que l'action d'un pouvoir administratif bien organisé et énergiquement dirigé, comme l'est le pouvoir actuel, suffit aux besoins de progrès du pays; les groupes politiques se dissolvent. Éternelle histoire des pays qui ont traversé de longues périodes de crises convulsives et qui se sont trouvés soudain en présence de ce dilemme formidable : résoudre rapidement deux ou trois problèmes capitaux, ou disparaître de la liste des nations. » Et tout en reconnaissant que la « conduite passive des assemblées mexicaines » ne devait pas être seulement attribuée, comme certains le voudraient, « à des intérêts particuliers, mais à une idée supérieure et patriotique »... inspirée par « la conscience nationale diffuse, par les vœux de la société tout entière », il allait jusqu'à se demander « quel rôle le suffrage universel peut jouer dans les pays neufs, où les éléments de la représentation nationale sont embryonnaires, où l'éducation politique n'est pas encore faite, où l'instruction scolaire est à peu près nulle, où, sur d'immenses espaces, une population clairsemée aspire vaguement à un bien-être qu'elle ne sait pas définir ». Nous savons que ce tableau de la vie politique mexicaine paraît à beaucoup de bons esprits marqué de traits excessifs. Mais il est facile de remettre au point ce qu'a pu grossir l'imagination ou la passion de l'écrivain, et de distinguer les périls trop réels que court une nation en passant, dans l'espace de quelques années, de l'extrême servitude à la pleine liberté, et l'on ne peut refuser son admiration à l'effort extraordinaire des hommes qui ont résolu de conserver aussi intactes que possible, par les voies de l'autorité même, les formes et les institutions de la liberté, jusqu'au jour où la nation saura trouver en elle-même la volonté de les rendre indestructibles.

On conçoit maintenant pour quelles raisons le parti libéral, qui dirige depuis quinze années sans interruption le Mexique, a cru pouvoir souscrire à toutes les mesures de sécurité publique prises par le Gouvernement. Il espère que la vie parlementaire se réveillera un jour, et que les progrès de l'instruction publique permettront au pays de se donner enfin un pouvoir législatif légitimement issu du suffrage populaire. Pour obtenir ce résultat, « des mesures énergiques sont nécessaires, dit M. Sierra; l'obligation de voter doit avoir une sanction pénale, car l'instruction obligatoire et le vote obligatoire sont les deux grands besoins des démocraties hispano-américaines ». Nous avouons compter beaucoup plus sur l'obligation de l'enseignement que sur celle du vote pour déterminer l'éveil d'un véritable esprit public. Quoi qu'il en soit, on voit combien une réforme profonde des mœurs politiques paraît, aux écrivains nationaux eux-mêmes, nécessaire pour faire de la constitution fédérale une réalité vivante. Les progrès si remarquables accomplis par la démocratie mexicaine dans tous les ordres de l'activité individuelle ou collective permettent d'espérer qu'elle saura donner cette preuve décisive de vitalité.

V

L'ÉTAT ET L'ÉGLISE CATHOLIQUE

On a vu que la séparation de l'État et des Églises est légalement absolue. C'est un fait remarquable que les idées contraires ne trouvent plus dans l'ancien parti clérical — ou parti conservateur — d'interprètes et de défenseurs. La liberté des cultes, la séparation de l'Église et de l'État, la nationalisation des biens ecclésiastiques, l'interdiction des communautés, l'exclusion de tout emploi public pour le clergé, réduit à son rôle strictement confessionnel et résolument écarté de toute action politique, sont des faits acquis depuis déjà longtemps. Aucun des hommes du parti conservateur ne songe à revenir vers le passé. « Ceux de ses hommes d'action qui vivent encore s'inclinent devant la Constitution, acceptent la réforme. Le régime qu'ils représentaient est tout aussi mort que celui des droits féodaux en France et que celui de l'esclavage aux États-Unis (1). » La polémique des journaux conservateurs se réduit à réclamer, au nom de la liberté des cultes, le droit de s'associer, celui de procéder aux cérémonies religieuses dans les lieux publics et de porter dans les rues le costume ecclésiastique. Leurs doléances ne causent qu'un médiocre souci au Gouvernement. Cependant, aux yeux des libéraux, le péril clérical subsiste, mais il vient maintenant d'ailleurs. Une attitude nouvelle a été adoptée par la majorité du clergé pour provoquer une réaction en sa faveur; comme obéissant à un mot d'ordre, il se modernise, il accepte tous les progrès scientifiques, il proclame comme siennes des idées que naguère encore il répudiait, et n'hésite pas à adapter son organisation diocésaine aux divisions territoriales.

Les hommes politiques à qui cette volte-face ne paraît pas natu-

---

(1) Justo Sierra, déjà cité.

relle commencent à se demander si la Révolution n'a pas fait fausse route en sanctionnant le divorce entre l'Église et l'État. Et il y a là une tendance qu'il est intéressant de signaler : tandis que dans le Vieux Monde, les gouvernements libéraux songent à dénoncer les concordats pour se retrancher dans la neutralité religieuse absolue, plusieurs hommes d'État mexicains ne sont pas éloignés de penser qu'un arrangement avec l'Eglise serait plus efficace que le régime de l'autonomie pour garantir la société civile et laïque contre les empiètements du cléricalisme. On conçoit que dans ce pays où les partis politiques manquent de fortes traditions et de cohésion véritable, où la masse de la population est insuffisamment exercée à la pratique de ses droits, la liberté profite surtout à l'Église catholique, seul corps qui constitue dans le pays une force dès longtemps organisée. Le Mexique recourra-t-il à l'expédient d'un concordat? doit-il passer par cette nouvelle expérience avant de réaliser la séparation définitive? La question est singulière, et le parallèle est curieux à établir entre nos démocraties qui voient dans la séparation absolue de l'Etat et des Églises le terme prochain de leur évolution politique, et cette République mexicaine qui a considéré la séparation comme le point de départ nécessaire à son développement, et semble aujourd'hui en redouter les conséquences.

Pour l'exercice du culte, les catholiques mexicains, d'accord avec la Cour pontificale, ont divisé le pays en sept archevêchés et un vicariat apostolique (1903).

Les archevêques résident dans les villes de México, Morelia, Guadalajara, Linares, Durango, Oaxaca et Puebla.

Les évêques résident dans les villes de Veracruz, Tulancingo, Chilapa, Cuernavaca, Tlaxcala, Huajuapam de Leon, Zamora, Leon, Queretaro, Zacatecas, Aguascalientes, Tepic, Colima, San Luis de Potosi, Saltillo, Victoria, Chihuahua, Culiacan, Hermosillo, Merida, San Cristobal de Chiapas, Tabasco, Campêche et Tehuantepec.

Le vicariat apostolique se compose de la Basse-Californie, non encore assez peuplée pour être élevée au rang de diocèse.

L'augmentation des évêchés a entraîné celle des séminaires.

Des congrégations, soutenues par les fidèles, ont voulu subsister malgré la Constitution; mais elles sont obligées de dissimuler leur existence avec soin, et restent sans cesse exposées à la dissolution et à la répression (1).

Malgré une propagande coûteuse et tenace, les sociétés bibliques nord-américaines n'ont pas fait de nombreux prosélytes. Les temples élevés à México et dans quelques villes de l'intérieur ne sont guère fréquentés que par les colonies nord-américaine, anglaise et allemande. Les convertis aux diverses sectes protestantes ne brillent ni par le nombre ni par la qualité. La masse du peuple reste sourde aux prédications des pasteurs évangéliques.

(1) La Constitution mexicaine est catégorique à ce sujet. On en jugera par les articles suivants :

Art. 5. — « L'État ne reconnaît pas les ordres monastiques, et ne peut permettre leur établissement, quels que soient la dénomination et l'objet sous lesquels ils prétendent exister. »

Art. 19 de la Loi organique de la Constitution. — « En tous cas, les chefs, supérieurs et directeurs des ordres monastiques seront jugés comme coupables d'attentat aux garanties individuelles, conformément à l'article 972 du Code pénal, qui édicte une peine de deux ans de prison et une amende de cent à mille piastres.

Art. 20 de la même Loi. — « Sont ordres monastiques, soumis aux effets de l'article précédent, les sociétés religieuses dont les individus vivent sous certaines règles qui leur sont particulières, avec la promesse ou avec les vœux temporels ou perpétuels, et *sous la direction d'un ou plusieurs supérieurs, même quand tous les individus de l'ordre ont une habitation distincte.* »

Nous avons cité plus haut les principales dispositions relatives au régime des biens. Elles sont contenues dans l'art. 27 de la Constitution, amendé en 1900 dans les termes suivants .

« Les corporations et institutions religieuses, quels que soient leur caractère, leur dénomination, leur durée ou leur but, et les corporations civiles lorsqu'elles seraient sous le patronat, la direction ou l'administration des premières, ou de ministres d'un culte quelconque, n'auront pas capacité légale pour acquérir en propriété ou administrer des biens immeubles autres que les édifices destinés immédiatement et directement au service ou au but desdites corporations et institutions. Elles n'auront également pas cette capacité pour acquérir ou administrer des capitaux hypothéqués sur des biens immeubles.

« Les corporations et institutions civiles, qui ne se trouvent pas dans le cas précité, pourront acquérir et administrer, en outre desdits édifices, les biens immeubles et les capitaux placés sur ces derniers et nécessaires à l'entretien et à l'objet de ces corporations ; mais en se conformant aux prescriptions et restrictions qu'établit la loi fédérale et que le Congrès de l'Union édictera à cet effet. »

Avec une pareille législation, on comprend que les congrégations religieuses ont de grandes difficultés à tourner la loi.

VI

LA SÉCURITÉ PUBLIQUE

Extinction du banditisme. — Si le Mexique d'aujourd'hui n'est plus le Mexique « des gouvernements instables, des présidents éphémères, des éternels déficits dans le budget, des États sans voies de communication, et surtout des conflits perpétuels, c'est principalement à la présidence du général Porfirio Diaz qu'il en est redevable; pour se faire une idée de l'état dans lequel il trouva le pays, il suffit de voir, d'après les témoignages mexicains eux-mêmes, quelle était l'insécurité générale au moment de son avènement et comment les troubles civils avaient contribué à l'aggraver en ne fournissant au banditisme que trop d'éléments pour se recruter et trop de moyens pour s'exercer impunément. Nous trouvons dans une étude intitulée : *Autrefois et maintenant (Antes y Ahora)* un tableau où sont mis en regard, d'une façon frappante, le présent et le passé, non le passé lointain, mais le passé d'une vingtaine d'années. En quelque contrée que ce fût, qu'elle se dît libérale ou conservatrice, le premier coquin venu s'intitulait capitaine ou commandant, organisait une bande, réquisitionnait les chevaux et les mulets, arrêtait les diligences, dévalisait ou tuait les voyageurs, puis après quelques exploits de ce genre, se donnait comme une façon de héros populaire et n'était pas loin de se prendre lui-même pour un redresseur de torts. Les propriétaires d'haciendas terrorisés lui servaient, à titre de rançon, un tribut mensuel, bon gré mal gré subvenaient à l'entretien de sa troupe, et s'il arrivait au caballero de succomber dans une rencontre, assistaient à ses funérailles.

Encore n'était-ce là que de vulgaires coureurs de grands chemins; d'autres, plus audacieux, parvinrent à s'attribuer un caractère politique. A côté d'hommes d'État véritables, qui ont donné d'admirables exemples de droiture et de désintéressement, comme les auteurs de la Constitution de 1857, qui sont tous morts pauvres, après avoir exercé un pouvoir à peu près sans contrôle, on vit, pendant la période suivante, des chefs de bande prétendre aux fonctions publiques, négocier plus ou moins ouvertement avec les autorités, quelques-uns même traiter de puissance à puissance avec le Gouvernement. Tel le fameux Lozada qui, pendant plusieurs années, tint sous son commandement le territoire de Tépic, reçut de l'empereur Maximilien les insignes de général de division et une épée d'honneur.

En présence de ce fléau et de bien d'autres, le président Porfirio Diaz se mit résolument à l'œuvre ; il s'assigna pour tâche la pacification morale et la pacification matérielle du pays, assurées l'une par l'autre, leur donnant à la fois pour moyens et pour conséquences un ensemble d'institutions et de mesures destinées à transformer le Mexique.

Il est intéressant de trouver, dans les rapports présentés au Congrès par cet homme d'État, l'exposé de ses vues et de son système de gouvernement ; non que ses idées politiques générales diffèrent de celles que professe la démocratie française, mais ses moyens d'action ne manqueraient pas d'éveiller en Europe l'étonnement et la résistance ; considérant qu'il y avait dans le classement des partis mexicains plus de rivalités d'ambitions que de luttes de principes, il résolut de faire appel avant tout à des groupements d'intérêts, il s'enferma dans une sorte de neutralité politique à la faveur de laquelle chacun, abstraction faite de ses antécédents et de ses sentiments personnels, devait trouver avantage à se prêter aux vues du Gouvernement et à collaborer à la prospérité générale. C'était la seule forme d'adhésion qu'il demandât.

« Peu de politique et beaucoup d'administration », tel fut le programme que se donna le général Porfirio Diaz, et il eut pour maxime de considérer comme éteintes les anciennes rivalités politiques et de compter même parmi les forces vives de l'État les hommes énergiques et honnêtes que des convictions opposées aux siennes avaient amenés à prendre les armes. Président de la Fédération, il oublia que, comme général, il les avait eus pour adversaires ; autant il eut à déployer d'énergie pour écraser le banditisme, autant il montra de tolérance et de largeur de vues dans sa conduite avec les anciens chefs de l'opposition. Pour les rallier successivement, il suffisait, pensait-il, des grandes entreprises agricoles, industrielles ou commerciales qui s'offraient comme un aliment à leur activité ; les agitateurs, convertis en hommes de paix et de travail, allaient ainsi devenir ses collaborateurs indirects et, pour leur part, contribuer à la prospérité générale, à ses yeux la meilleure garantie de la paix publique. Il n'hésita même pas, au bout de quelque temps, à en investir un certain nombre de fonctions officielles où tous, sans exception, ils justifièrent pleinement sa confiance. Nous n'avons pas à juger ici, du point de vue supérieur de la politique des idées, ce système purement réaliste d'action et de gouvernement. Et nous avons trop vivement combattu en France une politique analogue pour avoir besoin de faire des réserves sur les conséquences morales qu'elle ne manquerait pas d'entraîner dans un autre milieu ; mais dans un pays où la sécurité matérielle était le premier, l'unique besoin pressant de tous les citoyens, peut-être était-ce la seule méthode qui pût conduire à ce résultat. En tout cas, le succès répondit pleinement aux vues du président Porfirio Diaz, et nul ne peut nier que c'est grâce à lui, presque à lui seul, que le Mexique doit son retour à la vie normale d'une nation pacifique et laborieuse.

Police rurale. — Les escadrons de la garde rurale, créés le 5 mai 1861, par le président Benito Juarez, ne furent véritablement constitués qu'à partir de 1868.

Les premiers corps de « rurales » (ruraux) furent formés avec des volontaires et des guerrilleros qui avaient fait leurs preuves durant la guerre dite de « Réforme » et la guerre contre l'intervention étrangère. On leur confia d'abord la surveillance des grandes routes de México à la mer et du voisinage de la capitale. En 1876, on augmenta leur nombre et on leur donna l'organisation actuelle. Ils furent chargés de purger, une fois pour toutes, les campagnes des bandits qui les infestaient. Ils s'acquittèrent de leur mission avec la plus grande énergie, protégèrent les villages, les haciendas et les voies ferrées, et rendirent les routes sûres.

Il existe dix corps de ruraux, recrutés avec soin, parfaitement armés, montés et instruits. Leur uniforme consiste en vêtements de cuir ornementé ; leurs selles et leurs brides sont à la mode mexicaine. Ils sont placés sous la direction du Ministère de la Guerre, comme troupe militaire de réserve, mais sont payés par le Ministère de l'Intérieur (Gobernacion) et dépendent de lui pour le service de sécurité. Leurs postes sont distribués sur tout le territoire de la Fédération. Ils sont très redoutés des malfaiteurs et vagabonds.

Police urbaine. — La police urbaine à México a été l'objet d'une réorganisation non moins nécessaire. Telle qu'elle existait naguère, elle n'inspirait ni crainte aux malfaiteurs, ni confiance aux citoyens paisibles ; elle était dérisoire par l'insuffisance, en nombre et en qualité, de son personnel. A l'abri de l'impunité se multipliaient les vols, les assassinats, les rixes sanglantes ; les quartiers éloignés du centre étaient de vrais coupe-gorge. Il fallait une énergie extrême pour réformer un tel état de choses.

A México et dans le District fédéral il fut procédé à un renouvellement complet du personnel et de ses cadres, de l'inspection et des commissariats. On n'admit plus dans les rangs de la police urbaine que des agents jeunes, vigoureux, agiles, intelligents, honnêtes et dévoués à leur tâche. Leur solde fut doublée, des primes d'encouragement stimulèrent leur zèle. On les distribua dans la ville, par zone et d'après un plan bien conçu.

Pour la banlieue qui complète le District fédéral, on forma une gendarmerie montée, analogue, par ses fonctions, à la garde rurale et composée de 400 cavaliers d'élite, bien payés et bien commandés.

Secours contre l'incendie. — Aux mesures de sécurité se rattache l'organisation des secours contre l'incendie, danger auquel, jusqu'à ces dernières années, il n'était pourvu par aucune mesure sérieuse : disette d'eau, insuffisance de matériel, manque d'un personnel spécial, tout contribuait à aggraver les sinistres. Il n'en est plus de même actuellement ; México possède un corps de pompiers parfaitement recruté et commandé, muni de l'outillage le plus moderne. Quant aux autres villes, l'exemple des Etats-Unis d'Amérique, où existent des compagnies de pompiers volontaires bien exercées, n'a pas été sans influence pour les décider à encourager des formations analogues.

Prisons. — La réforme du système pénitentiaire a été entreprise sous l'influence de cette idée que l'œuvre de répression doit être également une œuvre de moralisation. Dans le District fédéral, où est naturellement prise l'initiative de toutes les améliorations, il a été fait beaucoup ; il sera fait plus encore dans l'intérêt des prisonniers. Une phrase significative du président Porfirio Diaz doit être citée ; après s'être félicité de ce que la pacification du pays ait amené la diminution progressive de la criminalité, il ajoute : « S'il est vrai que dans les centres il serait désirable que le chiffre se fût réduit encore davantage, le fait est explicable si l'on considère que les mesures aboutissant à la vulgarisation de la morale et de l'instruction sont encore récentes, que la dernière crise financière en a rendu l'application difficile, et que les effets de ces réformes sont tardifs, quoique certains, et ne se feront pas sentir avant deux ou trois générations. »

Les mesures dont l'application pouvait et devait être immédiate ont été la séparation du prévenu et du condamné, du jeune homme à sa première faute et du criminel endurci. L'oisiveté démoralisatrice, le relâchement de la discipline, la liberté de jouer, de boire, de se quereller laissée jusque-là au détenu, avaient fait des prisons, suivant les termes d'un rapport du ministre de l'Intérieur, « de véritables antres de perversité et des écoles de perfectionnement pour le mal ». La mauvaise alimentation, un oubli complet de l'hygiène se joignaient à la dégradation morale, et les prisons étaient des foyers de pestilence, où sévissaient toutes les épidémies. La suppression de la prison municipale, placée au centre de la cité, fut déclarée urgente ; quant aux autres, on établit une commission de surveillance, sous le contrôle de laquelle on assainit les locaux ; on classa les prisonniers suivant leur âge et leur degré de culpabilité ; on les dota d'ateliers et d'écoles. Ces premières améliorations eurent d'heureux effets ; l'œuvre définitive a été la création du Pénitencier, due au ministre de l'Intérieur, le général Manuel Gonzalez Cosio, qui montre une foi profonde dans les résultats du régime nouveau. Selon lui, les délits et les crimes du Mexicain et du métis n'ont souvent d'autre mobile que la gloriole. Dans les anciennes prisons, le prestige du détenu grandissait en proportion de ses forfaits, et, admiré de ses pareils, il se grisait de son rôle; le régime et la tenue de la maison donnaient d'ailleurs pleine satisfaction à ses instincts d'oisiveté, et l'existence n'y était pas plus dure pour lui que sa vie ordinaire. De là l'espoir que la réclusion cellulaire aura sur le prisonnier livré à ses réflexions une influence moralisatrice ou que, tout au moins, elle lui inspirera assez de terreur pour qu'une fois libéré, il se garde de toute récidive qui rouvrirait pour lui les portes d'un cachot. Il sera intéressant de suivre les résultats de cette tentative fondée sur l'observation du caractère de la race et qui prend par là même l'intérêt d'une expérience scientifique.

Le jeu. — La passion du jeu contribue dans tout pays, pour une si large part, à peupler les prisons qu'il n'est pas besoin de transition pour parler ici des mesures prises par l'administration mexicaine pour y mettre un frein. C'est dans cette intention que le Gouvernement a décidé la suppression du jeu à México. A dater du 10 septembre 1902, toute maison de jeu public a dû être fermée dans la circonscription fédérale. En août 1903, le gouverneur du District a interdit tous les jeux de hasard dans les clubs, casinos et associations. Les jeux permis ont été énumérés et sont surveillés.

VII

ASSISTANCE PUBLIQUE

Le Mexique n'a cependant pas à renier de tout point son passé ; en matière d'assistance publique il a une glorieuse tradition qu'il lui suffit de maintenir en l'adaptant aux nécessités modernes. De tout temps la société y a pris généreusement à sa charge les enfants abandonnés, les malades, les infirmes et les vieillards, et a pourvu à leurs besoins par un grand nombre d'établissements hospitaliers bien dotés et relativement bien installés.

Aujourd'hui, tous les gouvernements du pays font preuve d'une grande sollicitude à l'égard de ces institutions, legs des ancêtres, confiées à leur gestion depuis que les fondations charitables affectées à leur entretien sont devenues propriété nationale. Les divers pouvoirs s'attachent à y introduire toutes les améliorations matérielles et morales que les ressources permettent de réaliser. On inaugure de nouveaux quartiers dans les hôpitaux, on agrandit les anciens, on complète et on perfectionne le système de conduits destinés à l'adduction ou à l'évacuation des eaux, on plante des jardins, on décore même, très simplement, mais non sans goût, les salles et les préaux.

Aux asiles d'enfants ont été appliquées les méthodes modernes d'enseignement et d'éducation professionnelle. Dans les hôpitaux de tous les États ont été mis en pratique les procédés récents d'antisepsie, d'asepsie, de désinfection ; on les a dotés du mobilier et des instruments qui leur manquaient ; des amphithéâtres de chirurgie et de dissection y ont été construits ou perfectionnés. Le service des médicaments et celui de l'alimentation ont été l'un et l'autre centralisés, et les économies obtenues, grâce à cette réforme, ont permis d'améliorer comme quantité et comme qualité le régime des hospitalisés. Aussi a-t-on pu constater d'année en année une diminution sensible de la mortalité et une durée moyenne moindre du séjour des malades dans les hôpitaux.

Le Gouvernement n'a regardé ces premiers résultats que comme un succès provisoire: son œuvre a eu pour couronnement l'exécution du grand hôpital central de México, établissement modèle, construit en vue de sa destination spéciale, assez vaste pour recueillir sans en être encombré la population de tous les autres hôpitaux, assez éloigné du centre pour rassurer la ville contre toute contagion; 200000 mètres de terrain, cédés par un généreux philanthrope, permettent de n'y épargner ni l'espace, ni l'air, ni la lumière. Les architectes en ont subordonné les plans aux plus minutieuses prescriptions de l'hygiène scientifique.

Un seul service hospitalier avait été jusqu'à ce jour très négligé : celui des aliénés. Ceux-ci restaient victimes, sans doute, des préjugés superstitieux qui, pendant des siècles, même en Europe, leur avaient refusé tout droit à la pitié, et ne se voyaient pas mieux traités au Mexique qu'ils ne l'étaient en Espagne au xviiie siècle. Le District fédéral affectait seul au traitement des maladies mentales deux établissements spéciaux, Canoa et San Hipólito, tous deux de fondation ancienne et d'une insuffisance notoire.

Pour le moment, le service des aliénés est, partout ailleurs que dans le District fédéral, une dépendance des hôpitaux ordinaires; ces malheureux y sont confondus pêle-mêle dans des cours avec les idiots et les simples maniaques. Dans les petits centres où les déments ne sont pas hospitalisés, épileptiques, idiots ou autres vaguent à l'abandon à travers les rues, molestés par les enfants, quelquefois même cruellement traités par les adultes. La protection de la Justice leur fait trop souvent défaut.

Mais sous peu, la capitale possédera un établissement spécial, celui-là digne d'elle, l'Asile général d'aliénés, qui permettra de fermer les établissements de Canoa et de San Hipólito et suffira à tous les besoins. Le reste du pays se piquera sans doute d'émulation et les divers États auront à cœur d'imiter l'Administration fédérale.

VIII

SALUBRITÉ PUBLIQUE

Le président Porfirio Diaz ne s'est pas moins occupé de perfectionner les services sanitaires et de donner un développement considérable aux travaux de salubrité publique. En ceci il n'a fait que se joindre « au mouvement de l'époque qui pousse les peuples civilisés à combattre toutes les causes d'insalubrité et à détruire tous les foyers d'infection. Aucune nation, a-t-il dit lui-même, ne peut se vanter d'être réellement civilisée si elle ne consacre pas du temps, du travail et des ressources à l'étude des grands problèmes d'hygiène publique et si elle ne s'efforce pas d'appliquer les principes de la science moderne à l'amélioration des conditions sanitaires générales » (1).

Depuis 1842 existait bien un Conseil supérieur de salubrité, recruté parmi les docteurs de la Faculté de médecine, mais son action était très limitée faute de ressources suffisantes, faute de pouvoirs légaux pour sanctionner ses prescriptions, faute aussi d'une règle fixe pour procéder avec ensemble. Afin qu'à l'avenir il n'en fût plus ainsi, le Gouvernement présenta aux Chambres et fit décréter un code sanitaire et de salubrité, où sont nettement établies les obligations des particuliers, les attributions et les pouvoirs du Conseil supérieur et des autorités chargées de la protection de la santé publique. Le Mexique a l'honneur d'avoir, en cette matière, devancé la France et les autres nations qui n'avaient pas encore songé à codifier les prescriptions de la salubrité publique et se contentaient des mesures particlles prises par les autorités locales.

Le Conseil sanitaire, largement doté, ayant à sa disposition un

---

(1) Rapport du général Porfirio Diaz.

personnel nombreux, put rapidement améliorer ses laboratoires, se pourvoir d'instruments et d'appareils perfectionnés, dresser ses statistiques et ses tableaux de mortalité; ses agents furent répartis de préférence dans les ports de mer et les villes frontières. A México et partout où il en était besoin ont été installées des étuves de désinfection; la pratique de la vaccine et des inoculations préventives s'est généralisée. Aussi les maladies contagieuses et épidémiques ont-elles déjà diminué d'intensité.

Une des œuvres qui ont le plus contribué à assainir la capitale est le dessèchement de la « vallée de México » (1), et cette gigantesque entreprise a eu des effets si bienfaisants qu'elle justifie l'enthousiasme des Mexicains pour les hommes qui l'ont menée à bonne fin. Voici en quels termes le général Porfirio Diaz lui-même l'apprécie dans son rapport :

« Depuis l'époque coloniale, cette œuvre colossale avait été considérée comme nécessaire et avait reçu une solution partielle, entre autres travaux, avec le merveilleux *Tajo* (tranchée) de Nochistongo. Mais si ces ouvrages éloignèrent de la ville le danger des inondations périodiques, ils laissèrent en réalité le problème sans solution. Ils donnent bien une sortie presque complète à l'excédent des eaux en temps de pluie, mais ils n'ont pas épuisé et ils ne pourraient même pas diminuer ce vaste dépôt d'eaux épandues qui gît dans le sous-sol, ni par conséquent empêcher les infiltrations qui minent nos édifices, ni étouffer ces foyers d'infection formés sur le terrain vaseux où s'élève la capitale. Dès les premiers jours de mon administration, je me préoccupai sérieusement de terminer le travail, d'autant plus nécessaire que l'agrandissement et l'embellissement de la capitale étaient plus considérables ; à cet effet, et sur l'initiative du Pouvoir exécutif, le Congrès rendit, à la date du 11 décembre 1885, un décret élevant de 28 à 40 p. 100 la part du montant du droit de péage appliqué à la municipalité par la loi du 20 juin de la

---

(1) Il s'agit de la vallée au centre de laquelle s'élève la capitale. De forme elliptique et mesurant 74 kilomètres en longueur sur 50 dans sa plus grande largeur, elle est complètement entourée par une chaine de montagnes parmi lesquelles se dressent les cimes neigeuses du Popocatepetl et de l'Intacihuatl. Elle offre un merveilleux panorama, mais l'écoulement des eaux qui la rendaient insalubre présentait d'énormes difficultés.

même année, en lui créant l'obligation de destiner annuellement une subvention considérable au desséchement de la Vallée. Peu après, on compléta ce décret par un règlement et on nomma la Junte, prévue par son article premier. Les travaux commencèrent alors conformément aux projets et plans adoptés par le ministère des Travaux publics, et postérieurement la Junte établit le contrat pour l'achèvement du tunnel qui donnait sortie aux eaux.

« Malgré cela, les travaux ne pouvaient avancer qu'avec lenteur étant données les sommes annuellement disponibles. En d'autres temps, les choses eussent continué ainsi, et l'achèvement de l'ouvrage se serait fait attendre, vu l'impossibilité d'obtenir des fonds pour agir vite. Heureusement la situation tranquille de la République et son crédit croissant à l'étranger permirent à la municipalité de contracter un emprunt qui mit d'un coup dans ses mains les ressources nécessaires pour la mener rapidement à bonne fin. Il en a été ainsi; les opérations poussées avec activité sont enfin terminées (1897) dans le tunnel et dans le grand canal. »

Le desséchement de la vallée rendait possible l'assainissement de México et le perfectionnement de tous les services de voirie. Le Gouvernement, désireux de voir ces améliorations se réaliser au plus tôt, a alloué à la municipalité une subvention annuelle de 300 000 piastres, pendant dix ans, qui, jointe aux ressources locales, a permis de commencer les travaux sur une vaste échelle et d'en espérer le prompt achèvement. México peut déjà compter parmi les belles capitales, et bientôt elle sera l'une des plus saines, quoiqu'elle ait été bâtie sur un fond marécageux.

A la date du 1ᵉʳ février 1902, le président du Conseil municipal de México, dans un discours où il dressait, pour ainsi dire, l'inventaire des embellissements et des améliorations sanitaires, disait avec quelle activité se poursuivaient l'asphaltage des rues, la réfection des trottoirs, l'élargissement de certaines voies; dans le quartier le plus élégant venait d'être ouverte une vaste place au centre de laquelle s'élèvera le Grand Théâtre National. Les entrepreneurs français, soumissionnaires des ouvrages de voirie, avaient déjà construit 88 kilomètres d'égouts et 11 kilomètres de grands collecteurs. A la même date, 18 kilomètres de conduites en fer pour la distribution de l'eau nécessaire au lavage des égouts étaient posés, et 80 kilomètres de canaux pour l'écoulement des eaux pluviales ou pour la vidange des eaux ménagères étaient en plein fonctionnement. L'adduction en quantité suffisante des eaux potables ou nécessaires pour le lavage des égouts avait préoccupé tout particulièrement le conseil municipal, qui s'est rendu acquéreur de sources importantes et négocie l'achat de plusieurs autres (1).

Enfin le message présidentiel du 1ᵉʳ avril 1902 dénote encore la préoccupation d'améliorer les conditions hygiéniques du pays. Il rappelle les progrès de la vaccine dans le District fédéral, signale la construction de stations sanitaires, et les travaux d'embellissement de México (2).

C'est, on le voit, à México et au District fédéral que sont relatives les plus notables parmi les améliorations que nous venons de décrire rapidement; nous avons dit comment le Gouvernement fédéral exerçait là une action directe, tandis que les autres États jouissent d'une indépendance absolue et, s'ils ont à s'inspirer des exemples qu'ils reçoivent, restent cependant libres de n'en profiter que dans la mesure où ils le jugent à propos.

(1) Il n'est pas inutile de rappeler que le jury de l'Exposition universelle de Paris a accordé un grand prix au Conseil supérieur de salubrité du Mexique.
(2) A la suite d'un rapport de M. le Dʳ Eduardo Liceaga, président du Conseil supérieur de salubrité, le ministre de l'Intérieur a présenté, en novembre 1903, une demande de crédit de 100 000 piastres pour entreprendre la lutte contre la fièvre jaune.

CONCLUSION

La conclusion qui se dégage de cette étude est toute à l'honneur du Mexique ; le contraste est frappant entre ce qu'il était il y a un tiers de siècle et ce que nous le voyons devenu aujourd'hui. Dans peu de pays, l'anarchie avait été portée au même degré : banditisme, attentats de toute nature, insécurité absolue, désordres locaux, révolutions partielles ou générales en permanence, situation financière d'année en année plus critique et plus menaçante, absence complète d'instruction dans les masses populaires, telles étaient les misères qui se perpétuaient depuis que la guerre d'Indépendance avait mis fin au régime colonial et livré ce malheureux peuple à lui-même.

Et cependant une nouvelle convulsion après tant d'autres a provoqué la crise salutaire qui l'a tiré du chaos, lui a valu un gouvernement viable, une constitution respectée et a établi, du moins en principe, une séparation entre les pouvoirs aussi complète que possible. Il jouit d'une tranquillité et d'une paix toutes nouvelles pour lui ; depuis trente ans, cette paix se maintient sans que rien soit venu la menacer, et les conséquences de cette paix sont la prospérité générale, la participation du pays à tous les progrès, l'exploitation de ses richesses naturelles, l'exécution de travaux considérables, une amélioration sensible de l'hygiène, du bien-être et de la moralité publique.

Voilà l'œuvre qui mérite d'être mise sous les yeux de toutes les nations pour servir à quelques-unes de leçon et d'exemple, et inspirer à toutes de l'estime et de la sympathie pour un peuple capable de ce relèvement. Certes il n'est pas un homme d'État en Europe qui ne serait fier d'avoir obtenu ces résultats ; il n'en est pas qui doive hésiter à ranger ceux à qui ils sont dus, et tout particulièrement le président Porfirio Diaz, parmi les plus habiles politiques et les meilleurs administrateurs de notre temps.

Léon Bourgeois.

AGRICULTURE DU MEXIQUE

AGRICULTURE

PAR

M. HIPPOLYTE GOMOT

Sénateur,
Ancien Ministre de l'Agriculture.

I

LE TERRITOIRE

Le Mexique occupe une surface plus grande que ses sœurs latines, la France, l'Italie et l'Espagne réunies. Il a pour limites : au nord, les États-Unis d'Amérique, qui ouvrent à ses produits agricoles, et notamment à son élevage, d'inépuisables débouchés ; à l'est, la mer des Antilles et le golfe au bord duquel Fernand Cortez fonda la *Villa Rica de la Vera Cruz*, premier monument de la mainmise espagnole ; au sud-est, le Honduras anglais et le Guatemala ; à l'ouest et au sud-ouest, l'océan Pacifique bordé d'une série de ports par où pénètrent à la fois le négoce et la civilisation.

Cette grande région isthmique appartient géographiquement à la *zone torride* ; mais les ardeurs estivales y sont heureusement modifiées par l'air de la mer, et surtout par l'altitude, qui abaissent la température et donnent naissance à un climat dans lequel l'Européen peut vivre et prospérer, entouré des cultures de son pays.

A vol d'oiseau, le territoire mexicain doit apparaître dominé par un plateau central, haute plaine qui s'étend entre les deux Cordillères, Sierra Madre orientale et Sierra Madre occidentale. Les montagnes sont d'une altitude vertigineuse : le Popocatepetl atteint 5 000 mètres, et México s'épanouit à 2 774 mètres au-dessus du niveau de la mer, dans une atmosphère d'une étonnante pureté. De ces hauteurs on descend d'un côté à l'Atlantique, de l'autre au

Pacifique, par des gradins gigantesques dont le sol, dans son insolente fertilité, se pare de tous les produits du règne végétal, soit que la nature l'en ait elle-même doté, soit qu'ils aient été apportés dans ces terres puissantes, où ils ont prospéré au delà de toute vraisemblance.

Pour se faire une idée des ressources agricoles du pays, il faudrait descendre tous les degrés de cette échelle de *Titans*, qui va des sommets étincelants du pic d'Orizaba jusqu'à la mer.

D'abord, nulle culture, des glaces et des neiges; puis des graminées et des lichens; puis les incommensurables forêts de pins et de chênes.

Plus bas, on récolte le blé, le maïs, la luzerne, le raisin; c'est l'Europe, avec une terre plus riche et un ciel plus clément.

Ce sont encore : l'olivier, le ricin, le coton, qui est indigène, l'oranger importé d'Espagne, le bananier si précieux à l'alimentation des classes rurales, la canne à sucre qui fait vivre une industrie florissante, le caféier, culture importée, et enfin deux plantes engendrées par la terre mexicaine et qui ont fait leur tour du monde : le cacaoyer, que les Aztèques, de temps immémorial, employaient à faire leur *chocolatl*, et la liane vanille, qui servait à le parfumer. Fernand Cortez reçut le chocolatl en guise de pain et de sel.

A ces produits il faut joindre les textiles qui, nulle part, ne croissent plus résistants, plus industriellement utilisables; puis l'infinie variété des grands bois, dont les essences sont réservées à l'ébénisterie et à la teinture.

La nature n'a pas établi de ligne de démarcation bien nette entre les différentes régions. On ne peut pas non plus les classer en se basant sur les cultures, qui s'enchevêtrent et s'intervertissent à tel point que les cactus et les aloès poussent en bordure des champs de blé et de vigne. On croit avoir devant les yeux un résumé du Cosmos terrestre; il semble que chacun va pouvoir, suivant l'altitude, choisir une vallée, une montagne, pour se procurer un climat de son choix. On est convenu cependant de diviser le sol producteur en trois zones.

Du rivage de la mer, à 400 mètres d'altitude, se trouvent les *terres chaudes* (*tierras calientes*). Leur température moyenne est de 28 à 30 degrés centigrades. Elles échappent à la sécheresse; en effet, les rigueurs de l'été y sont tempérées par des pluies abondantes qui tombent du mois de mai au mois d'octobre. De plus, de grands cours d'eau, que l'art hydraulique commence à utiliser, servent à l'irrigation en même temps qu'aux transports. Ce serait un séjour idéal, si les maladies paludéennes ne venaient le visiter, si la fièvre jaune n'y exerçait pas périodiquement ses terribles ravages. Le negre est plus résistant, et la *tierra caliente* est le pays d'élection de la race noire; mais le colon ne s'acclimate pas toujours aisément, d'autres maladies l'y guettent, et, comme si ce n'était point assez de si graves périls, il a encore à souffrir de ces nuées de moustiques qui le harcèlent sans trêve, inquiètent son sommeil, arrêtent son travail. Par un étrange contraste, l'activité de la nature est sans limites, tandis que l'activité humaine, combattue par tant d'ennemis, s'énerve et s'amoindrit.

En fut-il toujours ainsi? Non sans doute, car la civilisation primitive, dont on trouve partout de si étonnants vestiges, avait assaini le pays et vaincu la nature par la densité des habitants. Aujourd'hui, certaines terres restent improductives et deviennent des foyers de pestilence, tant il est vrai que la population est la première richesse. Qu'un courant d'immigration se dessine, et la *tierra caliente* ne laissera plus apparaître de domaines en friche.

Les terres tempérées sont comprises entre 400 et 1 500 mètres d'altitude; le thermomètre accuse en moyenne 20 degrés. Les Espagnols, qui ne marchandèrent jamais à leurs possessions les dénominations flatteuses, désignaient cette zone sous le nom de *Paradis terrestre*. On y trouve les cultures spéciales aux tropiques, et, à côté d'elles, la végétation de la France et de l'Italie. Les cours d'eau y sont nombreux, mais peu abondants; les pluies fréquentes entretiennent une certaine humidité dans le sol et dans l'atmosphère, mais cette région cependant aurait besoin de travaux hydrauliques pour obtenir des irrigations régulières; on en a exécuté de fort intéressants, dont nous aurons à parler.

Enfin, les terres froides s'étendent de 1 500 à 2 500 mètres. Au climat, aux fruits du sol, on retrouve l'Europe centrale. Le colon a à redouter la sécheresse et les gelées d'hiver. Faisons observer qu'à ces hauteurs le problème de l'irrigation devient de plus en plus difficile à résoudre.

Que dirai-je du sol, si ce n'est que jamais laboureur n'en trouva de plus riche ni de plus docile. On parle sans cesse, dans notre vieux continent, de culture intensive. Au Mexique, toute culture peut être considérée comme intensive, car c'est la nature qui la fait telle.

Les terres se comptent par millions d'hectares, où l'on lève jusqu'à trois récoltes par an, sans fumier et presque sans travail. Il ne faut point s'en étonner, puisqu'elles ont une couche arable de quatre et six mètres d'épaisseur. Voilà la vraie richesse !

Cette terre généreuse a connu, dans un passé qui nous échappe, le soc de la charrue et l'art des constructeurs. Dans certaines régions, lorsqu'on y travaille, on retrouve les traces d'une civilisation qui eut sa grandeur. L'humus des siècles a recouvert la glèbe jadis cultivée et lui tient lieu de robe virginale. Sous les lianes et les floraisons on met à jour des fragments d'aqueducs, des vestiges de jardins suspendus. Ils ont eu le sort de ceux de Sémiramis, enfouis sous les sables du désert ; la destinée de Pompéi, conservée dans les cendres du Vésuve. Le travail humain va peut-être donner à ce sol rajeuni une vie nouvelle, plus intense. La mort lui aura été régénératrice.

II

MAITRES ET SERVITEURS

Pour bien comprendre la vie rurale au Mexique, il faut l'étudier à l'hacienda et au village, il faut rechercher les conditions d'existence de l'hacendado et du péon.

Le colon isolé, réduit à ses seules ressources, arrive rarement à la richesse. Pour réussir, il doit avoir par devers lui un capital proportionné à son entreprise, ou constituer une société d'exploitation. N'oublions pas que nous sommes dans un pays où la grande culture domine.

Les domaines de vingt lieues carrées n'y sont pas rares. Leur exploitation exige une population nombreuse, des contremaîtres, des directeurs. Les serviteurs de tous ordres sont répartis dans des maisons ou cases; le maître et son état-major logent au centre de l'agglomération, dans un bâtiment spécial qui est quelquefois un palais. Ajoutez des magasins, des écuries, une école, une église. L'ensemble de ces constructions constitue l'*hacienda*. On l'a comparée au manoir féodal accueillant les vassaux réfugiés sous son égide à la fois protectrice et oppressive. L'hacienda, en effet, a été longtemps une forteresse, surtout dans les régions exposées aux incursions des Indiens sauvages et des bandes de partisans, qui, à la faveur des commotions politiques, vivaient de pillage; chaque propriétaire devait alors se défendre lui-même sans faire à la loi un inutile appel. L'hacienda était donc entourée de murailles crénelées qui, quelquefois même, enserraient les habitations des ouvriers. Dans les guerres civiles, plus d'une de ces enceintes a soutenu des sièges. Il y a peu d'années encore, les fortifications étaient soigneusement entretenues et, nuit et jour, des sentinelles veillaient aux portes. En effet, un demi-siècle ne s'est pas écoulé depuis l'époque où l'on ne s'exposait jamais en rase campagne sans une escorte armée du rifle traditionnel. Aujourd'hui, on peut parcourir sans crainte toutes les routes; la police est soigneusement faite par les *ruraux*, sorte de gendarmerie montée, composée d'hommes d'élite.

L'hacienda a donc dépouillé son caractère belliqueux, et elle se rapproche de l'usine. S'il en était autrement, le Mexique ressemblerait à un camp fortifié, car on comptait en 1901, sur le territoire, sans parler des petits domaines connus sous le nom de *ranchos*, plus de *huit mille haciendas* ou exploitations rurales. Trois mille d'entre elles sont consacrées à la culture des céréales, quinze cents à l'élevage; dans les autres on fait du café, du hennequem, du coton, du tabac, du sucre de canne, du pulque, du mezeal, du caoutchouc, du cacao, etc.

Il en est beaucoup qui appartiennent à de riches seigneurs mexicains ou descendants de la race conquérante, à des fermiers enrichis; on en compte aussi un grand nombre qui ont été acquises ou créées par des sociétés.

En général, plusieurs centaines d'ouvriers composent le personnel de chacune de ces exploitations sur lesquelles l'Indien s'établit avec sa famille. Comme elles sont presque toujours à de longues distances des villes, il doit trouver sur place tout ce qui est nécessaire à la vie. Au maître revient le devoir de lui assurer, à des prix raisonnables, l'alimentation et le vêtement, car l'ouvrier agricole est payé en argent chaque semaine et se nourrit à ses frais.

L'hacienda contient donc des magasins approvisionnés par l'hacendado; s'il est le chef de ce petit royaume, il en est aussi le fournisseur.

Ce serait d'ailleurs une erreur profonde de se le représenter comme un oisif donnant des fêtes, passant ses journées à la chasse ou à la pêche. Sa vie, au contraire, est presque toujours triste et rude. Il est privé par la distance même de toute fréquentation mondaine, mais n'en semble que plus heureux de pratiquer les devoirs de l'hospitalité, et l'on ne frappe jamais à sa porte sans y trouver un généreux accueil. Levé avec le soleil, il surveille la formation et le départ des groupes. Il monte ensuite à cheval, visite les plantations, s'assure que chacun remplit sa tâche. Il centralise la direction de la culture et de la fabrication. A lui incombe encore le soin de préparer les débouchés, d'asseoir les prix, d'apurer les comptes. Si jamais l'œil du maître fut une condition de succès, c'est bien dans une hacienda mexicaine. Quand le propriétaire veut se reposer de ces multiples travaux, il va déployer son luxe à México, ou dans les capitales de l'Europe.

Les péons ou serviteurs vivent dans une sorte de vassalité, mais ne sont pas des serfs. On les recrute parmi les métis et surtout parmi les descendants des races autochtones. Les uns vivent à l'hacienda, les autres dans les villages.

Le péon d'hacienda réside avec sa famille dans la maison qui lui a été assignée par le maître. Il prend l'engagement de travailler pour lui, rien que pour lui. Le contrat se fait pendant la semaine sainte, on a voulu lui donner par là une sanction religieuse; il est valable pour une année, mais il se continue par tacite reconduction, et l'Indien, s'il est bien traité, ne cherche pas à le rompre, car il est attaché aux lieux qui l'ont vu naître, au tombeau de ses pères. D'ailleurs, des efforts sont faits pour le retenir; il a la jouissance d'un petit terrain, il prend dans les réserves le bois qui lui est nécessaire, il peut faire paître son bétail dans les herbages sans rétribution.

Sa tâche quotidienne est assez douce; il l'accomplit sous la direction d'un chef de culture choisi dans ses rangs par le maître, et auquel on donne le titre de majordome.

Très variable est le salaire. On peut l'évaluer à une demi-piastre par jour dans les terres chaudes. Sur le haut plateau, il est d'un quart de piastre; mais en revanche, l'ouvrier de ces régions reçoit différents avantages fort appréciés; on lui fournit le maïs et le vêtement moyennant des prix inférieurs à ceux du commerce. L'hacendado s'adresse encore à d'autres ouvriers qu'il occupe, soit à la journée, soit pendant la période des longs travaux, et il les loge temporairement; ce sont les Indiens des villages les plus rapprochés. Ceux-là sont bien aussi des vassaux, car ils vivraient difficilement sans le salaire qu'ils reçoivent du maître, mais ils ont un champ et un toit.

Les indigènes avaient été dépouillés par la conquête; mais le Gouvernement espagnol pour récompenser les villages soumis leur avait concédé des terrains, à la charge par eux d'en jouir *ut communi*. Ce ne fut pas un bienfait. Ce régime créa une sorte de collectivisme grossier qui paralysa tout progrès. Après de longues résistances, ces terres de communauté furent divisées entre les habitants qui en jouissent maintenant *ut singuli*, les forêts exceptées, qui sont restées communales. Ce droit de posséder, d'avoir un patrimoine foncier, est certainement de nature à stimuler leur énergie, à leur donner des habitudes d'ordre et de travail. En effet, le bien familial est cher à l'Indien. Il consent rarement à le vendre. Ajoutons qu'il ne cherche guère à l'agrandir. Il vit de peu : trois ou quatre journées de travail, chaque semaine, suffisent largement à assurer sa subsistance; il n'en demande pas davantage.

S'il consent parfois à s'éloigner de son village, c'est pour un temps limité. Ainsi il s'engage volontiers pour la récolte du café et va quelquefois louer ses services à 3 et 400 kilomètres de distance. Le travail est bien rémunéré, mais sans grand profit pour l'ouvrier; le petit pécule qu'il rapporte se vaporise trop souvent en pulque et en mezcal.

A coup sûr, le sort de ces Indiens est misérable; ils ne semblent pourtant pas aspirer à une condition meilleure. Souvent, ils ont été l'objet d'indignes spoliations. Des maîtres avides leur ouvraient des comptes à la *tienda* (magasin de vente). Ils achetaient alors sans compter, et surtout se gorgeaient d'eau-de-vie. Dès lors ils étaient rivés par leur dette comme par une chaîne et perdaient jusqu'à la faculté de ne pas renouveler leur contrat d'engagement. Essayaient-ils de quitter la région, ils étaient appréhendés et ramenés de force jusqu'à parfaite libération, ce qui équivalait à un servage perpétuel, car leur compte ne s'apurait jamais. Aujourd'hui, ces abus sont devenus rares. Les ouvriers d'haciendas peuvent changer de maître sans crainte de mesures rigoureuses; la main-d'œuvre est devenue si rare, qu'on accueille le péon partout où il se présente pour travailler. On cherche à le retenir par de bons procédés et on y réussit.

Le Gouvernement n'a pas attendu ce changement dans les

mœurs rurales pour prendre la défense des péons opprimés. Il a établi dans chaque hacienda importante un juge de paix chargé de régler les petits différends et d'appliquer les lois de police; par ses soins, des écoles ont été ouvertes; sans doute, elles relèveront le niveau intellectuel et moral des Indiens. Enfin beaucoup de propriétaires, comprenant leurs devoirs d'humanité, créent des hôpitaux et entretiennent dans le domaine un médecin qui donne aux ouvriers des soins gratuits.

L'indigène, surtout celui des hauts plateaux, ne se montre pas très sensible à ces réformes. Il croit à la sorcellerie plus qu'à la médecine, et l'ambition d'user de ses droits de citoyen ne le hante pas. Ce qui le charme, ce qui l'attache à la glèbe, c'est la musique, c'est la danse, c'est le spectacle. Les fêtes de toute nature l'exaltent, le grisent, l'enlèvent à sa nonchalance et à sa tristesse coutumières. Malheureusement, elles dégénèrent souvent en orgies.

Par-dessus tout, les pompes de l'Église le captivent. Il assiste, sans se lasser, à des cérémonies qui durent plusieurs heures, et la chapelle de l'hacienda n'est jamais assez vaste.

La religion de l'Indien des campagnes n'est guère qu'une forme de l'idolâtrie; elle se renferme dans le culte à demi fétichiste des statues et des images. Les péons d'une riche hacienda de l'État de Puebla, dont le maître est bienveillant et généreux, s'inclinaient dévotement de père en fils devant une image sculptée qui avait la prétention de représenter saint Jacques. Elle le figurait en capitaine d'armes du temps de Louis XIII, portant à sa ceinture d'énormes pistolets d'arçon, bizarrement peinturlurés. L'hacendado, homme de goût et de tradition, commanda à Paris une belle statue conforme à la légende et la fit placer sur l'autel. Ce fut une consternation parmi les péons scandalisés. Ils réclamèrent humblement l'ancienne idole, la confidente de leurs vœux, la consolatrice de leurs peines, devant laquelle ils avaient brûlé tant de cierges. On dut céder à leur prière.

Et voilà comment un étranger qui assisterait à une procession solennelle autour de l'hacienda de Saint-Jacques verrait, non sans surprise, figurer sous un dais deux saints Jacques, dont l'un, revêtu d'une armure comme on en portait au siège de la Rochelle, semble, de ses deux pistolets, menacer un parti de huguenots.

Ignorance, superstition, nonchaloir, telle est la physiologie de la plupart de ces populations rurales, disséminées sur le sol, sans liens entre elles, sans le moindre sentiment de solidarité. Il faut néanmoins juger autrement les travailleurs agricoles des terres chaudes. Leur croisement avec la race blanche et même avec la race noire a donné de bons résultats. Le sang-mêlé est plus intelligent, plus curieux d'apprendre; il cherche à se perfectionner dans la culture. Malheureusement, il vit sans prévoyance, et le mot « épargne » est vide de sens à ses yeux.

Le péon des *hauts plateaux* montre plus d'endurance au travail, on peut même lui faire honneur d'une sobriété relative, et son esprit est moins réfractaire au progrès.

Néanmoins, c'est encore le serf résigné à son sort, sans traditions, sans idéal, le serf écrasé sous des siècles d'oppression, car le sort des Indiens, avant la conquête espagnole, était pire qu'aujourd'hui. Ils subissaient le joug d'une noblesse hautaine et remplaçaient la bête de somme dans les rudes labeurs de la ville et des champs. Le christianisme a apporté quelque adoucissement à leur souffrance, et l'on peut dire que les prêtres et les moines ont été souvent les protecteurs de l'indigène abandonné. Il tourne maintenant ses regards confiants vers un gouvernement libéral et réparateur, soutien des humbles et des faibles, qui ne veut plus qu'on applique aux Indiens du Mexique cette terrible sentence d'Homère : Quand un homme est réduit en servitude, Jupiter lui enlève la moitié de son âme.

III

HACENDADOS ET RANCHEROS

Si, de nos jours, la grande culture mexicaine n'a plus le *dominium* exclusif du sol, on peut dire néanmoins qu'elle y règne encore en souveraine maîtresse. Elle est constituée de façon à rappeler, par certains côtés, le régime féodal sous lequel pendant des siècles vécut l'Europe, mais elle en diffère surtout en ce sens que les grands propriétaires, les *hacendados*, n'ont pas été réfractaires à la loi du progrès. Ils ont eux-mêmes introduit et appliqué les méthodes nouvelles, ils ont favorisé l'immigration, ils ont fondé des manufactures pour utiliser ou convertir la matière première, ils ont créé des sociétés pour les entreprises qui leur ont semblé au-dessus de leurs forces : intelligentes initiatives qui reçoivent aujourd'hui leur récompense.

La moyenne culture a été plus lente à se développer; elle était cependant pour sa sœur aînée un adjuvant indispensable. Au Mexique, plus qu'ailleurs, on peut dire qu'il y a place pour tous. La mise en valeur d'un sol en friche, le desséchement d'un marécage, le reboisement d'une colline, ne profitent pas seulement au pionnier qui entreprend ces travaux, chacun en tire avantage, car la région se trouve assainie, les voies de communication s'améliorent, les échanges deviennent plus fréquents et plus faciles, la population s'accroît sensiblement.

Sous l'impulsion du Gouvernement fédéral, on a favorisé les entreprises des moyens propriétaires, des émigrants agricoles, qui sont venus tenter la fortune.

Jetons un rapide coup d'œil sur l'*hacienda* moderne, siège de la grande culture, et sur le *rancho* qui n'est qu'une hacienda au petit pied. Examinons quel est, par exemple, le personnel d'une exploitation agricole de premier ordre dans l'État de Jalisco, au début du xxe siècle.

Elle comporte deux grands services très distincts, celui de l'intérieur (*casco*) et celui du champ (*campo*), c'est-à-dire des plantations.

A l'intérieur, la direction suprême est confiée à un *administrateur général* dont la compétence s'étend sur toutes les branches de la production agricole et industrielle.

Viennent après lui :

Le *comptable général* chargé de la garde des greniers et des magasins.

Les *chefs de fabrication* à qui incombe la surveillance des différents ateliers.

Les *chefs d'ateliers* préposés à la marche des moteurs, à la confection des charrues et de tous les instruments aratoires.

Le *magasinier* auquel revient un rôle important, celui d'assurer les ventes; on lui alloue généralement un tant pour cent sur les bénéfices réalisés.

Le *contrôleur* qui établit le compte des heures de travail des employés et ouvriers.

Le *majordome général des transports* qui a pour principale attribution la charge de traiter des questions de tarif avec les muletiers, le roulage et les chemins de fer.

Enfin, le *maître maçon* qui a pour mission de surveiller l'état des bâtiments et de construire au besoin granges ou appentis sur les plans qui lui sont fournis.

Au dehors, la plus haute fonction revient au *majordome des champs*, responsable de tout ce qui se passe sur l'exploitation agricole proprement dite. Il a sous ses ordres un *majordome du personnel*. Tous deux sont secondés par des capitaines, des caporaux, des gardes subordonnés.

Comme il importe de spécialiser les préposés de culture, on affecte un majordome à chaque plantation : blé, canne à sucre, oranger, caféier, etc.

Le nombre des ouvriers varie beaucoup suivant l'importance des haciendas et la nature des exploitations; quelques-unes en comptent jusqu'à 3000.

Dans les États de Jalisco, de Michoacan et de Colima, les travailleurs sont généralement divisés en deux catégories : ouvriers proprement dits et cultivateurs. Le *cultivateur* est dispensé de travailler pour l'hacienda pendant la saison des pluies, et il emploie ce congé à faire valoir son petit domaine; il n'en est pas de même de l'*ouvrier* qui doit son travail toute l'année, mais qui, nous devons le reconnaître, s'ingénie à le réduire autant qu'il peut.

De cette hiérarchie on ne trouve guère trace dans le *rancho*. Le domaine est plus modeste, et bien souvent le maître exploite à titre de fermier ou de métayer.

Le *rancho* représente ce qu'on appelle en Europe la petite et la moyenne propriété. Qu'un « péon » arrive à posséder quelques terres, — et cela lui est facile, — à y lever deux ou trois récoltes heureuses, — et cela n'est pas rare, — le voilà passé à l'état de *ranchero*. Il a une maison modeste, il achète un cheval, qui devient son inséparable compagnon.

Le premier degré de l'échelle de prospérité est franchi. S'il peut vaincre l'apathie originelle, il devient laboureur et commerçant. Dès lors, il ne travaille plus par lui-même, il a des ouvriers au domaine et un correspondant-commissionnaire à la ville. L'avenir est à lui avec de grandes chances de fortune.

En résumé, on peut appliquer le nom de *ranchero* à tout propriétaire ou fermier qui vit de la culture ou de la vente des produits de la terre.

Le *ranchero* mexicain prépare en ce moment une nouvelle classe sociale, la classe de l'avenir. Le Gouvernement de la République le protège et l'encourage; il fait œuvre de sagesse, car c'est par ce travailleur que s'opérera la subdivision de la propriété, si désirable au point de vue social comme au point de vue agraire.

Le *ranchero* appartient en général à la race hispano-américaine, provenant du mélange des deux sangs caucasien et indien. Partout il parle la langue castillane. Il n'emploie l'Indien que pour les travaux serviles et à défaut de collaborateurs plus actifs. Il s'entend au négoce; avec lui pas de rouages inutiles, il est lui-même son propre majordome, et s'il a besoin d'un second intelligent, il le prend volontiers parmi ses fils ou ses neveux.

Grâce à des efforts opiniâtres, plus d'un *rancho* s'élève peu à peu à la hauteur d'une hacienda.

C'est dans l'arrondissement de Cordoba, situé sur le premier gradin de la terre tempérée, et traversé par la voie ferrée qui va de Veracruz à México, que la propriété est le plus divisée. La population de cette région, où domine l'élément *ranchero*, est prospère. Elle augmente d'année en année, et nulle part ailleurs les progrès culturaux ne sont mieux acceptés.

Pour tous les entrepreneurs de culture, l'obstacle est la main-d'œuvre. *Hacendados* et *rancheros* emploient beaucoup d'ouvriers indigènes, parce qu'il en faut un grand nombre pour accomplir une maigre besogne. Tout est prétexte à l'Indien pour alléger son travail : fêtes civiles, fêtes religieuses, fêtes de famille. Je ne crois pas que la propagande socialiste fasse parmi eux des adeptes, mais on a dit avec raison, que s'il se produisait dans le pays une manifestation en faveur de la journée de huit heures, c'est par les patrons qu'elle serait faite. Ceux-ci auraient certainement intérêt à obtenir un travail régulier et assuré de huit heures par jour. Ils acclameraient cette réforme.

IV

EAUX ET FORÊTS

Sur le plateau central, la sécheresse est le grand ennemi du cultivateur, mais un ennemi qu'on peut vaincre, et j'ajouterai, que l'homme a déjà vaincu.

Le témoignage de cette conquête de la volonté humaine sur la nature n'est point consigné dans les livres, ni conservé dans les légendes, — légendes et livres sont quelquefois menteurs; — il est gravé en caractères ineffaçables sur le sol lui-même. Il s'affirme par des vestiges de canaux, de puits, de réservoirs, de tout un système hydraulique dû manifestement à une direction intelligente disposant de forces motrices d'une incontestable puissance.

Le Mexique aux temps précolombiens nourrissait, dit-on, une population de trente millions d'habitants. Elle ne pouvait subsister qu'à la condition de rendre productive une quantité de terrains proportionnelle aux besoins de l'alimentation. Le problème avait été résolu grâce à un développement agricole qui suppose une civilisation avancée. Il vient donc naturellement à l'esprit, qu'avec les moyens dont dispose la science moderne, on peut obtenir des résultats au moins égaux, sinon plus favorables.

Les émigrants d'Europe ne vont guère au Mexique. Les causes de cette abstention sont multiples; mais au premier rang, on peut citer l'extrême sécheresse du pays. Des millions d'hectares de terre arable, avec un *humus* de plusieurs mètres d'épaisseur, sont à ce point dépourvus d'eau qu'ils constituent une région à laquelle on a donné l'épithète d'*aride*. Voilà le mal, il est utile de le mettre à nu, car nous savons que le Gouvernement mexicain a placé en tête de son programme économique l'aménagement des eaux.

Dans les régions propres à l'immigration, les rivières sont rares; mais, déjà, on a trouvé moyen de les dériver dans de longs canaux qui distribuent l'eau aux riverains. Malheureusement, ce système ne peut rendre de services que dans quelques vallées et sur un parcours naturellement restreint; la grande masse des terres n'en profite point. Tous ceux qui ont étudié sur les lieux cette question formulent le même avis : si l'on veut fertiliser les terres arides, il faut faire appel à l'eau de pluie. Ce n'est point un paradoxe pour qui connaît la violence des orages de fin d'été et les inondations diluviennes qui en sont la suite. En quelques heures, dans les barrancas, qui sont souvent encaissées à 100 mètres de profondeur, se précipitent des torrents d'eau limoneuse qui dévalent des montagnes, dégorgent des vallées. Là où l'on n'aurait pas trouvé, la veille, de quoi désaltérer un cheval, passe un fleuve qui entraîne des troupeaux, des arbres gigantesques et les porte à la mer comme un fétu de paille.

Fureur d'un moment, car en quelques heures la barranca se vide et redevient sèche. L'eau du ciel, loin de rendre service aux récoltes, a glissé sur la surface du sol, a fait déborder ruisseaux et rivières, nivelant et rasant tout sous son formidable courant.

La barranca est donc un facteur de dévastation, mais elle peut devenir aussi une puissance motrice de premier ordre. Il appartient à la science de l'utiliser et de convertir ses forces destructives en agents de fertilisation. Tel est le but que poursuit activement le Ministère du *Fomento*.

En entreprenant cette tâche, il avait la bonne fortune de ne pas s'avancer au hasard. Dans une région limitrophe, les Nord-Américains ont creusé d'immenses réservoirs destinés à recevoir l'eau de pluie, à la conserver pour la répandre ensuite pendant la saison sèche sur les terres que l'on met en valeur.

Pour être fructueuse, l'opération doit s'étendre sur une large échelle; les réservoirs dont nous parlons sont des lacs artificiels, tels que les Maures en ont fait en Espagne et les Romains dans l'Afrique du Nord.

On pourrait croire qu'en subordonnant la prospérité agricole à ces travaux coûteux, on arrive à fermer l'accès de la colonisation à la petite et à la moyenne culture; il n'en est point ainsi.

Dans la plupart des vallées irrigables, des compagnies se sont déjà emparées des rivières, les ont dérivées et canalisées de manière à arroser une étendue considérable de terre; puis elles ont offert l'eau aux propriétaires devenus des riverains. Cette industrie est très profitable aux compagnies; elle ne l'est pas moins à ceux qui achètent l'élément indispensable à la fertilité de leur domaine.

N'est-ce pas une entreprise digne d'encouragement celle qui emmagasine le nuage et le vend à des prix qui rémunèrent les actionnaires et enrichissent l'agriculture?

Le même trafic se produira pour les réservoirs ou bassins de retenue dont le Gouvernement favorise la diffusion. Les compagnies agricoles vendront l'eau aux cultivateurs, comme on leur vend le fumier ou les semences. Elles rendront au pays mexicain un inappréciable service; car, on l'a dit avec raison, son développement agricole n'est plus aujourd'hui qu'une question d'hydraulique.

Il serait injuste d'attribuer au climat seul la sécheresse du pays; la nature lui avait préparé d'autres destinées en le dotant de forêts superbes, mais la terre mexicaine a subi les offenses de deux races également ennemies des arbres, les Indiens et les Espagnols.

Dans la vieille Ibérie, la destruction est à peu près complète; l'eau, n'étant plus retenue sur les déclivités, les dépouille de toute terre végétale, les ravine et de chaque rivière fait un torrent. Aucun effort n'est tenté ni par les particuliers ni par l'État pour repeupler les forêts dévastées, pour semer quelques arbres sur les pentes crayeuses. Il va sans dire qu'on a apporté le même désordre, la même incurie, dans le territoire conquis. Pendant des siècles, on a coupé les plus beaux arbres des essences exotiques sans jamais en replanter un seul.

Quant à l'indigène, il détruit sans songer à l'avenir; la prévoyance n'est pas une vertu indienne. Comment arrêter ces barbares, comment leur imposer le respect des forêts, à eux qui s'assoient ou se couchent à côté de l'arbre sans chercher jamais l'ombre bienfaisante de son feuillage contre les ardeurs du soleil?

Partout, au Mexique, les désastreux effets du déboisement se font cruellement sentir. On en pourrait donner des exemples par centaines, contentons-nous d'en citer un.

De splendides forêts tapissaient les flancs de la Cordillère que suit la voie ferrée du Chihuahua au Pacifique; il n'en reste rien, les propriétaires ont vendu les arbres à des entrepreneurs pour l'ébénisterie ou le chauffage.

Qu'est-il arrivé? En détruisant les forêts, les propriétaires ont empêché le retour des pluies périodiques qui fécondaient le sol; par la sécheresse, la contrée est devenue infertile. Que l'on continue ces *razzias* barbares, et toute culture deviendra difficile dans le nord du Mexique.

Une autre cause de destruction vient des incendies que l'on ne fait rien pour prévenir, ni pour atténuer, ni pour réprimer, et à la suite desquels, chaque année, des richesses incalculables disparaissent. Nous ne saurions parler des incendies sans dire quelques mots de ce qu'on a appelé le *système extensif*.

Comme les propriétaires ont, en général, beaucoup plus de terrains boisés qu'ils n'en peuvent mettre en rapport, ils coupent les arbres de prix, brûlent le reste et ensemencent sans même appliquer la charrue. Le rendement est énorme et les frais de culture sont nuls. Après deux ou trois récoltes, ils vont plus loin opérer de même, évitant ainsi les défrichements. On voit qu'au Mexique on se soucie peu du grand principe d'économie rurale qui prescrit de rechercher le meilleur produit dans la moindre étendue de terrain.

En résumé, il y a une connexité étroite entre la conservation des produits forestiers et l'utilisation des eaux. Le Gouvernement a pris des mesures qui, si elles sont intelligemment poursuivies, contribueront à résoudre rapidement le problème de la colonisation. Il a résolu d'arrêter la dévastation barbare qui tend à dénuder le Mexique en lui enlevant la verte chevelure de frondaisons, qui l'a protégé contre les tempêtes et aussi contre les agressions brûlantes du climat; il a mis la défense des arbres dans son programme agricole, il en a fait en quelque sorte une institution nationale. En ce qui concerne l'hydraulique appliquée à la fécondité du sol, il a donné l'exemple par des entreprises faites sous son patronage; il a encouragé les dérivations, les barrages, les drainages d'entreprise privée.

En six années, le Ministère a passé 53 contrats et accordé 103 confirmations pour permettre d'employer les eaux fédérales à l'arrosage. Les terrains à irriguer se trouvent dans les États de

Coahuila, Guanajuato, Hidalgo, Jalisco, México, Michoacan, Morelos, Nuevo Leon, Puebla, Oaxaca, Sinaloa, Queretaro, Tamaulipas, Veracruz, et sur le territoire de Tepic.

Il convient de citer parmi ces vastes entreprises l'utilisation des eaux de la rivière de San Diego, dans l'Etat de Coahuila; le canal principal est de 17 kilomètres de longueur, avec 35 kilomètres de canaux secondaires, le tout fertilisant 10 000 hectares. Dans les rivières de Salinas, de Sierra de la Laja, des efforts non moins considérables ont été faits pour donner à l'agriculture des terrains qui, à défaut d'humidité, étaient perdus pour elle.

Des grands travaux exécutés récemment au Mexique, il en est un qui par son importance mérite d'être mis en relief, la dérivation de l'Atoyac.

Il ne s'agit point de l'endiguement d'un torrent, ni de la canalisation d'un ruisseau, ni du creusement d'un lac artificiel dans quelque fond de vallée.

L'Atoyac prend sa source dans l'État de Puebla. Après avoir traversé et fécondé la région avoisinant la ville, il active les nombreuses manufactures qui y sont établies; mais là s'arrêtent ses bienfaits, car bientôt il descend dans un lit profond, son cours devient tellement encaissé que ses eaux ne peuvent plus servir ni à l'agriculture, ni à l'industrie. La pensée de dériver l'Atoyac et de le contraindre à continuer dans la région sud de Puebla son rôle fertilisateur devait venir à tous ceux qui connaissent cette contrée dont le climat est propre à toutes les cultures, mais que la sécheresse rend parfois infertile.

Les Espagnols conçurent ce projet dès les premiers temps de l'occupation. En 1576, il fut même agréé par le vice-roi; on n'y donna pas suite. Au siècle suivant, se trouve la trace d'autres tentatives sans résultat. La dépense à engager et les difficultés à vaincre écartaient les plus hardis; mais les grandes conceptions trouvent toujours leurs apôtres.

M. Sebastian de Mier, dont les travaux agricoles et scientifiques sont depuis longtemps connus, étudia attentivement la question. Il entrevit la possibilité du succès et demanda une concession pour dériver les deux tiers de l'Atoyac; elle lui fut accordée en 1881. Il n'ignorait pas les obstacles de toute nature qui allaient se dresser devant lui ; mais il se mit courageusement à l'œuvre, avec le sentiment qu'il remplissait un devoir envers son pays et qu'il donnait un grand exemple.

Dans l'accomplissement de sa tâche, M. Sebastian de Mier a connu les déboires amers ; c'est le sort réservé aux novateurs. Mais, aux heures de découragement, ils sont soutenus par cette foi raisonnée, scientifique, qui change le cours des eaux, perce les isthmes et soulève les montagnes.

Après différents essais, quelquefois interrompus, et d'énormes dépenses, M. Sebastian de Mier ouvrit définitivement les chantiers en 1895. Il en avait confié la direction à M. Coca, ingénieur français de notre École centrale, dont les plans furent mathématiquement suivis. A la fin de 1897, à l'heure prévue, la dérivation de l'Atoyac était un fait accompli. L'inauguration fut solennelle ; le président Porfirio Diaz la consacra par sa présence.

Les travaux d'art s'étendent sur un espace de 20 kilomètres. Le barrage principal a 76 mètres de longueur et 12 mètres de hauteur. Les ingénieurs ont construit plusieurs canaux et tunnels. Le plus important de ces derniers atteint un développement de 5 kilomètres environ. Canaux et tunnels ont été calculés pour recevoir 4000 litres par seconde, et la pente est de 40 centimètres par kilomètre.

Sur le parcours de la dérivation, l'Atoyac forme sept chutes importantes, d'une force totale de 23 000 chevaux. La première a été louée à une compagnie électrique nord-américaine qui s'en sert pour transmettre l'énergie à la ville de Puebla. Après avoir formé les chutes dont nous venons de parler, les eaux rendues à leur cours arrosent, dans la vallée d'Izúcar-Matamoros, plusieurs milliers d'hectares plantés de cannes à sucre et de riz.

V

LA PROPRIÉTÉ FONCIÈRE

Lorsque le président Porfirio Diaz eut mit fin aux discordes civiles, il chercha les moyens de réparer les désastres accumulés sur son pays.

Sa pensée, nous la trouverons fidèlement reflétée dans les premiers *rapports* qu'il écrivit pour la nation mexicaine. C'est un cri d'alarme, mais en même temps un acte de foi en l'avenir.

L'agriculture doit être remise en honneur, ce sera son premier objectif. Il veut une société assise sur la possession et le travail de la terre; il estime que le labeur accepté comme un devoir doit être le fondement de la richesse. Aussi constate-t-il avec peine ce qu'il appelle la « prostration agricole » de la nation. Il en énumère les causes : ce sont les bouleversements politiques qui ne laissent au colon et à l'indigène aucune sécurité, — l'ignorance et la misère du peuple, — le défaut de voies de communication et de canaux d'irrigation, — la législation qui ne donne pas au propriétaire foncier les garanties dont il a besoin.

Il faut donc refaire les lois, et, ce qui est autrement difficile, refaire les mœurs.

Ce n'est point tout.

On ne met pas aisément en culture 1 800 000 kilomètres carrés de terres avec une population qui était alors de 11 millions d'habitants, c'est-à-dire avec une densité d'environ 6 habitants par kilomètre carré.

Ces terres, fussent-elles le jardin des Hespérides, ont besoin de bras pour produire; il faut déterminer en leur faveur un grand courant d'immigration.

Réformes et colonisation, tels étaient donc les deux termes du problème économique. Les réformes devaient tout d'abord préoccuper le Gouvernement. Asseoir la propriété sur des bases solides, lui donner la sécurité, fournir les moyens de transport et les débouchés à ses produits, c'est en effet assurer le succès de la colonisation.

Or, quelle était la situation agraire?

En dehors des *haciendas*, propriété privée, et des *pueblos*, propriété communale, les terrains disponibles ne manquaient pas. On les trouvait surtout dans les États de Chihuahua, de Coahuila, de Durango, de Sinaloa, de Sonora, pays de ces missions qui disparurent avec la suppression des biens de mainmorte.

Les terrains abandonnés, — ou sans titre, — de propriété royale devenus propriété nationale, — appartenaient en principe à l'État, mais en réalité ils tombaient dans le domaine de qui voulait les prendre : colons, mineurs, rancheros, hacendados, s'en emparaient à qui mieux mieux, sauf à les laisser sans culture, et constituaient ainsi, en pays mexicain, ces « latifundia » que Pline dénonçait si justement comme une cause de ruine pour les provinces.

Le premier acte du Gouvernement fut de rechercher les territoires de propriété nationale et d'évincer les usurpateurs. Cette réintégration de l'État dans son domaine demandait de l'énergie. Elle fut rapidement résolue, mais restait à faire la délimitation, c'est-à-dire le premier acte de l'œuvre cadastrale sans laquelle un peuple vit dans l'inertie agraire.

Or, à cette époque, les finances n'étaient point prospères. Comment procéder à une opération si coûteuse avec des budgets en déficit?

Traiter avec des entreprises privées, les rémunérer en leur abandonnant une part proportionnelle des espaces mensurés par elles, était le seul procédé pour arriver, sans bourse délier, à une répartition exacte.

Plusieurs sociétés offrirent leurs services, le Gouvernement les agréa. En dix années, elles arpentèrent 50 millions d'hectares de terres en friche. Comme rémunération, elles reçurent 16 millions d'hectares, soit en argent une somme équivalente à 3 millions de piastres; or un arpentage à la charge de l'État eût coûté bien davantage

Le premier résultat de ce travail fut de mettre l'État en possession effective de 32 millions d'hectares. La délimitation leur donnait une valeur négociable, ce qui lui permit de les vendre aux particuliers, au grand avantage des finances publiques.

Le second résultat fut de favoriser une large distribution de terrains fractionnés aux habitants des villages et de convertir en propriétaires les indigènes qui, suivant l'expression sévère du Président, « vivaient dans l'abjection ».

Enfin, les sociétés alloties ne pouvant pas garder des terres improductives, tous leurs efforts tendirent naturellement à les mettre en culture.

L'évolution économique que nous venons d'esquisser avait été accomplie par le Pouvoir exécutif. Une série de lois vint compléter ces mesures et les rendre stables.

C'est ainsi que l'on régla les conditions d'occupation et de mise en valeur des terrains en friche et l'utilisation des eaux fédérales, question si grave dans des régions où le rendement peut être décuplé par l'hydraulique. Les Chambres firent disparaître les prohibitions ou restrictions apportées à certaines cultures. Enserré dans les liens d'un étroit protectionnisme, le Conseil des Indes ne laissait pénétrer dans ses colonies que les produits récoltés ou manufacturés par la mère patrie. C'est ainsi, par exemple, qu'il défendait aux sujets d'outre-mer d'exploiter le coton et de planter la vigne, afin d'assurer un débouché plus sûr aux tissus et aux vins d'Espagne. Ce système économique suranné avait créé des usages, établi des traditions qu'il importait de faire disparaître. Enfin, comme couronnement de l'édifice, le législateur décida l'établissement d'un grand livre de la propriété foncière; le cadastre auquel on travaille activement sera basé sur la mesure et l'évaluation des classes.

Comme corollaire de ces décisions, le Ministère du *Fomento* s'attacha passionnément à instruire les agriculteurs; il leur donna gratuitement le livre et l'outil.

Ce n'était point assez; il fit acheter des plants et semences des produits les plus renommés et les répandit largement.

L'Italie lui fournit les citrons et les oranges; l'Allemagne, les diverses variétés de pommes de terre; le Brésil, la coca. Il demanda à la Chine ses meilleurs riz, à la France ses arbres fruitiers.

Il était impossible de s'adresser à des sources plus sûres pour la régénération des espèces abâtardies.

Parlerai-je des distributions de livres, des concours, des primes d'encouragement! Cette partie du programme du Ministère de *Fomento* ne présente aucune originalité, mais il convient de mentionner les champs de démonstration mexicains qu'on nomme des colonies. Le Gouvernement en a établi plusieurs, qui sont appelés à devenir le conservatoire de bonnes espèces et de la culture raisonnée. Dans le même ordre d'idées, quelques villes ont créé des jardins botaniques très remarquables.

La République mexicaine constate aujourd'hui l'effet indéniable des mesures qu'elle a prises, des sacrifices qu'elle s'est imposés.

Dans son dernier rapport, le général Porfirio Diaz fait connaître, pour la période 1896-1900, la valeur des exportations qui marquent l'étiage de la prospérité nationale; elles portent principalement sur les produits agricoles bruts ou manufacturés. La voici résumée dans l'éloquence des chiffres :

1896-97	28 684 389 piastres
1897-98	34 743 290 —
1898-99	40 371 661 —
1899-1900	50 938 474 —

Et quand il recherche les cours de cette marche ascendante, il indique les heureuses récoltes, l'extension des relations commerciales, la paix intérieure, et, avant tout, ajoute-t-il, la transformation des terrains de la nation en propriétés individuelles.

Au surplus, il ne doute pas de l'avenir. Les mêmes causes doivent produire les mêmes effets, et les efforts continuent. C'est ainsi que, de 1896 à 1900, 2 millions d'hectares ont été délimités. Les compagnies en ont retenu 600 000; le Gouvernement adjugera la part qui lui revient et, en attendant, pour consolider la propriété rurale, il concède de petits domaines aux colons laboureurs à des conditions qui tiennent plus de la donation que de la vente.

Telles ont été les réformes entreprises; quoique récentes, elles ont produit déjà des résultats excellents. Le Ministère du *Fomento* signale les obstacles qui se sont opposés jusqu'à présent à l'emploi des méthodes perfectionnées, à l'introduction des machines, en un mot au progrès rural. Il en est une bien spéciale à cette région privilégiée, je veux parler de la prodigalité de la nature. Pourquoi tant d'efforts, en effet, se dit l'agriculteur mexicain, puisque la récolte suffisante à ses besoins sort spontanément de la terre sans laisser à l'homme d'autre souci que de se baisser pour la prendre? Et voilà comment la richesse du sol peut créer la paresse de l'esprit, comment la vie facile entretient les coutumes routinières si contraires à l'intérêt général. L'introduction du colon européen, travailleur, hardi, ambitieux, fera peu à peu disparaître cette torpeur.

VI

L'ÉLEVAGE

Fernand Cortez, débarquant au Mexique, avait six cent cinquante hommes avec lui, dont seize cavaliers; il amenait aussi dix pièces de canon et quatre fauconneaux. Cette artillerie fit merveille, jamais les indigènes n'avaient entendu « parler la poudre »; mais ils furent bien plus effrayés à l'aspect des cavaliers qu'ils prirent pour des êtres surnaturels; les éléphants de Pyrrhus ne jetèrent pas plus de désarroi dans les légions romaines.

Le cheval était inconnu dans le Nouveau Monde. Il en était de même du bœuf, du chameau, de l'âne; sur tous les points du territoire mexicain, la bête de somme faisait complètement défaut. Là est une des causes de la condition servile où se trouvait réduite une partie de la population. En effet, quand l'animal manque, l'homme doit nécessairement prendre sa place et se livrer aux plus durs travaux. Aussi le labourage se faisait-il de main d'homme; la poste était assurée par des relais humains. Les riches propriétaires, les fonctionnaires, les chefs voyageaient dans des litières portées sur les épaules des esclaves.

La nourriture carnée était insuffisante, car on ne connaissait pas davantage le mouton, ni le porc, ni la chèvre. La chasse y suppléait; on trouvait en abondance l'ours, le puma, le bison, l'antilope; ajoutons aux animaux comestibles non domestiqués, le *tetchili*, chien que l'on engraissait en vue de l'alimentation, mais surtout le dindon dont l'élevage se pratiquait sur une grande échelle. Cortez nous apprend en effet que deux cents dindons étaient quotidiennement jetés en pâture aux fauves de la ménagerie impériale.

L'agriculture mexicaine, si riche en produits du règne végétal, était donc d'une pauvreté sans pareille en ce qui concerne le bétail. Ces lacunes de la nature ont été vite réparées, et toutes les espèces importées d'Europe ont prospéré avec une rapidité prodigieuse.

Il serait bien difficile de rechercher l'origine des bœufs et des chevaux, que l'on trouve si nombreux au Mexique. Venus de différentes contrées, ils appartenaient naturellement à des types divers qui se sont croisés, mêlés, fondus au hasard, sans sélection. Il en est résulté des races un peu dégénérées, qu'on améliore sans doute, mais qui d'elles-mêmes se sont harmonisées avec le sol, et, en somme, rendent au cultivateur les services qu'il attend d'elles.

On a dit qu'après les mines, l'élevage était la première industrie du Mexique; et cela est vrai. Seize cents haciendas lui sont consacrées, et l'une d'elles, la Sierra Hermosa, dans le Nord, occupe 400 lieues carrées. Ces entreprises donnent de bons résultats et sont bien faites pour tenter les capitalistes des deux mondes.

Les frais de premier établissement sont minimes. Dans la partie la plus propice à l'élevage en plein air, le Nord, il y a plus de 100 millions d'hectares de terres en pâture, à 5 et 10 francs l'hectare. Sans doute, il est nécessaire d'acheter à plus haut prix les enclaves qui contiennent des sources ou qui sont placées sur la rive des cours d'eau; enfin il faut creuser des puits, ménager des réservoirs pour que l'abreuvage soit à la portée des troupeaux disséminés dans les paçages. La main-d'œuvre n'étant pas très élevée, ces travaux s'exécutent à peu de frais.

La nourriture s'offre d'elle-même; elle croit, spontanément, à peu près partout. C'est la *grama*, qui donne jusqu'à cinq tonnes d'excellent fourrage à l'hectare et qui assure la subsistance hivernale; c'est la *querencia*, c'est la longue série des graminées et des légumineuses qui tapissent le versant de la Sierra Madre, toutes végétations qui ne demandent ni semences, ni entretien et qui fournissent aux troupeaux, si nombreux soient-ils, un inépuisable aliment.

Sur ces hauteurs, l'air est salubre et les plantes de l'Europe poussent à l'envi. L'homme n'a à redouter ni les fièvres endémiques, ni les moustiques qui sont les deux grands ennemis de l'élevage en terres chaudes.

La question des débouchés doit se poser ici. En agriculture comme en industrie, on se plaint de l'excès de production. Il n'y a pas à la redouter dans la *fabrication de la viande*, car le déficit constaté en Europe dans la moitié du dernier siècle, et plus récemment aux États-Unis, s'accentue singulièrement.

En effet, la consommation augmente avec les besoins que l'expansion de la richesse crée dans les masses jusqu'ici déshéritées ; elles réclament leur part de bien-être.

De plus, c'est un phénomène économique connu que la contenance pastorale d'un pays diminue en proportion des progrès qu'y fait la culture. Les défrichements ont toujours lieu au détriment de l'élevage. Il en a été ainsi pour l'Europe. De pastorale qu'elle fut, elle devient exclusivement agricole et demande de la viande aux États-Unis, pays d'élevage. A leur tour, les États-Unis subissent en ce moment les effets de la même loi. La petite culture s'étend dans les vallées et en chasse les éleveurs. Déjà ces derniers ont cherché un refuge dans la région froide, mais ils ont trouvé un climat un peu rude ; ils ont été contraints de construire des étables, ce qui augmente sensiblement les frais généraux. Au Texas, qui fut longtemps la terre promise, la culture a envahi le pâturage, l'hectare a triplé de prix, les troupeaux ne trouvent plus d'herbages.

Aucun de ces obstacles n'existe dans la région nord du Mexique, et ses débouchés ne laissent rien à désirer puisqu'elle est située à quinze jours de Paris et de Londres, aux portes de New York et de Chicago.

Enfin, le colon peut, sans témérité, placer ses capitaux sur ces terres. Elles ne resteront pas longtemps à l'état vierge ; le barrage des torrents, l'établissement des réservoirs, la multiplicité des puits, ouvriront rapidement la route à la culture, et la culture c'est la plus-value foncière.

Les terres chaudes ne sont point impropres à l'élevage, mais il s'y fait dans des conditions bien différentes. Les bêtes y dégénèrent très vite si elles vivent à l'état complètement libre ; elles se perdent dans les inextricables fourrés du *Chaparral* et ont peu de valeur comestible, car malgré l'exubérance de la végétation, elles se nourrissent de substances peu favorables à l'engraissement. Il est donc nécessaire d'établir ce qu'on appelle des *potreros*, c'est-à-dire d'enfermer le bétail bovin dans des enclos qu'on a pris soin d'ensemencer en herbes de choix. L'éleveur ne doit pas non plus s'en remettre à la nature pour conserver l'espèce, mais bien l'améliorer par des croisements et une sélection méthodiques. L'élevage en *potrero* occasionne bien moins de frais que la stabulation des États-Unis ou de l'Europe, puisque l'animal trouve sa nourriture toujours fraîche sur le sol où il vit toute l'année; mais il est naturellement bien plus coûteux que dans les terres froides.

Ce genre d'exploitation demande des capitaux plus considérables et se prête moins aux entreprises de la petite culture.

En résumé, l'élevage de la *race bovine* a pris dans les États de la frontière du nord une grande importance; il peut s'étendre indéfiniment. Il a même des chances de succès dans les « terres chaudes ». Pratiqué sur une grande échelle, il permet de doubler en trois ans le capital engagé; tel est le calcul des spécialistes, et il a été vérifié par de nombreux exemples.

Quels sont les États qui conviennent le mieux à cette industrie? Une statistique, dressée, en 1902, par la Direction générale de la statistique, donne un total de 5 142 000 bêtes à cornes, ayant une valeur approximative de 81 millions 1/2 de piastres. Les États qui occupent les premiers rangs dans cette statistique sont : Jalisco (663 000 bêtes), Michoacan (497 000), Chihuahua (396 000), Veracruz (392 000), Guanajuato (273 000), Durango (233 000), Sonora (260 000).

Le Mexique élève beaucoup de *chevaux*, (859 000 d'après la statistique de 1902, surtout dans Durango, Jalisco et Tamaulipas). Quelle est leur origine? sont-ils, comme on l'a prétendu, les enfants abâtardis de la souche arabe? Il n'est pas aisé de trancher la question, car ils offrent à l'observation un mélange de toutes les races connues. Il n'en est pas moins vrai que le cheval mexicain, tel qu'on le voit aujourd'hui, jouit de qualités précieuses. Il vit de peu, supporte les privations et les fatigues avec une étonnante endurance; comme il est très nerveux, il ne manque pas de vélocité.

Sans doute il peut être amélioré par la sélection, mais les tentatives faites n'ont pas toujours été heureuses. Le croisement avec l'anglais américanisé a donné des sujets de taille plus grande, de meilleur aspect, mais moins résistants. On a monté la cavalerie mexicaine sur ces sujets croisés qui ont de l'élégance; auront-ils du fonds? il est permis d'en douter.

Les *mules* (334 000, surtout dans Durango, Jalisco, Zacatecas, Puebla) sont très employées pour le trait, particulièrement pour le service des chemins de fer à traction animale, qui ont quelquefois des inclinaisons de 10 pour 100. Elles seules ont le pied assez sûr pour descendre au galop ces rampes effrayantes.

Les *ânes* (288 000) sont un peu moins nombreux; les trois États de Guanajuato, Zacatecas et Durango sont ceux qui en possèdent le plus.

Depuis quelques années, on a créé des haras, institué des concours, et le Gouvernement, par une loi du mois d'août 1901, vient de prendre des mesures importantes pour assurer la prompte amélioration de la race chevaline. Il permet temporairement l'introduction, libre de droits, des chevaux et juments; il exempte de tous impôts les biens immeubles affectés à l'élevage rationnel; il institue des concours hippiques et assure des prix à ceux qui y présentent de bons élèves. Voilà qui est tailler dans le vif.

L'élevage de la race *caprine* (4 206 000 têtes, surtout dans les États de Oaxaca 916 000, Coahuila 6 150 000, Durango, San Luis Potosi, Zacatecas) se fait surtout dans la région de Puebla; on pourra l'essayer dans toute la région montagneuse, car cette race, très résistante, se contente de peu et prospère là où d'autres dépérissent; certaines haciendas comptent des troupeaux de 200 000 têtes. À l'âge d'un an, chèvres et boucs se répartissent par groupes de mille et sont confiés à des bergers qui, avec leur famille, vont çà et là dans les pâturages, au hasard de la vie nomade. Bêtes et gens se nourrissent des produits spontanés de la terre, l'Indien couchant sous le zarape; pendant deux ans, cette existence continue monotone, et le troupeau grandit. Enfin les animaux ont atteint la croissance voulue et, à un jour fixé longtemps à l'avance, sont ramenés au bercail ou plutôt à la tuerie, car c'est une hécatombe générale qui se prépare, une *matanza*. La scène, — j'allais dire le drame, — se passe dans un vaste enclos; des Indiens vont accomplir la sanglante besogne. Chaque victime est remise à un vigoureux indigène qui la chevauche et d'un mouvement brusque la dresse debout sur ses pattes; au même moment, un autre Indien, le sacrificateur, perce d'un long couteau le cœur de la bête qui tombe foudroyée. Elle est immédiatement dépecée et livrée aux préparateurs divisés en plusieurs escouades, qui sont comme les rouages d'une vaste usine, car il n'est pas rare de voir abattre dix mille chèvres dans une matanza.

En quelques heures, la graisse est mise à part, convertie en suif, empaquetée et portée dans des wagonnets en partance pour les États-Unis ou pour les ports européens. La viande, réduite en *chito*, servira à la consommation locale; les peaux sont l'objet d'une préparation qui dure trois jours, elles constituent le principal bénéfice de l'élevage, car la chèvre blanche du Mexique est recherchée par les pelletiers européens.

La race *ovine* (3 424 000, surtout Zacatecas 826 000, San Luis Potosi, Durango, Puebla) est en progrès grâce aux importations continues d'animaux des plus belles races, particulièrement du bélier américain. Dans le Nord, beaucoup d'haciendas sont consacrées à cet élevage. Le mouton prospère dans ces terrains à herbes courtes que la culture ne touchera jamais à raison de l'extrême sécheresse. Il est telle exploitation, — et l'on peut citer comme la plus importante la Sierra Hermosa, — qui compte jusqu'à un million de têtes. La race est médiocre, on la trouve plus riche vers México dans des domaines de vingt à cinquante mille sujets.

La *race porcine* (616 000, surtout Tepic, Jalisco, Michoacan Guanajuato) est en décadence. Avant l'établissement des chemins de fer on élevait le porc dans beaucoup d'États, et on l'engraissait avec les féverolles et le seigle. Pour sélectionner l'espèce, quelques agriculteurs eurent la malencontreuse idée de faire venir des reproducteurs des États-Unis. Les reproducteurs apportèrent *le rouge*, et l'épizootie, qui se déclara en 1887, balaya en peu de mois toute la gent porcine dans les États du centre. Depuis cette époque, l'élevage du porc est un peu délaissé.

La statistique, dressée en 1902, attribue à l'ensemble du bétail mexicain une valeur totale de 120 millions 1/2 de piastres, dont 13 pour l'État de Jalisco, 8 pour ceux de Michoacan et de Veracruz, 7 1/2 pour ceux de Durango et de Guanajuato, 7 pour Chihuahua, 6 pour Zacatecas et Yucatan, etc.

Le commerce des cuirs et des peaux occupe une place importante dans les tableaux d'exportation. En vingt ans, il a passé de 957 045 piastres à 3 530 435. Cependant on fait encore sécher les peaux au soleil, ce qui leur enlève une partie de leur valeur. Les installations, faites pour assurer un traitement meilleur, coûtent peu et donnent des bénéfices, ils serviront de modèle. Malgré ces défectuosités, le Mexique garde le quatrième rang parmi les pays exportateurs.

VII

L'ALIMENTATION POPULAIRE

Comment se nourrit l'ouvrier agricole au Mexique? La question a son importance.

On peut tout d'abord répondre que l'alimentation est à bas prix et que le règne végétal en est la base.

Au premier rang on doit placer le maïs qui fut longtemps la seule céréale; aujourd'hui, il faut y joindre le blé venu d'Europe et le riz importé d'Asie.

Le pois chiche et le *frijol*, haricot brun très nutritif, sont consommés par l'indigène dans de vastes proportions, mais la plante alimentaire de prédilection, dans les terres chaudes, est la banane qui rend aux pays tropicaux les mêmes services que la pomme de terre aux pays européens.

Quant aux boissons il en est deux que les Mexicains qualifient de « nationales »; le *pulque* et le *mezcal*.

Le maïs a ce précieux avantage de croître dans les trois zones, il constitue la base de l'alimentation mexicaine.

Dans le premier âge, il demande des sarclages, sans lesquels il serait étouffé par les mauvaises herbes; comme les racines de cette céréale sont petites et peu en proportion avec sa taille et son volume, il est nécessaire d'augmenter la solidité du pied en *amontonnant* la terre, opération facile.

Dans les *terres chaudes* et dans certaines régions du versant oriental de la *Sierra Madre*, où il y a beaucoup d'humidité et de chaleur, on arrive exceptionnellement à trois récoltes par année; il n'est pas rare d'en obtenir deux sur les versants du Pacifique.

Grâce à cette production, le Mexique est devenu parfois exportateur de maïs. C'est que nos maigres maïs d'Europe ne ressemblent en rien à ceux qui couvrent ces plaines, hauts, droits et verts, plumets au vent, avec, quelquefois, six cents grains dans un seul épi.

Le maïs est l'objet de préparations qu'on peut varier à l'infini et qui font l'occupation principale des femmes indiennes, mais la forme sous laquelle il est le plus recherché est celle de la *tortilla*, dont tout Mexicain, à quelque classe qu'il appartienne, se montre friand. Le maïs sert à la confection du pain le plus vulgaire et du gâteau le plus raffiné.

Le blé est devenu, depuis quelques années, la seconde céréale comme importance de production. Il réussit fort bien dans la région froide et donne, malgré les méthodes défectueuses de culture, des résultats très rémunérateurs. Son produit moyen est de vingt à trente fois la semence.

Viennent ensuite le haricot et le pois chiche (*garbanzo*) qui sont de première qualité et qu'on exporte. L'orge et le riz occupent un nombre respectable d'hectares.

Les végétaux herbacés sont nombreux; nous ne les énumérerons pas, mais nous devons une place spéciale au bananier. De tous, il est le plus généreux, car à surface égale il produit six fois plus que la pomme de terre d'Europe. On peut dire qu'aucune plante ne rend avec aussi peu de travail une telle quantité de substance; en effet un hectare planté en bananiers nourrit jusqu'à soixante personnes.

Cet arbre est d'un bel aspect. En terre chaude, il croît spontanément; pour toute culture, on le dépouille des feuilles fanées, des branches desséchées, et le fruit sort de la tige, grandit, s'étale : c'est le régime de bananes.

L'arbre croît aisément dans tous les États tropicaux. Une année d'existence et il donne des fruits; chaque plant fournit une grappe qui contient de cent à deux cents bananes.

La culture n'est point compliquée: on sème les rejetons ou *hijos* et on laisse s'écouler une période de seize mois, après laquelle on est assuré de cueillir un fruit à chaque arbuste.

Un terrain de 500 mètres carrés peut produire 2 000 kilogrammes de bananes.

Elles se préparent de cent manières, en achards quand l'écorce est verte, grillées sous la cendre, crues, cuites, assaisonnées, en compote.

La banane fraîche devient depuis quelque temps un article d'exportation. Le Nord-Américain y prend goût; on l'exporte convertie en une farine qui est extrêmement nutritive.

La viande ne joue pas un grand rôle dans la nourriture des travailleurs; sur place, elle se débite à des prix qui la rendent accessible à tous, quoique ces prix aient singulièrement augmenté depuis quelques années. Mais, en revanche, il se fait une énorme consommation de fruits. Inutile de les énumérer; on trouve au Mexique tous les produits pomologiques de l'Ancien et du Nouveau Monde; ils poussent en telle abondance, que ceux-là seuls ont une valeur marchande qui peuvent être utilement livrés au commerce d'exportation.

Nous venons d'indiquer ce que mange l'ouvrier agricole; voyons maintenant ce qu'il boit. Parlons du pulque et du mezcal.

Les Mexicains d'avant la conquête avaient un culte pour le maguey (*agave mexicana*), et jamais produit de la terre ne mérita mieux la reconnaissance d'un peuple. Le guy des Druides n'était qu'un symbole; le maguey est la corne d'abondance d'où l'on peut tirer, sans crainte de l'épuiser jamais et presque sans efforts, la nourriture, la boisson et le vêtement.

L'aspect de cet aloès est mélancolique. Les feuilles atteignent trois mètres de longueur. Épaisses, rigides, ne s'animant même pas au souffle du vent, elles donnent au paysage une teinte sombre, une apparence sépulcrale.

Les indigènes de certaines régions ont longtemps vécu et vivent encore du maguey ou *agave*, dont les variétés sont nombreuses et les propriétés très différentes, suivant les espèces. De son suc ils tirent le *pulque*, qui est la boisson nationale; de ses racines, une substance nourrissante, d'un goût agréable, connue sous le nom de *corazon*. Ils tissent avec la fibre une étoffe résistante et assez souple; avec les feuilles soumises à un broyage persistant, on fabriquait le papier sur lequel sont écrits les manuscrits aztèques. Le savon indigène, connu sous le nom d'*amote*, vient encore d'un agave. Il n'est pas jusqu'aux dards aigus des feuilles qui ne soient utilisables; ils servent de fibules, d'ardillons et d'aiguilles.

De nos jours, l'agave, qu'il soit à l'état sauvage ou cultivé, est employé à la fabrication du pulque dont la consommation locale est de cinq millions d'hectolitres par an.

Tous les peuples ont leur boisson fermentée : les Chinois la demandent au riz, les Allemands fabriquent leur bière avec l'orge et le houblon, la vigne envahit peu à peu les deux hémisphères. Seul le Musulman échappe à cet appétit qui semble un besoin de nature, mais il remplace l'alcool par le café qui lui donne une excitation analogue. Le Mexicain a le pulque qu'il préfère au vin, à la bière et au café, le pulque qui figure dans tous les débits de la capitale et dans les tavernes du plus petit village de la partie centrale du pays, notamment dans les États d'Hidalgo, de Puebla, de México et dans le District fédéral.

On comprend qu'avec une consommation aussi étendue, il ait fallu pratiquer en grand la culture du maguey; aussi s'est-elle multipliée sur les hauts plateaux, où la plante pousse drue et puissante dans des terrains infertiles en apparence.

Pour faire un *magueyal* en vue de la production du pulque, on emploie l'*agave salmiana* ou *atrovirens;* on en plante des rejetons sur un vaste espace, en ayant soin de laisser entre chaque rangée un intervalle de 3 ou 4 mètres. Les feuilles grandissent lentement, et la plaine, que rien ne trouble, va garder pendant huit ou dix ans son aspect de nécropole. Cette période est nécessaire au maguey pour arriver à la fructification. Elle s'annonce subitement par l'éclosion d'une hampe dont la hauteur atteint rapidement 6 mètres et qui se termine par une magnifique couronne de fleurs qui forment comme un calice d'or.

Ainsi que la plante, l'indigène se réveille, le moment du sacrifice est venu. Il n'attend pas que la hampe ait entièrement jailli de la racine, il s'attaque au cœur et pratique une large coupure, puis il creuse une cavité d'un demi-mètre de profondeur dans laquelle vient se déposer le suc des feuilles.

L'aloès blessé donne en effet toutes les réserves accumulées pendant sa longue gestation. Chaque jour, souvent même deux fois par jour, des ouvriers viennent recueillir le précieux liquide (*aguamiel*). Placé dans des outres, porté à l'usine, il est soumis pendant une semaine à une série de fermentations, et c'est en pleine fermentation que le produit se consomme.

Un pied de maguey peut fournir jusqu'à six litres de suc, pendant deux et même trois mois. Le rendement en pulque étant sensiblement égal à la quantité de jus recueillie, on peut dire qu'on retire d'un aloès en moyenne cinq hectolitres de liqueur.

Après ces incisions et ce travail de suppuration végétale à outrance, le maguey épuisé est frappé à mort; mais comme témoignage de sa vigueur d'antan, il laisse de nombreux rejetons prêts à prendre sa place.

Le pulque affecte une couleur blanchâtre, son goût se rapproche de celui du cidre, avec une pointe sulfhydrique tout à fait spéciale. S'il est recherché par les indigènes, les étrangers ne s'en accommodent pas aisément. Au surplus, ce breuvage ne peut être consommé que dans un rayon assez rapproché des haciendas où on le fabrique, car il se corrompt presque aussi vite que le lait. Tous les jours un train spécial part d'Orizaba (*el tren del pulque*) et apporte à México le produit des exploitations. On a beaucoup cherché les moyens de vaincre les ferments du pulque et d'assurer sa conservation; la chimie jusqu'ici est restée impuissante.

La fabrication et la vente du pulque ont été la source d'énormes fortunes; les haciendas de maguey de pulque sont au nombre de 158; on en compte 102 dans l'État d'Hidalgo, 32 dans celui de Puebla, 17 dans l'État de México et dans le District fédéral 7; plus d'un riche propriétaire est intéressé dans la taverne où l'on vend la boisson nationale et qui prend le nom de *pulqueria*.

México compte actuellement neuf cent cinquante débits de pulque, dont quelques-uns méritent d'être visités. Les artistes mexicains les décorent parfois d'anacréontiques allégories, mais ils semblent avoir une prédilection pour les sujets héroïques; la bataille de Pharsale fait pendant à l'entrée des Croisés dans Jérusalem; on y célèbre les épisodes glorieux de la guerre de l'Indépendance, et comme le chauvinisme est de toutes les latitudes, on y montre un régiment français fuyant devant une *guerilla* mexicaine.

La *pulqueria* est à México ce qu'est le débit de vins à Paris, l'estaminet à Bruxelles et le *bar* à New York. On y cause, on y fume des cigarettes, on y joue, on s'y querelle aussi parfois, car le pulque coûte 15 centimes le litre, et un homme vigoureux peut difficilement supporter une bouteille de cet alcool qui donne une lourde et troublante ivresse.

La valeur du pulque comme boisson hygiénique est en ce moment très contestée, mais cela tient surtout à son mode de préparation. Un savant distingué, le docteur Antonio Carbajal, inspecteur sanitaire du Conseil supérieur de salubrité, vient de publier une fort intéressante étude dans laquelle il démontre que le pulque, tel qu'il est actuellement fabriqué, contient de nombreux germes nuisibles à la santé. Il estime que pour les faire disparaître il faudrait modifier cette industrie dans un sens plus conforme à l'hygiène.

Si les commissaires de l'Exposition n'ont pu offrir du pulque aux visiteurs, en revanche, ils leur ont fait connaître le *mezcal*, qui est encore le produit d'un aloès, mais plus petit et dont le jus est moins sucré.

Le mezcal est un alcool; le maguey sur lequel on le recueille (*aloes sylvestre* ou bien encore *agave tequilana*) pousse principalement dans le nord-ouest, et l'on peut citer comme centres de production, Jalisco et la Sonora.

Dans la Sonora, on ne prend pas la peine de le cultiver. Les indigènes apportent le maguey au distillateur, qui fait le travail sur place. Il ne conserve de la plante que le cœur (*corazon*) qu'il fait cuire. Le jus et le marc fermentent ensemble, et le tout est distillé dans un alambic.

Il en résulte un produit inférieur qui vaut de douze à quinze centavos par litre.

Comme la plante pousse dans tous les terrains, même les plus récalcitrants, il est peu de rancheros ou de propriétaires qui n'aient leur champ de maguey où ils distillent, dans un appareil primitif, le mezcal destiné à la consommation familiale. Ainsi que la France, le Mexique a ses bouilleurs de crû.

Dans l'État de Jalisco, le maguey-mezcal est cultivé méthodiquement dans 45 haciendas. La liqueur obtenue est d'une très bonne qualité. Cette fabrication a fait la fortune de la petite ville de Tequila. On compte sur le district plus de soixante millions de pieds qui fournissent chaque année environ 75 000 hectolitres d'une marque particulièrement recherchée ; car si nos Charentes sont fières de leurs eaux-de-vie de Cognac, l'État de Jalisco né l'est pas moins de son *mezcal de Tequila*.

La fabrication diffère de celle du pulque. Le cœur du maguey cuit pendant vingt-quatre heures dans des fours avant d'être soumis à une forte compression, la fermentation dure une semaine ; il ne reste qu'à le distiller dans de bons appareils, et ceux qu'on emploie à Tequila sont très perfectionnés. Nous ne voulons pas entrer ici dans le détail de cette fabrication assez compliquée ; elle comporte quatre opérations distinctes, la torréfaction, le malaxage, la fermentation et la distillation.

Le mezcal se conserve indéfiniment et supporte fort bien le transport. Le succès qu'il a obtenu à l'Exposition universelle de 1900 permet d'espérer qu'il deviendra article d'exportation, surtout si on parvient à le débarrasser de la saveur empyreumatique qui le caractérise. En attendant, il reste une liqueur exclusivement mexicaine dont les gens du peuple font un usage immodéré.

On distille enfin le fruit des palmiers, la figue indienne, le maïs, l'orge ; en terre chaude, on boit plus spécialement l'*aguardiente*, eau-de-vie de canne à sucre, et la *chicha*, mélange d'eau d'orge, de pâte de maïs et d'ananas.

Quelques distillateurs fondent, dans la région de Jalisco, une industrie nouvelle : ils prétendent utiliser le *mezquite,* arbre qui servait uniquement de combustible et qui est très abondant. Ils en retirent un alcool dont le prix de revient est très minime.

Dans plusieurs États, on fait du vin passable, et dans nombre de villes se sont établies de puissantes brasseries qui produisent une bière excellente ; mais ni le vin ni la bière ne servent à l'alimentation de l'ouvrier agricole.

VIII

L'AGRICULTURE ET LES MORMONS

De toutes les colonies étrangères qui se sont établies en pays mexicain, les plus prospères sont celles des Mormons. Méthodiquement, ils s'infiltrent, par le nord, dans le Chihuahua et la Sonora. Leur invasion pacifique est encouragée.

Les Mormons sont de merveilleux défricheurs de terre, ils ont fait leurs preuves dans l'Utah, un désert, par eux transformé en oasis.

Nous n'avons pas à rechercher ici pourquoi les États-Unis, pays classique de toutes les libertés, se sont montrés si sévères pour les adeptes de Joë Smith. Leur attitude s'explique par des motifs d'ordre social et d'ordre politique. Au Mexique, le vent souffle à la tolérance en matière religieuse; au surplus, le Gouvernement fédéral ne veut voir dans les nouveaux venus que des ruches richement peuplées qui viennent essaimer sur son territoire et lui apporter l'accroissement de population auquel il aspire. La question de natalité domine toutes les autres, or *les saints des derniers jours* ne laissent rien à désirer sous ce rapport; ils croissent et multiplient suivant la Bible, et élèvent des enfants qui seront certainement de bons laboureurs.

La polygamie n'en reste pas moins un cas pendable, et la loi pénale la frappe sévèrement. Mais qu'importe, puisque, depuis 1891, le *Grand Conseil* lui-même l'a réprouvée! Elle disparaîtra donc peu à peu des mœurs mormones; en attendant, la magistrature fermera les yeux, et tout porte à croire que peu de bigames auront à comparaître devant les tribunaux criminels.

Le premier essai d'établissement eut lieu à Piedras Verdes. Une petite colonie y fut fondée en 1886; elle prospéra et permit aux évêques d'étudier la région en vue de l'immigration qui entrait dans leurs desseins. Quelques années après, six cents familles venaient, comme les Hébreux cherchant la terre promise, mettre en valeur un immense territoire à Boca Grande.

Jamais colons ne trouvèrent plus de facilités et d'encouragements : exemption du service militaire; exemption des contributions, à part les minimes charges fédérales; exemption des droits d'importation sur les instruments de labour, les machines, les animaux de service et de reproduction; primes pour les grands travaux, voilà une série d'immunités bien faites pour attirer l'étranger et le retenir. Ce n'est pas tout : des terrains leur sont concédés, tantôt à titre gratuit, tantôt à des prix très faibles, avec d'extrêmes facilités de paiement.

Les premiers Mormons immigrants reçurent à titre de don 50 000 hectares dans le Chihuahua. Ils comptent aujourd'hui huit colonies agricoles, et d'autres encore sont en voie de formation.

Les groupes mormons proviennent des États-Unis où les terres se font rares. Ils arrivent par escouades composées d'agriculteurs et d'ouvriers appartenant à tous les corps de métier. Des prospecteurs les ont précédés, car ils ne marchent pas au hasard. Leur territoire est d'avance délimité, et ils entrent de suite en possession. La brousse et la forêt se transforment rapidement sous leur activité. En quelques jours, un champ est défriché, ensemencé de maïs, entouré d'une palissade; le bétail est enfermé dans un vaste enclos où il trouve des graminées en abondance. Maïs et bétail, c'est le patrimoine de tous, c'est aussi la vie matérielle assurée. Puis chacun plante sa tente ou construit sa hutte dans une terre qui devient sa propriété privée; bientôt la ville s'édifiera plus solide, sur plan soigneusement dressé, car sans perdre de temps, maçons, charpentiers, serruriers commencent leur œuvre. On y trouve des fabriques et des magasins, mais on y chercherait vainement un « bar », une cantine ou un débit de tabac.

Dans la colonie, tout le monde travaille de ses mains, c'est la loi de Dieu, en même temps la loi civile. Évêques et prêtres poussent la charrue : « Nous prêchons le dimanche par la parole, disent-ils, dans la semaine par l'exemple. » On comprend la somme d'efforts que peut donner une société ayant pour devise : « Qui travaille prie », et qui fait de ce précepte le premier article de sa foi ardente. Le succès, il faut le reconnaître, couronne partout leur constance. Chacune de ces colonies, dont la plus ancienne compte seize ans à peine, prépare des colonies nouvelles qui iront s'établir pleines de sève, au bas de la Sierra Madre, mère des grands arbres et des sources fécondes.

L'administration mormone est régulière comme celle d'une maison de commerce. Chacun a une tâche assignée et fait connaître en fin d'année son bilan. Les parts de bénéfice sont minutieusement réglées.

Il y a dans la colonie « Juarez » une société d'agriculture où l'on expérimente les méthodes nouvelles. Une école assure l'enseignement primaire à l'aide d'instituteurs et d'institutrices, qui ont pour mission spéciale de préparer la jeunesse à l'amour de la terre.

Toutes les colonies sont organisées sur le même modèle et donnent des rendements à peu près semblabes. Suivant la disposition des lieux et les aptitudes du sol, chacune d'elles se livre plus particulièrement, soit à l'élevage, soit aux cultures industrielles, soit à la transformation des matières premières en produits fabriqués.

L'organisation de ces phalanstères ne procède point du communisme, quoiqu'on l'ait souvent écrit. Le territoire tout entier est bien déclaré *propriété du Seigneur*, mais c'est une simple formule comme on en trouve un si grand nombre dans le patois de Chanaan. Il y a bien des pâturages communs, certains tènements sont ensemencés, récoltés, consommés ou vendus au bénéfice de la communauté ; cette jouissance *ut universi* n'empêche pas le colon d'avoir quelques hectares à lui, bien à lui, qu'il exploite à sa guise et dont le profit lui appartient. L'émulation, le sentiment de la propriété ne sont donc pas exclus du phalanstère mormon ; l'effort individuel n'est pas étouffé sous l'effort collectif.

J'ai évité de parler de la morale de cette étrange secte et des dangers qu'elle présente pour l'état social d'un peuple. Confiné dans mon sujet, je dois constater que les disciples de Joé Smith sont des agriculteurs de premier ordre, que dans leurs villages on ne connaît pas d'indigents et qu'une voix autorisée a pu dire d'eux : « Ce sont les plus laborieux d'entre les hommes. »

IX

LE RÈGNE VÉGÉTAL

Nous ne tenterons pas d'énumérer ici les produits du règne végétal au Mexique, autant vaudrait entreprendre d'écrire un traité de botanique pour les deux hémisphères. Une classification scientifique serait aussi par trop longue, et d'ailleurs n'apprendrait rien sur la situation agricole de la République mexicaine au commencement du xxe siècle.

Notre but, dans ce chapitre, est de faire connaître les principaux produits de la terre, de les classer suivant leur utilité et surtout suivant le rang qu'ils occupent dans l'exportation qui est le véritable *criterium* de la richesse.

Une constatation nous frappe dans le tableau que nous essayons de tracer ; il y a une étrange disproportion entre les possibilités productives et la consommation locale. Le sol en effet peut rendre bien plus qu'il n'est besoin pour nourrir les habitants, et les débouchés au dehors ne sont jamais régulièrement assurés. On en peut dire autant de toutes les contrées sud-américaines. Partant de là, certains économistes s'élèvent contre les entreprises coloniales et cherchent à en détourner les capitaux. A quoi sert, disent-ils, de fertiliser les montagnes et les plaines, si la matière première n'est pas demandée par le commerce et assurée d'un marché permanent ? Et sérieusement, ils engagent le Mexique à limiter son effort, à restreindre sa fécondité. C'est, on le voit, le système de Malthus appliqué à la terre.

Ces médecins d'un nouveau genre ont donné un nom à la maladie qu'ils prétendent traiter et guérir, ils l'appellent *surproduction*. Le mot est d'un français douteux ; mais, circonstance plus grave, il sert à rendre une idée étroite et fausse.

Il n'y aura jamais trop de production dans un pays où les exportations, suivant une marche ascendante et régulière, ont augmenté de cent pour cent dans les quatre dernières années du XIXᵉ siècle; par expérience acquise, le passé lui répond de l'avenir. Les textiles, le bétail, le café, le tabac ont des débouchés sans limites, et pour assurer la vente des innombrables végétaux utiles qui sont dans le même cas, il suffit d'en affiner la qualité par des procédés rationnels et du travail, au lieu de s'en remettre paresseusement à la nature. Sans doute, il se perd quantités de graminées, de légumes, de fruits; sans doute les forêts et la lande regorgent de richesses inconnues ou délaissées. Propriétaires et indigènes ont pu manquer d'activité, d'intelligence et surtout de capitaux. Ce qu'une génération n'a pas fait, une autre le fera grâce à cette terre inépuisable et à la confiance que donne le succès.

Que, sur un point du globe, il y ait pléthore de matières premières et encombrement du marché, cela se voit tous les jours; mais sur un autre point la pénurie se constate. Dès lors un équilibre favorable aux deux parties doit rapidement se produire, grâce aux modes de transport qui, par leur rapidité et leur bon marché, ont vaincu les distances. Il n'est pas de contrée trop riche tant qu'il existe des pays déshérités, pas de surabondance, quand à côté il y a privation. La surproduction dont on médit est la condition essentielle du commerce, puisque, sans elle, l'exportation serait impraticable. La solidarité humaine ne nous fait-elle pas un devoir de bénir les greniers remplis, en pensant aux greniers restés vides! Si l'on peut faire un reproche à la richesse, ce n'est pas d'être exagérée, mais d'être souvent mal répartie.

I. — Fibres et Textiles.

Depuis près de quatre cents ans, industriels et explorateurs parcourent le pays qui fut la Nouvelle-Espagne pour lui arracher, outre ses métaux précieux, ses plantes, ses fruits et ses fleurs. Il semble que le sol ait dû, dès longtemps, leur livrer tous ses trésors.

Il en restait un cependant, mais d'apparence si humble que personne ne soupçonnait sa valeur. Le hasard l'a fait découvrir, je veux parler du *hennequen* (*agave saxi*).

Au sein d'une des régions les plus chaudes, le Yucatan, sur un sol volcanique, aride, souvent dénué de terre végétale, pousse cette plante étrange qui s'accroche aux rochers comme si elle cherchait un point d'appui contre les tempêtes, et qui semble ne demander qu'à l'air sa nourriture. Les feuilles du hennequen sont d'un vert pâle; elles mesurent près de deux mètres de longueur sur une largeur d'environ quinze centimètres, et contiennent une fibre ou filasse très résistante, plus fine que le chanvre, qui ne durcit point à l'air, que l'humidité ne pourrit point, et qui supporte, sans geler jamais, les froids du pôle nord.

Il y a un demi-siècle, le hennequen n'était encore connu que des naturalistes qui l'avaient classé sous le nom *d'agave americana*. Les indigènes du Yucatan s'en servaient cependant de temps immémorial pour tresser des cordes et des hamacs. Quelques-uns de ces objets, transportés sur des navires américains, furent remarqués pour leur finesse et leur éclat. Des maisons de New York achetèrent de la filasse et l'essayèrent à divers usages. Bientôt on l'employa à la fabrication des agrès de navires, on en fit des sacs, des stores, des tissus, des tapis.

La plante longtemps dédaignée était déjà classée comme marchandise lorsque les producteurs de blé du nord-ouest américain imaginèrent de s'en servir pour lier leurs gerbes. A partir de ce moment la consommation fut triplée. C'était la fortune pour la presqu'île de Yucatan. Les commandes prirent une si rapide extension qu'après avoir épuisé les champs de hennequen à l'état sauvage, il fallut le mettre en culture, si tant est que ce mot convienne pour une si facile exploitation.

Le hennequen ne demande rien au sol, rien que de l'aridité, et les terres stériles ne manquent pas dans cette région. Voici comment on le traite. On creuse de distance en distance des trous dans le roc et on y dépose la bulbe d'un drageon qu'on entoure de cailloux. Puis on laisse agir la nature, en ayant soin toutefois, après la saison des pluies, de le débarrasser des herbes qui pourraient l'étouffer.

Au bout de cinq ans, les feuilles ont atteint la croissance normale; on les coupe pour en extraire la fibre, et il en pousse de nouvelles pendant une période de temps assez longue et qui varie de huit à vingt années.

Aujourd'hui le hennequen du Yucatan est dirigé vers tous les grands centres de consommation nord-américains : New York, New Orléans, Baltimore, Philadelphie, Saint-Louis, San Francisco... Il n'est pas moins employé en Europe. Dans la péninsule, où s'est concentrée la production, quatre cents haciendas sont consacrées à sa culture, grâce à laquelle des fortunes prodigieuses se sont édifiées. La plantation de Ticilche, près de Merida, produit environ 1000 balles, soit 375 000 livres de fibre raffinée par mois. Le développement a été tel que des lieux de production au port de Progreso, par où on exporte, deux lignes ferrées ont été construites, toutes deux du plus fructueux rendement. De 1880 à 1902, il a été exporté par Progreso 6 872 429 balles de hennequen, représentant un poids de 1 116 006 232 kilogrammes et une valeur de 185 937 955 piastres. L'année la plus faible, 1880, donne à la statistique 112 911 balles ; 1901 avait été l'année de la plus forte exportation, avec 517 519 balles.

En 1880, le prix moyen du hennequen était de 9 *centavos* le kilogramme, mais il s'est progressivement élevé ; en 1901, il était coté à 27 *centavos*, pour arriver à 30 *centavos* en 1902.

Des essais ont été tentés pour introduire la culture du hennequen dans différents États de la République. Les grands propriétaires, alléchés par les bénéfices réalisés avec cette fibre dans le Yucatan, n'ont rien négligé pour arriver à de bons résultats. Déjà, les nouvelles plantations faites sur différents points de l'État de Jalisco ont donné d'heureuses récoltes. On a donc des raisons d'espérer que le hennequen contribuera à la prospérité des régions baignées par le Pacifique.

Le Mexique compte bien d'autres plantes à fibres.

Le *zacaton* (chiendent) a été longtemps considéré comme une mauvaise herbe dont il fallait expurger les terres. Par un singulier retour, sa racine est maintenant très recherchée pour la fabrication des balais et des brosses. Le zacaton pousse en zone froide, dans les sols les plus ingrats. L'exploitant n'a qu'à arracher la plante, à l'emballer et à l'expédier. La vente est facile, et nous pouvons citer un Français qui, sur le versant du Popocatepetl, a établi un rancho de zacaton où il occupe cinq cents ouvriers.

L'*ixtle,* production du maguey manso, et le *lechuguilla* servent à confectionner les toiles grossières, les sacs, les cordes.

Enfin on pourrait énumérer bien d'autres espèces de magueys, d'une fibre aussi fine et aussi résistante, qui, à un certain moment de leur croissance, donnent une matière propre au tissage; on les emploie aussi à faire du crin végétal, du papier, et les Indiens se servent de leurs feuilles pour couvrir les toits de leurs habitations.

Étranges végétaux que ces aloès aux propriétés si multiples! Ils croissent à l'état sauvage en Amérique et en Afrique, et presque partout ils restent sans emploi. Cependant on en tire à peu de frais des fibres autrement solides que le lin et le chanvre aux cultures coûteuses. L'avenir leur réserve peut-être une destinée aussi brillante que celle du hennequen du Mexique.

Il est un produit textile qui ne donne pas les résultats sur lesquels on avait quelque droit de compter, le *coton* qui occupe une place par trop modeste dans la liste des objets exportés. Culture déchue, car les Mexicains des premiers siècles tissaient leurs vêtements et leur linge avec ce textile. En 1750, le Mexique fournissait à l'Europe plus de coton que les États-Unis d'Amérique, et il était si abondant qu'au marché de la Veracruz on le vendait 30 fr. 0/0 au-dessous des produits similaires de l'Amérique du Nord. Les temps sont bien changés.

Et cependant la supériorité du coton mexicain sur le coton américain est un fait hors de doute : on ne l'ignore pas sur les marchés spéciaux, et les prix que nous relevons en étudiant les statistiques de l'Amérique et de l'Europe en sont la preuve palpable. Entre tous ces produits, le coton du district d'Acapulco est le plus recherché.

Dans la zone du golfe du Mexique, l'État de Veracruz est celui où les terres propres à cette culture abondent le plus. Sur le versant du Pacifique, elle comprend tout le littoral. Les États de Jalisco, Michoacan, Oaxaca, Durango et Coahahuila, sont très favorisés par la nature de leur sol.

Malheureusement les procédés de culture sont déplorables, et longtemps la difficulté des transports a empêché toute exportation.

Cet obstacle a enfin disparu, et les propriétaires ont rénové leurs méthodes culturales, non sans succès. Tout récemment, des terres ont été mises en valeur dans le nord de la République ; en quelques années, les prix de vente des domaines en exploitation cotonnière ont triplé. La petite bourgade de Torreon, qui est le centre du marché, est devenue une ville importante dans une période de moins de dix ans.

Les haciendas destinées à la production du coton sont actuellement au nombre de 108, dont 60 dans l'État de Coahuila, 23 dans celui de Veracruz et 15 dans le Guerrero.

Gardons-nous, dans cette nomenclature, d'oublier la *ramie* (*urtica nivea*) dont la fibre brillante et soyeuse ne le cède à aucune autre comme résistance. Elle remplace le coton, le lin et le chanvre. Elle se prête à la fabrication du linge de table, des draps, des mouchoirs, de la bonneterie, de la cordellerie ; on la mêle même à la laine pour le tissu des mérinos.

Rien n'est plus facile que de cultiver la ramie qui est persistante et donne des récoltes pendant plusieurs années. Avec l'âge, la fibre gagne en finesse et en résistance. On en fait trois coupes annuelles. Les conditions climatériques sont excellentes pour cette plante qui se plait dans les terres des vallées riches en humus.

Le Ministère du *Fomento*, qui comprend le bel avenir réservé à la ramie, a démontré, par des calculs certains, qu'elle sera pour les capitalistes une source de gros bénéfices. Des sacrifices ont été faits, d'excellents résultats obtenus dans les États de Puebla, de Sonora, et de Veracruz. Ils serviront d'exemple et d'encouragement.

La *pita* donne une fibre qui se rapproche de la ramie sans avoir son brillant éclat. On s'en sert pour fabriquer des cordages justement recherchés ; ils présentent en effet une force bien supérieure à celle du chanvre, et les variations atmosphériques n'ont aucune prise sur eux.

Il est difficile de ne pas parler du *caoutchouc*, dans ce chapitre consacré aux textiles. Bien avant qu'il ne fût révélé à l'Europe, les Mexicains s'en servaient pour confectionner leurs vêtements et leurs chaussures ; la gomme qu'ils retiraient des *ficus*, sous le nom de *hulequahuit*, n'avait pas d'autre usage.

L'ancien continent a connu le caoutchouc par un Français. En 1736, le savant La Condamine, délégué à Quito en mission géologique, rapporta à l'Académie des Sciences des échantillons d'une substance innomée qu'il qualifia de « noirâtre et résineuse ». Il ne se doutait pas de la valeur de sa découverte, et il a fallu des années pour qu'on en comprit l'importance. Tout d'abord le caoutchouc fut présenté au public sous la forme d'un modeste instrument de bureau destiné à effacer le crayon, puis on en fit des jarretières et des bretelles. Il y avait loin de ces maigres utilisations au caoutchouc vulcanisé et durci, employé aujourd'hui dans la grande industrie.

La production annuelle de cette gomme dans le monde est d'environ 57 000 tonnes sur lesquelles le Mexique en fournit 2 250 seulement. C'est bien peu pour une région où poussent tous les ficus connus et notamment le *castilloa elastica* dont les produits font prime.

Malheureusement, il y a très peu d'exploitations régulières. On récolte le caoutchouc dans les forêts, au hasard des recherches, et on sacrifie l'arbre en pratiquant sur le tronc des incisions barbares qui le frappent à mort. Ce n'est pas une culture, c'est une dévastation.

Des renseignements fournis par le Ministère du *Fomento*, il résulte qu'une plantation caoutchoutière bien conduite enrichit toujours celui qui l'entreprend. Depuis quelques années, les colons des terres chaudes se sont mis en mesure de répondre aux demandes toujours croissantes de l'industrie; en cela ils ne courent aucun risque, car les 2 250 tonnes du Mexique ne suffiraient même pas aux besoins de la fabrication des automobiles en France.

II. — Le Café.

Le café tient le second rang dans le tableau des exportations. En 1878, il y figurait pour 1 242 041 piastres; en 1900, il arrive à 10 898 678; la progression est rapide et constante; toutefois, ce chiffre semble mesquin quand on le compare aux envois du Brésil, du Venezuela ou de Haïti, qui livrent cependant à la consommation européenne des grains de qualité relativement inférieure. Le succès des cafés mexicains ira toujours croissant; partout où on les connaît, on leur fait accueil. Les grains de *Colima* et de *Tepic* sont assimilés comme saveur à ceux de Moka; ceux de Córdoba ont eu en Europe leurs jours de vogue; *Orizaba*, *Jalapa*, *Veracruz*, *Tabasco*, *Chiapas*, sont très haut cotés au Havre et à Hambourg. Si le commerce leur rend justice, il n'en est pas encore de même des consommateurs qui recherchent avant tout les renommées acquises, sans savoir si les pays dont ils réclament exclusivement les produits sont en état de fournir aux demandes de leur clientèle.

Le café mexicain ne se vend donc pas toujours sous son véritable nom. Les commissionnaires lui attribuent les origines des crus les plus en faveur. Souvent même ils n'ont pas à prendre ce souci, car les planteurs, dans le travail qui suit la décortication, classent volontiers les grains par grosseur et par qualité, puis les baptisent *Moka*, *Martinique* ou *Bourbon*. L'acheteur veut être trompé; il l'est, mais ajoutons que, dans l'espèce, il n'en est pas plus mal servi.

Le Mexique compte 321 grandes plantations de café ainsi réparties : 98 dans l'État de Veracruz, 42 dans celui d'Oaxaca et 181 dans le Chiapas. La production dépasse trente millions de kilogrammes. Elle pourrait être portée au décuple, car le caféier pousse en terre chaude et en terre tempérée, du niveau de la mer à 1 600 mètres d'altitude. Il peut donc être cultivé sur un immense territoire; néanmoins la zone tempérée paraît donner les produits les plus rémunérateurs, d'où cet adage qui a cours en pays américain : « Le café se plaît là où l'Européen se plaît lui-même. »

Le caféier a besoin d'un abri, d'un tuteur; on le plante généralement sous l'égide du bananier qui lui donne l'ombre indispensable et favorise sa croissance. Un plant entre en rapport à la quatrième année et vit un quart de siècle; son rendement varie, suivant l'âge et l'espèce, de 500 à 2 500 grammes. La culture est facile, mais le vrai travail commence après la récolte de la *cerise* ou *gangue* qui enveloppe les grains. Il faut les dépouiller de la pulpe, de la gomme, du parchemin. (Dépulpage, fermentation, décorticage.)

Ces opérations étaient longues et difficiles quand on les confiait aux Indiens; ils sont avantageusement remplacés par des machines, et les trois cent quatre-vingts exploitations aujourd'hui en activité ont à peu près abandonné le mode de traitement primitif.

La culture du caféier donne en général de beaux bénéfices, et les planteurs heureux se comptent par centaines. Cela tient surtout à ce que les qualités, grâce au terrain et au climat, sont supérieures; supériorité incontestable, puisque le prix des cafés mexicains n'a pas subi autant que d'autres les fluctuations de la baisse générale. Le colon peut donc réussir aisément, s'il s'établit en pays neuf; mais il faut attendre pendant quatre ans la première récolte, ce qui exige des capitaux de réserve. Il importe aussi de s'assurer des bras pour le travail de préparation, et c'est malheureusement ce qui manque le plus. L'Indien n'est pas toujours disposé à ce labeur sans lendemain, et il ne faut point oublier qu'au Brésil, pays producteur de café par excellence, on fait venir chaque année, à travers les mers, des ouvriers d'Italie pour la cueillette, ce qui augmente singulièrement les frais.

Il n'y a point à s'inquiéter des débouchés, puisque la consommation du café, que la médecine a classé parmi les aliments de réserve, augmente sensiblement.

Il a en effet triomphé de toutes les critiques, de tous les préjugés. Mme de Sévigné n'a donc pas fait école; par contre, Voltaire a prouvé expérimentalement la valeur du café comme stimulant de la pensée, et tous les travailleurs de l'esprit semblent avoir pris modèle sur lui. Citons, entre autres, Balzac qui le recommande spécialement aux écrivains et aux artistes : « aux illustres chandelles humaines qui se consument par la tête ».

III. — Le Tabac.

Comme si ce n'était point assez de ses besoins réels, l'homme se crée des besoins factices. Non content de demander aux liqueurs fermentées une activité vitale plus intense, il cherche, pour son usage ou son plaisir, des plantes, des gommes, des produits naturels ou fabriqués qui lui procurent une griserie passagère, une quiétude voisine de l'oubli, un sommeil peuplé de songes et de chimères. Le Péruvien a la coca, l'Asiatique fume le chanvre et l'opium, l'Indou et le Malais mâchent le bétel, mais il est une plante qui bientôt sera répandue dans les cinq parties du monde, et sur l'autel de laquelle tous les peuples sacrifient déjà : c'est le tabac.

Le Mexique fut-il son berceau, comme on l'a prétendu? Peut-être... Il y est cultivé de temps immémorial, car on prisait et on fumait à la cour de Moctezuma. Les Caciques ont été les initiateurs des Espagnols, et ceux-ci ont importé en Europe la plante qui devait réunir tant de fidèles, malgré ses détracteurs.

Pendant toute la période qui suivit la conquête, jusqu'au milieu du siècle dernier, le tabac était cultivé exclusivement en vue de la consommation locale. Les petits propriétaires, parmi lesquels on comptait grand nombre d'Indiens, ne prenaient pas grand soin de leurs plantations, ils les laissaient vivre et se laissaient vivre eux-mêmes. Pour éviter le travail de manutention, le seul qui soit véritablement pénible, ils vendaient les feuilles à des entrepreneurs qui les traitaient dans des usines spéciales et les livraient au public sous la forme de tabac, de cigarettes ou de cigares. A ces fabricants revenaient les gros bénéfices.

L'insurrection cubaine de 1868 a été le point de départ d'une ère nouvelle. Les exilés vinrent s'établir avec leurs familles aux États-Unis mexicains. Ils y achetèrent à très bas prix des terres propices à leur culture favorite, et construisirent à pied d'œuvre des manufactures assez bien outillées. L'exemple fut suivi par des Américains et surtout par des Français, qui apportèrent avec eux les perfectionnements scientifiques de leur régie nationale.

L'industrie nouvelle ne pouvait vivre qu'à la condition de franchir les étroites limites de la clientèle indigène. Elle réussit assez rapidement à s'ouvrir des débouchés, aux États-Unis d'abord, puis en Europe. Les circonstances étaient singulièrement favorables.

En effet, les planteurs de Manille et de la Havane ont réalisé de grosses fortunes, mais en recourant à des moyens intensifs qui ont rapidement appauvri le sol. Chaque récolte lui enlève une partie de ses réserves; la quantité diminue et le produit perd de son arome. Par contre, les États mexicains de Veracruz, Tabasco, Oaxaca, Chiapas, Tamaulipas, Guerrero, Michoacan, Colima, produisent des tabacs excellents. La plante ne vient pas seulement dans quelques vallons privilégiés, elle peut prospérer sur des millions d'hectares qu'il suffit de défricher pour en faire des terres de grand rapport. On peut donc dire que Cuba vit sur son passé et que le grand marché reviendra bientôt au Mexique.

Le succès du tabac mexicain est dû à sa couleur et à son arome. Je n'ose pas le comparer au *Vuelta Abajo,* pour lequel tout fumeur délicat professe un culte traditionnel ; mais, cette concession faite, je crois qu'il ne le cède à aucune des marques en renom. Les Cubains en savent bien quelque chose, eux qui, se trouvant dans l'impossibilité de suffire aux demandes, viennent faire leur approvisionnement au Mexique, et vendent très cher aux snobs des États-Unis et d'Europe des produits mélangés dont ils affirment bien haut l'origine havanaise.

L'objectif du planteur victime de ce malhonnête démarquage est d'entrer en relations directes avec l'acheteur, et de vendre le tabac sous son nom d'origine. C'est une ambition bien légitime ; elle sera rapidement satisfaite, car le San Andrès, le Tuxtela, le Huimanguillo, le Acayucan, le Valle Nacional sont des crus dès à présent connus et haut cotés. Sans doute, on leur préférera longtemps encore le Vuelta Abajo que l'on fumera avec conviction alors que le dernier pied aura disparu.

Le tabac est une plante d'entretien assez facile ; elle offre au colon de grande, de moyenne et même de petite culture, des perspectives brillantes et, mérite précieux, elle rapporte dès la première année. Pour prouver la prospérité de ce beau fleuron de la couronne végétale, il nous suffira de mettre en relief la marche des exportations dans une période de vingt années. En 1878-79, elles étaient de 86 713 piastres. En 1898-99, elles atteignent le chiffre de 4 489 768 piastres.

Les grandes exploitations de tabac sont au nombre de 98, dont 45 dans l'État de Veracruz, 12 dans le Tabasco, 28 dans le Oaxaca et 13 en Sonora.

Quant à la consommation, point n'est à craindre qu'elle diminue ; elle marque au contraire un progrès constant. Une statistique générale très étudiée a été faite de l'usage annuel moyen du tabac par habitant. Le fumeur de pipes des Pays-Bas tient la tête avec

3 kil. 400 grammes. Le Yankee vient après lui avec 2110 grammes. Citons par ordre l'Allemand, le Norvégien, le Canadien, le Français, le Russe, l'Anglais, l'Italien et l'Espagnol.

En France, pays de consommation moyenne, chaque habitant, en 1830, mâchait, prisait ou brûlait annuellement 352 grammes de tabac; en 1898, la régie lui en fournit 990 grammes.

Donc la vente a triplé, et on peut en dire autant de tous les pays où l'on fume.

Que les planteurs aient confiance, les grèves de fumeurs ne sont point à craindre.

IV. — La Canne à Sucre.

La canne à sucre est cultivable en terre chaude et dans la plus grande partie de la zone tempérée. Elle pousse même en dépit de l'altitude, dans les vallées profondes, bien abritées, à une hauteur de plus de 2 000 mètres et atteint la gradation saccharine la plus haute; les analyses ne laissent aucun doute sur ce point.

Il semble que cette culture doive donner des résultats utiles aux colons, puisque la consommation du sucre grandit d'année en année sur toute la surface du globe, et l'on s'étonne qu'au lieu de progresser, l'exportation mexicaine ait diminué sensiblement dans la dernière période décennale.

A cela il y a plusieurs motifs, et tout d'abord les *alea* de la récolte. Non seulement la plante ne vit que peu d'années, mais encore elle est souvent dévorée par des animaux qui en sont très friands, et par une quantité d'insectes. Il suffit, du reste, d'une variation atmosphérique, telle que surabondance ou insuffisance de pluie, pour faire tourner le jus en acide et anéantir totalement les espérances d'une saison.

Le plus grand ennemi de la canne sera la betterave qui, longtemps confinée dans le vieux continent, tend à envahir maintenant les États-Unis, le Chili et la République Argentine.

Le temps n'est plus où l'Europe s'approvisionnait aux colonies. Elle a rendu les pays tropicaux ses tributaires. Ainsi, la production totale du sucre dans le monde s'est élevée en 1899-1900 à 5 395 000 tonnes pour la betterave, et à 2 734 000 pour la canne, soit un total de 8 129 000 tonnes. Or cette quantité dépasse de beaucoup la consommation.

Il n'est donc pas permis de compter sur un accroissement d'exportation; aux planteurs européens d'être très prudents.

Est-ce à dire pour cela qu'ils doivent déserter cette industrie? Non certes; le Mexique contient 986 exploitations sucrières, réparties dans les États de Chiapas, Nuevo Léon, Veracruz, Yucatan, Michoacan, Oaxaca, Guerrero, Puebla, Jalisco et Morelos; elles sont en général prospères. On recherche le sucre comme l'aliment respiratoire qui fournit sous le plus petit volume les matériaux de la combustion humide et entretient le mieux la chaleur. Il revient à bon marché, et les habitants achètent tout ce que l'on produit. Dans certaines régions de l'Amérique du Sud, on se sert parfois du sucre non raffiné, dont le prix est bien moindre, pour nourrir les chevaux et les mules lorsqu'on leur demande un travail inaccoutumé.

L'industrie nationale est puissamment protégée par un tarif de douane qui grève les sucres étrangers d'un droit de 15 centavos par kilogramme.

En résumé, si l'exportation sucrière a diminué, la culture de la canne est restée une opération fructueuse. En prévision des luttes économiques, les fabricants n'en devraient pas moins s'attacher à l'amélioration de la plante tropicale que la betterave prétend détruire sous sa redoutable concurrence. Cette racine a été l'objet, en France et en Allemagne, de bien intéressantes expériences; par des méthodes de sélection, on a doublé son rendement. Il est bien rationnel de supposer qu'en soumettant au même traitement la canne, on augmenterait aussi sa richesse. Dans l'ère de progrès que nous traversons, toute industrie qui ne s'améliore pas s'expose à périr.

V. — Le Cacao et la Vanille.

Le cacao, culture déchue, a ses titres de noblesse dans l'histoire du Mexique qui fut incontestablement sa première patrie.

Il faut remonter aux annales du temps pour se rendre compte

de l'effet produit en Europe par l'introduction du cacao. Il y fut porté converti en chocolat. Les écrivains espagnols nous font savoir qu'on le consommait de la même façon qu'à la cour de Moctezuma. Or Antonio de Solis relate, qu'à la fin de chaque repas, « le monarque absorbait une espèce de *cacahuatl*, qui contenait la substance du cacao battu au moyen d'un moulinet, jusqu'à ce que le vase renfermât plus d'écume que de liquide ». Il ajoute qu'on parfumait cette mousse avec une poudre tirée de la vanille.

Le clergé de la péninsule ibérique prit le chocolat vanillé sous son égide et le mit rapidement à la mode. Quelques fanatiques de la boisson parfumée allèrent même jusqu'à prétendre qu'elle n'était pas un aliment. Les casuistes mirent cette grave question à l'étude, et l'un d'eux, Antonio de Leon, publia un mémoire qui a pour titre : « Le chocolat rompt-il le jeûne ecclésiastique ? » *Si el chocolate quebranta el ayuno eclésiastico.*

C'est évidemment sous l'empire de ces réminiscences d'ordre canonique que Linné l'appelle le mets des dieux : *Theobroma*.

Le produit du cacao a été célébré chez tous les peuples, en vers et en prose. Le café eut ses adeptes et ses détracteurs, le chocolat n'a connu que des fidèles. Rappelons ce qu'en dit Brillat-Savarin, maître en l'art de manger comme en l'art d'écrire : « Que tout homme d'esprit qui se sentira temporairement devenu bête ; que tout homme qui trouvera le temps long et l'atmosphère difficile à supporter ; que tout homme qui sera tourmenté d'une idée fixe et perdra la liberté de penser ; que tous ceux-là s'administrent un bon demi-litre de chocolat ambré, ils verront merveille. »

Aujourd'hui le chocolat est recherché dans toutes les classes comme un aliment sain, nourrissant et agréable ; il est en même temps le bonbon par excellence et a presque supplanté tous les autres dans le magasin du confiseur. Il s'ensuit donc que le cacaoyer est l'objet d'une culture presque sans limite, qui s'étend aux rares pays capables de le produire, sols d'alluvion et humifuges.

Comment se fait-il qu'au Mexique cette culture si rémunératrice, grâce à ses trois récoltes annuelles, soit aujourd'hui si peu en honneur ?

Elle est presque exclusivement confinée dans deux États,

Tabasco qui a 124 plantations, et Chiapas sur le territoire duquel on en relève 115 ; les hacendados de Chiapas peuvent même revendiquer le cacao de *Soconusco* comme étant, du monde entier, le plus apprécié par les connaisseurs. On considère que le manque de bras est, dans ces régions, la cause du peu de développement de la production cacaoyère.

Et cependant la valeur marchande du cacao, au temps des vice-rois espagnols, était telle qu'on s'en servait couramment comme monnaie. Trente-six grains représentaient la valeur d'un demi-réal. On m'assure même qu'à Chiapas on solde encore de la même manière les menus achats. L'exportation se faisait alors sur une vaste échelle ; le cacao était un des facteurs les plus sûrs de la richesse agricole. De nos jours, la consommation intérieure assure la continuité de la culture, mais la sortie se traduisait, en 1878-79, par 503 piastres, pour arriver péniblement, en 1897-98, à 4255. Grandeur et décadence !

La vanille a eu les mêmes origines que le cacao et les mêmes destinées. Longtemps l'État de Veracruz fut le centre de ce commerce, et la liane dite *Veracruzaine* passait pour la première du monde.

Les Indiens la récoltent à l'état sauvage, mais elle est aussi l'objet de soins particuliers, et les plantations de vanille abondent dans les États de Veracruz, de Tabasco, de Jalisco, d'Hidalgo, d'Oaxaca et de Chiapas. Elle ne pousse qu'à la condition de s'attacher à un arbre riche en sève ; l'oranger est son meilleur support.

Java et Bourbon font concurrence au Mexique. Néanmoins les plantations de vanille sont encore très rémunératrices, surtout entre les mains des colons français qui ont accaparé en partie cette exploitation. Mais le grand ennemi de la gousse parfumée est la chimie qui lui a trouvé un succédané redoutable dans la série des phénols.

VI. — Fruits.

Les fruits de consommation immédiate sont si abondants qu'ils n'ont, nous l'avons dit, pas de valeur marchande ; ne parlons que de ceux qui peuvent être exportés. Ils offrent un vaste champ à l'étude.

En première ligne il convient de placer l'*oranger*. Il demande bien peu de soins, car on admet qu'un bon ouvrier suffit pour cultiver trois hectares. Dans la zone tropicale, un oranger donne en moyenne 2500 oranges, ce qui fait un rendement énorme de 25 piastres par sujet.

L'*ananas* présente plus d'avantages encore. D'un hectare on retire environ 10000 pièces qui ne coûtent rien, parce que les frais de culture sont payés par le maïs que l'on sème toujours entre les plants de l'ananas. Ce beau fruit se vend sur place 40 centavos la douzaine, mais dès qu'il est exporté aux États-Unis, les 40 centavos se transforment en 6 piastres, ce qui donne, d'après des calculs très bien vérifiés, 5000 piastres de revenu net par hectare cultivé.

Le *cédrat*, la *pastèque*, la *grenade*, le *citron*, le *tamar indien*, sont l'objet d'un commerce très actif. Il en est de même du *manioc*, du *piment*, du *sagou*, de la *patate*, du *chile*, du *mamey*, qui sont convertis en conserves et vendus en Europe.

Le *cocotier* (*cocus nocifera*) peut trouver sa place ici à raison du fruit délicieux qu'il produit.

Ce palmier pousse presque sans frais de culture. Il dure cinquante ans et donne une moyenne de cent cinquante noix par an. L'amande est un fruit très recherché; on utilise l'huile très fine qu'elle contient pour la fabrication du savon et des bougies.

Les plantations de cocotiers donnent en général de beaux bénéfices; elles ont édifié plus d'une fortune. Peut-être s'en créera-t-il aussi avec le *thé* que l'on essaie d'acclimater dans l'État de Chiapas. Les résultats obtenus sont très favorables, et tout permet de croire que le Mexique, avec son climat et son sol, peut devenir producteur de thé comme la Chine et le Japon.

Nous n'entreprendrons pas d'énumérer tous les fruits que fait pousser le sol mexicain. Pour donner une idée de l'importance de ses produits, il suffirait de relever aux statistiques commerciales certains chiffres significatifs.

VII. — Le Mûrier.

La culture du mûrier donne la mesure des sacrifices que sait faire le Gouvernement mexicain lorsqu'il trouve l'occasion d'étendre le domaine de l'agriculture et de l'industrie.

Depuis longtemps, on avait compris de quel intérêt serait l'établissement de la sériciculture. Dès 1807, une ordonnance du vice-roi de la Nouvelle-Espagne accordait aux planteurs de mûriers une prime exceptionnelle : la cession à moitié prix des terrains appartenant à la Couronne.

A différentes époques, d'autres avantages non moins sérieux leur furent offerts.

Des colons indigènes, des immigrants venus des différents points du globe, tentèrent d'en profiter ; ils y perdirent leurs capitaux et leur peine ; leurs efforts furent vains.

Il devait en être ainsi : ce fut un Français, M. Hippolyte Chambon, qui démontra scientifiquement les causes de cette stérilité et indiqua le remède.

Il avait étudié la sériciculture dans son pays, où la culture du mûrier, l'élevage du vers à soie et la filature du cocon servent de préface aux travaux de la grande industrie lyonnaise, modèle de force, de bon goût et de haute fantaisie artistique.

Après de nombreuses expériences, il acquit la certitude que le mûrier noir indigène, — le seul connu au Mexique, — donnait une feuille impropre à la nourriture des vers à soie ; sous l'influence de cette alimentation, ils étaient atteints d'anémie et fournissaient une matière sans résistance, partant sans valeur industrielle.

De là à régénérer les plantations indigènes, il n'y avait qu'un pas. M. Chambon fit venir, des pépinières de France, le mûrier blanc de Chine, qui s'acclimata fort bien ; à l'aide de ses feuilles, il se livra à de petits élevages qui réussirent à merveille. Ces essais ne furent pas l'œuvre d'un jour ; il y consacra plusieurs années, et quand il fut fort des résultats acquis, il demanda l'aide du Gouvernement et l'obtint.

En 1894, le gouverneur de l'État de México fonda, dans trois districts, des écoles pratiques de sériciculture « munies de l'outillage nécessaire et placées sous la direction de moniteurs compétents ». En même temps, il acheta à M. Chambon cent mille mûriers qui furent distribués gratuitement. Peu de mois après, le gouverneur de l'État de Guanajuato lui adjugeait un vaste terrain, situé près d'Irapuato, pour y établir une plantation de mûriers. Enfin, le Ministère de *Fomento* lui prodiguait les subventions et les encouragements.

Des mesures d'ordre plus général furent prises en même temps par les pouvoirs publics. C'est ainsi que, dans la loi de finances de 1896, le gouverneur de l'État de Jalisco exempta, du paiement de l'impôt sur la valeur fiscale des propriétés urbaines et rurales, les plantations de mûriers pendant dix années, comptées à partir de la date de la plantation.

Enfin, le 5 septembre 1896, la sériciculture reçut ses lettres de grande naturalisation. Le général Porfirio Diaz préconisa, dans son message, la culture du mûrier; il voulut rappeler « la fête de la soie » que l'on venait de célébrer à Irapuato, et dont le héros avait été M. Hippolyte Chambon.

Je sortirais de ma tâche en étudiant ici l'industrie séricicole dans ses phases de fabrication. Je dois constater seulement qu'à l'heure actuelle il y a au Mexique 200 000 mûriers de Chine exploitables et que ce nombre avant peu sera doublé. Mais, dût-on s'en tenir à l'état présent, le Mexique pourrait, dans quelques années, produire 26 000 kilos de soie grège, soit le double de la quantité qu'il fait venir de l'étranger. D'importateur devenir exportateur, n'est-ce pas un beau résultat?

VIII. — **La Vigne.**

Si les viticulteurs de France, d'Italie et d'Espagne ne viennent pas tenter la fortune au Mexique, ce n'est pas faute d'y être appelés. Le Gouvernement accorde des concessions de terrains à tous ceux qui font preuve de quelque compétence pour la culture de la vigne et pour la fabrication du vin. Quant aux sociétés réunissant assez de capitaux pour diriger une entreprise sérieuse, il n'est point de franchises qu'on ne leur concède.

Rien n'est donc plus facile que de faire de la viticulture au Mexique. Mais il s'agit de savoir si l'écoulement du vin est assuré ; sur ce point le doute n'est pas possible, car le chiffre des importations montre qu'en 1900-1901 on a acheté, à l'étranger, des vins rouges ou blancs, en fûts ou en bouteilles, pour une somme de 1 690 000 piastres. Il faut en conclure que la classe riche et la classe moyenne formeront la clientèle des viticulteurs.

Pourquoi cette industrie agricole est-elle encore dans l'enfance ? L'Espagne avait prohibé la culture de la vigne dans les colonies, pour éviter à ses vins une concurrence qui aurait pu leur devenir fatale ; mais depuis la déclaration de l'Indépendance, la politique économique n'est plus la même. Le Ministère de *Fomento* fait venir des ceps d'Europe, en énorme quantité, et les distribue à qui en fait la demande. Bien plus, il a des inspecteurs qui parcourent les exploitations, enseignant, l'outil à la main, les procédés culturaux et les méthodes de vinification.

Et quel merveilleux terrain pour la vigne ? Il est des localités dans lesquelles le développement de la plante est si complet, au bout de deux ans, que les grappes obtenues pèsent 1 kilogramme.

Partout où l'on a planté, les résultats ont été favorables ; mais il faut surtout signaler les vins de Paso del Norte, et d'Aguascalientes ; l'avenir de ces vignobles est assuré, à raison de la proximité du grand marché nord-américain.

IX. — **Plantes médicamenteuses et oléagineuses.**

Les plantes médicinales du Mexique ont fait la fortune de la vieille pharmacopée, et bon nombre d'entre elles figurent encore au Codex.

Tout d'abord se présente une interminable série de purgatifs ; nous n'en donnerons pas toute la nomenclature, elle eût fait se pâmer d'aise les médecins du temps de Molière.

La *purge de jalap* est, de tous, la plus répandue. Elle tire son nom d'une ville devenue très prospère. La plante est une convulvacée qui se rencontre dans l'État de Veracruz et généralement dans la zone tempérée. De la racine on extrait un cathartique puissant. La purge de jalap fait marcher des usines et ce n'est pas son moindre bienfait.

Non moins connu est le *ricin* ou *palma Christi* (au Mexique, *higuerilla*), plante arborescente, de cinq ou six mètres de hauteur, aux feuilles larges et élégantes. C'est, au dire de Pline, le plus ancien des purgatifs; son succès n'est pas dû à la mode, puisqu'il soulage encore après tant de siècles.

Le *pignon des Barbades* donne des semences noirâtres, d'une saveur térébinthacée. Trois de ses graines produisent des effets auxquels ne résiste pas l'intestin le plus rebelle. La substance qu'on en retire fournit l'huile de *croton-tiglion*, puissant rubéfiant de la peau, dont on se sert parfois à l'intérieur, non sans danger, pour rendre plus actifs les effets de l'huile de ricin. Cette fraude mériterait des répressions sévères.

Après les purgatifs, parlons du dépuratif par excellence, du moins au dire des Anglais et des Américains, la *salsepareille;* ils en font une étonnante consommation. Liane puissante, la salsepareille s'attache aux grands arbres des forêts où les indigènes vont la cueillir; la drogue est extraite de la racine. Le sirop de salsepareille ne se vend pas seulement dans les pharmacies, comme en Europe, mais dans tous les débits de boisson du Nouveau Monde où les sociétés de tempérance en recommandent l'usage. Le Mexique est son pays d'élection, l'exportation y atteint 200 000 piastres.

Le *mezquite* est un arbre de la famille des légumineuses. Il produit un fruit duquel on tire par distillation une eau-de-vie, mais il sert surtout en médecine. La racine et l'écorce sont astringentes, les feuilles en décoction diminuent la chaleur de la fièvre et on en compose un baume très apprécié dans les ophtalmies.

A la même famille appartient le *baume* improprement appelé du *Pérou*. C'est un arbre dont l'écorce blessée laisse couler un suc propre à la guérison des catarrhes; grâce à son odeur suave, il trouve aussi son utilisation dans la parfumerie.

Le *piru* s'emploie à peu près aux mêmes usages ; il est très abondant dans la vallée de México et rappelle par son feuillage le saule-pleureur.

Il n'est pas jusqu'à la phtisie qui ne trouve son spécifique dans la végétation mexicaine ; les indigènes attribuent de merveilleuses propriétés à l'*ayacahuite*, de la famille des borraginacées.

De tous ces produits, un des moins connus et le plus précieux peut-être, est l'*argémone (argemona mexicana)* que l'on trouve sous toutes les zones. Les Indiens l'appellent *chicalote*, et les Espagnols la désignèrent sous le nom significatif de *chardon bénit*.

En elle, tout est utile. Souffrez-vous d'une ophtalmie? le suc de la plante fait merveille. La dysenterie la plus persistante disparait sous l'astringence de la décoction des graines, et l'huile retirée est un purgatif infaillible. Cette racine est employée aussi à cicatriser les ulcères.

Comme on le voit, l'argémone peut à elle seule approvisionner une officine ; les apothicaires mexicains devraient en faire l'emblème de leur industrie.

Citons enfin l'arbre merveilleux qui a ouvert à la médecine une voie nouvelle, le quinquina. Depuis un demi-siècle, on le cultive avec succès à Cordova et dans plusieurs Etats. Ce n'est pas seulement un produit d'exportation ; les habitants des deux Amériques apprécient ses bienfaits. En cela ils se montrent plus justes que Voltaire qui prétend que Dieu, dans sa prévoyance coutumière, a placé la fièvre en Europe et le quinquina au Pérou.

Les plantes oléagineuses dont on tire les huiles industrielles et comestibles ne manquent point ; nous citerons celles qui entretiennent le commerce d'exportation.

L'*olivier* croît de préférence dans la zone tempérée et sur les hauts plateaux. Sa culture, simple et peu coûteuse, n'est pas répandue comme elle devrait l'être, et la faute en est au système prohibitif de l'époque coloniale qui favorisait la production de la métropole en sacrifiant l'intérêt des colonies. Depuis que cette barrière a été levée, on a planté des oliviers en grand nombre et plusieurs haciendas fabriquent l'huile, de vente facile et d'un bon produit.

L'*arachide* donne une substance oléagineuse très recherchée pour la fabrication du savon et pour l'éclairage. Là ne se bornent pas ses usages. Les Mexicains, en effet, sont très friands de son amande qu'ils font griller et mangent sans autre préparation. Ils emploient aussi l'arachide en tourteaux de deux sortes; ceux qui contiennent le fruit décortiqué rendent de grands services dans l'engraissage du bétail; les autres servent au besoin de fumier.

Enfin, comme la fraude se glisse partout, l'huile d'arachide, obtenue par expression à froid, additionne souvent l'huile d'olive, et les débris de l'amande se mêlent au cacao dans la fabrication des chocolats de qualité inférieure.

L'huile de *sesame* est destinée à la table. La graine est tirée d'une plante annuelle utilisée dans les États de Guerrero et de Michoacan. L'Europe en importe une énorme quantité et l'emploie en coupages des produits de l'olivier. Dans tout l'Orient, on s'en sert comme huile comestible depuis la plus haute antiquité.

On tire l'huile de *palme* de nombreuses espèces de palmiers qui croissent dans les forêts des États de Veracruz, de Tamaulipas et de Tabasco. Comme la matière est inépuisable et appartient à tous, l'huile ne coûte guère que le prix de la fabrication. Elle est surtout demandée pour les bougies et les savons.

De la *chia* sort une substance siccative, aux mêmes propriétés que l'huile de lin, et la *cacahuananchi* produit une matière épaisse qui se convertit d'elle-même en résine; on en obtient de beaux vernis.

Toutes ces huiles seraient des produits excellents pour l'exportation, mais il en est des grains oléagineux comme des fruits, comme des textiles, comme des bois. Un dixième à peine est utilisé; le reste tombe, pourrit sur place et engraisse la terre d'un *humus* toujours plus épais qui sera peut-être la fortune des générations à venir.

X. — Les Bois.

Il faut aller loin, bien loin des centres pour trouver encore des forêts. México, qui fut jadis entouré d'arbres séculaires pieusement respectés, a perdu malheureusement cette verte ceinture; à peine trouve-t-on quelques bouquets d'arbres épars dans la vallée. Et partout il en est de même. Néanmoins, la richesse forestière du Mexique est encore considérable; elle a survécu aux incendies et à un système d'exploitation pire que les incendies. Si le plateau central a été dévasté, la hache et le feu ont laissé debout les innombrables essences de la côte et de certaines régions des terres chaudes et tempérées.

Les exploiteurs de forêts sont généralement à la solde d'une société ou d'entrepreneurs disposant de gros capitaux. Guidés par des *monteros*, ils choisissent et marquent les arbres; les bûcherons les suivent de près, ils équarrissent, ils préparent le bois en billes.

Dans l'exploitation d'une coupe, la question du transport est dominante. Il ne peut guère s'effectuer que par eau, de sorte qu'acajous, cèdres et gaïacs ne sont utilisables que s'ils sont à portée d'une rivière flottable.

Les tâcherons marquent les billes, les jettent au fil de l'eau, et elles arrivent lentement (quand elles arrivent) à un point où le courant élargi permet de les réunir en radeau, qu'un nautonier conduit au plus prochain port.

L'ouverture des voies ferrées va donner une grande activité à cette industrie. Elle s'est singulièrement accrue, dans les dernières années du xixe siècle, car les exportations, qui se chiffraient en 1878 par 1 450 000 piastres, ont plus que doublé en trois ans. Cet accroissement montre que les capitaux engagés ont trouvé une rémunération encourageante, et cependant l'outillage est défectueux, le mode d'exploitation est barbare; on obtiendrait bien d'autres résultats avec des chemins de fer portatifs, des scieries-mécaniques, comme on a commencé à en établir sur plusieurs points, notamment à Campêche et à Cordoba.

L'énumération des essences forestières du Mexique serait vraiment trop longue. Parmi les bois de construction, nous citerons les *pins*, les *chênes*, les *frênes*, les *mezquites*. Les bois d'ébénisterie comprennent l'*acajou*, le *cèdre*, les *ébènes*, le *santal*, le bois *de rose*, le bois *de fer*, le *gaïac*, etc.

Les bois et les plantes destinés à la teinture méritent une mention spéciale; ils sont un élément d'exportation. Le *palo-moral* croît à l'état sylvestre dans les États de Guerrero et de Michoacan; il contient deux principes colorants avec lesquels on fabrique du rouge et du vert. Le *brésil* et le *campêche* se trouvent en abondance dans différents États de la confédération; ils servent à la teinturerie commune. L'*indigo*, l'*orisilla*, l'*achiote*, le *mitle* sont exploités avec succès. Il en est de même du *timbe*, qui croît dans la partie de l'isthme de Tehuantepec, voisine du Pacifique, et qui est utilisé en Europe pour le tannage.

Le *nopal* n'est pas un bois tinctorial, mais il sert d'asile à la *cochenille* qui donne cette belle couleur écarlate si recherchée par l'industrie de luxe. L'insecte colorant est l'objet d'une véritable culture au Mexique; on le *sème* de préférence sur les nopals d'Oaxaca.

En 1894, le Ministère du *Fomento* a publié la liste, par noms vulgaires et par appellations botaniques, des arbres que l'on exploite dans les forêts de la République; leur nombre s'élève à 288 et on m'affirme que l'énumération est incomplète.

X

RÉSUMÉ

Si par un de ces cataclysmes tirés du domaine de l'irréel, tels que notre savant romancier Jules Verne se plaît à les imaginer, le Mexique se trouvait tout à coup séparé du reste du monde, il aurait le précieux privilège de se suffire à lui-même, tant ses ressources sont variées et abondantes. Ne fut-ce pas d'ailleurs sa destinée dans les siècles qui précédèrent la conquête espagnole?

Mais ce n'est ni à l'isolement ni au retour de ce passé que la nation aspire. Elle ne cherche pas à vivre égoïstement de ses richesses, elle veut au contraire arriver à ces grands échanges de produits, qui sont la monnaie des peuples, et aussi à ces échanges d'idées, qui assurent la marche du progrès social.

Il faudrait suivre pas à pas l'histoire de la nation mexicaine pendant ces dernières années pour se rendre compte des réformes opérées et des facilités qu'elle offre aujourd'hui à l'agriculture. J'en veux citer un exemple.

Aux Congrès agricoles de 1900, le Mexique était représenté par des hommes de haute compétence. Lorsqu'on leur montra que la propriété foncière en France payait au Trésor 20 pour 100 de son revenu net, ils ne dissimulèrent pas leur surprise et exposèrent, non sans quelque orgueil, leur organisation fiscale.

Il est impossible de ménager plus qu'on ne le fait au Mexique l'avoir immobilier; en effet, l'impôt qui le frappe varie un peu suivant les États, mais, en y comprenant le tantième fédéral, on peut dire qu'il n'atteint pas 2 pour 100. Est-il en Europe une nation qui puisse se vanter d'une semblable modération dans les taxes?

Les délégués du Mexique faisaient observer que cette modération dans l'impôt devait toucher l'émigrant européen, qui, le plus souvent, se décide à l'expatriation pour fuir des charges lui prenant le plus clair de son revenu. Ils avaient raison de parler ainsi de leur pays, qui va recueillir le fruit de son travail.

Jusqu'ici l'agriculture mexicaine doit la plupart de ses progrès à ses habitants d'origine espagnole ou de race mixte, car les Indiens ne lui ont fourni que la main-d'œuvre. Français, Allemands, Espagnols, Italiens, Nord-Américains ont porté leurs efforts vers le commerce, l'industrie et l'exploitation des mines. L'agriculture a tenu un rang secondaire dans leurs préoccupations. Cependant, les capitaux étrangers commencent à se tourner vers elle, et le mouvement de confiance s'accentue chaque jour. Il faut, nous le répétons, en attribuer le mérite au Gouvernement, qui a mis l'agriculture en honneur et a offert aux étrangers des avantages qu'ils ne rencontrent nulle part au même degré. Cet effort ne peut pas rester stérile. L'Européen, muni de ressources suffisantes et initié aux cultures du pays, ne s'adressera pas en vain à ce sol puissant, qui rend au centuple les germes qu'on lui confie.

Les *colonies* romaines faisaient frapper à grands frais et répandre des médailles où elles célébraient leur commerce, leur industrie, leurs richesses naturelles; les dieux tutélaires y figuraient avec leurs attributs ou leurs symboles. Si un graveur avait, de nos jours, à rendre à la terre mexicaine pareil hommage, il pourrait la représenter sous la forme d'une corne d'abondance, portée par les divinités telluriennes, Cybèle, la bonne mère de la montagne, Cérès, la déesse des moissons. Et en exergue, il inscrirait cette phrase de Michelet : « La paix, la culture, la famille agricole, voilà la source féconde de la société, voilà l'origine du culte de Cérès. C'est celui de la terre, la bonne nourrice de l'humanité reconnaissante. »

Hippolyte Gomot.

CARTE MINIÈRE DU MEXIQUE

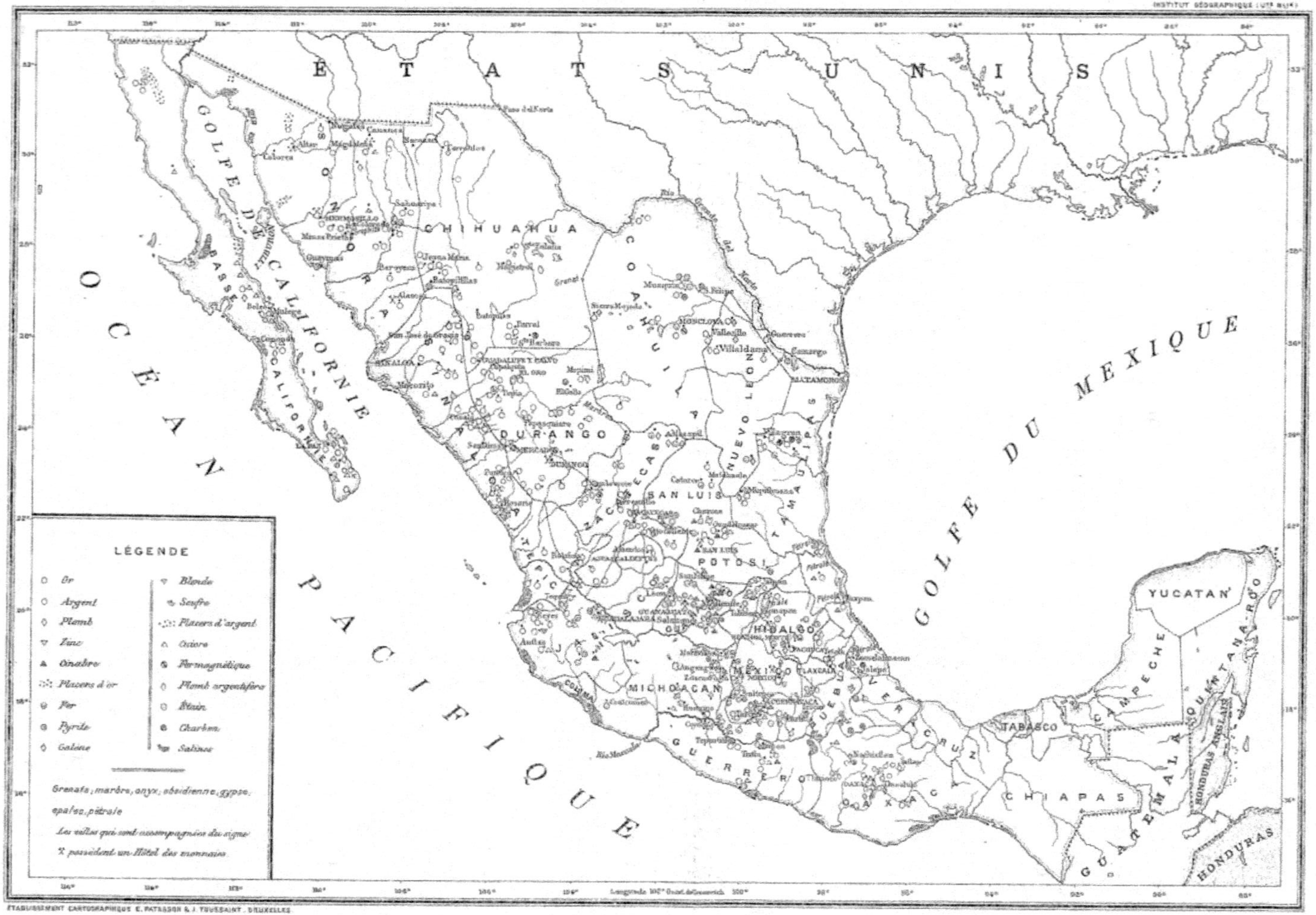

Échelle du 1: 10 000 000

MINES ET INDUSTRIES MINIÈRES

PAR

L. DE LAUNAY

Ingénieur en Chef des Mines, Professeur à l'École Supérieure des Mines de Paris.

L'industrie minière joue au Mexique un rôle tout à fait essentiel. La prospérité de cette industrie dans le passé est fameuse, et chacun sait quelles sommes énormes d'argent sont sorties, au XVIe et au XVIIe siècle, des mines de ce pays; mais on connaît moins, parce qu'il est plus récent, l'admirable essor que les mines mexicaines ont repris, depuis une vingtaine d'années, grâce au régime libéral inauguré par un Gouvernement réparateur. Les chiffres et les tableaux, que nous donnerons bientôt, montreront suffisamment cet état de prospérité, qui est de nature à appeler de plus en plus sur le Mexique l'attention des capitalistes étrangers. Il suffit de dire, dès à présent, que le Mexique dispute aujourd'hui aux États-Unis le premier rang comme pays producteur d'argent dans le monde; sa production a été, en 1898, de 1 772 000 kilos d'argent, contre 1 765 000 aux États-Unis, soit près de 32 pour 100 de la production du monde, qui s'est élevée, en cette année, à 5 575 000 kilos. En 1899, il est vrai, cette extraction de l'argent au Mexique a un peu baissé (1 716 000 kilos), tandis qu'aux États-Unis elle remontait à 1 776 000 kilos et, pour l'ensemble du monde, à 5 434 000 kilos. (1) En 1901 elle a été de 1 715 000 kilos représentant au cours du marché (98 fr. le kilo) 168 millions et demi de francs. Ces résultats

(1) Les chiffres précis sont les suivants : en 1883-1884 : 774 676 kilos; en 1884-1885 : 812 079 kilos, en 1897-1898 : 1 714 520 kilos; en 1898-1899 : 1 771 934 kilos; en 1899-1900 : 1 716 214 kilos; en 1900-1901 : 1 715 416 (d'après la statistique de l'industrie minérale en France et en Algérie pour l'année 1901). En 1902-1903 : la valeur légale de l'argent produit est, d'après le *Boletin de Estadistica fiscal*, de 82 millions de dollars, soit environ 410 millions de francs, correspondant à près de 2 millions de kilos.

paraîtront bien remarquables si l'on se reporte à une vingtaine d'années auparavant. En 1884, sur 2 808 000 kilos produits dans le monde, le Mexique n'en fournissait que 659 000 contre 1 172 000 aux États-Unis. De 1884 à 1900, tandis que les États-Unis, avec leur énorme organisation industrielle, accroissaient de moins de moitié leur production, le Mexique (en profitant, il est vrai, sur ce point, de son régime monétaire) réussissait à la tripler (1).

En même temps, résultat plus imprévu, le Mexique prend une place, chaque jour plus importante, dans la production aurifère. De 1 038 kilos (3,2 millions de fr.) en 1889-1890, son extraction d'or est arrivée à 13 838 kilos (42,9 millions) en 1898-1899 et 15 448 kilos (47,9 millions) en 1900-1901. En 1901-1902, 15 554 kilos valant 53 millions 1/2 de francs. D'après le *Boletin de Estadistica fiscal* la valeur de l'or frappé en monnaies, de l'or et du minerai d'or exportés en 1902-1903, s'est élevée à 14 805 975 dollars, soit une augmentation de 4 877 000 dollars sur l'année précédente (1901-1902).

Enfin l'exploitation des métaux secondaires, qui annonce toujours, dans les pays où elle s'organise, une étape nouvelle de la civilisation industrielle, a fait récemment de grands progrès au Mexique.

Pour le cuivre, l'importante compagnie française du Boleo, en Basse-Californie, est arrivée à produire, en 1900, 11 300 tonnes de cuivre, ou, de 1886 à 1901, un total de 91 800 tonnes. Il existe, d'autre part, dans divers États, notamment à Aguascalientes, des usines, que nous décrirons, où l'on traite les minerais cupro-

(1) L'année fiscale 1900-1901 a marqué un progrès très sensible sur la précédente, non seulement pour les métaux précieux, mais aussi pour les métaux industriels. On a eu, en effet :

	1900-1901	1899-1900
Or mexicain frappé. . .	$ 8 848 895	$ 8 075 642
Argent mexicain frappé.	16 132 879	10 872 874
Argent non frappé. . .	56 235 916	52 116 284
Plomb.	5 066 645	3 504 703
Cuivre.	10 067 536	9 907 454

Les exportations de métaux montent, pour 1900-1901, à 105 202 766 $ contre 92 552 629 en 1899-1900 : soit une augmentation de 12 648 137. Il est resté, pour la circulation monétaire nationale, un excédent de $ 2 739 430 ; quant à la production des métaux, qui caractérise mieux le progrès de l'industrie minière, elle a été de $ 107 940 196 contre $ 100 402 629, soit $ 7 537 567 de plus.

argentifères. Le *Boletin de Estadistica fiscal* donne comme valeur de la production du cuivre en 1902-1903 18 millions 1/3 de dollars, en augmentation de près de 6 millions sur l'année précédente.

L'extraction du plomb, solidaire de celle de l'argent puisque les deux métaux sont fréquemment réunis, a atteint des chiffres considérables, par exemple à Mapimi (État de Durango), qui a fourni, en 1899, 16 000 tonnes de plomb métallique. La valeur du plomb extrait, en 1902-1903, a dépassé 5 millions 1/2 de dollars.

On commence également à produire un peu de minerai de zinc ; une usine de traitement des minerais antimonieux vient d'être ouverte dans l'État de San Luis Potosi et, pour inaugurer le xxe siècle, quelques grandes compagnies se sont constituées en vue d'exploiter et traiter les minerais de fer. L'antimoine, dont la production a triplé de 1901-1902 à 1902-1903, a produit dans ce dernier exercice une valeur de 1 139 000 dollars.

Les quatre tableaux insérés à la fin de cette étude, où l'on trouvera la production des minerais, la production des métaux et enfin la frappe de monnaie au Mexique, permettent de se représenter plus exactement ce développement général.

Il ne manque donc plus au pays que de riches mines de houille, auxquelles on cherche à suppléer par l'exploitation de gisements charbonneux dans la Sonora et l'État de Coahuila, ou par la mise en valeur plus complète des forces motrices hydrauliques.

Dans ces beaux résultats obtenus, nous verrons bientôt quelle est la part de la nature, qui a si admirablement doté le Mexique en ressources minières ; quelle est, d'autre part, celle de l'initiative nationale et de l'habile direction, qui a su organiser un régime légal bien conçu, en conquérant la confiance générale, et fournir à l'industrie nationale le réseau de voies ferrées nécessaire à ses progrès ; il faut aussi, pour être juste, remarquer de suite l'appui apporté au pays par les étrangers de diverses nations, que le Mexique a eu le bonheur d'attirer et la sagesse de retenir. Parmi ces étrangers, citons, tout d'abord, nos compatriotes, qui ont organisé les grandes mines de cuivre du Boleo, tout en regrettant que leur participation dans les autres industries n'ait pas été, jusqu'ici, aussi étendue qu'elle pourrait l'être. Les Américains du nord, voisins immédiats du Mexique et voisins volontiers envahissants, sont fiers des installations qu'ils ont faites à Aguascalientes, Chihuahua, Durango, San Luis Potosi, Nuevo Leon. Les Anglais ont formé la puissante compagnie qui exploite les antiques gisements de Pachuca et de Real del Monte. Les Allemands fournissent, en concurrence avec les Américains, beaucoup de machines, en particulier des appareils de préparation mécanique et de concentration. Il y a, dans cet appel au concours des étrangers sous forme de capitaux et d'hommes, que tout pays en développement est conduit à faire, bien des questions délicates, une juste mesure souvent difficile à garder : le Mexique paraît s'en être tiré à son honneur.

L'étude sommaire, que nous allons consacrer à l'industrie minière et métallurgique mexicaine, se divisera en un certain nombre de chapitres, qui s'imposent d'eux-mêmes. Nous aurons, en effet, à examiner tour à tour :

I. La législation minière mexicaine ; le régime légal et administratif auquel sont soumises mines et usines ; l'influence du régime monétaire mexicain sur leur développement ; l'organisation des services et notamment de l'Institut Géologique, destinés à favoriser les progrès de cette industrie ;

II. La constitution géologique du pays et la distribution des substances minérales utiles ;

III. L'exploitation technique des mines ; la concentration et la préparation mécanique des minerais extraits ;

IV. La métallurgie des divers métaux ;

V. Les résultats généraux et les tableaux statistiques.

Dans cette étude, on le voit, nous commençons par étudier le régime légal avant même d'examiner la constitution géologique des gisements. C'est, en effet, que ce régime, circonstance d'aspect contingent, nous paraît, en réalité, celle dont l'influence sur le développement industriel est la plus capitale : la loi minière, suivant qu'elle est bien ou mal conçue, pouvant (comme l'histoire du Mexique même l'a montré avec une singulière clarté) favoriser ou interrompre presque instantanément l'essor de cette industrie. On nous permettra même d'ajouter que, dans cet ordre d'idées, l'exemple du Mexique peut fournir un utile enseignement, soit à d'autres pays du Nouveau Monde à peu près aussi favorisés par la nature, mais moins habilement gouvernés, soit encore à de très vieilles nations, que tentent parfois, en cette matière délicate, des innovations et des révolutions périlleuses.

I

a. **Législation minière.**
b. **Organisation administrative et Institut géologique.**

a. — LÉGISLATION MINIÈRE

Le régime légal, auquel sont soumises les industries minières mexicaines, a beaucoup progressé, depuis que le pays s'est affranchi de l'Espagne : il a surtout, depuis une quinzaine d'années, reçu les perfectionnements les plus notables dans le sens le plus libéral. Ces perfectionnements, coïncidant avec l'établissement d'un régime politique stable, favorable à toutes les industries et avec le développement considérable des voies ferrées, qui en a été la conséquence, ont permis l'arrivée de plus en plus importante des capitaux étrangers, l'introduction des procédés les plus modernes dans l'exploitation des mines et dans le traitement métallurgique; ils ont été ainsi une des causes premières les plus essentielles dans la fortune actuelle du Mexique, qui repose, pour une si grande part, sur l'extraction des métaux précieux. C'est surtout sur l'esprit plutôt que sur la lettre de cette législation que nous croyons devoir insister ici; ceux que cette question intéresserait spécialement la trouveront développée dans divers autres ouvrages (1).

Pendant toute la durée de l'occupation espagnole, c'est-à-dire pendant trois siècles (1521-1821), le régime des mines au Mexique a été réglé par les fameuses ordonnances de México. Dans ce régime, partant de cette idée que les métaux précieux constituaient une richesse permanente, enfouie dans la terre comme un trésor dans un coffre-fort et appartenant à tous, c'est-à-dire à la Couronne, on ne concédait le droit de les en retirer que comme une

---

(1) Le travail de M. Carlos SELLERIER, publié à l'occasion de l'Exposition de 1900 : *Data referring to mexican mining* (México 1901), contient, pages 91 à 140, les divers décrets, lois et règlements récents relatifs à l'industrie minière mexicaine. Voir aussi : AGUILLON, *Législation des mines*, 3 volumes, chez Baudry.

grâce spéciale, en échange d'impôts si onéreux, qu'ils absorbaient la majeure partie des bénéfices, et avec un système d'inquisition fiscale, qui ferait envie à nos modernes socialistes.

Avec la proclamation de l'Indépendance, le seul changement fut d'abord de substituer le mot Nation au mot Couronne comme propriétaire des mines; mais le régime ne changea pas : il s'aggrava même par la facilité laissée aux divers États de faire des lois minières particulières. Ceux-ci n'en profitèrent que pour accroître immédiatement les charges sur les mines, qui semblaient une source de revenu inépuisable. Avec l'état d'insécurité amené par la guerre, il en résulta un arrêt de plus en plus complet du travail, au moment où les difficultés croissantes de l'exploitation en profondeur auraient exigé, de la part des capitalistes, une confiance, que rien ne pouvait plus leur inspirer; et la baisse de l'argent mit le comble à un état de choses, qui aurait pu amener la ruine du pays, si l'administration libérale et éclairée du président Porfirio Diaz n'était venue y remédier et amener le grand essor actuel.

Les philosophes théoriciens pourront, il est vrai, nous interrompre ici pour remarquer que, la quantité de métal précieux à extraire des gisements miniers étant limitée, si un régime légal plus favorable avait permis son extraction au début du siècle, on ne le retrouverait plus en réserve aujourd'hui: au moment où le Mexique en a besoin pour entrer à pleines voiles dans le courant de la civilisation moderne, ce trésor aurait peut-être été gaspillé et perdu à jamais. C'est la question, toujours délicate, de savoir lequel on doit préférer du système américain et plus généralement anglo-saxon, aujourd'hui dominant dans le monde, qui cherche à tirer le plus vite possible parti des richesses naturelles, ou du système conservateur, autrefois pratiqué en Europe, dans lequel on ménageait ses réserves en bon père de famille et s'efforçait plutôt de n'en laisser perdre aucune parcelle que de rémunérer promptement son effort. L'homme a aujourd'hui une telle confiance dans les ressources de sa science, qu'il préfère le premier système, s'imaginant que, lorsqu'une richesse naturelle sera épuisée, il trouvera le moyen d'y suppléer par une autre. Un avenir, peut-être plus prochain qu'on ne le croit, dira si notre raisonnement sera aussi goûté par nos descendants que par nous, et s'ils ne nous accuseront pas d'avoir répété le mot trop fameux de Louis XV : « Après nous le déluge. »

Quoi qu'il en soit de ces réflexions, qui pourront paraître paradoxales, c'était, vers 1885, pour le Mexique, une question de vie ou de mort que la réforme de son système minier. Le nouveau code minier, mis en application le 1er janvier 1885 et complété par une loi du 6 juin 1887, constitua un vigoureux et heureux coup de barre pour remettre à flot l'industrie nationale. C'est grâce à ces lois que les mines du Mexique ont pu prendre l'admirable développement, dont nous ferons bientôt le tableau détaillé.

Par cette loi de 1887, d'après un rapport du général Porfirio Diaz en 1897, que nous reproduisons ici, « on exonéra les mines de fer, de charbon, de mercure, ainsi que leurs minerais et produits, de tout genre d'impôts fédéraux, locaux et municipaux, sauf celui du timbre; on exempta de tout impôt la circulation des métaux en barres ou monnayés et celle des produits des mines; on supprima la taxe qui frappait le mercure étranger (nécessaire à l'extraction de l'argent par amalgamation); on détermina que les mines ne paieraient plus d'impôt autre que celui de la frappe et que celles, non exceptées de toute charge, paieraient une seule cote, n'excédant pas 2 pour 100 de la valeur du métal exploité; on fixa, comme maximum d'impôt, pour les usines de réduction, 6 pour 1000 de leur valeur totale; on supprima les droits de déclaration, translation de domaine, extraction et autres; on autorisa le Pouvoir exécutif à passer des contrats de concession étendus et à concéder, sur certaines bases, des franchises spéciales aux particuliers ou compagnies, qui s'engageraient à verser un capital minimum de 200 000 piastres dans l'industrie minière, et, finalement, on déclara exempts de droits de nombreux articles et produits, qui ont un rapport direct avec l'exploitation des mines, ou bien on abaissa considérablement ceux qui les frappaient. »

Parmi les réformes excellentes accomplies par cette loi de 1887, réformes qui se commentent d'elles-mêmes, il convient d'appeler l'attention sur la faculté laissée au Gouvernement de donner des concessions étendues. C'était le moyen de remédier à l'état de choses détestable, qui existe dans tant de pays, où, soit parce que la propriété de la mine est rattachée à la propriété de la surface, soit parce que les concessions sont accordées sous la forme de petits claims, pertenencias, etc., d'une étendue très restreinte, aucune industrie sérieuse ne peut se constituer sans employer d'abord, et parfois vainement, des efforts et des capitaux considérables à réaliser le groupement des innombrables parcelles entre elles. Ces petites concessions, dont l'apparence démocratique peut séduire certains esprits, n'ont ainsi pour résultat que de favoriser l'intervention des financiers dans les amalgamations et combinaisons diverses, dont ils retirent, au détriment du vrai travailleur, comme à celui de l'actionnaire proprement dit, des bénéfices énormes et plus ou moins licites.

A la suite de la loi de 1887, un essor immédiat se produisit au Mexique. En un an, on enregistra 2077 déclarations nouvelles de mines et 33 d'usines de réduction ; 682 mines et 3 usines entrèrent en exploitation ; 100 contrats furent passés pour l'exploration de nouvelles zones minières, contrats ayant versé au Trésor en garantie 680000 piastres, dont 115000 lui restèrent par suite de contrats caducs. En même temps, la production d'argent, qui avait été, de 1880 à 1886, d'environ 4 680 000 kilos (1), fut, de 1886 à 1892, de 6 022 000 kilos et ce au moment même où se produisait, sur l'argent, une baisse énorme (2).

En présence de ces résultats, le Gouvernement mexicain s'est

(1) Les chiffres officiels sont les suivants : 1880-1881 : 714 515 kilos ; 1881-1882 : 714 630 kilos; 1882-1883 : 722 683 kilos; 1883-1884 : 774 676 kilos; 1884-1885 : 812 079 kilos; 1885-1886 : 836 080 kilos; 1886-1887 : 917 368 kilos; 1887-1888 : 962 190 kilos; 1888-1889 : 1 010 574 kilos; 1889-1890 : 957 025 kilos; 1890-1891 : 1 023 449 kilos; 1891-1892 : 1 151 073 kilos.

(2) Nous conserverons, d'une façon générale, les estimations en piastres, qui peuvent être aisément converties en kilogrammes à raison de 24 gr. 42 d'argent fin par piastre. La piastre, ou peso, divisée en 100 centavos, vaut 5 fr. 43 au pair. Le dollar américain, qui renferme seulement 24 gr. 056 d'argent fin, vaut 5 fr. 34 au pair. Le cours réel de l'argent étant soumis à des variations considérables, une transformation des piastres en francs risquerait d'entraîner des confusions. Nous rappelons que le kilogramme d'or fin vaut (valeur intrinsèque) 3 444 fr. 44, ou (valeur pratique, d'après le tarif du change), 3 437 francs; le kilogramme d'argent fin, au rapport légal de 15 1/2, vaudrait (valeur intrinsèque) 222 fr. 22, tandis que le cours pratique était, en août 1901, quand ce travail a été écrit, de 97 fr. 50, et est tombé, en novembre 1902, au moment où nous corrigeons les dernières épreuves, à 85 fr. 25 : ce qui met la piastre mexicaine à 2 fr. 05

pénétré de plus en plus de cette idée fondamentale, qui mériterait d'être prise en considération ailleurs, que la propriété minière doit être, autant que possible, solide et inattaquable, si l'on veut y intéresser, non pas seulement des joueurs à la poursuite d'un coup de fortune plus que problématique, mais des industriels sérieux; que l'acquisition première doit en être facile, l'exploitation libre, la transmission aisée, la conservation certaine et les charges en rapport direct (progressif, si on le veut), avec les bénéfices.

Une nouvelle loi du 6 juin 1892, accompagnée de divers décrets, a consacré ces idées si rationnelles et permis l'introduction au Mexique des capitaux européens, nécessaires pour mettre en valeur les richesses naturelles du pays, en leur assurant toute la sécurité que peut comporter l'industrie minière dans les pays les plus civilisés. Cette loi simplifie les formalités nécessaires pour l'entrée en possession, rend la propriété perpétuelle et irrévocable, moyennant le payement d'un impôt et supprime la dénonciation, ou déchéance, qui peut sembler à certains politiciens un moyen d'assurer l'exploitation des gisements, tandis qu'elle en produit seulement l'exploitation apparente, en effrayant, d'autre part, ceux qui, avant de mettre leur fortune dans une entreprise, demandent à n'avoir à lutter que contre les difficultés naturelles dont la science peut tenir compte, sans rester exposés, en outre, à des actes d'arbitraire administratif.

Dans les quatre premiers mois qui suivirent la mise en vigueur de la nouvelle loi, 847 demandes de consolidation, correspondant à 4467 droits de propriétés, furent adressées aux agences des mines créées par cette loi. Deux ans après, en avril 1894, le nombre des demandes s'élevait à 5396. La production de l'argent, qui avait été (en chiffres ronds) de 1 151 000 kilos en 1891-1892, fut de 1 350 000 kilos en 1892-1893, de 1 423 000 kilos en 1893-1894, de 1 423 000 kilos en 1894-1895, de 1 491 000 kilos en 1895-1896, de 1 557 000 kilos en 1896-1897, de 1 715 000 kilos en 1897-1898, de 1 772 000 kilos en 1898-1899, de 1 716 000 kilos en 1899-1900 et de 1 817 000 kilos en 1900-1901.

Un peu plus tard, le Gouvernement s'étant préoccupé de la nécessité de favoriser la production de l'or, afin de remédier, en ce qui concernait le commerce étranger, à la baisse persistante de l'argent, une législation également libérale, établie par la loi du 4 juin 1894, fit rapidement passer le Mexique parmi les grands pays producteurs de ce métal dans le monde.

Cette loi avait pour résultat essentiel d'autoriser le Gouvernement à passer des contrats spéciaux pour l'exploration et l'exploitation des mines et placers d'or.

Pour les effets de cette loi, on considère comme gisements aurifères tous ceux qui produisent de l'or pour une valeur supérieure à celle des autres métaux qui peuvent lui être associés.

Les concessionnaires peuvent faire, dans les zones qui leur sont concédées et à l'exclusion de toute autre personne, pendant six mois, des travaux d'exploration. Ils peuvent importer en franchise toutes les machines, matériaux de construction et outillages qui leur sont nécessaires.

L'impôt à payer, réduit au début au sixième de l'impôt ordinaire, s'accroit progressivement pour atteindre ce dernier au bout de onze ans.

Ces avantages sont accordés à la condition que les concessionnaires engagent dans l'affaire un capital de 500 000 piastres, porté à un million, au bout de cinq ans, et qu'ils construisent, dans les deux premières années après la signature du contrat, un établissement pouvant traiter par semaine quatre cents tonnes de minerais.

A la législation minière se rattache étroitement, dans un pays comme le Mexique, la législation monétaire, mais il n'en sera dit ici qu'un mot, la question devant être spécialement traitée dans une autre partie de l'ouvrage.

Cette question, si importante en tout pays et presque partout si délicate en raison des intérêts contradictoires qui se trouvent en présence, s'est posée, jusque dans ces derniers temps, d'une manière particulièrement simple au Mexique, où l'extraction de l'argent est la grande et persistante industrie nationale. Malgré la baisse énorme de l'argent, resté encore le seul étalon monétaire, le prix de la vie et, par suite, celui de la main-d'œuvre ont relativement peu augmenté; le Mexicain, qui n'a pas d'affaires avec l'étranger et qui n'est pas exploitant de mines, peut, dans une certaine mesure, s'imaginer que l'argent est toujours à son cours légal, au lieu d'être tombé à 85 francs. Un pays, dont la monnaie a subi une dépréciation de près des deux tiers, se trouve ainsi pouvoir vivre sans trop s'en apercevoir.

Ce n'est pas à dire, pourtant, que l'industrie minière ne supporte pas rudement la conséquence de la débâcle du métal blanc; quand le mineur mexicain vend son argent au dehors, il n'en retire que la moitié du bénéfice auquel il aurait droit si le bimétallisme s'était généralisé, et son désir bien naturel serait, par suite, comme celui des silvermen de l'ouest américain, que l'on voulût bien consommer un peu plus de monnaie d'argent dans le monde.

b. — ORGANISATION ADMINISTRATIVE ET INSTITUT GÉOLOGIQUE

Il est utile, pour le développement d'un pays comme pour l'avantage et l'agrément des individus, que l'intervention de l'État soit restreinte au règlement de ces intérêts communs, en vue desquels les personnalités ont cru devoir lui aliéner une partie de leur liberté. Une inquisition abusive, une réglementation maladroite, une fiscalité excessive, venant modifier les contrats, augmenter les charges, ou contrôler le fonctionnement commercial et les bénéfices, peuvent entraver complètement l'essor d'une industrie. L'État, représentant de la communauté, a toutefois le devoir de faire respecter certains intérêts généraux, comme d'étudier certaines questions, pour la solution desquelles il est, en quelque sorte, le syndicat des diverses industries locales. Nous avons déjà vu comment l'État mexicain a compris la première partie, la partie négative de ce rôle; pour la seconde, qui est la partie positive, il a été créé, par le Ministère du Fomento, sur le territoire mexicain, 138 agences minières, réparties de la façon suivante : 1 pour Aguascalientes, 3 pour la Basse-Californie, 10 pour Coahuila, 13 pour Chihuahua, 4 pour Chiapas, 1 pour Colima, 1 pour le District fédéral, 14 pour Durango, 2 pour Guanajuato, 5 pour Guerrero, 3 pour Hidalgo, 8 pour Jalisco, 4 pour México, 1 pour Morelos, 5 pour Michoacán, 5 pour Nuevo Leon, 5 pour Oaxaca, 9 pour Puebla, 3 pour

Queretaro, 4 pour San Luis Potosi, 10 pour Sinaloa, 9 pour la Sonora, 1 pour Tabasco, 2 pour Tamaulipas, 3 pour Tepic, 5 pour Veracruz, 10 pour Zacatecas.

En outre, il a été organisé un Institut géologique, ayant déjà publié des travaux remarquables et dont nous voudrions dire quelques mots.

L'Institut géologique, qui s'appela d'abord Commission géologique, a été établi, à la fin de 1888, puis réorganisé, en 1891, sous la direction de Dn. Antonio del Castillo. Ses travaux furent d'abord consacrés à l'établissement d'une carte géologique générale et d'une carte minière du pays.

La carte géologique, publiée, en 1889, au 1 : 3 000 000e, devait servir de base à l'établissement des cartes de détail, destinées elles-mêmes à organiser les recherches minières. Quant à la carte minière (1re édition en 1889, 2e en 1893), elle avait pour but de faire connaître au public l'immense quantité des gisements et leur variété. A partir de 1891, on commença les travaux détaillés, avec un personnel que la crise de l'argent ne permit malheureusement pas d'étendre autant qu'on l'aurait voulu. Ce personnel est composé d'un directeur M. José G. Aguilera, quatre géologues, un assistant, un préparateur de plaques minces et un secrétaire.

Jusqu'ici, les reconnaissances faites couvrent déjà près des sept dixièmes du territoire. Sur la moitié du territoire, on a établi les contours stratigraphiques et divisé les roches éruptives en deux groupes principaux, pré-crétacées et post-crétacées. Des études de détail ont été faites dans le Yucatan, par M. Sapper, sur la coupe de Acapulco à Veracruz, dans les districts miniers fameux de Pachuca et Real del Monte, par MM. Ordonez et Rangel, et dans la région carbonifère de Zacualtipan.

Le Service a publié 14 bulletins in-4°, parmi lesquels nous citerons seulement, pour leur intérêt industriel, celui sur le district de Pachuca (184 p. et 14 pl.), celui sur Real del Monte (108 p. et 26 pl.), la *Bibliographie géologique et minière du Mexique*, par R. Aguilar (1898, 158 p.), et le Catalogue des Minéraux du Mexique, par J. G. Aguilera (1898, 558 p.).

En outre, diverses notices ont été publiées sur des districts miniers; par exemple : Santa Catarina (Hidalgo), Zopilote, Mezquital del Oro (Tepic), Puerto del Oro (Guerrero), Coyuca de Catalan (Guerrero), Sierra de Baoz, Rio Florido, (Chihuahua), Ixtlan et Barranca del Oro (Tepic), Rio Bravo, etc.

Il reste maintenant à exécuter ces cartes de détail, qui, en dehors de leur intérêt scientifique, sont si indispensables pour faciliter les investigations méthodiques, permettre de chercher ou de retrouver les substances utiles, éviter le temps et les efforts perdus, diriger les explorateurs, etc. Un pays, où l'industrie minière occupe autant de place et joue un si grand rôle, ne peut manquer, d'entrer prochainement dans cette voie et de donner, à son service géologique, toute l'extension qu'il comporte.

II

Constitution géologique du sol. — Métaux précieux.
Cuivre et métaux divers.
La houille et le fer. — Substances métalliques diverses.
Les forces hydrauliques.

En ce qui concerne la richesse métallique, le Mexique a été admirablement favorisé par la nature. Il est facile, en étudiant sa constitution géologique, d'en comprendre la cause; on peut se rendre compte en même temps pourquoi, par suite des mêmes circonstances, il lui manque malheureusement, en grande partie, ce qui a été, au XIXe siècle, ce qui sera encore, quelque temps probablement, l'engin presque indispensable du progrès industriel, la houille : richesse précieuse, à la disparition même de laquelle tous les pays devront, dans un délai relativement court, suppléer par l'emploi d'autres forces naturelles.

Parmi les traits les plus caractéristiques de la constitution de notre planète et parmi ceux qui, ayant été les plus anciennement marqués dans son histoire géologique, doivent correspondre à sa structure la plus intime, il faut citer, en premier lieu, ce grand cercle d'effondrement, sorte de cratère démesuré, qui constitue l'océan Pacifique. Tout autour de cette immense dépression marine, on voit, encore aujourd'hui, une remarquable ceinture, une couronne de volcans en activité, restes d'une activité éruptive, qui a été encore plus intense, avant notre époque, dans la première partie de la période tertiaire. Là se sont développées, avec une abondance incomparable, par suite de cette activité volcanique relativement récente, les manifestations hydrothermales souterraines, auxquelles on attribue, en général, la formation des filons métallifères. Assurément, de tels phénomènes avaient eu lieu déjà, à bien des reprises pendant les âges antérieurs, et ont eu lieu, durant cette période même, dans nombre d'autres régions du globe, mais jamais, ce semble, avec un développement pareil; et surtout ces incrustations métallifères récentes de la Couronne Pacifique jouissent, par rapport à beaucoup d'autres, d'un privilège essentiel : elles semblent avoir, en effet, subi, à un degré particulièrement favorable, l'action des forces érosives superficielles, qui ont pour résultat de raboter constamment notre planète, d'en détruire les saillies produites par les actions internes, de la niveler et, en même temps, de mettre à nu les parties de plus en plus profondes des filons métallifères, renfermées dans ces saillies. Or une étude générale, que nous avons eu l'occasion de développer ailleurs en décrivant d'autres régions minéralisées toutes différentes (1), paraît montrer, en résumé, que dans la constitution première des gîtes métallifères, les zones tout à fait superficielles présentent des veines émiettées, dispersées d'une manière peu favorable; puis vient, en profondeur, la zone riche, aux filons les plus nombreux et les plus réguliers : plus bas encore, ceux-ci disparaissent et se coincent, mais peuvent faire place à de grands amas intrusifs d'un type tout différent, qui est particulièrement bien défini en Scandinavie et au Canada. Il faut donc, pour qu'une région métallifère offre ses gisements dans les conditions les plus avantageuses, que l'érosion l'ait déjà entamée assez pour la réduire à peu près à un plateau irrégulier, sans atteindre cependant les filons jusqu'à leur racine : circonstances réalisées dans le cas du Mexique et de l'Ouest Américain.

Parmi ces gisements métalliques, qui forment ainsi une riche ceinture au Pacifique, ceux qui attirent surtout l'attention, étant donné qu'il s'agit en général de pays où le développement industriel est relativement récent, sont ceux des métaux précieux. Cela ne signifie nullement que les métaux moins nobles y fassent défaut; mais, en matière d'industrie minière, un pays, par le fait seul qu'il se développe progressivement, qu'il se crée des moyens de communication et des industries nationales, commence généralement, ainsi que dans la légende mythologique, par l'âge d'or, pour passer à l'âge de cuivre et arriver à l'âge de fer. Contrairement à cette légende, c'est toutefois ce dernier qui marque la plus grande pros-

---

(1) *Les Richesses minérales de l'Afrique* (1 vol. in-8° chez Béranger 1902).

périté. On peut, à cet égard, signaler le mouvement très important, qui s'est fait au Mexique, depuis 1899, pour mettre en exploitation des mines de cuivre, plomb, fer et houille.

Dans la Couronne Pacifique dont il vient d'être question, le Japon à l'ouest, la chaîne des montagnes Rocheuses et des Andes à l'est, ont eu, jusqu'ici, une importance minière prépondérante. Du nord au sud de l'Amérique, de l'Alaska à la Terre-de-Feu, la crête montagneuse, qui, suivie de plateaux plus ou moins étendus, longe, en s'élevant rapidement, le bord de l'océan Pacifique, est d'une admirable richesse métallifère : richesse, qui se poursuit vers l'est dans toute la zone sur laquelle ont porté les éruptions tertiaires, c'est-à-dire que, très large au nord dans les États-Unis, où elle s'étend jusqu'à la dépression du Mississipi, couvrant plus au sud à peu près toute l'étendue du Mexique, elle se rétrécit peu à peu dans l'Amérique du Sud. Sur toute cette zone, la richesse minière apparaît de plus en plus généralement répartie, à mesure que l'industrie humaine pénètre et crée des moyens d'exploitation dans des pays jusqu'alors inaccessibles; on en a eu récemment encore une preuve remarquable par les découvertes retentissantes des champs d'or de l'Alaska et du Klondyke; on peut aisément prévoir que l'Amérique du Sud, où, jusqu'ici, tant de causes ont paralysé l'essor industriel, nous réserve pour l'avenir des surprises analogues. Mais nul pays n'a été aussi bien doté par la nature que le Mexique, où tout le territoire, on peut le dire, appartient à la zone éruptive récente, dont nous venons de signaler la richesse métallifère. Quand on examine la carte géologique de ce pays, on est aussitôt frappé par la façon dont y flamboient, de tous côtés, les couleurs rouges et orangées, par lesquelles on a l'habitude de figurer les roches éruptives tertiaires. Ce flamboiement semble l'image des innombrables gisements de métaux précieux, qui, figurés chacun avec une paillette du métal constituant, rendraient la carte minière du Mexique curieusement étincelante.

Nous avons dit plus haut qu'il y avait une certaine corrélation naturelle entre cette admirable richesse métallifère et le manque de combustibles minéraux, auquel, en dépit de quelques découvertes dont il sera question ultérieurement, le Mexique doit suppléer, soit par l'importation de combustibles étrangers que facilite l'accroissement de son réseau ferré, soit surtout par l'utilisation de ses magnifiques forces hydrauliques. En effet, bien que les combustibles minéraux puissent se trouver dans les terrains d'âge géologique les plus divers, depuis les plus anciens jusqu'aux plus récents, c'est, en majeure partie, pendant la période dite carbonifère et les périodes voisines de celle-là, que se sont produites, sur toute l'étendue de notre globe, les principales accumulations végétales ayant formé la houille. Un pays dont le sol géologique est, en général, aussi jeune que celui du Mexique, a peu de chances d'offrir des dépôts de houille comparables à ceux de vieux pays comme la Pensylvanie, l'Angleterre, l'Allemagne, la France, la Russie, l'Asie-Mineure ou la Chine. Cependant cela ne veut pas dire que la houille manque absolument au Mexique; les terrains secondaires et tertiaires de tout l'Ouest Américain, depuis le Colorado jusqu'au Chili, en renferment quelques abondants dépôts, constituant une richesse d'autant plus appréciée qu'elle est plus attendue et plus désirée; on a déjà trouvé plusieurs gisements intéressants de ces houilles d'âge secondaire au Mexique, et il peut s'en rencontrer d'autres encore dans l'avenir.

Si nous entrons maintenant un peu plus dans le détail et si nous cherchons, sur la carte du Mexique, la répartition des grands territoires miniers, nous voyons que ceux-ci se trouvent surtout, le long de la Sierra Madre, dans la zone centrale, formée de hauts plateaux, dont l'altitude domine en moyenne 2000 mètres et se tient toujours au-dessus de 1000 mètres. Les plus anciens districts exploités se trouvaient à une distance relativement faible de México vers le nord, entre le 20° et le 23° degrés, à Pachuca, Guanajuato, San Luis Potosi, Aguascalientes, Zacatecas, Fresnillo, etc. Dans ces dernières années, un mouvement, analogue à celui qui s'est produit aux États-Unis, a poussé les chercheurs vers les États moins centraux, jusqu'alors peu sûrs et dénués de moyens de communication et, par suite, moins fouillés, que la construction des chemins de fer se trouvait rapprocher de la capitale. Tandis que les Américains du nord descendaient au sud vers la frontière mexicaine dans l'Arizona et le Nouveau Mexique, les Mexicains s'en rapprochèrent de leur côté en gagnant vers le nord, d'abord dans les États de Chihuahua et Durango, traversés par la ligne centrale du Mexique, puis, dans la Sonora, que coupe également la ligne de Guaymas aux États-Unis.

Par suite de ce mouvement, le centre de gravité de l'industrie minière s'est notablement reporté vers le nord. Sur les 14539 concessions en activité que renferme actuellement le Mexique(1), l'État, qui en possède de beaucoup le plus et dont la production est la principale, tant comme valeur, que comme poids, est celui de Chihuahua (avec 56 mines d'or, 317 d'or et argent, 104 d'or, argent et plomb, 407 d'argent, 45 d'argent et cuivre, 399 d'argent et plomb, 14 de mercure, 79 d'or et cuivre, 46 d'or, argent et cuivre, etc., etc.).

Dans cet État de Chihuahua, les nouvelles de 1901 annoncent le grand développement du district de Parral, et la création de celui de Santa Barbara. Puis viennent Durango, Nuevo Leon, Hidalgo, Zacatecas, Sonora, Aguascalientes, San Luis Potosi, Guanajuato, Sinaloa, Coahuila, etc.

Parmi les anciens districts historiques, ceux où il s'est reconstitué une puissante industrie moderne sont, avant tout, Pachuca et Real del Monte, dont nous décrirons avec quelques détails les installations; puis Zacatecas, Aguascalientes, Catorce, Fresnillo, Guanajuato.

Quelques-uns d'entre eux ont, chacun le sait, donné, dans le passé, des résultats tout à fait extraordinaires : ainsi la Veta Grande de Zacatecas, qui passe pour avoir produit, entre 1548 et 1832, plus de 3 milliards de francs d'argent; la Veta Madre de Guanajuato, où l'on a rencontré des zones minéralisées continues d'une épaisseur de 30 à 40 mètres et où une seule mine, la Valenciana, a fourni plus d'un milliard et demi d'argent; le filon San Agustin de Catorce, qui a été reconnu, sur plus de 3 kilomètres de long, avec une puissance atteignant souvent 12 mètres. Les gisements, que l'on exploite aujourd'hui, ne renferment plus, sans doute, ces extraordinaires accumulations de minerais riches et faciles à traiter, sur un même point; mais les grandes masses de minerais complexes, qu'on en extrait, donnent, grâce aux méthodes industrielles modernes, des

(1) Chiffres de juin 1902.

quantités d'argent, qui, même avec la dépréciation actuelle de ce métal, ne représentent pas moins de 180 millions de francs par an.

Une énumération de toutes ces mines, qu'on peut trouver dans divers ouvrages, serait inutilement aride ; nous en nommerons seulement les principales dans la partie consacrée à l'exploitation.

Les gisements mexicains sont, pour la très majeure partie, des filons complexes en relation directe avec les roches éruptives tertiaires, trachytes, andésites micacées ou amphiboliques, roches qualifiées de diorites quartzifères, etc. : conditions de gisements, qui se retrouvent également, plus au nord, dans l'Ouest Américain. La classification officielle établit, entre eux, des distinctions suivant la nature des métaux extraits, distinctions dont on a pu avoir une idée par la liste précédente relative à l'état de Chihuahua. Géologiquement, ces distinctions ne présentent pas l'importance qu'elles ont administrativement et industriellement. Souvent, en effet, le même champ de filons renferme, dans un point, tel métal dominant ; ailleurs, tel autre. L'argent, le plomb et l'or, en particulier, sont souvent solidaires ; souvent aussi les métaux précieux sont associés avec le cuivre. Il est à peine besoin de rappeler que, dans la classification des gîtes suivant le métal extrait, c'est, naturellement, la valeur de ce dernier et non sa quantité qui entre en ligne de compte ; de telle sorte qu'un filon est classé filon d'or ou d'argent, même quand ces deux métaux précieux sont en quantité relativement très faible par rapport à d'autres métaux moins nobles.

Une autre remarque, qu'il est utile de faire parce qu'elle va à l'encontre d'idées trop répandues dans la masse du public, c'est que la grande production du Mexique est obtenue, en somme, non par quelques poches de minerais extrêmement riches, comme celles dont la description permet de frapper aisément l'imagination des actionnaires, mais par de très grandes quantités de minerais assez pauvres. On rencontre le même fait caractéristique pour le pays qui tient la tête de la production aurifère dans le monde, comme le Mexique la tient pour l'argent, c'est-à-dire pour le Transvaal, où les minerais, extrêmement abondants et réguliers, sont d'une richesse médiocre.

Pour le Mexique, c'est là un changement avec l'ancien état de choses, qui a marqué la grande phase de prospérité au début de la conquête espagnole ; à cette époque, on avait affaire à des minerais d'affleurement, ayant subi une concentration naturelle, et, en même temps, une transformation secondaire, qui les rendait directement amalgamables (1). La disparition de ces minerais précaires dans la profondeur (au maximum vers 400 à 500 mètres de la surface) a contribué, en même temps que les venues d'eaux de plus en plus considérables, à arrêter un moment l'exploitation minière ; mais, aujourd'hui, on a organisé d'une façon industrielle et moderne le traitement des minerais, beaucoup plus constants en même temps que plus pauvres, de la profondeur, et la phase dans laquelle on est entré a des chances pour se prolonger bien plus longtemps que celle à laquelle nous venons de faire allusion.

Examinons maintenant, l'un après l'autre, les divers métaux : argent, or, plomb, cuivre, antimoine, étain, fer et les plus importantes substances minérales : houille, pétrole, onyx, opales, soufre, etc. (2).

a. — MÉTAUX

Argent. — Comme nous l'avons rappelé à diverses reprises, l'argent a le droit d'occuper la première place dans une énumération des gisements mexicains. C'est le métal national ; c'est celui dont la production a toujours atteint les chiffres les plus élevés. C'est l'argent, qu'on exploitait à Zacatecas et à Guanajuato, d'où l'on a retiré les milliards auxquels nous faisions allusion tout à l'heure ; c'est lui également qui constituait les « bonanzas » classiques de Pachuca, Catorce, etc. L'argent se rencontre, au Mexique, dans des

(1) Il serait trop long d'entrer ici dans les détails géologiques sur cette transformation en profondeur. On les trouvera développés dans mon ouvrage sur l'*Argent*, dans un mémoire inséré aux Annales des mines (1897 ; 9° série, t. XII) sous le titre : *Contribution à l'étude des gîtes métallifères* et dans un article de la Revue Générale des Sciences (1900), sur les *Variations des filons en profondeur*.

(2) On n'oubliera pas que, dans ce chapitre, nous étudions seulement la géologie des gisements. Nous aurons à revenir, à diverses reprises, sur les grandes mines d'argent, d'or, de cuivre, etc.; au contraire, nous ne retrouverons pas ailleurs quelques petites substances, comme l'onyx, l'opale, etc., au sujet desquelles nous allons paraître donner de suite des détails disproportionnés.

filons complexes où il est associé, le plus souvent, avec le plomb, et, accessoirement, avec les métaux inférieurs, zinc et fer, qui accompagnent le plomb, parfois aussi avec le cuivre. Le groupement de l'argent avec le manganèse, qui caractérise certains grands districts miniers du Montana, aux États-Unis, se présente aussi au Mexique, notamment dans les filons sulfureux complexes de Real del Monte. En même temps, l'argent des mines mexicaines contient souvent un peu d'or, qui se concentre en certaines parties des gisements.

Dans la profondeur, l'argent de ces filons est, en majeure partie, combiné avec du soufre, parfois avec de l'arsenic et de l'antimoine, combinaisons complexes dont la métallurgie doit l'extraire. Mais, heureusement pour les mineurs, une métallurgie naturelle a précédé la nôtre dans toute la partie supérieure des filons, qui s'est trouvée en contact avec la circulation souterraine des eaux, infiltrées à la superficie et chargées, par suite, d'air en même temps que d'acide carbonique. Cette métallurgie naturelle, qui, dans un pays de hauts plateaux ravinés comme le Mexique ou l'Ouest Américain, a pu être réalisée sur des profondeurs très notables, parfois comparables à celles-là mêmes qu'atteignent nos exploitations, a eu pour effet d'isoler l'argent (en même temps que l'or) et de le concentrer dans une certaine zone, dite de la Bonanza(1), c'est-à-dire de l'enrichissement, où il se présente sous une forme facile à traiter par le procédé de l'amalgamation, classique au Mexique.

Le dépilage de ces zones d'enrichissement a contribué, pour une grande part, à l'extraordinaire fortune des mines mexicaines, au xvie et au xviie siècle. Aujourd'hui, on est généralement passé au-dessous, dans les grandes masses de minerais inaltérés, restées vierges pendant longtemps, parce que l'extraction de l'argent y était difficile par les procédés anciens, mais d'où nos méthodes modernes retirent aisément les métaux précieux.

L'étude des principales mines d'argent devant être l'objet essentiel de l'étude qui va suivre, nous ne les nommerons pas ici. Parmi les grandes industries remarquables par leurs installations, citons seulement de suite celles de Pachuca et Real del Monte, où des

(1) On dit qu'il y a « bonanza » quand une mine produit, ou des minerais très riches, ou une grande abondance de minerais relativement pauvres.

travaux, dont le début remonte au xvi⁰ siècle, portent sur un réseau de filons comportant deux directions à peu près orthogonales, réseau en relation avec des filons de dacite et de rhyolite, qui recoupent eux-mêmes des andésites pyroxéniques vertes d'âge miocène, accompagnées de grandes masses de tufs.

Or. — L'or exploité au Mexique est, en grande partie, associé à l'argent : d'où résulte même ce fait un peu imprévu que l'augmentation relative de la valeur du métal jaune, c'est-à-dire la dépréciation du métal blanc, en amenant un ralentissement dans la production de ce dernier, peut, du même coup, produire une réduction dans l'extraction du premier, dont la valeur s'est pourtant accrue.

Il n'y a pas très longtemps que la production aurifère du Mexique est devenue importante; car, pendant trois siècles, l'attention avait été presque uniquement attirée sur l'argent, métal mexicain par excellence, constituant la monnaie nationale, la piastre, dont la réputation s'était étendue jusqu'en Extrême Orient. Cependant on connaissait, avant la conquête espagnole, l'existence de l'or au Mexique; les rois aztèques en possédaient des vases, des coupes, des bijoux, dont on peut voir les échantillons dans nos musées, et la légende veut même qu'une chaîne d'or énorme ait été lancée dans les eaux du lac de Texcoco, à l'approche des Espagnols.

La baisse énorme de l'argent, qui lui a fait perdre plus de moitié de sa valeur depuis une vingtaine d'années, a attiré de nouveau l'attention sur l'or, surtout depuis 1894. La production réelle de ce métal est mal connue, en raison de la facilité avec laquelle son exportation se dissimule et échappe aux droits. Si l'on se borne aux chiffres officiels, on trouve, comme le montre un tableau ci-joint (tableau IV), 1 363 kilos en 1890-1891, 7 025 kilos en 1894-1895, 13 838 kilos en 1898-1899.

Parmi les nouveaux districts miniers aurifères ayant appelé l'attention, en 1898, on peut citer celui de El Oro, dans l'état de México, sur les confins du Michoacán. Des veines de quartz aurifère dans l'andésite amphibolique existent à San José de Gracia (Sinaloa) et Mesquital del Oro (Zacatecas); d'autres filons d'or se trouvent dans ces diorites andésitiques et granites recoupant les calcaires crétacés (San José del Oro, Hidalgo San José, Tamaulipas). Des filons de quartz aurifères avec pyrites sont exploités par la Compagnie de Peras (Oaxaca), par la Compañia Anglo-Mexicana à San José de Gracia (Sinaloa), par la Compagnie de Mulatos (Sonora). L'Anglo-Mexicana, qui avait d'abord échoué à Yedras, a obtenu, de 1894 à 1896 un produit brut de $ 2 700 000 et net de $ 1 300 000. Dans l'état de Sonora, la « Sonora placer Mining and develop. C° » exploite les placers aurifères de l'Altar, qui ont produit 323 kilos d'or en un an.

Plomb. — Le plomb est abondant au Mexique, où, comme partout, il est souvent argentifère, parfois aussi aurifère. En raison de la valeur de plus en plus faible de ce métal, son extraction n'est jamais le but principal d'une exploitation; mais elle est, en une foule de points, le corollaire de la production argentifère, et quelques mines se sont trouvées, dans ces dernières années surtout, produire des quantités de plomb de plus en plus considérables : mouvement qui a des chances pour s'accentuer encore, dans l'avenir.

Parmi les exploitations de plomb mexicaines, il faut citer, en premier lieu, celle qui s'est organisée récemment à Mapimi (Durango) et qui, en 1899, a produit 16 000 tonnes de plomb métallique. La plupart des gisements de galène mexicains se présentent en veines ou en amas irréguliers dans les calcaires crétacés; nous citerons : Sierra Mojada (Coahuila); Mapimi (Durango); Zimapan (Hidalgo); Cerralvo (Nuevo Leon).

Cuivre. — La principale exploitation de cuivre mexicaine, celle du Boleo, en Basse-Californie, est une exploitation française. Organisée depuis 1886, elle traite des couches cuprifères interstratifiées entre des bancs de conglomérats et des tufs volcaniques, qui appartiennent, soit à la partie supérieure du miocène, soit à la base du pliocène. Nous en reparlerons plus loin. La plus importante couche exploitée, dite couche n° 3, est la plus profonde; son épaisseur est de 0^m25 à 3 mètres : en moyenne, 1 mètre. Des couches de gypse et des dépôts manganésifères font partie de la même formation, dont l'étendue en longueur atteint, paraît-il, 150 kilomètres. Les minerais se composent, soit d'oxydes, soit de sulfures (sulfure noir et rarement chalcopyrite). Parfois le carbonate bleu de cuivre affecte une forme oolithique, qui a reçu le nom de « boleos ».

Les minerais oxydés sont incontestablement des produits de remaniement secondaire et de concentration locale, empruntés aux minerais sulfurés primitifs, qui tendent à dominer de plus en plus à mesure qu'on se rapproche du niveau hydrostatique (23 mètres au-dessus de la mer).

Il y a, en outre de cette mine principale, dans diverses parties du Mexique, des veines et filons cuivreux, souvent argentifères et aurifères, généralement mêlés avec des minerais complexes. On en trouve en relations avec des roches métamorphiques du crétacé; il en existe aussi dans des andésites à hornblende.

Nous décrirons, plus tard, des fonderies de cuivre à Aguascalientes, à San José (Tamaulipas), à Magistral (Chihuahua), etc.

Mercure. — La découverte de gisements mercuriels importants au Mexique aurait eu une très grande importance pour ce pays, surtout à l'époque où, tout le traitement des minerais d'argent se faisant uniquement par amalgation, le mercure nécessaire devait venir des mines espagnoles d'Almaden. Aussi a-t-on cherché cette substance avec activité, mais sans grand succès(1). La zone mercurielle de Californie, qui a d'ailleurs été rapidement épuisée, ne se prolonge au Mexique que par quelques veines cinabrifères sans valeur (avec livingstonite ou guadalcazarite), pour la plupart intercalées dans les calcaires crétacés, au voisinage des roches tertiaires.

Antimoine. — On a commencé récemment à exploiter un peu d'antimoine au Mexique dans les États de San Luis Potosi et de Queretaro. Cet antimoine, sous forme de stibine, forme des filons réguliers dans les calcaires crétacés de la Sonora. La stibine existe également en veines accompagnées de galène, blende et pyrite à Cualac (Guerrero).

Étain. — On a signalé, en divers points, des filons de cassitérite tertiaires (c'est-à-dire du même âge que ceux de Bolivie), formant des veines de retrait très minces dans la rhyolite et contenant par-

---

(1) On exploite cependant avec bénéfice les filons de Huitzuco (Guerrero).

fois des topazes. L'étain d'alluvions s'est concentré en quelques placers inexploités (Durango, Zacatecas, Guanajuato, San Luis Potosi, Jalisco).

Fer. — Le fer n'a eu, jusqu'ici, qu'un rôle industriel insignifiant au Mexique; mais ses dépôts ne manquent pas, comme on peut s'y attendre dans un pays aussi généralement minéralisé.

On cite, par exemple, des veines d'hematite interstratifiées dans les micaschistes de Guerrero, d'autres intercalées dans le Keuper, et surtout des dépôts importants de sesquioxyde ou de magnétite dans le crétacé inférieur et moyen : montagne de Mercado (Durango), Monclova (Coahuila), Encarnación à Zimapán, (Hidalgo).

Quelques grandes exploitations de fer commencent à s'organiser.

Manganèse. — Les oxydes de manganèse forment des veines notables dans le crétacé de Puebla.

Bismuth et cobalt. — On parle de gisements de bismuth et cobalt récemment découverts à Pihuamo, État de Jalisco.

b. — SUBSTANCES MINÉRALES DIVERSES

L'exploitation des substances non métalliques, si on laisse de côté les pierres de construction, n'offre encore, au Mexique, qu'une importance assez faible, dont on peut se faire une idée en examinant le tableau II.

Houille. — Parmi ces substances, celle qui présente le plus d'importance pour l'avenir général du Mexique, est la houille. Nous avons déjà vu comment le peu de développement des terrains primaires au Mexique est une raison pour que les gisements houillers y soient relativement rares. Ce pays y remédie par des importations, qui en font, pour les États-Unis, un client très important. Le charbon de la Virginie et de la Pensylvanie y arrive par le port de Tampico et est distribué, soit par le chemin de fer central, soit par la ligne de Monterrey au golfe. On en importe également directement de l'Ouest Américain, par le chemin de fer national, et la Compagnie du Boleo importe d'Europe le coke qui lui est nécessaire. Mais il est facile de comprendre l'intérêt qu'il y aurait, pour le Mexique, à se dispenser le plus possible de ce tribut, et le soin avec lequel on a recherché les gisements houillers, pouvant exister sur le territoire de la République.

Le terrain géologique, où le charbon minéral se rencontre surtout au Mexique, est la partie haute du crétacé supérieur; il y forme quelques bancs réguliers, mais souvent mêlés de schistes, exploités notamment dans l'État de Coahuila : en premier lieu, au valle de las Sabinas, par la Compagnie du chemin de fer international, puis à Hondo, San Felipe et Santa Rosa, dans le même État; un gisement voisin de celui de Sabinas, à Barroteràn, a été reconnu en 1899.

La mine de las Esperanzas (Coahuila) fournit actuellement 1 200 tonnes de charbon et 250 tonnes de coke par jour; elle s'outille pour arriver à 4 000 tonnes de charbon et 800 de coke.

D'autre part, le trias de la Sonora (Keuper) renferme quelques lits charbonneux, ayant, pour la plupart, subi l'action métamorphisante des roches éruptives tertiaires; ces charbons sont, tantôt des charbons bitumineux et pitcoals, tantôt des anthracites, ou même des graphites. Quelques bancs peuvent atteindre 1 à 2 mètres de puissance. La plupart sont trop éloignés des chemins de fer pour être exploitables; cependant le Ferrocarril Southern Pacific a fait étudier récemment ceux qui se trouvent près du port de Guaymas, et l'on construit une ligne partant d'une station de la ligne Sonora et San Marcial, centre des gisements charbonneux de la Sonora.

Le même étage triasique renferme, à la limite des deux États de Puebla et d'Oaxaca, des lits charbonneux très minces, mêlés de sables et de schistes.

L'exploitation du charbon au Mexique, d'organisation tout à fait récente, puisqu'elle n'existait pas en 1893, a atteint, en 1898, un chiffre d'une vingtaine de millions de francs. Certaines de ces entreprises sont, paraît-il, très prospères, notamment la Compañia de Fuente, dont les travaux sont situés sur les rives du Rio Bravo et qui a pu distribuer déjà plusieurs dividendes.

Pétrole. — L'attention a été très vivement attirée par la découverte récente du pétrole près du port de Tampico. Des travaux d'exploration, effectués pour le compte de grands financiers américains, y ont été commencés. On s'occupe également avec activité d'organiser l'industrie du pétrole dans diverses régions et de construire des raffineries.

Au voisinage de la ligne centrale, six puits foncés récemment ont donné, paraît-il, de bons résultats.

On a également commencé des recherches dans l'État de Guerrero, le long du Rio Mexcala ou de las Balsas.

En dehors des combustibles et du pétrole, dans un tout autre ordre d'idées, les substances minérales non métallifères présentant le plus d'importance au Mexique sont les onyx et les opales; nous dirons ensuite quelques mots du soufre, des argiles, etc.

Onyx mexicain, ou Tecali. — L'onyx ou tecali, que l'on trouve en divers points du Mexique, est une pierre d'une remarquable beauté. Avant la conquête, les Aztèques l'utilisaient déjà, mais seulement pour les temples et les vases sacrés : d'où son nom, qui est une corruption de « Teocali » (maison de pierre). Les carrières les plus fameuses sont situées dans les états de Puebla et d'Oaxaca, à Tecali, Tehuacán, Etla, etc. On cite, en premier lieu, dans le district de Tecali, à environ 30 kilomètres de Puebla, la carrière fameuse de Pedrara, qui produit surtout des oxydes verts légèrement teintés de rouge et de rose; puis, dans le district de Tehuacán, celles d'Antigua Salinas, la Mesa et la Sopresa. En moyenne, les blocs ne dépassent pas $37 \times 25 \times 15$ centimètres. Un bloc de 60 décimètres cubes, de qualité ordinaire, peut valoir 5 francs le décimètre cube, tandis qu'un bloc de 3/4 à 1 mètre cube, atteint 25 francs le décimètre cube.

Les variétés les plus estimées sont l'onyx vert pâle, le vert foncé, le vert foncé argenté et l'ambré. La variété rose de New Pedrara est fameuse. Elle vient de la Basse-Californie, où la New Pedrara Company de New York l'a tirée de quelques carrières, qui semblent épuisées. Les États de Coahuila et de Durango renferment également des onyx, moins connus jusqu'ici en Europe, mais sans doute appelés à un succès analogue. On en a pu voir quelques échantillons à l'Exposition de 1900.

Ces onyx sont une sécrétion récente, pliocène ou pléistocène, formée par des eaux chaudes aux dépens de calcaires ou de schistes calcarifères plus ou moins purs. Le carbonate de chaux, dissous par les eaux, est ensuite redéposé en croûtes superposées, comme celles qui forment les onyx siliceux et les agates. On trouve, par suite, les onyx, en général, dans une gangue argileuse rouge ou brun foncé dure et compacte. La difficulté est d'en extraire des blocs un peu grands et sans cavités ni fissures. La plupart des onyx mexicains sont pléistocènes (quaternaires); cependant le tecali blanc de San Antonio de las Salinas près de Tehuacán (Puebla) paraît appartenir au pliocène supérieur.

Opales. — Les opales sont des veines de silice hydratée, que l'on trouve dans des roches éruptives tertiaires très acides, notamment dans des rhyolites et des trachytes. Elles atteignent, en quelques points du Mexique, une merveilleuse beauté. C'est en 1802, que fut découvert à Zimapán, État d'Hidalgo, un premier dépôt contenant des opales couleur de feu et rouge hyacinthe.

Les dépôts de la Hacienda de la Esperanza, Queretaro, découverts en 1855, ont été seulement dénoncés en 1870; on y a trouvé des opales de feu, couleur Arlequin et laiteuses. Des opales de feu existent également à San Nicolás del Oro et près d'Huitzuco (Guerrero), ainsi que dans le nord de San Luis Potosi.

Dans l'État de Guerrero, il y a quelques opales transparentes à traînées rouges, bleues et vertes. En Jalisco, on a trouvé quelques beaux spécimens d'opales-agates, offrant diverses teintes et couleurs.

L'opale commune du Mexique est vendue très bon marché, parce qu'au bout d'un certain temps, elle craque et perd sa couleur. Cependant on a trouvé, depuis 1891, en Queretaro, Michoacán et Guerrero, des gisements d'opales très dures et à couleur stable. L'opale commune et claire de Querétaro est vendue par grandes quantités, depuis 0 fr. 15 pièce; l'opale couleur de feu depuis 50 jusqu'à 500 francs. Il y a, dans cet État, trois établissements, qui taillent plus de 50 000 opales par an, opération faite d'une façon très rudimentaire et demandant moins d'un jour.

Certaines opales du Mexique présentent une seule couleur très accentuée : rouge, verte ou jaune, et sont alors supérieures aux opales de Hongrie, où l'on ne rencontre pas cette particularité. Citons, comme gisements, ceux de l'Esperanza (Queretaro), de Maravatío (Michoacán) de Zimapán (Hidalgo) tous situés dans les rhyolites, l'Iris Mine (Queretaro) dans le trachyte.

On trouve encore au Mexique : beaucoup d'**obsidiennes** de toutes couleurs dans les roches éruptives tertiaires, notamment sur les versants des montagnes de Tequila (Jalisco), et près las Navajas (Hidalgo); des **topazes** à la Paz (Guanajuto) et à Conreto (Durango), dans les deux cas associées avec de l'oxyde d'étain; des **grenats** dans Chihuahua, près du lac Jaco, à Xalostoc (Morelos), etc.; des **tourmalines**, en Basse-Californie, etc. Aucune de ces pierres ne donne lieu à une exploitation; cependant les obsidiennes ont été très employées par les Aztèques, qui les tiraient de vastes dépôts situés dans la montagne « las Navajas », près Pachuca, du Michoacán, de Tequila (Jalisco) et de la région de Queretaro.

Le **soufre** pourrait avoir une certaine importance commerciale au Mexique. Il se forme encore de nos jours dans les régions volcaniques (Popocatepetl, etc.) En outre, on en trouve des dépôts et veines dans certains calcaires crétacés (Sierra de Banderas, Durango). Au Popocatepetl, les gisements de soufre sont situés à l'intérieur du cratère et, pour y gravir, il faut d'abord suivre un sentier assez raide, puis s'enfoncer de 92 mètres au moyen d'un câble, enfin descendre une rampe de 600 mètres de long sur une pente de 0,30 par mètre, au bas de laquelle on trouve les dépôts de soufre sur un plateau horizontal.

On exploite des **marbres** fossilifères sur les hauteurs d'Orizaba (Veracruz). On utilise également beaucoup de **tufs volcaniques** comme pierres de construction.

L'**argile** de Salamanca (Guanajuato) est employée pour la fabrication de la porcelaine; on se sert, pour la même industrie, des argiles de Zacualtipán. La **terre à poterie** de Tonalán, San Andrès, San Pedro, est réputée. Le **gypse** est exploité à Hostotipaquillo (Jalisco).

III

a. **Exploitation des mines**. — *b*. **Concentration et préparation mécanique.**

a. — EXPLOITATION DES MINES

L'exploitation des mines a fait, dans ces dernières années, de remarquables progrès au Mexique, et quelques-unes des installations les plus récentes peuvent soutenir la comparaison avec celles d'Europe ou des États-Unis. On a exécuté notamment de beaux travaux, tels que tunnels d'assèchement, transmissions de force électrique, etc., afin de lutter contre les importantes venues d'eau souterraines, qui ont toujours été un des plus grands obstacles à l'exploitation des mines mexicaines en profondeur. Nous décrirons, à titre d'exemples, l'organisation de la Compagnie Réal del Monte et Pachuca, qui extrait des minerais d'argent, et celle de la Compagnie de Boléo, qui exploite des minerais de cuivre; après quoi, nous ajouterons quelques indications générales sur les diverses branches de l'exploitation des mines.

L'exploitation minière de Real del Monte à Pachuca (Hidalgo), l'une des plus anciennes du Mexique, a subi diverses réorganisations successives depuis 1844 et, entre 1877 et 1896, elle est devenue le principal centre de production argentifère au Mexique, grâce aux mesures prises à diverses époques pour l'assèchement très difficile des travaux en profondeur (1). C'est ainsi qu'on y a percé, au xviiie siècle, le tunnel de Moran de 2400 mètres de long; plus récemment, le tunnel de l'Aviadero de 4 kilomètres, terminé en 1868; puis, dans les dix dernières années, le tunnel de Rosario, de 1200 mètres, le drainage du puits San Juan, etc.; on a établi une série de machines d'épuisement, la plupart à simple effet du type Cornwall, une seulement (à la mine Difi-

---

(1) Voir, à ce sujet, *Nature* du 27 octobre 1900 : Un district minier fameux, Real del Monte, au Mexique.

cultad de Real del Monte) à double effet, système Wolf, avec pompes Rittinger et contrepoids hydrauliques d'une force de neuf cents chevaux, enfin on établit actuellement à Real del Monte une bombe centrifuge pour élever 10 mètres cubes d'eau par minute à 200 mètres de hauteur.

Vers 1895, l'inondation de quelques-unes de ces entreprises, surtout de la Camelia mine, envahie par une venue d'eau de 2000 litres par minute, amena à développer les moyens d'assèchement. C'est un peu après qu'on installa, sur la mine San Rafael, une pompe actionnée électriquement par un courant triphasé, emprunté à la grande chute d'eau de la Barranca de Regla et fourni par la « Compañia de potencia electrica de Hidalgo ». Cette même compagnie transmet, en même temps, de la force à quelques autres mines et usines, telles que la Dificultad de Real del Monte, les Haciendas de beneficio Guadalupe, la Union et autres de Pachuca.

En mars 1898, on commença également le tunnel Girault, qui part au voisinage de l'usine métallurgique de Loreto et doit se terminer à la mine Camelia, sur le grand filon Vizcaina.

En raison de ces divers travaux, on annonce qu'en février 1903, les communications souterraines seront rétablies entre les mines Xotol, Camelia et San Rafael et le niveau de l'eau abaissé de manière à permettre d'atteindre la zone des minerais riches.

Dans les mines de la Compagnie Real del Monte, l'extraction se fait, presque partout, par des machines à vapeur. On a organisé l'abatage à la dynamite en employant des fleurets d'acier, etc.

Le puits San Pedro de Pachuca a 504 mètres de profondeur. Huit autres puits de la même région ont une profondeur entre 335 et 437 mètres.

La *Compagnie française du Boleo* a d'abord exploité au moyen de petits puits de 100 mètres au maximum, à partir du fond desquels partaient des galeries de traçage. Actuellement, l'exploitation se porte de plus en plus sur l'aval-pendage des couches, au-dessous du niveau hydrostatique, où dominent les minerais sulfurés, plus pauvres mais plus constants que les minerais oxydés superficiels. On travaille par grandes tailles chassantes. L'extraction se fait en partie par treuils électriques. L'épuisement sert à alimenter d'eau les machines et la population; on va essayer de l'épurer par l'ozone. Une usine centrale de distribution de force électrique, à Santa Rosalía, fournit 1 500 chevaux disponibles.

Si nous examinons maintenant les divers grands travaux qui caractérisent une mine, nous pouvons commencer par les *puits d'extraction*.

Les exploitations ont, depuis longtemps, atteint une grande profondeur au Mexique, et la mine Valenciana de Guanajuato fut, un moment, la plus profonde du monde. Actuellement, nous venons de citer le puits San Pedro de Pachuca (504 mètres), le puits Amistad de la même Compagnie (437 mètres).

En fait de *tunnels*, nous avons déjà mentionné ceux de Real del Monte. A Batopilas (Chihuahua), on travaille, d'une façon continue, depuis 1884, à en perforer un, nommé le Porfirio Diaz, qui doit explorer toute la région nord du district et les profondeurs du filon Roncesvalles, à 411 mètres au-dessous des niveaux inférieurs de la mine du même nom. Ce tunnel, qu'on doit prolonger sur 10 kilomètres de long, en a déjà plus de 3. Les roches traversées y sont excessivement dures. On a commencé par travailler à la main, puis avec des perforateurs à air comprimé, enfin avec des perforatrices Ingerssol. Dans ces dernières années, l'avancement moyen était de 26 mètres par semaine; on compte le doubler avec une machinerie nouvellement installée.

A Guanajuato, le tunnel San Gayetano de las Ovejeras a demandé vingt ans de travail. A Catorce (San Luis Potosi) le tunnel Purisima Concepcion a une section de 4^m20 sur une largeur égale. A Zacatecas, le tunnel Purisima, appartenant à la Compagnie de Sauceda, a demandé sept ans de travail et coûté 6 millions. Sa longueur est de 1 900 mètres, sa profondeur au-dessous de l'orifice du principal puits de 218 mètres; il a été terminé en 1894.

Comme *machinerie*, on cite, outre celle du district de Real del Monte, celle de Rincon (Temascaltepec) ayant coûté 500 000 francs; celle de l'Union Catorceña (San Luis Potosi), qui, la première, en 1877, employa l'air comprimé au Mexique; les moteurs Corliss des Compagnies du Cerro-Colorado et Potrero à Chihuahua.

Les *installations électriques* existent dans le district de Real del Monte, où nous venons de les mentionner ; on les retrouve dans quelques autres mines.

Enfin l'on cite la mine Promontorio (Durango) comme une des mieux installées du Mexique.

Des *moyens de transport* divers ont été organisés par plusieurs grandes Compagnies minières. Nous en citerons quelques exemples.

Dans l'État de Durango, la Compagnie de Peñoles a établi diverses lignes de chemin de fer : une ligne à adhérence de 29 kil. 1/2 entre Bermejillo, sur le Central Mexicano R. R. et Mapimi, un autre chemin de fer à crémaillère système Abt de 3 kil., 2 (330^m de différence de niveau, pente 13,6 %) montant à la mine Ojuela. Elle a installé, en outre, pour relier deux gisements séparés par un précipice, un pont suspendu de 313 mètres de long et 2 mètres de large, ayant coûté 208 000 francs, dont 130 000 pour le matériel et 78 000 pour la main-d'œuvre.

La mine San Pedro à Monterrey (Nuevo León) a un câble aérien de 700 mètres ; la mine Azteca, dans le voisinage, a également un câble conduisant de San Antonio à la station du chemin de fer : câble, pouvant transporter 6 000 tonnes par mois. Nous signalerons bientôt le chemin de fer souterrain, que l'on installe à Catorce.

Dans la Sonora, une Compagnie française, qui exploite des gisements de sel près de Caborca, a établi, sur 24 kilomètres de long, un chemin de fer monorail à traction normale. Le système se recommande par son économie ; les rails pèsent de 45 à 12 kilos par mètre linéaire et, sur une pente de 50 millimètres par mètre, un cheval peut aisément traîner 3 tonnes.

En outre, les principaux chemins de fer miniers mexicains sont les suivants :

Coahuila. — Chemin de fer du Nord entre la Sierra Mojada et Escalón ; ligne du Hondo, appartenant à la Compañia Carbonifera de Coahuila ; ligne de Coahuila et Zacatecas, entre la mine Concepcion del Oro et Saltillo, capitale du pays.

Chihuahua. — Ligne de Santa Eulalia (24 kil.) entre Santa Eulalia et la fonderie de la Chihuahua Mining C° ; ligne de Hidalgo del Parral (104 kilomètres) entre la mine et la station de Jiménez ; ligne de Rio Grande, Sierra Madre et El Pacifico, entre Ciudad Juárez et Casas Grandes.

México. — Ligne, inaugurée en janvier 1900, entre El Oro et la station de Tultenango sur le National R. R.

Nuevo Leon. — Ligne Carmen (23 kilomètres, différence de niveau 880 mètres) à la Guadalupe Mining Cº.

San Luis Potosi. — Chemin de fer souterrain, commencé en 1896 et déjà organisé sur 2 kilomètres de long, partant de Real de Catorce et devant traverser toute la Sierra en tunnel, avec branchement sur le Potrero.

Les mines sont situées, en général, dans des régions accidentées : il s'y trouve, dans beaucoup de cas, des torrents, permanents ou temporaires, soit à proximité, soit à une distance qui permet la transmission électrique. C'est une force immense dont on ne peut pas aujourd'hui calculer la puissance, mais dont on peut déjà comprendre l'importance pour les exploitations minières. Il a été parlé, dans un autre chapitre, de la « houille blanche ». Il serait opportun de la mentionner ici, parce qu'en plus de la force motrice qu'elle fournira, on peut ajouter l'éclairage dans les galeries, et la chaleur, pour le travail des minerais, contribuera quelque jour largement au progrès des industries extractives du Mexique.

Quelques mines emploient, pour leurs transports, des *systèmes de navigation*. Ainsi la Compagnie de Chiapas a deux bateaux à vapeur pour descendre les minerais à San Juan Bautista, d'où d'autres bateaux les conduisent à Frontera.

b. — Préparation mécanique et concentration

La bonne concentration préalable des minerais pauvres est un des signes qui caractérisent le mieux une industrie minière bien conçue. Dans ces dernières années, la plupart des exploitations ou des usines mexicaines ont organisé les ateliers de concentration nécessités par la nature des minerais, relativement pauvres et complexes, qui forment aujourd'hui la majeure partie de l'extraction. Ces ateliers ont été munis de machines, venant en général d'Allemagne ou des États-Unis, et sont souvent très perfectionnés. En même temps qu'on y obtient un enrichissement en or et en argent, on y réalise aussi une concentration des métaux inférieurs, d'abord du cuivre, puis du plomb, et enfin, tout récemment, du zinc : métaux inférieurs qui sont évidemment appelés à jouer, dans l'industrie minière du Mexique comme dans celle de tous les pays arrivant à leur dernier stade de développement, un rôle de plus en plus considérable.

IV

MÉTALLURGIE

L'industrie minière du Mexique est, avant tout, comme nous avons déjà eu l'occasion de le rappeler plus d'une fois, une industrie qui vise l'extraction de l'argent. C'est là qu'est tout le passé du pays et, dans le présent, c'est là encore que les résultats les plus fructueux sont obtenus, puisque le Mexique est, pour la production de l'argent, le premier pays du monde. Néanmoins, une évolution de plus en plus marquée, à laquelle il a déjà été fait allusion, s'est produite dans ces dernières années. Tout d'abord, les minerais, dont on extrait l'argent, ne sont plus, en général, des minerais seulement argentifères, comme jadis ceux que l'on traitait par l'amalgamation au patio ; ce sont des minerais complexes, dans lesquels d'autres minerais moins nobles, tantôt le plomb, plus rarement le cuivre, tiennent une place prépondérante. Le Mexique s'est trouvé ainsi devenir un centre de production pour ces deux métaux, dont le dernier, si recherché aujourd'hui, est, en outre exploité, pour lui-même, sur une très vaste échelle, dans le gisement du Boleo. D'autre part, la baisse de prix de l'argent, baisse interrompue depuis quelque temps, mais qui laisse pourtant ce métal bien au-dessous de 222 francs le kilo, son cours légal, a appelé l'attention de préférence sur les minerais, qui, avec l'argent, contiennent des traces d'or : traces d'autant plus intéressantes que les procédés perfectionnés, auxquels on est arrivé récemment, permettent de les extraire en presque totalité. Il en résulte que l'industrie extractive de l'argent produit, en même temps, dans une foule de cas, de l'or et du plomb, souvent aussi du cuivre et, si l'on peut, à la rigueur, dans une étude sur la métallurgie du pays, traiter à part la question du cuivre, il est du moins impossible de séparer l'argent, l'or et le plomb.

Ajoutons que, dans l'avenir, il se produira très vraisemblablement, au Mexique, ce qui a lieu dans tous les grands centres de minerais complexes. L'attention des capitalistes, d'abord attirée presque uniquement sur les métaux précieux, va évidemment se reporter de plus en plus sur les métaux inférieurs, cuivre, plomb et zinc, qui abondent dans ces champs de filons complexes, où, avec le progrès incessant des moyens de communication, avec l'installation de préparations mécaniques savantes, avec l'abaissement de prix de revient résultant de la fabrication des machines dans le pays même, on ira facilement les chercher.

Nous ne parlons pas ici des métaux rares, tels que le mercure et l'étain, dont on pourra découvrir des gisements exceptionnels, mais qui ne constitueront jamais qu'un élément très secondaire.

Au contraire, la métallurgie du fer, qui commence à se créer et dont le développement peut servir de critérium à l'état industriel réellement indépendant d'un pays, a des chances pour être appelée à un grand avenir (1). Les données géologiques nous manquent pour apprécier quelle valeur exacte peuvent avoir les gisements de fer du Mexique, et il est à craindre, vu le peu de développement des terrains sédimentaires non bouleversés par les éruptions, qu'on n'y trouve pas de ces grandes couches d'oxyde de fer régulières, comme celles qui font, par exemple, la fortune du bassin d'Alsace-Lorraine et du Luxembourg, ou de celui du Lac Supérieur aux États-Unis; mais, vu l'abondance extraordinaire des gîtes miniers au Mexique, il ne peut manquer d'exister de très grandes masses d'hématite, produites par l'altération superficielle et la remise en mouvement des gîtes sulfurés complexes, qui renferment des pyrites en profondeur : masses analogues, par exemple, à celles de la Tafna ou du Djébel-Ouenza en Algérie. De tels gisements, surtout quand ils sont encaissés dans des calcaires (comme les terrains crétacés du Mexique) et lorsqu'ils ont pris la forme en amas, souvent avec intervention de carbonates, peuvent atteindre une valeur industrielle considérable. On est donc en droit d'espérer que l'industrie métallurgique du fer, qui commence à se créer au Mexique et qui

(1) La « Compania de Hierro y Acero de Monterrey » achève l'installation d'une grande usine, où l'on a appliqué tous les perfectionnements les plus modernes.

peut avoir une si grande importance pour l'avenir du pays, ne manquera pas de minerais de fer, si elle peut arriver à se procurer, dans des conditions favorables, les combustibles minéraux qui lui font encore défaut, ou réaliser la réduction du fer par des procédés nouveaux (tels que l'emploi de l'électricité, alimentée par des forces motrices hydrauliques) : procédés qui, pour être encore dans le domaine de l'hypothèse, n'en sont peut-être pas moins appelés à se réaliser un jour.

Nous allons maintenant examiner successivement, pour la métallurgie des principaux métaux, ce qui a été fait au Mexique.

a. — MÉTALLURGIE DE L'ARGENT, DE L'OR ET DU PLOMB

La métallurgie de l'argent, solidaire aujourd'hui de celle de l'or, du plomb et parfois du cuivre, est, on le sait, très ancienne au Mexique, et elle y a passé, depuis trois siècles, par des phases diverses, provoquées : en partie, par les modifications que les minerais éprouvaient dans leur nature avec l'approfondissement des travaux; en partie aussi, par les variations dans les conditions économiques. L'une des méthodes classiques de cette métallurgie, le *patio*, y a été inventée. Actuellement, le Mexique, ayant à traiter des minerais complexes et difficiles, leur applique, comme nous le verrons, les systèmes les plus perfectionnés, dans la mesure du moins où le développement industriel général du pays le permet. Si l'on n'arrive pas, pour les minerais très riches, à extraire aussi complètement tout l'argent qu'on le ferait dans les grandes usines de France, d'Allemagne ou d'Angleterre, on s'en rapproche du moins remarquablement. Nous commencerons par résumer, en quelques mots, l'histoire et les développements de cette industrie, pour en étudier ensuite l'état actuel.

Quand les Espagnols occupèrent le Mexique, il n'y avait encore que peu de mines d'argent exploitées par les Aztèques. Les travaux, que les conquérants commencèrent, portèrent donc sur des minerais d'affleurements, ayant subi, par suite de leur altération superficielle et de leur oxydation, une transformation qui en rendait le traitement facile. Ces minerais, généralement de la catégorie de ceux qu'on appelle des *colorados*, étaient formés, en principe, de sulfure d'argent, avec du chlorure et de l'argent métallique. En 1557, Bartolomé Médina, un simple ouvrier sans aucune connaissance chimique, — qui, ce jour-là, montra une singulière divination, — inventa le procédé fameux du *patio*, au moyen duquel on peut traiter rapidement et économiquement de grandes quantités de ces minerais riches superficiels. Ce procédé fut aussitôt installé à l'usine de Purisima Grande (Pachuca), qui l'emploie encore, et adopté avec enthousiasme de tous côtés.

On sait en quoi consiste cette méthode, d'une simplicité si remarquable : broyer le minerai plus ou moins fin, sous des bocards (*molinos*) et des meules (*arrastras*); l'additionner d'eau et l'étendre sur de grandes aires soigneusement dallées (*patios*); lui ajouter encore de l'eau jusqu'à consistance de boue épaisse; y incorporer un peu de sel marin, puis, au bout de quelques jours, du sulfate de cuivre (1) et du mercure; mélanger le tout d'une manière parfaite, sous le piétinement des mules, et laisser ensuite l'action naturelle de l'air et du soleil se produire pendant six ou huit semaines. Au bout de ce temps, l'argent est entièrement incorporé au mercure sous forme d'un amalgame presque liquide, que l'on comprime à travers des peaux de chamois ou de brebis, pour en extraire l'excès de mercure et qu'on finit par distiller dans des récipients en fer, afin d'y obtenir un bouton d'argent.

Comment, par quel hasard, à la suite de quels tâtonnements, Bartolomé Médina avait-il été amené à ce singulier mélange des sels de cuivre et du sel marin avec le minerai d'argent, qui constitue le trait caractéristique et fondamental de la méthode, nul ne le sait; peut-être en opérant sur quelque filon complexe de cuivre et d'argent. Toujours est-il que sa méthode si simple fut immédiatement employée, non seulement au Mexique, mais dans toute l'Amérique du Sud (Pérou, Chili, etc.). Elle suffit pendant deux siècles, et, jusqu'à ces dernières années, elle a fourni environ 90 pour 100 de l'argent extrait au Mexique. Cependant, dès la fin du XVIIIe siècle, comme on commençait à entrer au Mexique dans

(1) Autrefois on employait le magistral (oxyde et sulfate de cuivre), obtenu en grillant de la pyrite cuivreuse.

la zone des sulfures complexes, peu favorables au procédé du patio, on y apprit les expériences faites, d'abord à Kongsberg (en Norvège), puis à Schemnitz (en Hongrie) et enfin à Freiberg (en Saxe), pour traiter ces minerais par le procédé de l'amalgamation aux tonneaux (ou tinettes), après grillage préalable : procédé qui a conservé le nom de méthode de Freiberg; et cette méthode fut introduite alors dans les grands centres miniers mexicains, Pachuca, Fresnillo, etc.

Le procédé de Freiberg consiste, en deux mots, ayant des sulfures à amalgamer, à ramener d'abord, par un grillage, ces sulfures sous la forme oxydée (produite aux affleurements par l'altération naturelle), qui permet cette amalgamation.

Plus tard, quand l'industrie argentifère se répandit aux États-Unis, vers le milieu du xixe siècle, on perfectionna ce système en remplaçant les barils de bois saxons par des chaudières en fer, munies d'agitateurs intérieurs et, sous cette forme, le procédé, dit des *pans*, fut également introduit au Mexique.

Dans cette méthode, le minerai, préalablement broyé (et parfois soumis à un grillage chlorurant préalable), est mélangé avec de l'eau, du sel marin, du mercure et divers ingrédients chimiques (tels que du sulfate de cuivre), comme dans la théorie du patio; on le place dans le pan, et il y reçoit un mouvement rapide et constant, du centre de l'appareil à sa périphérie, produisant ainsi, en quelques heures, l'amalgamation de l'argent et celle également de l'or, s'il s'en trouve dans les minerais. Ce système est rapide : ce qui a motivé son succès aux États-Unis, où le temps a toujours été compté comme un capital essentiel; mais il est imparfait, et il a fallu lui faire subir des perfectionnements, tels que le procédé continu de Boss, pour lui permettre de lutter contre les systèmes plus modernes de la lixiviation et de la fusion plombeuse.

Le *procédé Boss* classique comprend des bocards, suivis de pulvérisateurs (grinding pans), de pans d'amalgamation (amalgamating pans), de chaudières à agitateurs destinées à recueillir l'amalgame (settlers) et de tables de concentration pour les résidus, ou tailings.

La *lixiviation*, ou *leaching process*, à laquelle nous arrivons enfin, consiste, en principe, après une calcination chlorurante, à « lessiver », à dissoudre tout l'argent contenu dans les minerais, au moyen d'un réactif chimique de peu de valeur, par exemple l'hyposulfite de soude (dont tous les photographes connaissent l'emploi pour dissoudre le chlorure d'argent), ou encore le cyanure de potassium, qui, jusqu'ici, n'a pas donné, pour l'argent, les mêmes excellents résultats que pour l'or. Après quoi, ayant fait passer l'argent en dissolution dans d'autres cuves, on le précipite par un réactif, tel que le sulfure de sodium.

Dans le *procédé Russel*, qui est une variante de l'ancienne lixiviation, on ajoute une certaine quantité de sulfate de cuivre à la solution d'hyposulfite de soude, de manière à former un hyposulfite de soude et de cuivre, qui permet de dissoudre l'argent engagé dans certaines combinaisons complexes, arsenicales ou antimoniales. Ce procédé est souvent employé comme adjuvant du procédé Patera, dans lequel l'hyposulfite de soude seul sert à dissoudre l'argent chloruré.

Quant à la *fonte plombeuse* des minerais d'argent, c'est un procédé très naturel et très logique, dont l'idée a dû venir d'autant plus aisément qu'une grande partie de l'argent a été, de tous temps, extraite des minerais de plomb; jusqu'à l'invention de l'amalgamation au xvie siècle, on n'en a pas connu d'autre. Lorsqu'on a, en effet, traité un minerai de plomb argentifère par les procédés assez simples, qui permettent d'en extraire le plomb métallique, ce plomb renferme, incorporé, l'argent qui existait primitivement dans le minerai. Ce plomb argentifère étant, à son tour, échauffé, sous un courant d'air, dans un vase poreux (et, notamment, dans une coupelle en cendres d'os), le plomb oxydé imbibe le vase, tandis que l'argent demeure intact, et, finalement, il reste, dans la coupelle, un bouton d'argent métallique, qui prend un moment l'aspect éblouissant, connu sous le nom de phénomène de l'éclair.

La coupellation était déjà pratiquée par les Phéniciens; on retrouve les preuves de son emploi dans toutes les exploitations de mines antiques, et sa description dans tous les auteurs qui se sont occupés de métallurgie, depuis Pline jusqu'aux alchimistes du Moyen Age et de la Renaissance. Ayant donc remarqué cette affinité du plomb et de l'argent, à laquelle on attribuait, suivant les idées anciennes, des raisons plus ou moins mystérieuses, on a dû avoir, assez naturellement, l'idée d'incorporer des minerais de plomb aux minerais d'argent, qui en renfermaient peu ou même pas du tout, et ainsi est arrivé à se constituer, sur une échelle énorme, le procédé de la fonte plombeuse, appliqué d'abord exclusivement aux galènes argentifères et organisé surtout, dans ces derniers temps, par les Américains, soit dans le nord du Mexique, soit même dans les États de l'Ouest Américain, où les minerais d'argent mexicains venaient se faire traiter en mélange avec les minerais du Colorado, du Nouveau-Mexique ou de l'Arizona : système qui, avec l'emploi de petits fours à cuve soufflés, à ceinture d'eau refroidissante, du genre Pilz, donne d'excellents résultats.

En résumé, les procédés de traitement, appliqués aujourd'hui aux minerais d'argent mexicains, se présentent dans les conditions suivantes.

D'une part, les minerais riches vont, en général, se faire traiter dans quelques grandes usines de fusion (smelters), où l'on applique les procédés d'emplombage, telles que les usines d'Aguascalientes, San Luis Potosi, Monterrey et El Paso (Texas). Ces usines ne traitent que des minerais renfermant au moins 2 kilos d'argent à la tonne, qu'elles achètent, paraît-il, en payant l'excès d'argent, au-dessus de 375 grammes à la tonne, à raison de 3 centavos (un peu plus de 15 centimes) le gramme. L'or est compté pour sa valeur réelle.

Les minerais de seconde classe, qu'on ne peut concentrer, vont à des procédés plus économiques et occasionnant des pertes moindres, tels que le patio, dont le défaut principal est son extrême lenteur, ou encore le procédé des pans (perfectionnement Boss), qui est beaucoup plus rapide, mais arrive à une perte de près de 20 pour 100 de l'argent, tandis qu'avec l'antique méthode du patio on reste au-dessous de 7 pour 100. Ces deux méthodes d'amalgamation ont le défaut commun de perdre la majeure partie de l'or, qui est renfermé dans les sulfures (70 à 80 p. 0/0). Aussi, à Guanajuato, où la teneur en or est souvent notable, a-t-on essayé récemment, soit de récupérer l'or dans des concentrés en faisant suivre les bocards de tables Wilfley, soit d'appliquer la méthode de cyanuration(1).

Les autres méthodes, dont nous venons de raconter l'évolution historique, ont également quelques applications, qui vont être passées en revue.

Voici, à titre d'exemple, ce qui s'est passé dans le centre minier si important de Real del Monte à Pachuca. Après la période, où, comme partout au Mexique, le patio fut uniquement appliqué, on construisit en 1760 un four de fusion pour les minerais riches, (four abandonné en 1886, quand on jugea plus avantageux de les exporter). En 1849, on installa le procédé de Freiberg et, de 1849 à 1858, sur 452 000 kilos d'argent, 325 000 furent produits par ce procédé, 70 000 par le patio, 55 000 par fusion, 2 000 par lixiviation. Actuellement, la production se divise ainsi : 50 pour 100 au patio (rendu plus économique en ces temps derniers); 15 pour 100 au procédé des tonneaux (système Krönke); 15 pour 100 par fusion, à Aguascalientes, El Paso et en Angleterre.

Comme le montre déjà cet exemple, la plus grande partie, une partie de plus en plus notable des minerais mexicains, est traitée sur place; quelques-uns pourtant sont exportés, comme il arrive dans tous les pays, relativement neufs, qui n'ont pas encore atteint le maximum de leur développement industriel. Ainsi qu'il est facile de le comprendre, ces minerais exportés sont : d'une part, quelques minerais très riches; d'autre part, la masse principale des minerais pauvres.

Pour les minerais très riches, la raison en est que la perfection des procédés n'étant pas encore tout à fait la même au Mexique qu'en Europe ou aux Etats-Unis, on laisserait perdre une certaine fraction de l'argent contenu : fraction qui, dans ces minerais très riches, peut dépasser notablement le supplément de frais résultant du transport, des droits de douanes, etc.

Une balance analogue s'établit pour les minerais pauvres. Au-dessous d'une certaine teneur et à un certain degré de complexité, le mineur mexicain peut n'avoir plus intérêt à traiter sur

---

(1) On concentre les résidus des minerais traités, soit au patio, soit par le procédé Boss, pour en extraire le métal qu'ils peuvent contenir.

place, alors que, placé dans des conditions économiques plus favorables, surtout en ce qui concerne l'achat de combustibles et avec des frais généraux déjà amortis par une grande industrie, le métallurgiste étranger peut encore trouver avantage à acheter ces minerais bon marché. Mais il est facile de se rendre compte que, si la mine mexicaine n'est pas placée dans des conditions particulièrement favorables, au voisinage immédiat d'un chemin de fer ou d'un port de mer, les frais de transport, de douane, de traitement à l'étranger et les bénéfices de divers intermédiaires absorbent la plus grande partie de la valeur de ces minerais : question capitale pour le petit mineur mexicain, dont la situation est souvent très précaire.

Quoi qu'il en soit, quelques chiffres permettront de se faire une idée de l'état actuel de cette industrie.

Tout d'abord, voici, pour n'avoir plus à y revenir, les minerais d'argent exportés (minerais, et produits métallurgiques) (1) :

1890-1891	17 636 962 $
1891-1892	19 794 016
1892-1893	20 670 837
1893-1894	17 722 884
1894-1895	30 575 104
1895-1896	38 368 884
1896-1897	44 393 103
1897-1898	48 722 549
1898-1899	52 314 606
1899-1900	52 116 284
1900-1901	56 036 015

Passons maintenant aux minerais traités dans le pays. La proportion de l'argent, obtenu par les divers systèmes, s'est notablement modifiée, dans ces dernières années, comme le montre le tableau suivant, classé d'après l'ordre d'importance actuelle de ces procédés.

(1) Ces chiffres ne correspondent pas exactement aux chiffres officiels, qui comprennent, en outre, l'argent monnayé exporté.

Produits auro-argentifères apportés aux monnaies et bureaux fédéraux de 1889-1899 (en tonnes métriques)

ORIGINES	1889-90	1890-91	1891-92	1892-93	1893-94	1894-95	1895-96	1896-97	1897-98	1898-99	TOTAUX
Fusion	81	93	136	194	4537	19070	93313	139662	216801	344342	828230
Lixiviation	39	28	150	204	88	69	55	37	38	872	1582
Pans	21	29	90	105	165	167	176	138	136	468	1498
Patio	477	455	416	680	738	655	359	433	334	294	4940
Barils	16	26	40	30	29	30	96	16	23	26	333

Dans tous les procédés, sauf pour la fusion, il s'agit d'argent aurifère plus ou moins pur ; à la fusion, les chiffres comprennent surtout du plomb et du cuivre auro-argentifères, ce qui ne permet pas de faire une comparaison précise. Ce tableau met pourtant bien en évidence la transformation, qui s'est opérée, depuis dix ans, dans l'industrie métallurgique du Mexique, et surtout le progrès continu des procédés de fusion.

D'après un autre tableau, les usines de traitement du Mexique étaient, approximativement, en 1897, au nombre de 283, occupant environ 26 000 ouvriers et pouvant se classer de la façon suivante, d'après le procédé de traitement employé :

Patio	108
Patio et barils	3
Patio et pans	4
Patio et lixiviation	7
Patio et fusion	1
Barils	6
Pans	39
Lixiviation	32
Lixiviation et pans	3
Lixiviation et fusion	4
Fusion	76
	283

Les usines au patio se trouvent surtout dans les États de Guanajuato (27), Zacatecas (13), Chihuahua (13), Jalisco (12), Hidalgo (11).

Nous allons maintenant passer en revue ces divers systèmes

de traitement dans leur ordre de découverte historique, afin de faire connaître les principales mines qui les emploient et les résultats qu'elles en obtiennent.

Nous citerons par exemple, tout spécialement ; les grandes usines de Pachuca (Guadalupe y Loreto) de Zacatecas (la Begonia, la Florida, etc.), de Guanajuato, etc., pour le procédé au patio ; celles d'Aguascalientes, de Monterrey et de San Luis Potosi pour l'extraction de l'argent par fusion; celles de Hidalgo del Parral (Chihuahua) pour la lixiviation ; celle de la Cie de Peñoles à Mapimi, pour la métallurgie de l'argent par fusion (compagnie qui vient en tête de la liste des dividendes distribués par les compagnies minières ou métallurgiques du Mexique, cotés à México, avec un dividende de plus d'un million de dollars) et la Mezquital del Oro (Zacatecas).

Dans la description suivante, il nous arrivera d'employer les abréviations anglaises, commodes dans la pratique, de *Mill* pour usine de broyage et amalgamation, *Smelter* pour usine appliquant la fusion plombeuse.

1° **Amalgamation au patio**. — Le procédé au patio, l'ancien procédé mexicain, a perdu beaucoup de terrain dans ces dernières années, et, bien qu'il serve encore à obtenir près d'un tiers de l'argent, surtout dans les anciens districts tels que Zacatecas, Guanajuato et Pachuca, il est peu en faveur dans les régions où s'installe l'industrie intensive à l'américaine. On y a cependant introduit divers perfectionnements, destinés à le rendre plus économique et plus parfait, en multipliant notamment les essais et analyses chimiques, pour substituer à l'empirisme ancien des moyens d'appréciation plus rationnels, pendant les diverses phases de l'opération. L'usine de Guadalupe, à Pachuca (Hidalgo), utilise l'électricité comme force motrice et réalise, de ce fait, une économie notable. L'usine de Loreto (Pachuca) essaye, en ce moment, le traitement mécanique des « tortas » pour éviter l'emploi coûteux des mules, qui avait lieu jusqu'ici. Un ingénieur, nommé Valerio Ortega, a également imaginé récemment un procédé d'amalgamation sans chlorure, mais avec acide sulfurique, qui serait plus économique et plus rapide, mais n'a pas encore subi la consécration de l'expérience. Ce système a été essayé à Fresnillo (Zacatecas) sur des minerais de Proaño et à Guanajuato.

Depuis 1893, la proportion de l'argent obtenu au patio a baissé progressivement de la façon suivante :

1893	1894	1895	1896
78 0/0	75 0/0	43 0/0	31 0/0

Dans le district de Zacatecas, où ce système est encore très généralement employé, il a été produit dans ces trois dernières années.

	1895	1896	1897
Or	187	147	156
Argent	57 247	55 646	74 415

2° **Amalgamation aux barils de Freiberg.** — Ce procédé est aujourd'hui très peu usité au Mexique; on ne peut guère citer que deux usines de quelque importance, où on l'emploie sous des formes modifiées.

A la Union (Pachuca), on se sert du procédé Krönke en utilisant du sous-chlorure de cuivre produit par la réaction du chlorure de sodium sur le sulfate de cuivre.

A Bartolome de Medina (Pachuca), on emploie le procédé J. M. César, dans lequel le réactif est du chlorure de cuivre.

3° **Amalgamation aux Pans.** — Le procédé des pans, perfectionné par M. P. Boss, est très usité au Mexique. Dans ce système, le minerai, sortant des pilons, passe dans une série d'au moins huit pans. Le traitement, une fois établi, est continu, le premier pan étant chargé, en même temps que l'on décharge le dernier.

L'usine de San Francisco, près la Maravillas (Pachuca), fut la première à employer le système Boss. Il y a là huit pans, dont les quatre premiers servent à broyer et amalgamer, les quatre derniers seulement à amalgamer. On passe de 80 à 90 tonnes par jour, le minerai titrant de 0,5 à 0,9 d'argent, avec une perte de 1 à 1,4 kilos de mercure par tonne et un rendement de 70 pour 100.

L'usine Progreso, à Pachuca, emploie le même système sur une grande échelle. On y passe 110 tonnes par jour, les minerais traités titrant 1 à 0,5 d'argent et les frais étant de 52 francs par tonne.

4° **Lixiviation**. — La lixiviation est surtout employée dans les régions du Mexique, où les Américains du Nord ont leurs entreprises, c'est-à-dire dans le Nord et l'Ouest.

5° **Cyanuration**. — Le procédé de traitement des minerais d'or par le cyanure de potassium, procédé qui a donné des résultats si remarquables et si économiques au Transvaal, a été essayé récemment au Mexique, où il semble bien exister des quantités importantes de pyrites aurifères, négligées jusqu'ici parce qu'elles étaient rebelles aux méthodes d'amalgamation anciennes, et convenant au procédé Mac-Arthur Forrest. Cette question de la cyanuration, qui peut avoir une grande importance pour un pays où les filons métallifères sont tellement multipliés et contiennent si fréquemment au moins des traces de métaux précieux, n'est encore, on peut le dire, qu'à ses débuts. Le Gouvernement, pour faciliter l'introduction de la méthode, ayant réduit les droits sur le cyanure de potassium et le zinc, on vient de créer, dans la Sonora, trois usines de cyanuration : la Grand Central Mining C° qui traite les minerais rebelles de Las Prietas; la Creston Colorado Mining C°, qui passe 200 tonnes par jour et la Pan American C°, qui en passe 100.

6° **Fusion plombeuse** (**Smelting**). — La fusion plombeuse est, comme on a pu le voir par les chiffres d'un tableau précédent, le procédé le plus moderne et celui qui s'est le plus extraordinairement développé au Mexique, depuis dix ans, puisque les produits obtenus par ce système ont passé de 81 tonnes en 1890 à 344342 tonnes en 1899. Cette révolution a été surtout produite par l'influence des Américains du Nord et par le contre-coup des modifications introduites dans les tarifs douaniers entre les États-Unis et le Mexique.

Pendant longtemps, en effet, une grande partie des minerais mexicains propres à ce traitement était exportée au Texas et au Colorado, notamment à Leadville. La loi Windom, en chargeant de droits très élevés l'introduction de minerais plombeux aux Etats-Unis, amena beaucoup de capitalistes américains à venir s'établir au Mexique et à y construire des usines, donnant ainsi un essor rapide au pays.

Les États de la fédération mexicaine comprirent alors l'intérêt qu'il y avait, pour eux, à favoriser ce mouvement, et accordèrent de nombreuses concessions et exemptions d'impôts aux compagnies américaines, telles que la Refining and manufacturing C°, établie en 1890 à Monterrey, la Compañia Fundidora de Hierro y acero de Monterrey, formée en avril 1899, la C^{ia} Metalurgica Mexicana de San Luis Potosi, la Kansas City C° à Boquillas (Sierra del Carmen), la Cananea Cons. C° dans le district d'Arizpe (Cananea, etc.) En outre, les Gouvernements de Chihuahua et Coahuila concédèrent le chemin de fer d'Escalon à Sierra Mojada, favorisant ainsi le développement de ce camp minier, dont les minerais, jadis envoyés aux États-Unis, vont maintenant à San Luis Potosi.

Le tableau suivant montre quels sont les principaux smelters producteurs d'argent du Mexique; nous laissons de côté ici la Compagnie française du Boleo, qui produit uniquement du cuivre, et les usines à fer.

Ainsi que le montre ce tableau, les principales usines, où l'on obtient l'argent, sont celles d'Aguascalientes, San Luis Potosi et Monterrey. Celle de la Cie Minière de Peñoles, à Mapimi, vient en premier lieu pour le plomb et l'argent. Quelques mots sur ces quatre centres d'extraction permettront de se faire une idée plus nette sur l'industrie mexicaine.

Grande fonderie centrale d'Aguascalientes. — M. Daniel Guggenheim a obtenu du Gouvernement fédéral la concession nécessaire pour l'établissement de trois usines, devant passer : deux, 300 tonnes par jour, une autre, 100 tonnes; la construction de l'usine d'Aguascalientes fut commencée, en conséquence, le 26 juin 1894, et le premier four de fusion fut allumé le 24 juillet 1895 (1).

Cette usine, située à 6 kilomètres d'Aguascalientes, reçoit des minerais provenant de toutes les parties de la République et souvent, par suite, de très loin, même des États d'Oaxaca, Sonora, Sinaloa et Chihuahua, des minerais et mattes de cuivre importés des

(1) L'une des usines de Monterrey appartient au même groupe.

Principales Usines de fusion (Smelters) du Mexique.

COMPAGNIES	ÉTATS	PÉRIODES	MINERAI	OR	ARGENT	PLOMB	CUIVRE NOIR	MATTE DE CUIVRE	COKE	OUVRIERS
			Tonnes	Kgs	Kgs.	Tonnes	Tonnes	Tonnes	Tonnes	
Gran fundicion Central mexicana............	Aguascalientes	24 juin 1895 au 30 juin 1899 (4 ans)	434 781	93	255 891	20 638	12 441	10	67 376	892
Compañia Minera de Peñoles............	Durango (Mapimi)	1er juil. 1889 au 30 juin 1899 (10 ans)	286 006	1 741	184 441	51 630				
Velardeña mining and Smelting Cº......	Durango (Cuencamé)	30 nov. 1893 au 30 juin 1898 (4 ans 1/2)	219 037	519	120 396	19 220			148 000 non compris 1897 et 1898	680
Compañia metalurgica mexicana.........	San Luis Potosi	1er juil. 1894 au 30 juin 1897 (3 ans)	157 414	712	190 905	28 813			15 838 pour 1896 à 1897	706
Gran fundicion nacional Mexicana.........	Nuevo Leon (Monterrey)	1er juil. 1892 au 30 juin 1899 (7 ans)	1 031 661	23	1 191 896	137 058			60 759	786
Compañia Minera, Fundidora y Afinadora de Monterrey............	Nuevo Leon (Monterrey)	1er juil. 1892 au 30 juin 1896 (4 ans)	265 787	42	233 593	30 434			54 358	

Etats-Unis (Arizona et New Mexico), des concentrés provenant des usines travaillant par le procédé Boss. Elle traite, en moyenne, de 900 à 1 000 tonnes de charge pour vingt-quatre heures. Le coke y est importé de la Virginie et de la Pensylvanie.

Elle comprend deux divisions principales : l'une pour le traitement des minerais de plomb; l'autre pour le traitement des minerais de cuivre.

Les minerais, qui y arrivent par les grands wagons du Central Mexicano, subissent d'abord un prélèvement de $1/10$ à $1/20$, destiné aux essais; le reste va : les sulfures, directement aux réverbères de grillage; les minerais oxydés, aux dépôts de mélange, qui passent, en temps favorable, aux fours soufflants.

Les produits obtenus, cuivres et plombs argentifères, sont ensuite envoyés pour être raffinés à l'usine de Perth-Amboy (New Jersey), près de New York, qui appartient aux mêmes propriétaires. C'est là que se fait la séparation des divers métaux.

Examinons les diverses phases du traitement.

Essais. — On emploie, pour les essais pratiques, un moulin comprenant deux concasseurs Blake, deux paires de cylindres mus à l'électricité et un petit moulin pour pulvériser. Le prélèvement des essais se fait par pelletage à la main, et passe pour donner de meilleurs résultats que les systèmes mécaniques, appliqués récemment dans diverses usines.

Grillage. — A l'atelier de grillage sont annexés deux concasseurs et une paire de cylindres broyeurs. Il comprend huit fours à pelletage continu, à sole plane très légèrement inclinée, sans réverbère de fusion, où l'on passe aussi bien les minerais de cuivre que ceux de plomb. Toutes les deux heures, on ajoute 2 tonnes de minerai cru, et on retire deux tonnes de minerai grillé, l'opération totale durant vingt-quatre heures. Les réverbères sont chauffés au gaz, en brûlant incomplètement un mélange de coke et de houille des États-Unis dans des gazogènes cylindriques en tôle du système Wood. Les minerais fins ou en poussière, qui ne sauraient être avantageusement chargés à cet état dans les fours soufflés, sont comprimés d'abord en briquettes avec de la chaux, au moyen d'un moteur électrique. Ces briquettes, pesant environ

1 kilo, sont rondes, avec un diamètre de 0^m10 et une épaisseur de 0^m06.

Fusion des minerais plombeux. — L'atelier comprend trois grands fours d'emplombage, d'une hauteur inusitée de 9 mètres au total, passant chacun 125 tonnes par jour avec 12 à 15 pour 100 de combustible et quatre petits, qui en passent 100. Ces fours sont en travail continu. Les minerais traités renferment au plus 2 1/2 à 3 pour 100 de soufre. On emploie parfois, pour fondant, du minerai de fer du Cerro de Mercado.

Fusion des minerais cuprifères. — L'atelier comprend trois fours passant 160 tonnes par jour et un de 200. Les minerais traités renferment de 4 à 5 pour 100 de cuivre et de 8 à 12 pour 100 de soufre. On charge toutes les trois heures et on obtient une scorie, tenant environ : silice, 38 pour 100; fer, 22 pour 100; chaux, 22 pour 100. On fait de la matte à 30 pour 100 de cuivre en moyenne.

Convertisseurs. — L'usine comprend deux très grands convertisseurs, système Bessemer, du type rond d'Anaconda, mus hydrauliquement : la force étant fournie par un compresseur d'air Corliss de 250 chevaux. Ils ont 2^m60 de diamètre intérieur et comportent 15 tuyères. Chacun d'eux peut produire, en une période de trois à six heures, 100 barres de cuivre brut pesant chacune 100 kilos : ce cuivre brut tenant environ 99 pour 100 de cuivre métal. Pour les garnir, on se sert d'un mélange préparé dans un moulin chilien d'un minerai argentifère très siliceux et d'un autre minerai plastique, tous deux de Pachuca, tenant : SiO^2 : 72; FeO : 5; Al^2O^3 : 15; CaO : 0,6. Un revêtement en quartz ne résisterait pas, en effet, assez à la corrosion, en présence de la matte pauvre et très ferrugineuse qu'on y traite.

Machinerie. — On emploie, pour élever les minerais, six élévateurs hydrauliques et deux électriques. Toutes les machines sont actionnées électriquement; l'éclairage est électrique.

Combustible. — On consomme surtout du coke de Pensylvanie, amené par mer à Tampico, un peu de coke de Sabinas (Coahuila), ayant le défaut de contenir 18 à 20 pour 100 de cendre, du charbon de Pensylvanie, de Sabinas et de Laredo (Texas).

Scories. — Les scories des fours soufflants sont mises en grenailles.

Cette usine emploie sept cents hommes, presque tous mexicains. Le salaire varie d'une demi-piastre à une piastre argent, pour douze heures.

Usines de Monterrey (Nuevo Leon). — En 1897, Monterrey possédait trois grandes fonderies, employant 1196 ouvriers et produisant : argent, 14 164 000 $; or, 1 080 000 $; plomb, 2 139 000 $; cuivre, 29 000 $. Le plomb riche, produit à Monterrey en 1892, tenait en moyenne 6,9 d'argent. Les minerais traités tenaient environ 12 pour 100 de plomb et 1,4 d'argent.

Le même Etat possède les usines de Benavides et Villaldama.

Compañia metalurgica mexicana de San Luis Potosi. — Cette Compagnie traite des minerais de même nature et suivant le même principe que celle d'Aguascalientes. Elle en reçoit beaucoup de Pachuca et de ses propres mines dans l'État de San Luis Potosi. Il y a huit fours d'emplombage et deux fours pour la fusion des minerais cuivreux. Chaque four d'emplombage passe environ 120 tonnes par vingt-quatre heures. Les minerais arrivent directement par une double voie du Central Mexicano. Toutes les manipulations se font à la main, le prix de la main-d'œuvre étant peu élevé : en moyenne 0,37 par douze heures. La force, requise par les ventilateurs des fours de fusion, est fournie par deux machines horizontales Corliss à un cylindre de 250 chevaux et une machine Westinghouse de 300 chevaux. Accessoirement, l'usine emploie une partie de sa vapeur à la distillation du tanin.

Usine de Mapimi, à la Compañia Minera de Penoles (Durango). — Cette usine renferme dix fours Waterjackets, chacun d'une capacité journalière de 60 tonnes.

Le tableau suivant donne une idée de sa production :

ANNÉES	MINERAI REÇU	PRODUCTION		
		ARGENT	OR	PLOMB
	Tonnes	Kgs.	Kgs.	Tonnes
1894	14 223	9 049	104	2 070
1895	23 353	15 445	139	4 196
1896	37 699	28 865	251	7 050
1897	56 106	38 694	388	10 210
1988	69 151	44 087	396	12 287
1899	85 475	54 301	463	15 817

7° **Séparation électrique.** — Les procédés de séparation électrique n'ont pas encore donné, pour la métallurgie de l'or et de l'argent, les résultats qu'on est en droit d'en attendre dans l'avenir. Cependant on en a fait, au Mexique, une application au raffinage de l'argent aurifère et impur. Cet essai a été fait à la New Pinos Altos Mining C° de Chihuahua, qui installa, en juillet 1890, le système Bernardo Moebius, dans lequel un des pôles est formé de feuilles d'argent fin trempées dans de l'acide nitrique dilué, l'autre de feuilles minces de l'argent impur à séparer, enveloppées dans des sacs de mousseline épaisse et plongées dans le même liquide. L'argent va se déposer sur les feuilles du même métal, et l'or tombe en fine poudre noire au fond des sacs de mousseline.

La Compagnie minière de Monterrey possède une installation électrique pouvant produire par jour une tonne d'argent pur : installation qui passe pour être une des plus perfectionnées, peut-être la plus perfectionnée du monde.

b. — MÉTALLURGIE DU CUIVRE

La grande production de cuivre au Mexique vient de la Compagnie française du Boleo que nous allons étudier en détail. Mais, de plus, on a développé récemment, dans diverses usines, le traitement des minerais cuivreux complexes, et nous avons déjà cité, à cet égard, les grandes usines d'Aguascalientes et San Luis

Potosi, où l'on traite même des minerais et mattes de cuivre importés des Etats-Unis.

Revenons maintenant à la *Compagnie du Boleo*.

Quelques-uns des gisements de cuivre du Boleo, connus depuis de longues années, avaient été jadis exploités par des Mexicains, des Allemands et par un Béarnais fixé dans le pays, M. Jean-Pierre Camou. En 1885, à la suite d'études faites sur place par des ingénieurs français, MM. de la Bouglise, Cumenge, Fuchs, etc., tous ces gisements passèrent entre les mains d'une Compagnie française au capital de 12 500 000 francs, qui organisa les travaux sur une très grande échelle et sut amener l'affaire au degré de prospérité où nous l'avons vue récemment.

Cette Compagnie, qui exploite les gisements de Santa Rosalia, a extrait, entre les exercices 1892-1893 et 1895-1896, 513 703 tonnes d'une teneur de 6 à 12 pour 100; elle a exporté, dans la même période : 39 853 tonnes de matte, 12 777 de cuivre noir : le total du cuivre produit équivalant à 37 670 tonnes, avec une dépense en main-d'œuvre de 3 340 000 $. Dans les années 1896 à 1899, elle a fondu 40 452 tonnes.

L'extraction de cuivre a été la suivante depuis l'origine : 1886 à 1888 : 4 614 tonnes; 1889, 3 333; 1890 : 3 500; 1891 : 4 176; 1892 : 6 415; 1893 : 8 107; 1894 : 10 537; 1895 : 10 612; 1896 : 10 091; 1897 : 10 334; 1898 : 9 588; 1899 : 10 509; au total, jusqu'à la fin du xixe siècle, 91 816 tonnes. En 1900, l'extraction est montée à 261 170 tonnes contre 242 325 en 1889, et la production de cuivre pur s'est chiffrée par 11 297 tonnes, en augmentation de 911 tonnes sur l'année précédente.

On a organisé, dans les dix dernières années, le traitement des minerais argileux, pauvres en oxydes et difficilement fondants, qui sont destinés à dominer de plus en plus dans l'avenir. Le minerai étant surtout formé de mouches impalpables de sulfure de cuivre noir dans une gangue argileuse, on ne peut l'enrichir par lavage; mais on lui fait subir un criblage et un triage à la main. On se préoccupe ensuite de le mettre dans un état physique qui lui permette de fondre, malgré sa nature réfractaire. Pour cela, on commence par isoler avec soin les menus (composant 56 p. 100

du total), qu'on agglomère ensuite sous forme de boulets. On ajoute un peu de calcaire, et l'on fond avec du coke venant, soit de Westphalie, soit du pays de Galles.

La fonderie comprend 7 fours Waterjackets, dont la construction doit être très soignée pour leur permettre de résister à l'action corrosive de l'eau de mer, qu'on est forcée d'employer pour le refroidissement. Ces fours à 9 tuyères traitent 145 tonnes par 24 heures. La consommation de coke est d'environ 15 pour 100 du lit de fusion, et le volume d'eau, de 10 mètres cubes par kilogramme de coke. Les minerais étant peu sulfurés, tout le cuivre obtenu n'est pas à l'état de matte, mais de 1/4 à 1/3 en cuivre noir et de 3/4 à 2/3 en matte. Ces deux produits sont expédiés en Europe pour être raffinés.

c. — MÉTALLURGIE DU MERCURE

Les gisements de mercure sont, nous l'avons dit, peu importants au Mexique. L'usine de la Compañia Minera Cruz y Anexas d'Huitzuco (Guerrero) a commencé par traiter les minerais de cinabre (à base calcaire) avec des cornues et condenseurs d'argile, perdant ainsi près de 70 pour 100 du mercure; on construisit ensuite des fours continus avec chambres de briques, ce qui réduisit la perte à 50 pour 100; enfin on perfectionna les fours, et on augmenta le nombre des chambres de condensation, ce qui ramena la perte à moins de 30 pour 100. Le four Gambetta, d'une capacité hebdomadaire de 58 tonnes, ne perd que 25 pour 100, et le four Progreso, d'une capacité hebdomadaire de 400 tonnes, avec 26 chambres de condensation, en perd 15 pour 100.

d. — MÉTALLURGIE DE L'ÉTAIN

A Coneto (Durango), on traite des minerais tenant de 3 à 10 pour 100 d'étain dans de petits fourneaux cubiques.

e. — MÉTALLURGIE DU FER

La métallurgie de l'acier ne fait que commencer au Mexique. Mais, avec un développement industriel aussi rapide que celui de ce pays, c'est là un chapitre évidemment appelé à prendre de l'importance dans un avenir rapproché.

Ainsi la Compagnie Fundidora de Hierro y Acero de Monterrey s'est formée, en avril 1899, au capital de 10 millions de piastres, pour exploiter les gîtes de fer de Carrizal (Nuevo León) et ceux d'Acatlán (Puebla), et aussi pour construire une usine à fer et à acier, à Monterrey. Elle possède déjà une remarquable usine de fusion.

La Compagnie industrielle de Chihuahua, l'une des plus importantes du pays, est outillée pour fabriquer des machines et du matériel de mines et d'usines en employant de l'acier anglais.

La National Iron and Steel C°, compagnie américaine, possède des mines de fer au Cerro-de-Mercado (Durango).

Dans l'État d'Hidalgo, à la Encarnacion et à Apulco, deux hauts-fourneaux, appartenant à M. Richard Honey et fonctionnant avec du coke mexicain de Coahuila, ont produit en 1897 : 1 264 tonnes de fonte valant 1 million de francs.

Dans l'État de Jalisco, une Compagnie importante s'est formée pour exploiter les gîtes de fer de la « Providencia » près la ville de Guzman. Il y a là deux usines (Tula et Mata Cristos), ayant produit en 1897, pour 500 000 francs de fonte. Les usines à fer de Salto (México) ont eu, en 1897, une production à peu près égale. Dans le port de Mazatlán (Sinaloa), une importante fonderie, nommée Loubet, fabrique de la machinerie pour mines.

f. — MÉTALLURGIE DE L'ANTIMOINE

Récemment une usine pour la production de l'antimoine s'est établie à la station de Wadley (San Luis Potosi); elle traite les minerais de Catorce.

g. — USINE D'ESSAI

Suivant un système très bien compris, qui est appliqué en divers points des États-Unis, on a installé, près de México, une usine ayant pour but général de faire des essais pratiques sur les divers minerais qu'on lui envoie, de manière à indiquer les résultats approximatifs que peut donner leur traitement et le procédé le plus convenable à employer. Une telle usine peut, on le conçoit, à la condition d'être dirigée avec le soin et la prudence requis, fournir aux mineurs et industriels, qui veulent créer des installations nouvelles dans le pays, les renseignements les plus utiles et leur éviter des erreurs désastreuses, comme il s'en produit trop fréquemment dans les régions où les conditions de travail sont encore mal éprouvées par l'expérience.

Cette usine, appartenant à MM. Heckelmann et Mc Cann, se charge de prélever les essais, de faire la concentration et d'essayer les procédés suivants : calcination, amalgamation sur plaques de cuivre, amalgamation aux pans, lixiviation avec ou sans chloruration, cyanuration, chloruration des minerais d'or, procédé Plattner.

Les essais sont faits sur environ 10 tonnes, et l'opération est conduite exactement dans les mêmes conditions que dans les grandes usines, le nombre seul des appareils étant moindre.

V

Résultats généraux. — Tableaux statistiques.

Nous venons de passer en revue, dans cette étude, les divers côtés de l'industrie minière et métallurgique au Mexique : on a vu quelle est son histoire, quels ont été ses progrès récents, quel paraît être son avenir. Mais, en pareille matière, rien ne vaut l'éloquence des chiffres et les quatre tableaux ci-joints montreront, mieux que tout commentaire, le développement considérable pris depuis quelques années par ce pays, en laissant prévoir celui qu'il paraît être appelé à prendre encore dans l'avenir.

TABLEAU I. — Production minière approximative du Mexique (1).

SUBSTANCES	1893 à 1894	1898 à 1899	Accroissement de la production annuelle
Produits métalliques			
Argent	$ 30 182 000	$ 72 848 000	$ 42 666 000
Or	1 816 000	24 680 000	22 864 000
Plomb	189 000	12 000 000	11 811 000
Cuivre	40 000	9 600 000	9 560 000
Antimoine		120 000	102 000
Zinc		1 000	1 000
Autres métaux : fer, mercure, etc.	1 000 000	4 000 000	3 000 000
Total des produits métalliques	$ 33 227 000	$ 123 231 000	$ 90 004 000
Produits non métalliques			
Charbon	$ 2 000	$ 3 700 000	$ 3 698 000
Graphite		19 000	19 000
Autres substances : pierres de construction, marbre, onyx, opales, sel, soufre, etc.	10 000 000	22 000 000	12 000 000
Total des produits non métalliques	$ 10 002 000	$ 25 719 000	$ 15 717 000
Total général	$ 43 229 000	$ 148 950 000	$ 105 721 000

(1) Ces productions sont comptées en piastres d'argent mexicain, par année fiscale du 1er juillet au 30 juin.

TABLEAU II. — Production de minerais mexicains en 1899 (par États).

	VALEUR DES MINERAIS EXPORTÉS	POIDS	VALEUR DES MÉTAUX EXTRAITS	VALEUR TOTALE
	Millions de piastres	Tonnes	Millions de piastres	Millions de piastres
Chihuahua	22,4	393 000	11,3	33,7
Durango	13,8	258 000	5,6	19,4
Nuevo León			16,5	16,5
Hidalgo	7,3	141 000	6,5	13,8
Zacatecas	7,4	160 000	5,4	12,8
Sonora	8,2	234 000	3,4	11,6
Aguas-Calientes			10,6	10,6
San-Luis-Potosi			7	7
Guanajuato	3,3	134 000	3,2	6,5
Sinaloa	5,5	198 000		5,5
Coahuila	5,3	207 000		5,3
Basse-Californie	1,6	266 000		1,6
Total	75	2 000 000	70	145

TABLEAU III. — Production approximative des métaux au Mexique (1).

ANNÉES FISCALES	OR[1]	ARGENT[2]	CUIVRE[3]	PLOMB[4]
	Kilogrammes	Kilogrammes	Tonnes	Tonnes
1889 à 1890	1 038	957 025	4 300	
1890 à 1891	1 363	1 023 449	5 000	21 800
1891 à 1892	1 591	1 151 073	6 300	21 000
1892 à 1893	1 880	1 350 248	9 100	31 700
1893 à 1894	1 842	1 422 710	11 200	51 800
1894 à 1895	7 025	1 422 561	11 900	60 500
1895 à 1896	9 009	1 490 986	11 600	62 500
1896 à 1897	10 157	1 556 620	12 100	65 500
1897 à 1898	11 229	1 714 520	13 700	67 300
1898 à 1899	13 838	1 771 934	16 000	71 500
1899 à 1900	11 584	1 716 214	13 366	81 000
1900 à 1901	13 810	1 816 605	15 448	
Totaux	84 366	17 393 945	130 014	534 600

(1) La valeur légale du kilogramme d'or est, au Mexique, de $ 675.416; en France, de 3 444 fr. 44.
(2) La valeur légale du kilogramme d'argent est, au Mexique, de $ 40.915.
(3) La Compagnie française du Boleo a produit, dans l'année fiscale de 1897-1898, 10 000 tonnes de cuivre métallique et, de 1886 à juin 1898, 66.500 tonnes.
(4) La Compagnie minière de Peñoles (Durango) a produit, en 1899, 16 000 tonnes de plomb métallique.

(1) Le Bulletin de statistique fédérale de 1900-1901, paru en août 1902, a donné, pour la première fois, la valeur totale de la production aurifère et argentifère composant les minerais, produits métallurgiques, argent monnayé. Les chiffres ci-dessus en résultent en comptant l'or et l'argent à leur valeur légale.

TABLEAU IV. — Frappe de monnaie au Mexique.

	OR[1]	ARGENT[2]	CUIVRE[3]	NICKEL[4]
Époque coloniale 1537 à 1821	68 778 411 $	2 082 260 657 $	542 893 $	
Indépendance 1822 à 1899	59 282 659 $	1 398 180 496 $	6 594 394 $	4 000 000 $
Total	128 061 070 $	3 480 441 153 $	7 137 287 $	4 000 000 $

(1) Production d'or comptée en piastres d'or mexicaines. La valeur légale du kilogramme d'or est, au Mexique, de $ 675 $\frac{416}{1000}$. On sait qu'elle est en France de 3 444 fr. 44.

(2) Production d'argent en piastres d'argent mexicaines. La valeur légale du kilogramme d'argent est, au Mexique, de $ 40 $\frac{915}{1000}$. La piastre vaut 5 fr. 43 au pair.

(3) Production de cuivre comptée en piastres d'argent.

(4) Production de nickel comptée en piastres d'argent. Le Mexique ne produit pas de nickel, et on n'y trouve actuellement en circulation aucune monnaie de nickel.

Au moment où nous terminons cette étude, des renseignements nouveaux nous permettent de compléter succinctement les tableaux de la période ci-dessus.

Ce sont d'abord les exportations d'argent de juillet 1901 à fin juin 1902 :

Total pour 1901-1902............. $ 72 407 899
Total pour 1900-1901............. 74 326 406
Diminution en 1901-1902.......... 1 918 506

Comme on le voit, depuis 1897-1898, la production, en raison de la crise de l'argent, subit des alternatives de hausse et de baisse, et les chiffres de 1901-1902 se trouvent ramenés environ à ceux de 1898-1899 [$ 72 498 723].

Pour l'or, il y a, au contraire, une augmentation dans la dernière année. Les chiffres depuis 1898-1899 sont les suivants :

1897-1898............................. $ 7 584 182
1898-1899............................. 9 346 541
1899-1900............................. 7 823 701
1900-1901............................. 9 327 542
1901-1902............................. 9 928 386

D'autre part, on a exporté, en 1901-1902, 40 312 tonnes de cuivre et minerai de cuivre (ce dernier entrant pour 1/25ᵉ dans le total) contre 33 350 dans l'année précédente, et la production des autres substances minérales s'exprime ainsi :

	1901-1902	1900-1901
Antimoine	$ 354 281	31 584
Plomb	5 722 045	5 066 645
Combustibles minéraux	19 041	144 199
Marbres	98 550	78 760

En résumé, en additionnant tous les chiffres et ramenant la valeur de l'or en piastres mexicaines, soit 22 000 000 de piastres pour $ 9 928 000, on arrive, pour l'année 1901-1902, à un total de 113 millions de piastres.

A ces indications purement statistiques, nous ajouterons seulement quelques mots sur le développement pris, dans ces derniers temps, par la Sonora.

Les renseignements sur cet État sont empreints de l'enthousiasme ordinaire qui s'attache aux régions dont l'industrie est dans la phase spéculation. Cependant il semble bien que les mines de cuivre surtout y aient une grande valeur. On cite notamment, comme exploitations cuprifères en pleine prospérité, celles de la Cananea et de la Moctezuma Copper Cº à Nacozari; puis les découvertes récentes de Santo Niño et de la Sierra de Baroyeca, ainsi que les gisements dits du « Creston » près de la Dura, dans le territoire du Rio Yaqui. On vient également de signaler dans l'île de Tiburon (golfe de Californie) des gisements de cuivre remarquables. On exploite aussi de l'or dans le district de l'Altar, au placer de la Cienega, et on en connaît, paraît-il, d'autres gisements près du Rio Yaqui.

La Sonora est actuellement le pays minier « d'actualité » au Mexique.

L. DE LAUNAY.

INDUSTRIE, COMMERCE ET NAVIGATION

PAR

ALFRED PICARD

Membre de l'Institut, Président de Section au Conseil d'État,
Ancien Commissaire général de l'Exposition universelle internationale de 1900.

I

INTRODUCTION

Si jamais pays a dû tenter l'activité humaine, n'est-ce point cette merveilleuse terre mexicaine, sorte de trait d'union entre l'Amérique du Nord et l'Amérique du Sud? Les flots de l'Atlantique et ceux du Pacifique en baignent les rivages; d'incomparables richesses minières y dorment encore de leur sommeil séculaire; son sol, d'une étonnante fertilité, s'étage du niveau des océans jusqu'aux plus hautes cimes de montagnes et produit en abondance, dans ses régions brûlantes, tempérées ou froides, les fruits de toutes les latitudes.

Il semble qu'en cette région privilégiée la civilisation se soit épanouie plus rapidement et avec plus d'intensité que dans les autres parties du Nouveau Monde. Quand, au commencement du XVIe siècle, Fernand Cortez vint prendre possession du Mexique pour le puissant empereur qui régnait sur l'Espagne et l'Empire, il fut émerveillé de l'état social des naturels. Ses lettres à Charles-Quint donnent de précieuses indications concernant l'organisation économique des Aztèques, la variété de leur industrie, l'activité de leur commerce; même dégagées des exagérations par lesquelles le célèbre capitaine cherchait à grossir l'importance de sa conquête, elles attestent le génie, les talents et la vigueur du peuple qui, dans un passé lointain, s'établit sur le haut plateau mexicain. Aussi bien, la puissance de ce peuple a-t-elle pour témoins irrécusables de nombreux monuments, dont la structure architectonique et la décoration rappellent les grands temples de l'Inde.

D'après les relations de Fernand Cortez, les Aztèques travaillaient divers métaux; l'alliage du cuivre et de l'étain leur fournissait le bronze destiné à la fabrication des instruments tranchants; ils utilisaient l'or, l'argent, les pierres précieuses, les plumes éclatantes des oiseaux, pour monter des bijoux d'une telle beauté « que pas un prince au monde n'en possédait de si riches ni de si admirables »; leurs étoffes de coton présentaient une finesse, une vivacité de couleurs, une diversité de tons, qu'il paraissait impossible de réaliser ailleurs.

Chaque jour, des milliers de vendeurs et d'acheteurs se pressaient sur le marché de México, vers lequel convergeaient tous les genres de produits : pierres brutes et ouvrées; briques séchées au soleil ou cuites au feu; bois en billes ou travaillés; fourneaux de terre cuite; poteries, urnes, aiguières, faites d'une argile très fine, peintes et vernissées; ustensiles de plomb, de cuivre, d'étain; nattes aux colorations variées pour les lits, les sièges, l'aire des chambres et des salles de réception; vêtements d'hommes et de femmes; couvertures tissées de coton et de plumes; peaux de chevreuil tannées et passées, teintes en blanc, en rouge, etc. Les bijoux, les parures jetaient çà et là leur note brillante.

De même qu'aujourd'hui dans les bazars de l'Orient, le commerce de chaque marchandise avait pour siège une rue spéciale. Le débit se faisait au nombre ou à la mesure; des lames minces de cuivre servaient de monnaie. Sur les différents points de la place, des inspecteurs observaient les transactions, vérifiaient les mesures, brisaient celles qu'ils reconnaissaient fausses, arrêtaient les délinquants. Au centre du marché se trouvait une sorte de prétoire, où dix à douze juges connaissaient des litiges et prononçaient des condamnations contre les auteurs de délits.

Mais, entourés de peuplades presque barbares et pourvus des ressources nécessaires grâce à la fécondité de leur sol, les Aztèques se bornaient à des échanges entre le plateau et les zones étagées des versants; leur trafic ne dépassait guère les limites du territoire.

Avec ses remarquables qualités colonisatrices, l'Espagne eût pu imprimer au Mexique un essor décisif, en lui ouvrant de larges débouchés vers le Vieux Monde. Elle le paralysa, au contraire, par un régime qu'expliquent, du reste, les conceptions économiques du temps et la situation politique de l'Europe. Désirant profiter seule des trésors de son domaine d'outre-mer et se réserver, à titre exclusif, la clientèle des populations comprises dans ce domaine, elle interdit sous peine capitale tout commerce de ses colonies, soit entre elles, soit avec les nations étrangères. Un port espagnol devint le point de passage unique et obligé des importations et des exportations de ces colonies. Des flottes armées à Séville ou à Cadix conduisaient à Vera-Cruz les produits de la métropole et prenaient comme fret de retour ceux de la Nouvelle-Espagne.

Les exploitations minières qui pouvaient enrichir la Couronne furent poussées d'une manière intensive. En revanche, les autres industries étaient enrayées par les vice-rois. La production agricole elle-même subissait des entraves, allant jusqu'à l'interdiction absolue pour certaines cultures comme celles du tabac, de la vigne, de l'olivier, susceptibles de créer une concurrence aux envois métropolitains.

Quelques spéculateurs espagnols ne tardèrent pas à accaparer les échanges et, afin de déterminer une hausse des cours, n'alimentèrent qu'insuffisamment la colonie en objets de première nécessité. Forçant les barrières que la métropole s'était efforcée de dresser autour de sa possession d'outre-mer pour l'isoler du reste du monde, la contrebande s'exerçait, tolérée, sinon encouragée par les vice-rois qui en tiraient profit. A la fin du xviiie siècle, Charles III reconnut les vices d'un tel régime, autorisa le commerce intercolonial et ouvrit tous les ports de la péninsule ibérique au trafic avec la Nouvelle-Espagne. Ces réformes tardives ne suffirent pas à arrêter le mal, déjà trop profond ; les abus engendrés par le monopole à outrance constituèrent l'une des causes principales de l'insurrection, dont l'issue fut, en 1821, après onze années de lutte, la séparation de la colonie.

Malheureusement, l'indépendance n'apporta pas de suite au Mexique les bienfaits de la paix intérieure qui lui eût été si nécessaire pour ranimer sa vie industrielle. Les luttes intestines, puis les interventions étrangères, conséquence de ces dissensions, devaient, pendant de longues années, faire obstacle au développement économique de la jeune République.

Enfin, depuis 1876, les Etats-Unis mexicains sont entrés dans une phase nouvelle de prospérité. Ils le doivent au gouvernement éclairé de leur président, qui a su rétablir l'ordre et la tranquillité, effacer le souvenir des discordes d'autrefois, joindre dans son administration l'esprit de tolérance et de conciliation à la plus stricte justice, respecter les droits des citoyens et les prérogatives des assemblées locales, édicter un ensemble de mesures éminemment favorables aux progrès incessants du Mexique sur le marché du monde.

II

DISPOSITIONS PRISES PAR LES POUVOIRS PUBLICS
POUR LE DÉVELOPPEMENT DU COMMERCE ET DE L'INDUSTRIE

1. **Programme du Gouvernement**. — Au cours d'un de ses rapports à la Représentation nationale, le président Porfirio Diaz résume ainsi les aspirations du Mexique et, par suite, la direction qu'il a entendu donner à sa politique économique : « Dans l'irrésistible mouvement de 1876, la nation tout entière réclamait les réformes nécessaires au développement de ses intérêts et à l'amélioration de sa condition matérielle et morale ; elle voulait exploiter ses éléments naturels de richesse, sillonner le territoire de grandes voies de communication, ouvrir à ses produits de nouveaux marchés, accroître ses transactions commerciales, rétablir l'équilibre dans les finances et, par là même, le crédit public menacé, répandre l'instruction dans le peuple et, en somme, augmenter dans tous les sens et sous toutes les formes la prospérité publique et privée, libérant enfin par ce moyen la population du double esclavage de l'ignorance et de la misère, et portant le pays, par sa fortune et sa puissance, au niveau élevé qu'il lui convient d'occuper dans le concert des États civilisés. »

Le Gouvernement a su remplir à son honneur le programme qu'il s'était tracé. Malgré l'ampleur de la tâche, le Ministère de Fomento, créé en 1853, put, jusqu'en 1891, assumer seul la lourde charge de ce programme dans sa partie économique. L'importance croissante des travaux publics finit par exiger l'institution d'un nouveau département ministériel, celui « des Communications et des Travaux publics » ; dès lors, le champ d'action encore très vaste du département de Fomento fut limité à l'agriculture, à l'industrie y compris les mines, et au commerce.

2. **Établissement d'un outillage économique**. — Sous la vive et habile impulsion des pouvoirs publics, le pays a été doté d'un

puissant outillage de circulation, c'est-à-dire de l'instrument essentiel pour la mise en valeur de ses facultés productrices. Un réseau de voies ferrées a étendu ses mailles sur le territoire, constituant un lien entre les principaux Etats, joignant les *tierras frias* aux *tierras templadas* et aux *tierras calientes* à travers les massifs escarpés des Sierras, unissant la République mexicaine à la grande Confédération du Nord, mettant en communication les deux océans. Des fils télégraphiques ont tissé partout leur trame serrée. Les ports, intelligemment améliorés, offrent maintenant un abri sûr aux navires qui viennent de toute part y embarquer ou y débarquer des marchandises.

Il y a eu là une œuvre considérable, dont la description ne rentre pas dans le cadre assigné à mon étude. Je me borne à signaler particulièrement les traités conclus avec des compagnies de navigation, pour assurer la fréquentation régulière des ports maritimes. Ces sociétés s'engagent à transporter gratuitement la malle mexicaine aux dates que fixent les marchés. En échange de leur engagement, elles reçoivent, tantôt des subventions pécuniaires, tantôt, et c'est le cas le plus fréquent, des privilèges spéciaux : exonération totale ou partielle des droits de tonnage, des taxes sanitaires, des impôts fédéraux; autorisation d'établir des dépôts de charbon à terre ou sur ponton, d'installer des comptoirs, d'entrer et de décharger à toute heure du jour et de la nuit. Les statistiques de 1900 accusent dix-neuf contrats de ce genre, dont huit comportent des subventions et onze des immunités.

3. Suppression des douanes intérieures. — L'établissement de communications faciles n'était que l'une des parties du magistral programme tracé par le président Porfirio Diaz.

Avant tout, dans l'ordre financier, le Gouvernement devait affermir le crédit. Il ne m'appartient pas de rappeler la série des réformes dont le ministre des Finances prit l'initiative : ces réformes sont très complètement exposées aux chapitres des « Finances » et des « Monnaies et Banques ». Mais j'ai le devoir d'insister sur une mesure capitale, la suppression des douanes intérieures, sans laquelle les sacrifices faits pour les voies de transport seraient demeurés stériles.

Dans le but de se procurer des ressources, les États avaient institué à leurs frontières respectives des douanes qui grevaient les entrées, les sorties et le simple transit de charges inégales, mais toujours fort lourdes. La production et les transactions pliaient sous le faix; la prospérité même de la République était écrasée.

A la vérité, la Constitution de 1857 posait, en son article 124, le principe de l'abolition des barrières morcelant ainsi la terre mexicaine. Cependant, ses prescriptions restaient lettre morte et, à peine détruites, les murailles reparaissaient comme par enchantement. Une réglementation législative fut tentée en 1886 : elle n'aboutit pas au résultat espéré. Résolu à triompher de la résistance des États, le Gouvernement provoqua, en 1896, la revision par le Congrès des articles 111 et 124 de la Constitution.

Le nouvel article 111 interdit notamment aux États de s'opposer directement ou indirectement à la libre circulation sur leur territoire des produits nationaux ou étrangers, de soumettre ces produits à des taxes quelconques dont la perception serait effectuée par des douanes locales, d'instituer ou de maintenir en vigueur des impôts intérieurs réglés d'après la provenance des marchandises.

Aux termes de l'article 124 modifié, le Gouvernement fédéral est seul investi du droit de taxer l'importation, l'exportation ou le transit, et de réglementer, dans toute l'étendue du territoire, la circulation des marchandises, quelles qu'en soient la nature et la provenance.

Ces dispositions, appliquées avec rigueur depuis le 1er juillet 1896, ont définitivement réalisé l'unité économique des États-Unis mexicains.

4. **Code de commerce.** — Le législateur devait garantir la sécurité des transactions et édicter à cet effet des règles précises sur les opérations commerciales. Tout en se dégageant des vieilles lois espagnoles, la *Recopilacion de Indias*, les *Partidas* et les *Ordonnances de Bilbao*, qui étaient restées en vigueur plus d'un quart de siècle après la proclamation de l'indépendance, les Codes de commerce successivement promulgués au Mexique en 1854, 1884 et 1889, ont été inspirés, dans une large mesure, par la législation

contemporaine de l'ancienne métropole : celui de 1854 avait fait de nombreux emprunts au Code espagnol de 1829 ; le dernier, celui de 1889, a tenu compte des améliorations apportées en 1885 à la législation antérieure de l'Espagne.

Beaucoup plus long que ses aînés d'Espagne et de France, le Code de commerce mexicain ne compte pas moins de 1.500 articles répartis en 5 livres, qui traitent des obligations communes à tous les commerçants, du commerce terrestre, du commerce maritime, des faillites et des instances commerciales. Il est applicable à l'ensemble des États, dont la fédération se trouve, par suite, placée sous un régime uniforme.

L'examen détaillé d'un tel monument m'entraînerait trop loin. Je ne m'arrêterai donc qu'à quelques particularités intéressantes et caractéristiques.

Tout d'abord, les actes de commerce font l'objet d'une énumération abondante. Allant bien au delà du cadre dans lequel se renferment la plupart des législations étrangères, leur définition comprend les achats et ventes d'immeubles par spéculation, et même la vente par le propriétaire ou cultivateur des produits de son fonds ou de sa ferme quand le lieu de l'opération est un magasin ou une boutique.

L'ouverture des établissements nouveaux doit être annoncée au moyen de circulaires et d'insertions dans les journaux, faisant connaître, avec leur objet, les noms et signatures des personnes préposées à leur gestion. De plus, comme en Allemagne et en Espagne, un registre tenu dans chaque chef-lieu judiciaire reçoit les inscriptions suivantes : pour les particuliers, nom, domicile, nature des opérations, autorisations données au mineur ou à la femme mariée, justification de l'avoir du pupille, constitution de dots, contrats de mariage, séparations de biens, etc. ; pour les sociétés, actes constitutifs, émissions d'actions, d'obligations ou de billets de banque ; en outre, pour les entreprises d'armement, caractéristiques des navires. Ces inscriptions n'ont un caractère obligatoire qu'au regard des sociétés et des armateurs ; mais le particulier qui s'est dispensé de faire transcrire les actes énumérés au Code ne peut les opposer aux tiers, et, en cas de cessation de paiement, la faillite est considérée comme frauduleuse. On voit combien sont étroites les précautions prises en vue de renseigner l'administration et le public sur l'origine et la situation des établissements commerciaux.

Pour faciliter le contrôle de la régularité des opérations, les commerçants sont astreints à avoir un grand-livre, indépendamment du livre-journal et du livre d'inventaire prescrits en France. Les écritures de comptabilité doivent être en langue espagnole, sous peine d'une amende de 50 à 300 pesos : cette disposition paraît rigoureuse dans un pays où l'élément étranger occupe une si grande place.

En une suite de chapitres, le Code mexicain réglemente minutieusement : les contrats commerciaux, qui peuvent, de même que dans le droit italien, être conclus par télégraphe, quand les parties ont par avance admis la preuve attachée à ce mode de tractation ; la commission, le dépôt, les magasins généraux, organisés sur des bases semblables à celles des lois françaises; le prêt, réputé commercial lorsque les choses fongibles qui en font l'objet sont destinées à des actes de commerce; le gage, également réputé commercial quand il a été constitué pour garantir un acte de commerce; les transports, soit par terre et notamment par chemin de fer, soit par eau, qui, à défaut d'indication de l'expéditeur, sont nécessairement effectués au tarif le plus bas et qui engagent la responsabilité du transporteur, si celui-ci ne prouve que les pertes ou avaries ne proviennent ni de son fait ni de sa négligence; les assurances sur la vie, sur les transports, contre l'incendie et généralement contre toute espèce de risques imputables à des cas fortuits ou à des accidents naturels.

Les sociétés, au régime desquelles sont consacrés de nombreux articles, affectent des formes diverses. Elles peuvent être anonymes, en nom collectif, en commandite simple ou par actions, coopératives. A la différence de la loi française, la loi mexicaine détermine les règles relatives à la fusion et à la liquidation des sociétés.

A côté de dispositions concernant les rapports juridiques entre l'armateur, les chargeurs et affréteurs, le capitaine et l'équipage, le livre spécial au commerce maritime contient, sur les feux de position, les appareils de sauvetage, la conduite des navires, une série de prescriptions qui, eu égard à leur caractère variable, feraient peut-être plus avantageusement la matière d'un règlement distinct. On sait que le Mexique n'a pas adhéré à la déclaration du Congrès de Paris, du 15 avril 1856, portant abolition de la course : aussi le Code fixe-t-il la responsabilité des propriétaires de navires armés en course et les devoirs des capitaines en présence de navires ennemis.

La faillite des commerçants en état de cessation de paiements est prononcée à la requête du failli ou de ses créanciers, sans pouvoir, comme dans le droit français, être déclarée d'office par le juge, dont l'intervention inopinée risque de rompre une entente favorable aux parties. Elle sera fortuite, coupable ou frauduleuse, selon les circonstances qui auront amené la cessation des paiements; le Code fournit une longue énumération de ces circonstances. Pour les faillites coupables ou frauduleuses, les complices du commerçant sont déchus des droits pouvant leur appartenir dans la masse, et ce sans préjudice des peines encourues par eux. A l'égard du commerçant, la déclaration de faillite produit sensiblement les mêmes effets qu'en France.

Un dernier livre est réservé à la procédure des instances commerciales. Les tribunaux de commerce, institués par la loi du 15 novembre 1841, ont été supprimés depuis la Constitution du 5 février 1857, dont les principes s'opposent au fonctionnement de juridictions spéciales. Dès lors, les différends commerciaux sont déférés aux tribunaux judiciaires de droit commun; leur jugement est soumis à des formes assez compliquées.

D'une manière générale, le Code de commerce mexicain se montre libéral pour les étrangers. Ceux-ci jouissent des mêmes droits que les nationaux, à charge de satisfaire aux obligations résultant, soit des lois du pays, soit des conventions passées avec leurs gouvernements respectifs. Ils ont la faculté d'exercer tout commerce, tout métier, toute industrie; la liberté de navigation leur est conférée, sauf en ce qui concerne le cabotage, monopolisé par le pavillon national.

5. **Poids et mesures**. — Dès 1857, l'adoption du système métrique était décrétée au Mexique; mais l'esprit de routine et les habitudes invétérées du commerce s'opposèrent longtemps à l'application de ce système, dont la majorité de la population ignorait les bases. Afin de triompher des résistances, le pouvoir central commença par généraliser la connaissance des unités métriques, en familiarisant le peuple avec les équivalences entre les anciennes et les nouvelles mesures au moyen de tableaux distribués à profusion dans les écoles. D'autre part, le louable souci d'une rigoureuse exactitude fit constituer, au Ministère de Fomento, un bureau spécial ayant pour mission de conserver les types des unités fondamentales et de vérifier, d'après ces étalons, les poids et mesures mis en circulation. Après des prorogations successives, la mise en vigueur du système métrique fut définitivement fixée au 16 septembre 1896 par la loi du 19 juin 1895. Le Mexique a d'ailleurs adhéré, le 4 octobre 1890, à la convention du mètre et contribue à l'entretien du bureau de Sèvres.

Grâce à la ténacité de l'administration, les mesures nouvelles, si simples et si rationnelles, se substituent progressivement aux vieilles mesures mexicaines. Si quelques marchés portent encore la trace des terminologies d'autrefois (sitio et fanega, pour les surfaces; arrobe, pour les poids; etc.), les unités métriques sont seules employées dans les actes publics, et leur usage facilitera grandement les relations commerciales du Mexique avec les nations étrangères.

6. **Brevets d'invention**. — Suivant l'exemple des législations étrangères, celle du Mexique reconnaît aux inventeurs un véritable droit de propriété sur le résultat de leur découverte.

La première loi autorisant la délivrance de brevets d'invention date du 7 mai 1832. Elle a été remplacée par un texte beaucoup plus complet du 7 juin 1890. Sont brevetables « les découvertes, inventions ou perfectionnements ayant pour objet un nouveau produit industriel, un nouveau moyen de production ou l'application nouvelle de moyens connus pour obtenir un résultat ou un produit industriel ». Cette disposition est applicable aux produits chimiques ou pharmaceutiques. Mais les inventions ou découvertes scientifiques, qui ont un caractère purement spéculatif et restent en dehors du domaine de la pratique industrielle, ne peuvent donner lieu à brevet. Une invention n'est pas réputée nouvelle, si elle a reçu, antérieurement à la demande, une publicité suffisante pour en permettre l'application, à moins que cette publicité ne doive être attribuée, soit à la divulgation par une autorité étrangère chargée de la délivrance des brevets, soit à la présentation dans une exposition nationale ou étrangère. Les brevets sont concédés sans examen préalable, ni de la nouveauté, ni de l'utilité de l'invention, et sans garantie du Gouvernement. Un droit à action en nullité est ouvert aux intéressés et au ministère public poursuivant d'office.

Normalement, le brevet attribue au bénéficiaire le privilège exclusif de l'exploitation. Mais il demeure inopérant « contre les tiers qui, avant la présentation de la demande, exploitaient secrètement l'invention ou avaient fait les préparatifs nécessaires pour l'exploiter sur le territoire de la République ». Cette restriction paraît de nature à soulever, en fait, des difficultés inextricables.

Le privilège est accordé, moyennant une taxe de 50 à 150 pesos, pour une durée de vingt ans ou, le cas échéant, jusqu'au terme le plus proche d'expiration des brevets déjà pris à l'étranger. Il se transmet au même titre et par les mêmes moyens que les autres propriétés. Le Gouvernement peut en poursuivre l'expropriation pour cause d'utilité publique.

Sous l'empire de la loi de 1890, l'inventeur breveté était déchu si, dans un délai de cinq ans, il ne justifiait de l'exploitation du brevet dans le pays ou de mesures prises pour cette exploitation.

Des difficultés d'interprétation surgirent bientôt; l'expérience démontra combien il était rigoureux de frapper ainsi brutalement des inventeurs qui, malgré leurs efforts, n'avaient pu réunir les fonds indispensables à la mise en valeur de leur découverte; elle prouva aussi que la menace de déchéance éloignait les demandeurs et pouvait suggérer aux capitalistes l'idée d'attendre le moment où la découverte serait tombée dans le domaine public, afin de s'en emparer librement et de n'acquitter aucun tribut à l'inventeur. Ému de ces inconvénients, le Ministère de Fomento provoqua une réforme qui fut sanctionnée le 2 juin 1896 et qui consistait à remplacer la déchéance par une taxe additionnelle exigible, en cas de non-exploitation, pour chaque période quinquennale pendant la durée du privilège.

Il y a lieu de mentionner encore une loi récente, du 23 avril 1902, modifiant sur quelques points la procédure instituée par la loi organique de 1890.

Rien ne met mieux en lumière les progrès de l'industrie mexicaine, au cours du dernier siècle, que la statistique des brevets concédés par l'administration. De 1833 à 1853, c'est-à-dire dans les vingt années qui suivirent la promulgation de la première loi, aucune demande ne fut présentée. Pour la période de trente-deux ans comprise entre 1854 et 1875, le nombre des brevets ne dépassa pas 41 ; ce nombre, sans cesse croissant, atteignit 360 de 1876 à 1885, puis 406 de 1886 à 1889, enfin 1927 de 1890 à 1900.

7. **Marques de fabrique et de commerce**. — Jusqu'à une époque récente, le Mexique était dépourvu de législation sur les marques de fabrique et de commerce. Désireux de protéger autant que possible les producteurs et les commerçants contre les falsifications, le Ministère de Fomento avait bien autorisé le dépôt des marques à toutes fins utiles. Mais ce fut seulement le 28 novembre 1889 qu'intervint la première loi réglementant la matière.

Cette loi, entrée en vigueur le 1er janvier 1890, définit clairement les marques industrielles ou de commerce, fixe les conditions du dépôt, limite la protection aux produits fabriqués ou vendus dans le pays, interdit l'enregistrement des marques étrangères quand elles n'ont pas été déposées au pays d'origine. Elle exigeait, en outre, que le propriétaire eût sur le territoire de la République une agence ou un établissement industriel : cette obligation trop rigoureuse fut supprimée par une loi postérieure du 17 décembre 1897.

Du 1er janvier 1890 au 31 décembre 1900, il a été enregistré 1694 marques de fabrique ou de commerce.

Afin d'étendre au delà des frontières les garanties dont l'industrie et le commerce jouissaient déjà à l'intérieur, le Gouvernement mexicain a d'abord conclu avec diverses puissances et notamment, le 11 septembre 1900, avec la France, des arrangements pour la protection réciproque de la propriété industrielle, puis adhéré à la convention internationale de Paris du 20 mars 1883 et à l'acte additionnel de Bruxelles du 14 décembre 1900.

8. Bourse de commerce. — Parmi les institutions propres à faciliter les échanges, il convient de signaler la Bourse de commerce établie à México en vertu d'une loi du 21 mai 1887, qui en a concédé l'exploitation pour cinquante ans à une société particulière.

Outre les transactions sur les titres, actions et obligations, la Bourse est autorisée à faire l'achat et la vente en gros des marchandises de toutes catégories, à négocier les valeurs de commerce, à passer des contrats d'affrètement et des contrats d'assurances maritimes ou terrestres. Nul ne peut intervenir dans ces actes, s'il n'est courtier titulaire et citoyen mexicain, s'il n'appartient pas à la société de la Bourse et s'il ne fournit pas caution. Les opérations sont constatées par des notes qu'échangent les agents et par une mention portée sur les registres. Un bulletin quotidien fait connaître les types et les prix respectivement demandés et offerts; le fonctionnement de la Bourse donne lieu à des rapports semestriels au ministre des Finances.

9. Régime douanier. — En matière douanière, le Mexique a adopté une politique nettement protectionniste, non seulement pour défendre l'industrie locale, mais aussi pour augmenter les ressources du Trésor. A considérer le tarif, il est permis de se demander si le but poursuivi n'a pas été dépassé. Les droits d'importation atteignent des taux si élevés qu'un ancien ministre des Finances de la République mexicaine les a signalés comme « prohibitifs à l'égard d'une partie de la population, qui ne peut profiter des marchandises étrangères, et ce au détriment même des recettes fiscales, de la prospérité générale et de l'amélioration du sort des habitants ». Bien que de nombreux hommes d'État mexicains partagent le sentiment ainsi exprimé, le protectionnisme est resté l'arche sainte. La crainte de troubler l'équilibre budgétaire et de préjudicier aux industries créées et développées à la faveur des droits protecteurs a toujours empêché l'atténuation des rigueurs manifestes du régime.

Il ne m'appartient pas d'examiner ici les conséquences financières de la politique douanière suivie par les pouvoirs publics mexicains. Au point de vue spécial de cette étude, je dois reconnaître que, si le commerce d'importation en a souffert, elle peut revendiquer comme un bienfait sa contribution puissante à l'essor de l'industrie nationale. L'excès des besoins de la consommation sur les ressources de la production locale et les lourdes charges imposées aux marchandises étrangères par les tarifs de douanes, en même temps que par les frais de transport et par le change correspondant à la dépréciation monétaire, ont assuré un large écart entre le prix de revient et le prix de vente des produits mexicains, procuré aux industriels du pays de gros bénéfices, permis le rapide progrès de leur outillage. De leur côté, les importateurs, désormais incapables de lutter contre la concurrence intérieure, se sont vus dans la nécessité d'établir eux-mêmes au Mexique des usines et des manufactures, pour fabriquer sur place les marchandises qu'ils ne pouvaient plus faire venir du dehors.

Le régime douanier a été fixé par plusieurs ordonnances, dont les dernières en date du 24 janvier 1885 et du 12 juin 1891. Divers décrets des 22 mars 1898, 5 juillet 1899, 12 septembre 1901 et 25 novembre 1902 ont apporté des retouches à l'ordonnance de 1891, qui comprend 23 chapitres et 705 articles, constitue un véritable code et réglemente tous les détails du service. L'exécution de ce service est, en vertu d'une loi du 19 février 1900, confiée à un directeur général relevant du ministre des Finances.

Toutes les marchandises envoyées au Mexique doivent être expédiées vers l'un des bureaux de douane échelonnés le long de la frontière maritime et de la frontière terrestre. Ces douanes, au nombre de 37, se répartissent ainsi : 11 sur le golfe du Mexique, 13 sur les côtes du Pacifique, 13 à la limite des États-Unis de l'Amérique du Nord. Les formalités obligatoires ne laissent pas d'être compliquées et gagneraient à recevoir des simplifications.

C'est ainsi que les importateurs sont tenus de présenter en quadruple expédition une « facture » revêtue du visa consulaire et contenant des énonciations au sujet, non seulement de l'origine, de la destination, de la nature, du poids et de la valeur des marchandises, mais aussi des droits applicables, droits dont la détermination est souvent fort délicate.

La législation douanière a admis en principe la création de magasins généraux où les marchandises étrangères pourraient être entreposées à leur arrivée, sans acquitter les droits. Jusqu'ici, il n'existait qu'un établissement de ce genre, dans le port de Guaymas. Une société vient d'obtenir l'autorisation nécessaire pour en installer deux à Vera-Cruz et à México. Le délai d'entrepôt sera d'un an au maximum et la Société consentira des prêts sur les marchandises dont elle sera dépositaire.

Pour le simple transit, le fisc ne perçoit qu'une taxe représentant 2 pour 100 des droits qui frapperaient les produits similaires destinés à la consommation locale.

Les marchandises sorties du Mexique peuvent y rentrer indemnes des droits d'importation, après avoir transité à travers le territoire nord-américain.

Contre la frontière nord a été réservée une zone franche mesurant 20 kilomètres de largeur et soumise au régime suivant : les droits de douane y sont réduits au dixième de leur taux normal, pour les produits étrangers destinés à la consommation locale; ces produits ne peuvent ensuite pénétrer à l'intérieur du Mexique que moyennant le paiement du surplus des droits fixés au tarif; les marchandises fabriquées dans la zone, soit avec des matières premières venues du dehors, soit avec des matières semblables d'origine indigène, sont traitées comme étrangères à leur entrée dans l'intérieur et supportent en conséquence le plein du tarif. Enserrée entre les barrières de douane du Mexique et des États-Unis de l'Amérique du Nord, l'industrie de la zone franche est entièrement paralysée. Aussi la suppression de cette zone a-t-elle été réclamée à diverses reprises.

Le tarif est spécifique et répartit les marchandises en onze sections : 1° matières animales; 2° matières végétales; 3° matières minérales; 4° fils, tissus et vêtements; 5° produits chimiques et pharmaceutiques; 6° boissons fermentées ou naturelles: 7° papier et ses applications; 8° machines et appareils: 9° véhicules; 10° armes et explosifs; 11° marchandises diverses.

Entrent en franchise différentes matières nécessaires à l'industrie (houille, coke, minerais, pâte à papier, glycérine), les objets destinés à l'enseignement (livres brochés, cartes de géographie, instruments de laboratoire), quelques appareils électriques, le matériel roulant des chemins de fer, à l'exclusion des locomotives.

Jusqu'en 1902, les droits étaient acquittés en piastres d'argent, tels que les déterminait le tarif, et variaient par suite effectivement selon la dépréciation plus ou moins grande subie par cette monnaie sur les places étrangères. Aux chiffres fixés par le tarif s'ajoutaient deux taxes additionnelles, l'une de 7 pour 100 pour le timbre, l'autre de 2 pour 100 pour les droits de port. Un décret du 25 novembre 1902, édicté en exécution de la loi du 24 novembre 1902, a supprimé les taxes additionnelles et changé le mode de liquidation, de manière à tenir compte des fluctuations du change. Aujourd'hui le calcul de la somme que doit verser l'importateur se fait en réduisant de moitié les chiffres du tarif, puis en multipliant les taxes ainsi réduites par un coefficient dont le ministre des Finances arrête chaque mois la valeur suivant le cours du change et qui ne peut être inférieur à 2,20. Le nouveau mode de liquidation aboutit à un léger relèvement des droits de douane.

Sur ces droits viennent se greffer une taxe de 1,5 à 2 pour 100 au profit des municipalités, les droits de manutention, les taxes pour formalités en douane, sans parler des charges imposées aux navires dans la plupart des ports : droits de pilotage, de phare, de tonnage, du service de santé.

La législation douanière du Mexique comporte aussi des droits d'exportation sur certains produits naturels : café, chicle, henequen, ixtle, bois d'ébénisterie et bois de teinture, orchilla, zacaton, peaux brutes. Ces taxes ont un but purement fiscal; n'atteignant pas les produits de la fabrication, elles n'apportent aucune entrave à l'industrie et peuvent même lui être d'un léger secours.

Dès le 5 juillet 1890, le Gouvernement mexicain a adhéré à la convention de Bruxelles pour la publication des tarifs douaniers.

Plusieurs traités « d'amitié, de commerce et de navigation » ont été conclus par le Mexique avec des puissances étrangères : France (traité du 27 novembre 1886, ratifié le 1er février 1888 et prorogé le 30 janvier 1892), Grande-Bretagne (traité du 27 novembre 1888, ratifié le 11 février 1889), République dominicaine (traité du 29 mars 1890, ratifié le 19 juillet 1891), Italie (traité du 16 avril 1890, ratifié le 23 juillet 1891), Salvador (traité du 24 avril 1893, ratifié le 16 novembre 1893), Belgique (traité du 7 juin 1895, ratifié le 25 mai 1896), Pays-Bas (traité du 22 décembre 1897, ratifié le 12 juillet 1899).

10. Franchises et avantages divers accordés à l'industrie. — Si, dans son ensemble, le tarif des douanes protégeait largement l'industrie nationale, parfois il se retournait contre elle en grevant les dépenses de premier établissement des droits perçus à l'importation sur les matériaux de construction, les machines et l'outillage. Ce motif et d'autres conduisirent les pouvoirs publics à encourager certaines entreprises par des avantages spéciaux.

Les premières mesures furent prises en faveur des mines, dont les immenses richesses restaient enfouies dans le sol. Une loi du 6 juin 1887, complétant le nouveau Code minier mis en vigueur le 1er janvier 1885, autorisa le Gouvernement à accorder des franchises d'impôts aux entreprises qui garantiraient l'engagement d'un capital minimum de 200 000 pesos dans l'industrie minière.

Comme l'indique l'auteur du chapitre « Mines et Industries minières », l'expérience ainsi faite donna les résultats les plus heureux. Aussi le Ministère de Fomento pensa-t-il que le système des concessions et franchises pourrait être avantageusement étendu aux industries si variées, capables de vivre et de prospérer au Mexique. Quelques essais eurent lieu, et leur succès détermina le vote de la loi organique du 30 mai 1893. Par application de cette loi, le Pouvoir exécutif peut passer des contrats octroyant des franchises spéciales aux individus ou sociétés qui s'obligeraient à engager un capital minimum de 250 000 pesos dans la création d'industries nouvelles sur le territoire de la République. Les concessionnaires obtiennent, pour dix ans au plus, l'exemption des impôts directs fédéraux dont serait passible le capital engagé; ils sont exonérés des droits de douane frappant les machines, appareils, outils, matériaux de construction, etc., introduits pour l'établissement de leurs usines ou manufactures, mais doivent justifier de l'emploi des produits ainsi admis. En retour, l'administration se réserve la faculté de déterminer l'emplacement des usines, d'assigner un délai à l'installation, de contrôler l'exécution du contrat, de réclamer, s'il y a lieu, le bénéfice d'un rabais sur les marchandises qu'elle achèterait pour les besoins des services publics.

Usant avec discernement de ses nouvelles prérogatives, le Pouvoir exécutif a pu stimuler des initiatives fécondes et doter le Mexique d'industries dont il était naguère dépourvu. A la fin de 1900, le Ministère avait reçu cent quatorze demandes de concession. L'exemple sera suivi, et tout permet de présager une utilisation croissante des matières premières que le Mexique offre en abondance, une immigration de plus en plus considérable des capitaux étrangers, une amélioration sérieuse dans la condition des travailleurs, un approvisionnement plus large du marché par les produits mexicains, une augmentation de la prospérité nationale.

Non content de seconder les industries à leur naissance, le Gouvernement les suit dans leur développement et s'efforce de conjurer les crises qui les menacent. Récemment, par exemple, la surproduction et la pléthore des stocks infligeaient à l'industrie cotonnière un grave malaise : le ministre des Finances a jugé opportun le dégrèvement des tissus exportés, afin d'en faciliter l'écoulement à bas prix sur les marchés étrangers; conformément à sa proposition, les Cortès ont voté une loi l'autorisant à rembourser aux industriels le montant de l'impôt intérieur perçu sur les tissus de fabrication nationale qui seraient envoyés au dehors et à leur remettre l'équivalent des droits d'importation sur les matières premières qui auraient été introduites pour cette fabrication.

Parmi les dispositions libérales dont bénéficie l'industrie mexicaine, il y a lieu de citer encore celles de la loi relative à l'utilisation des eaux. Dans ce pays où la houille est rare, le législateur devait comprendre l'importance des admirables ressources offertes par les grandes chutes qui se précipitent sur les flancs de hautes montagnes : il y a là une énorme force disponible, que les progrès de la science permettent de transporter économiquement à longue distance. Le Gouvernement a été habilité à faire les concessions nécessaires : au 30 septembre 1900, il avait accordé soixante-dix-sept concessions de cette nature, confirmé quarante-deux contrats antérieurs et apporté ainsi une puissante contribution au développement industriel.

11. **Enseignement industriel et commercial.** — L'enseignement industriel et commercial a été un des constants soucis du Gouvernement fédéral et des Gouvernements locaux, qui subventionnent des écoles, distribuent des bourses, entretiennent des musées.

Une des plus anciennes institutions est l'École supérieure de commerce et d'administration, fondée en 1845 à México par le Tribunal de commerce. Depuis la suppression de ce tribunal, le Gouvernement fédéral soutient l'école, dont l'importance a considérablement grandi. Pour l'année 1900, le personnel scolaire comptait 1225 élèves du sexe masculin, 255 élèves du sexe féminin, soit au total 1480 élèves des deux sexes, sur lesquels 895 boursiers ; les dépenses de fonctionnement atteignaient 32 760 pesos.

México possède aussi une école d'ingénieurs fréquentée par deux cent cinquante-six élèves se préparant à l'industrie minière ainsi qu'à la métallurgie. Il existe, en outre, une école de commerce à Vera-Cruz, un cours de dessin industriel dans l'État de Nuevo Leon, d'assez nombreuses écoles d'arts et métiers dans divers districts.

Complétant ces écoles, des musées commerciaux ou industriels sont établis notamment à México, Guadalajara, Toluca.

Désireux d'imprimer à l'enseignement une direction pratique, l'Administration s'est parfois réservé vis-à-vis des industriels auxquels elle octroyait des franchises le droit d'envoyer des élèves dans les usines pour en étudier les travaux et les opérations.

A côté des institutions subventionnées par les États, d'autres sont l'œuvre exclusive, soit de particuliers, soit d'associations laïques ou religieuses. Telle est l'École commerciale française, qui a été inaugurée à México le 19 avril 1903 et qui témoigne du rôle de l'élément français aux États-Unis mexicains.

12. Représentation commerciale. Corps consulaire. — A México et dans les principaux centres commerciaux de la République, se sont constituées des Chambres de commerce qui, sans avoir d'existence légale, interviennent officieusement auprès des pouvoirs publics pour défendre les intérêts remis entre leurs mains. Le nombre de ces compagnies était de 27, au 31 décembre 1901. Elles siégeaient à Acapulco, Aguascalientes, Chihuahua, Ciudad Victoria, Colima, Cordoba, Durango, Guadalajara, Laredo, Matamoros, Matehuala, Mazatlan, México, Monterey, Oaxaca, Orizaba, Papantla, Puebla, San Luis Potosi, Tampico, Tepic, Tlacotalpam, Toluca, Tula de Tamaulipas, Tulancingo, Vera-Cruz, Zacatecas.

Tandis que les Chambres de commerce renseignent le Gouvernement au sujet des desiderata du Mexique en matière commerciale, les consuls nommés par lui dans les principaux pays avec lesquels la République échange ses produits l'éclairent sur les ressources et les besoins des nations étrangères. Il a été institué 161 consulats mexicains, dont 32 aux États-Unis de l'Amérique du Nord, 27 en Espagne, 19 dans la Grande-Bretagne et ses colonies, 14 en Allemagne, 11 en France et en Algérie, 9 en Italie, 6 en Belgique, 4 en Suède et en Norvège, 2 en Russie, 8 dans les autres pays d'Europe, 1 au Japon, 28 dans l'Amérique du Sud, l'Amérique centrale et les Antilles. Les consuls et agents consulaires du Mexique suivent de très près le mouvement commercial, ainsi que l'attestent les intéressants rapports publiés périodiquement dans le « Boletin official de la Secretaria de Relaciones Exteriores ».

De leur côté, les plus importantes colonies étrangères installées au Mexique, celles des Allemands, des Américains du Nord, des Espagnols, des Français, des Italiens ont organisé des Chambres de commerce qui, secondées par le corps consulaire, rendent de grands services, non seulement à leurs nationaux en les unissant pour soutenir des intérêts considérables, mais encore à la République elle-même, en la faisant mieux connaître, en établissant des relations commerciales suivies avec leur patrie d'origine, en attirant des compatriotes pour fonder de nouvelles industries, en étendant ainsi l'influence économique d'un pays éminemment hospitalier.

13. Mission à l'étranger. — Le Gouvernement ne néglige rien pour faire apprécier à l'étranger les produits de l'industrie nationale et élargir le marché extérieur. Il a subventionné et investi d'un mandat officiel une mission commerciale, envoyée à la fin de 1902 dans l'Amérique centrale et l'Amérique du Sud.

Cette mission, qui a été constituée par les principaux industriels et dans laquelle l'élément français est dignement représenté, emporte de nombreux échantillons des marchandises faisant l'objet d'une fabrication importante au Mexique, notamment des tissus de coton et des tabacs. Son programme consiste à étudier de près, dans toute l'Amérique latine, les produits susceptibles d'échanges, à poursuivre par une entente entre les gouvernements intéressés la création de services maritimes directs reliant cette partie de l'Amérique aux États-Unis mexicains, à nouer ainsi des relations commerciales nouvelles et à resserrer celles qui existent, à développer la concurrence contre l'Amérique du Nord et l'Europe.

L'union plus étroite des divers éléments latins-américains dans le domaine économique peut avoir, si elle se réalise, une répercussion profonde sur la situation politique du Nouveau Monde.

14. Participation aux expositions universelles. — Les expositions universelles offraient au Mexique l'occasion de mettre en lumière la variété des produits nationaux, de développer son commerce, d'accroître son prestige. Aussi a-t-il accepté, depuis 1876, les invitations des gouvernements étrangers et participé notamment avec un éclat de plus en plus vif aux assises de Philadelphie (1876), de la Nouvelle-Orléans (1885-1886), de Paris (1889), de Chicago (1893), de New York (1894), d'Atlanta (1895) et de Paris (1900).

Dans ces luttes pacifiques, les États-Unis mexicains ont recueilli de légitimes succès. Le tableau suivant des récompenses obtenues par leurs exposants à Paris et à Chicago en fournit la preuve irrécusable :

DÉSIGNATION DES EXPOSITIONS	NOMBRE DES EXPOSANTS	NOMBRE DES RÉCOMPENSES						RAPPORT du nombre des récompenses au nombre des exposants
		Grands Prix	Médailles d'or	Médailles d'argent	Médailles de bronze	Mentions honorables	Totaux	p. 100
Paris (1889)..	3 206	14	88	205	312	309	928	29
Chicago (1893).	3 658	»	»	»	»	»	1 177	32
Paris (1900)..	3 478	34	102	223	332	347	1 038	30

Le Mexique a largement profité des expositions pour l'extension de son marché, la multiplication de ses échanges internationaux, l'immigration des travailleurs et des capitaux. A Philadelphie, à la Nouvelle-Orléans, à New-York, à Chicago, à Atlanta, il s'est fait mieux connaître de la puissante République du Nord, dont les capitalistes, enhardis par les exemples probants mis sous leurs yeux, ont apporté leur concours financier à l'industrie mexicaine. En 1889, à Paris, les progrès surprenants qu'il avait accomplis en quelques années furent une révélation et suscitèrent l'admiration de l'Europe entière. Le souvenir du beau palais construit en 1900 sur les bords de la Seine et celui des magnifiques spécimens de produits agricoles ou industriels qu'abritait cet édifice sont encore présents à la mémoire de tous; je me félicite de pouvoir, en cette circonstance, rendre hommage à la haute et habile direction de M. de Mier, commissaire général. Nul ne doute plus du degré de prospérité atteint par la nation amie, à laquelle tant d'affinités de race et de tempérament unissent le peuple français, qui a conquis de si chaudes sympathies chez ce peuple aux affections fidèles et dont les aspirations démocratiques trouveront toujours leur écho sur la vieille terre gauloise.

De nouveaux succès attendent certainement le Mexique à la prochaine Exposition universelle de Saint-Louis, où sa représentation promet d'être très brillante.

III

APERÇU SUR L'INDUSTRIE

1. Généralités. — Comme je l'ai déjà rappelé, l'industrie trouve au Mexique des éléments nombreux de succès. Le sol et le sous-sol fournissent généreusement la matière première ; des droits protecteurs barrent la route aux produits étrangers ; l'élévation du change augmente encore cette protection en majorant dans une proportion considérable le prix des marchandises venues du dehors ; enfin les pouvoirs publics prodiguent leurs encouragements à l'initiative privée. Aussi comprend-on les immenses progrès réalisés depuis moins d'un quart de siècle et les brillantes perspectives qui restent ouvertes pour l'avenir.

A la vérité, le combustible et la main-d'œuvre sont rares.

La houille ne se rencontre que dans quelques districts, et les transports intérieurs grèvent les charbons importés au point d'en élever le cours sur la place de México à 18 ou 20 piastres, soit 40 ou 50 francs : dès qu'on s'éloigne des voies ferrées, l'utilisation industrielle du combustible minéral devient presque impossible. Jadis si riches, les forêts ont été exploitées et défrichées sans prévoyance aux abords des grandes agglomérations ; elles ne présentent plus les ressources nécessaires pour l'alimentation pratique des générateurs de vapeur et autres appareils employés par l'industrie. Si les recherches de pétrole ont abouti dans certaines régions, si les espérances ne sont pas interdites, la mise en valeur des gisements n'est pas entrée jusqu'ici dans le domaine des faits accomplis.

Mais, à défaut de houille noire, le Mexique possède la « houille blanche ». De ses sierras, de ses pics volcaniques montant plus haut que les sommets alpestres et dressant vers le ciel leurs cimes neigeuses empanachées de fumerolles s'élancent des torrents, dont la force longtemps perdue fera bientôt la fortune de l'industrie mexicaine.

Sorti des flancs de l'Ixtacihuatl, l'Atoyac précipite sa masse d'eau sur les pentes regardant le Pacifique et a fait déjà de Puebla l'une des villes les plus industrielles de la République. Une partie des eaux de l'Atoyac, détournée dans les vallées d'Atlixco et d'Izucar, forme encore une série de chutes atteignant 75, 143 et même 243 mètres, et représentant ensemble 23 000 chevaux.

D'autres chutes considérables, situées également dans l'État de Puebla et dépendant du district de Huachinango, fournissent environ 30 000 chevaux et seront promptement utilisées.

Le Rio Grande se fraye passage à travers des roches éruptives par une série de cascades et de rapides qui « font du lit fluvial un gigantesque escalier aux gradins inégaux ». Une seule des cataractes, le superbe Salto de Juanacatlan, avec sa hauteur de 18 mètres et sa largeur de 146 mètres, est capable de développer près de 30 000 chevaux et d'actionner toutes les usines de la ville voisine, Guadalajara.

Ainsi que l'indique son nom, le Rio Salto comporte nombre de chutes, dont l'une, dans l'État de San Luis Potosi, plonge de 76 mètres.

Plusieurs rapides se rencontrent au pied du pic d'Orizaba. Le Rio de la Antigua ne débite pas moins de 60 mètres cubes par seconde.

Dans l'État d'Hidalgo, la Regla, qui bondissait en une magnifique cascade entre des piliers octogonaux de basalte bleuâtre, a maintenant une partie de ses eaux captée par des tuyaux d'acier.

Non loin de México, les déclivités du Rio de Tlalnepantla et du Rio de Monte Alto ont permis de constituer des chutes de 60, 90, 120, 150 et 170 mètres, dont l'énergie transformée en électricité va se répandre et se distribuer dans les artères de la capitale.

A cette nomenclature déjà longue, il faudrait ajouter les chutes du territoire de Tepic, les cascades du district de Huetjutla, etc.

L'utilisation des forces hydrauliques par les industriels investis de concessions n'est qu'ébauchée et laisse disponible une réserve considérable.

Des divers problèmes que soulève le développement industriel du Mexique, l'un des plus graves consiste dans le recrutement de la main-d'œuvre.

Les Indiens et les métis, formant les trois quarts de la population, sont des hommes résistants, durs au labeur, habiles, patients, doués de persévérance, capables de devenir bons ouvriers, à la suite d'un apprentissage assez rapide. Mais leur éducation n'est pas faite : indifférents au progrès, ils n'aspirent pas à beaucoup de bien-être, se contentent de peu, vivent d'une vie presque misérable, ne travaillent que dans la stricte mesure de leurs besoins, tiennent avant tout à la culture de leurs champs, vont d'autant moins vers l'industrie que la récolte est meilleure. Seule, la nécessité absolue les arrache à leurs tendances naturelles et leur fait alors accepter les plus modiques salaires : 25 centavos par jour, dans certaines contrées, pour les manœuvres et les terrassiers.

Autant les étrangers pourvus d'une certaine fortune trouvent aisément au Mexique un fructueux emploi de leur activité et de leurs capitaux, autant les modestes travailleurs blancs sont peu certains d'obtenir un salaire élevé, et cette incertitude enraye l'immigration. Sans doute, les mécaniciens et les électriciens peuvent gagner jusqu'à 5 piastres; mais ce taux ne dépasse pas celui des États-Unis du Nord et de l'Angleterre, et, d'une manière générale, l'ouvrier de ces pays qui aborde la terre mexicaine risque d'attendre longtemps une rémunération en rapport avec ses habitudes d'existence confortable : les consuls de l'Union et de la Grande-Bretagne dissuadent leurs compatriotes d'immigrer sans contrat préalable signé d'un grand industriel. Plus sobres et accoutumés à de moindres salaires, les artisans italiens arriveraient facilement à se suffire, comme maçons, tailleurs de pierre, stucateurs, mineurs, forgerons, mécaniciens, menuisiers, tailleurs d'habits, cordonniers; cependant, jusqu'ici, le courant les a davantage emportés vers la République Argentine.

Plus tard, l'éducation, pénétrant dans les couches profondes du peuple, augmentera ses aspirations, modifiera les conditions du travail et changera la situation actuelle.

En attendant, apparaît un élément nouveau susceptible de procurer un appoint considérable à l'industrie mexicaine. Depuis quelques années, des milliers de coolies chinois et japonais ont débarqué dans les ports du Pacifique. A l'encontre de tant d'autres pays, le Mexique ne les repousse pas; il les attire, au contraire, par un service direct de navigation entre ses côtes et celles de la Chine. Cette immigration de travailleurs jaunes, prélevée sur les réserves inépuisables de l'Empire du Milieu, aura peut-être de grosses conséquences économiques.

Pendant longtemps, le Mexique a manqué de capitaux suffisants pour tirer parti des ressources dont l'avait comblé la nature. Le rétablissement de la paix intérieure et la consolidation du crédit ont rassuré les capitalistes, qui, de plus en plus nombreux, apportent à ce beau pays leur concours financier. C'est aux étrangers que sont dues la fondation ou la commandite des industries de premier ordre. Empêchés par des taxes presque prohibitives d'introduire leurs produits, ils sont venus établir dans le pays, sous la protection de ses douanes, des usines et des manufactures qui contribuent grandement à sa prospérité.

2. **Industries alimentaires**. — La facilité avec laquelle croît la canne à sucre sous les latitudes tropicales explique la place prise, de vieille date, au Mexique, par l'*industrie sucrière*. Ce fut une des industries exercées dans le pays sous la domination espagnole : ne pouvant fabriquer elle-même, la métropole profitait des produits de sa colonie. D'après Humboldt, la production était alors plus active qu'aujourd'hui et donnait lieu, chaque année, à une exportation considérable; la cour royale de Madrid s'approvisionnait exclusivement à Cordoba (État de Vera-Cruz); sur les marchés de Cadix et de Santander, le sucre mexicain était coté très haut. Durant la guerre de l'Indépendance, les plantations de canne furent délaissées, pour n'être vigoureusement reprises qu'à une époque rapprochée de la nôtre. Actuellement, les sucreries suffisent aux besoins de la consommation.

Tandis qu'ailleurs les fabricants de sucre achètent leur matière première, c'est-à-dire des cannes pour Cuba et la Louisiane, des betteraves pour le Nord de la France, la Bohème, la Moravie, etc., au Mexique ils sont leurs propres planteurs, à l'exception de quelques industriels nord-américains qui ont récemment conclu des marchés avec des propriétaires d'haciendas. La fabrication est par suite très divisée. Au début de l'année 1903, la statistique ne dénombrait pas moins de 1124 sucreries, dont 116 seulement avaient un rendement annuel supérieur à 100 tonnes, 16 autres oscillant entre 100 et 50 tonnes, et les 992 dernières descendant au-dessous de 50 tonnes.

Bien que la betterave pousse dans la zone froide des hautes terres, le Mexique ne met guère en œuvre que la canne à sucre. C'est naturellement dans les régions les plus propices aux plantations que l'industrie sucrière a surtout grandi. Les *tierras calientes* et les *tierras templadas* se prêtent à la culture de la canne. Mais, à l'ouest, sur la côte brûlante de l'océan Pacifique, depuis Guyamas jusqu'à la frontière du Guatemala, le sol desséché exige des irrigations qui ne peuvent être obtenues qu'au prix de travaux onéreux. Au centre, la terre, pour produire, doit aussi être irriguée; toutefois, les nombreux cours d'eau de la région facilitent la tâche du planteur. Enfin, dans la zone d'alluvion s'étendant à l'est du pays, la fréquence des pluies rend inutile l'exécution de canaux d'arrosage; par les conditions climatériques aussi bien que par la qualité du sol, cette zone peut être comparée à Cuba, la contrée qui tient le premier rang dans le monde entier pour la production de la canne à sucre. Ainsi s'explique la concentration des fabriques les plus nombreuses ou les plus puissantes dans les États de Morelos, Nuevo Leon, Vera-Cruz, Jalisco, qui, à eux seuls, fournissent une quantité de sucre supérieure au contingent de tous les autres États réunis.

Il existe encore des sucreries tout à fait primitives. Un grossier moulin de bois y exprime le jus des cannes, qui est ensuite cuit au degré voulu, puis porté dans un réfrigérant et malaxé au moyen d'une spatule jusqu'à ce qu'il forme une bouillie épaisse, par l'union intime du sirop et du sucre cristallisé; la pâte, mise dans une forme de grès ou de bois, se prend en une masse consistante de couleur brunâtre, que le fabricant livre au commerce sous le nom de « panocha » ou de « piloncillo » et dont use la consommation locale. Plus de la moitié du panocha provient des États de Morelos et de Nuevo Leon.

A côté de ces établissements rudimentaires, de nombreuses fabriques se montent avec un outillage perfectionné, notamment : dans l'État de Vera-Cruz, à El Hijo et de Tlacotalpam au Paso de Hule; dans l'État de Puebla, à Izucar; sur plusieurs points de la vallée d'El Fuerte. Beaucoup d'appareils viennent de France, d'autres de la Nouvelle-Orléans, d'autres encore de Brunswick. Le sucre blanc sortant de ces fabriques est de belle qualité et peut se comparer aux produits vendus sur le marché européen.

Les grandes sucreries ne traitent guère plus de 500 tonnes de cannes par jour, alors que beaucoup d'établissements cubains mettent en œuvre 900 à 1100 tonnes, plusieurs même 2000 tonnes. Malgré l'infériorité du rendement de la canne, qui peut être évalué à 8 pour 100, le prix de revient est moindre dans les États-Unis mexicains que dans l'île de Cuba, grâce à la différence des salaires (50 à 75 centavos, au lieu de 1 dollar or à 1 dollar et demi). Ce prix n'excède pas 8 à 10 centavos le kilogramme, pour les grandes fabriques mexicaines.

A la faveur du tarif douanier, qui frappe d'un droit de 15 centavos le kilogramme de sucre étranger, les fabricants mexicains réalisent de notables bénéfices. En 1900, le prix moyen de vente a varié de 19 à 24 centavos.

Dans la région du Nord-Ouest, où les capitaux américains sont largement engagés, les fabricants ont formé un trust, qui leur a permis de vendre leurs produits aux plus hauts cours. Ce groupement d'intérêts semble devoir s'étendre à tout le Mexique, car les producteurs viennent de fonder à México un « Centro Azucarero », association sucrière imitée de celles qu'on rencontre à Cuba, au Pérou et dans la République Argentine. L'objet déclaré de l'institution consiste à développer l'industrie du sucre, à vulgariser les nouveaux procédés de culture et de fabrication, à former des ingénieurs et des ouvriers; mais le résultat le plus immédiat pourrait être une hausse des prix.

Le tableau suivant donne l'état de la production sucrière à la fin du siècle :

DÉSIGNATION DES CAMPAGNES OU DES ÉTATS	SUCRE BLANC		PANOCHA		MÉLASSES	
	Poids	Valeur	Poids	Valeur	Poids	Valeur
	Kilos	Piastres	Kilos	Piastres	Kilos	Piastres
PRODUCTION TOTALE DE 1896 A 1900						
1895-1896.............	71 428 870	12 216 575	62 688 100	6 414 451	52 748 630	2 354 683
1896-1897.............	65 803 119	9 176 567	61 856 435	5 031 993	44 847 421	1 481 469
1897-1898.............	67 852 023	10 791 984	72 819 520	5 339 521	66 271 551	3 175 109
1898-1899.............	68 607 652	13 283 338	59 189 362	5 622 050	62 076 460	2 246 450
1899-1900.............	75 055 798	15 316 187	67 029 664	5 949 666	52 827 472	2 159 249
Moyennes.......	69 749 492	12 156 930	64 716 616	5 551 536	55 754 307	2 283 392
PRODUCTION DES DIVERS ÉTATS EN 1899-1900						
Basse-Californie	»	»	1 702 110	134 172	»	»
Campêche..............	413 500	70 782	84 300	7 230	334 060	24 394
Chiapas	462 526	75 071	3 123 343	249 556	195 915	5 602
Coahuila	»	»	1 274 025	144 757	6 428	626
Colima................	1 156 000	253 318	86 250	8 082	»	»
Durango	»	»	147 025	17 791	5 000	500
Guanajuato............	»	»	1 273 289	92 710	46 000	2 760
Guerrero..............	755 900	211 560	1 560 793	167 381	1 122 300	64 410
Hidalgo...............	920	138	2 337 112	158 993	»	»
Jalisco................	12 472 585	2 690 373	3 435 565	410 195	4 361 610	90 867
México................	180 500	36 420	602 363	43 848	155 800	12 686
Michoacan.............	2 026 000	363 120	859 318	107 670	1 262 324	30 566
Morelos...............	29 340 089	5 808 549	431 550	40 276	22 081 007	1 066 189
Nuevo Leon	405 030	100 757	21 395 001	1 950 473	1 650	180
Oaxaca................	1 197 241	25 6941	1 029 357	92 773	455 091	37 302
Puebla................	5 958 840	1 240 899	3 877 380	311 290	9 199 043	384 541
Queretaro.............	»	»	368 000	29 440	»	»
San Luis Potosi	373 000	74 600	2 054 548	198 454	48 464	1 938
Sinaloa................	5 120 000	1 024 000	2 700 170	486 073	106 140	10 835
Sonora................	»	»	537 840	91 405	12 103	2 106
Tabasco...............	957 945	202 119	346 900	40 065	1 515 782	55 279
Tamaulipas	»	»	265 750	27 732	2 707	677
Tepic.................	3 125 000	873 750	745 110	78 732	305 500	22 480
Vera-Cruz.............	6 610 318	1 316 090	10 507 365	749 338	8 338 158	260 156
Yucatan...............	4 499 584	717 700	4 515 000	157 750	3 272 390	85 155
Zacatecas.............	»	»	1 770 200	153 480	»	»
Totaux........	75 055 798	1 531 6187	67 029 664	5 949 666	52 827 472	2 159 249

Plus de 2000 *distilleries* extraient l'alcool des mélasses, du piloncillo, du maguey, du maïs ou du raisin.

Ce sont les dérivés de la canne à sucre qui fournissent de beaucoup le plus fort contingent : sans parler des distilleries mixtes, celles où se traitent exclusivement les mélasses et le piloncillo ont donné, en 1899-1900, 211 000 hectolitres sur un total de 348 000. Très souvent, on voit dans les haciendas la distillerie annexée à la sucrerie. Aussi les régions qui livrent à la consommation le plus de sucre sont-elles également celles qui produisent le plus d'alcool. En tête, s'inscrivent les États de Vera-Cruz, Morelos et Puebla, avec une fabrication dépassant celle des 26 autres États; puis viennent le Yucatan, le Michoacan et le Chiapas.

Les distillateurs tirent du maguey une sorte d'eau-de-vie, connue de longue date au Mexique, très appréciée et dite « mezcal » ou « tequila » suivant le procédé de fabrication. Plus de la moitié du mezcal et du tequila provient des États de Jalisco, San Luis Potosi et Zacatecas, bien qu'ils aient un nombre de distilleries inférieur à celui des États de Sonora, de Sinaloa et de Coahuila.

Quant aux autres matières premières, grains et raisins, elles n'entrent que pour une faible part dans le total de la production.

Généralement exercée comme l'industrie du sucre par les planteurs eux-mêmes, celle de l'alcool présente une égale dissémination. Beaucoup de petites distilleries ne vont pas au delà de 10, 20 ou 30 hectolitres par an. Mais les grandes fabriques, pourvues d'un outillage moderne et distillant plus de 1 000 hectolitres, ne sont pas rares; il en est à Tequila (État de Jalisco), à Acula (État de Vera-Cruz), à Buenavista (État de Morelos), qui atteignent 6 000 ou 8 000 hectolitres.

Outre les eaux-de-vie, rhums, mezcal ou tequila, les distillateurs font des spiritueux extraits de plantes parfumées qu'ils récoltent sur les terres chaudes. Quelques-uns imitent les liqueurs étrangères, en particulier les liqueurs françaises, assez recherchées.

Les droits de 40 à 55 centavos et de 35 centavos par litre, qui frappent respectivement l'importation des alcools et celle des liqueurs, assurent à la distillerie une prospérité facile.

Voici, d'après la statistique du Ministère des Finances, quelle a été la production de l'alcool pendant l'année fiscale 1899-1900 :

DÉSIGNATION DES ÉTATS	CANNE A SUCRE Nombre de fabriques	CANNE A SUCRE Hectolitres d'alcool	MAGUEY Nombre de fabriques	MAGUEY Hectolitres d'alcool	GRAINS Nombre de fabriques	GRAINS Hectolitres d'alcool	RAISINS Nombre de fabriques	RAISINS Hectolitres d'alcool	MAGUEY ET CANNE Nombre de fabriques	MAGUEY ET CANNE Hectolitres d'alcool	GRAINS ET CANNE Nombre de fabriques	GRAINS ET CANNE Hectolitres d'alcool	TOTAUX Nombre de fabriques	TOTAUX Hectolitres d'alcool
Basse-Californie...	»	»	1	77	»	»	2	10	»	»	»	»	3	87
Campêche........	41	4 116	»	»	»	»	»	»	»	»	»	»	41	4 116
Chiapas.........	221	12 324	»	»	»	»	»	»	»	»	»	»	221	12 324
Chihuahua.......	»	»	44	2 670	»	»	»	»	»	»	»	»	44	2 670
Coahuila........	3	336	70	9 792	»	»	10	3 297	1	213	»	»	84	13 638
Colima..........	5	888	1	35	»	»	»	»	»	»	»	»	6	923
District fédéral...	1	710	»	»	2	28 330	»	»	»	»	»	»	3	29 040
Durango.........	»	»	98	2 249	»	»	1	50	»	»	»	»	69	2 299
Guanajuato......	14	1 097	12	2 331	»	»	1	1	»	»	»	»	27	3 429
Guerrero........	25	1 573	8	136	»	»	»	»	»	»	8	634	41	2 343
Hidalgo.........	139	8 302	46	1 578	»	»	»	»	»	»	»	»	185	9 880
Jalisco..........	24	3 249	58	23 734	3	4 297	»	»	2	1 412	1	1 103	88	33 795
México..........	12	4 983	»	»	»	»	»	»	»	»	»	»	12	4 983
Michoacan.......	46	14 991	16	570	»	»	»	»	»	»	»	»	62	15 561
Morelos.........	27	33 896	8	515	»	»	»	»	»	»	»	»	35	34 411
Nuevo Leon.....	12	2 953	44	4 622	»	»	»	»	»	»	»	»	56	7 575
Oaxaca.........	73	3 678	17	370	1	15	»	»	3	321	7	301	101	4 685
Puebla..........	107	30 727	4	84	1	20	1	9	»	»	1	83	114	30 923
Queretaro.......	37	1 506	5	279	»	»	»	»	»	»	»	»	42	1 785
San Luis Potosi...	105	7 260	54	19 916	»	»	»	»	1	55	»	»	160	27 231
Sinaloa.........	5	1 418	81	4 775	»	»	»	»	»	»	»	»	86	6 193
Sonora..........	»	»	84	5 968	»	»	»	»	»	»	»	»	84	5 968
Tabasco.........	50	7 082	»	»	»	»	»	»	»	»	»	»	50	7 082
Tamaulipas	8	597	30	877	»	»	»	»	»	»	»	»	38	1 474
Tepic	3	1 109	11	327	»	»	»	»	»	»	»	»	14	1 436
Tlaxcala.........	9	1 275	21	746	»	»	»	»	»	»	»	»	30	2 021
Vera Cruz.......	279	48 210	5	342	»	»	»	»	»	»	»	»	284	48 552
Yucatan.........	54	18 567	»	»	»	»	»	»	»	»	11	2 501	65	21 068
Zacatecas	»	»	19	12 676	»	»	»	»	1	242	»	»	20	12 918
TOTAUX	1 300	210 847	707	94 669	7	32 662	15	3 367	8	2 243	28	4 622	2 065	348 410

Jadis extrêmement restreinte au Mexique, la fabrication de la *bière* y prend aujourd'hui de l'importance. Depuis quinze ans, il a été fondé, notamment par des Français et des Allemands, de grandes brasseries munies d'appareils perfectionnés; ces appareils sont, en général, d'origine américaine. Les principaux établissements se trouvent à México, Orizaba, Monterey, Toluca, Guadalajara, Puebla, San Luis Potosi, etc.

Les brasseurs ont à leur disposition de l'eau très pure, circonstance éminemment favorable à leur industrie. Ils peuvent tirer en abondance du pays même l'orge nécessaire à la fabrication, et cette orge est d'excellente qualité; cependant certains d'entre eux, au lieu de préparer leur malt, s'adressent à des malteries de l'Amérique du Nord. Le houblon ne croît pas sur la terre mexicaine et doit être importé, à moins qu'un succédané fourni par la chimie ne vienne prendre sa place.

Dans les établissements à forte production, les méthodes suivies sont celles des meilleures fabriques européennes. La bière qui en sort supporte la comparaison avec les bonnes bières étrangères. Celles-ci étant frappées d'un droit d'importation de 8 à 20 centavos le kilogramme, selon qu'elles entrent en fût ou en bouteille, les produits mexicains jouissent d'un avantage marqué.

Diverses régions du Mexique sont propices à la vigne et donnent du raisin superbe; quelques crus ont une légitime réputation. Néanmoins la culture ne s'étend pas. Il semble même que la production du *vin* tende à décroître : la récolte, qui était de 10 785 hectolitres en 1896 et de 20 952 hectolitres en 1897, a fléchi à 8 845 hectolitres en 1898, 9 652 hectolitres en 1899 et 7 281 hectolitres en 1900. Sur ce dernier chiffre, 5 683 hectolitres appartenaient à l'État de Cohahuila, et 1 102 hectolitres à l'État de la Basse-Californie.

En revanche, les Mexicains fabriquent, avec le suc de certaines plantes se rangeant dans la famille des agaves, différentes sortes de boissons fermentées, dont la plus célèbre est le *pulque*. Le pays consomme une énorme quantité de cette boisson nationale, sur laquelle le chapitre de l'Agriculture contient toutes les indications utiles.

Par suite de la disproportion entre le prix élevé de la farine (12 centavos 7 le kilogramme) et le bas prix du blé (7 centavos 4), les propriétaires des grandes exploitations ont intérêt à moudre leur récolte. Aussi le Mexique possède-t-il d'assez nombreux *moulins* dans les régions à froment. Le seul État de Guanajuato en compte vingt (quinze mus par la vapeur et cinq par l'eau), qui transforment environ 150 000 quintaux de blé par an. Dans l'État de Sonora, particulièrement dans les vallées du Rio Mayor et du Rio Orcacetas, les principales haciendas ont chacune leur moulin : l'un des établissements de ce genre, à Hermosillo, fournit par jour plus de vingt tonnes de farine. Plusieurs minoteries importantes ont, d'ailleurs, été créées près des grands centres de Toluca, Guadalajara, Monterey, Puebla, Celaya, Torreon, Chihuahua, Morelia et Orizaba ; elles sont le plus souvent pourvues d'un outillage moderne. A proximité de México, un Français vient d'en fonder une qui se place au premier rang par la perfection de son outillage et sa puissance de production ; le criblage, le nettoyage, le broyage et le blutage y sont effectués au moyen d'appareils mus par l'électricité.

Quelque active que soit cette industrie, elle est encore loin de répondre aux besoins de la consommation locale.

Le *chocolat* est, pour ainsi dire, un produit autochtone. C'est le Mexique qui le fit connaître à l'Europe ; en retour, l'Europe a enseigné au Mexique l'art de le fabriquer mécaniquement suivant des méthodes nouvelles.

Il existe environ vingt chocolateries, dont plusieurs à México. Bien que le sol soit favorable à la production du cacao, les fabricants ne peuvent se procurer sur place assez de matière première et doivent compléter leurs approvisionnements à l'étranger.

Sur une terre si prodigue en fruits et légumes de toute nature, l'industrie des *conserves alimentaires* est appelée à un bel avenir, puisqu'elle permet d'envoyer au loin des produits fort appréciés qui, dans le pays même, n'ont pas grande valeur marchande. Cette industrie étend, d'ailleurs, ses opérations à la viande et au poisson. Les premières fabriques sont de création récente, et quelques-unes ont bénéficié des franchises que le Gouvernement peut accorder aux entreprises nouvelles; on en rencontre aux environs de Vera-Cruz, de Toluca et de Guadalajara; elles préparent des conserves, en vase clos, de fruits, de légumes, de pickles, de poisson, de viande. Généralement, la matière première est fournie aux fabricants en vertu de marchés qu'ils concluent par avance et dont la stricte exécution constitue un élément essentiel, mais quelque peu aléatoire, de ce genre d'entreprise.

Dans la région de Mazatlan, sur les côtes du Pacifique où le poisson pullule, le mode de procéder garde une forme primitive : les pêcheurs se bornent notamment à faire sécher au soleil le « camaron », espèce de grosse crevette, que les intermédiaires expédient ensuite vers San Francisco pour la plus grande satisfaction des Chinois, très friands de ce crustacé.

Aux industries alimentaires se rattachent le captage et l'embouteillage des *eaux minérales* qui sourdent en bien des points du territoire et sont loin d'être complètement mises en valeur. Les plus importantes exploitations ont pour siège Topo Chico dans l'État du Nuevo Leon, Tehuacan dans l'État de Puebla, Aguascalientes dans l'État de Zacatecas.

Il y a aussi des fabriques d'*eau gazeuse*, spécialement à México, Guadalajara, Puebla, Durango, et des fabriques de *glace artificielle* dans les principales agglomérations.

3. **Industries textiles.** — Dès l'époque la plus lointaine, l'industrie de la filature et du tissage du *coton* était exercée au Mexique, pour l'habillement des Aztèques. Parmi les présents que Moctezuma remit à Cortez, figuraient « cinq à six mille pièces de coton, merveilleusement tissées ».

Cette industrie a, depuis lors, subi de singulières transformations. Si, en quelques parties du territoire éloignées de toute voie de communication, comme le district d'Huejutla, des Indiennes filent et tissent encore le coton nécessaire à la famille, c'est presque exclusivement dans de vastes fabriques actionnées par de puissants moteurs et munies d'un outillage perfectionné qu'a lieu aujourd'hui la mise en œuvre.

La matière première, récoltée sur le littoral du Pacifique et dans l'État de Vera-Cruz, est d'excellente qualité; elle a une fibre longue et résistante. A cet avantage naturel se joint, pour les fabricants, la protection du tarif douanier qui frappe les tissus étrangers d'une taxe de 7 à 15 centavos le kilogramme, selon la qualité. Ces circonstances favorables ont plus que doublé l'importance de l'industrie cotonnière pendant les vingt dernières années du siècle.

En 1880, les statistiques accusaient 99 manufactures, 9214 métiers à tisser, 258458 broches, 16336 ouvriers, et enregistraient une production annuelle de 4800000 pièces; en 1900, elles donnent 134 manufactures (abstraction faite de celles qui sont en chômage), 18069 métiers, 588478 broches, 27767 ouvriers et 11552952 pièces.

Au point de vue du nombre des manufactures, le premier rang est occupé par l'État de Puebla (24), le District fédéral (15), les États de Coahuila, de Durango, de Vera-Cruz (chacun 10). Mais, au point de vue de la production, ce dernier État tient la tête avec une consommation de 5750708 kilogrammes de coton et un personnel de 5000 ouvriers environ.

Soutenue par des capitaux considérables, la grande industrie se substitue de plus en plus aux petits ateliers. Sur les 588474 broches et les 18069 métiers à tisser, les relevés du Ministère de Fomento comptent 315255 broches et 9642 métiers d'un système moderne.

Les Français ont contribué pour une large part au progrès. Deux puissantes sociétés françaises exploitent dans la vallée d'Orizaba quatre grandes fabriques, qui ensemble fournissent plus du sixième de la production mexicaine. Un groupe de Français, dirigeant à Guadalajara des maisons de commerce où ils vendent leurs produits, est également propriétaire de deux importantes manufactures dans l'État de Jalisco.

Pour de nombreuses fabriques, la force motrice est empruntée aux chutes d'eau, soit directement, soit par une transformation en énergie électrique. Habituellement, les métiers sont confiés à des femmes qui gagnent de 4 à 5 piastres dans leur semaine; le salaire journalier des enfants occupés à la surveillance des bobines ne dépasse guère 3 réaux.

Des manufactures mexicaines sortent toutes les variétés usuelles de tissus. Les qualités répondant le mieux aux besoins de la majorité des consommateurs sont celles des tissus de coton écru et de coton imprimé, « manta et estampados », dont se vêtent les indigènes.

L'essor de l'industrie cotonnière a été si vif et si rapide que les plantations ne suffisent plus à alimenter les manufactures et que les fabricants doivent acheter à l'étranger, en piastres d'or, la moitié de leur matière première. D'autre part, il y a eu surproduction et accumulation de stocks; j'ai dit comment les pouvoirs publics avaient conjuré les effets redoutables de la crise par des mesures favorisant l'exportation.

D'après le Ministère de Fomento, la situation de l'industrie était la suivante, pendant l'année fiscale 1899-1900 :

DÉSIGNATION DES ÉTATS	MANUFACTURES			BROCHES	MÉTIERS A TISSER	MACHINES A IMPRIMER	OUVRIERS	COTON MIS EN ŒUVRE	PIÈCES DE TISSUS (de 30 m.)	FILÉS	VENTES
	En activité	En chômage	Totaux								
								Kilos		Kilos	Piastres
Chiapas	1	»	1	1 800	62	»	100	99 635	36 702	»	107 556
Chihuahua	3	1	4	7 264	280	»	437	248 671	66 302	1 357	337 783
Coahuila	10	»	10	42 422	1 306	1	1 982	1 794 810	464 863	1 032	2 232 486
Colima	2	1	3	2 600	54	»	176	199 625	21 888	64 702	136 610
District fédéral	15	»	15	54 226	1 435	9	2 487	2 462 336	1 882 295	401 918	3 609 506
Durango	9	1	10	20 936	850	»	1 191	1 305 004	349 461	3 221	1 263 946
Guanajuato	8	1	9	22 460	543	»	1 316	1 697 349	281 700	187 980	1 467 740
Guerrero	1	1	2	2 598	101	»	162	134 498	41 555	»	130 000
Hidalgo	2	1	3	6 736	250	»	361	237 069	99 740	51 694	317 368
Jalisco	8	»	8	55 845	1 326	2	1 726	1 353 639	343 803	191 432	1 251 159
México	7	1	8	38 156	1 305	3	2 154	2 446 456	908 260	232 554	2 563 665
Michoacan	5	»	5	14 448	393	»	738	755 303	216 360	96 746	776 241
Morelos	1	»	1	2 403	»	»	50	23 422	»	21 261	44 000
Nuevo León	4	»	4	17 364	557	»	781	900 634	273 189	4 925	1 047 227
Oaxaca	3	»	3	18 764	566	»	765	732 012	273 333	61 442	840 000
Puebla	24	»	24	89 162	3 109	4	3 987	3 939 820	2 248 175	122 178	5 072 954
Queretaro	4	»	4	25 910	706	3	1 320	1 237 734	662 716	300 548	2 560 969
San Luis Potosi	1	1	2	5 120	152	»	331	254 115	62 432	15 354	229 871
Sinaloa	3	1	4	5 752	209	»	412	356 265	88 288	2 802	309 868
Sonora	1	»	1	2 794	95	»	160	189 698	43 839	»	207 599
Tepic	3	1	4	12 176	359	»	590	943 656	211 228	320	831 217
Tlaxcala	9	»	9	34 013	1 056	3	1 549	1 922 794	985 540	47 948	2 373 609
Vera-Cruz	10	»	10	105 525	3 355	11	4 992	5 750 708	1 991 283	74 987	7 687 204
TOTAUX	134	10	144	588 474	18 069	36	27 767	28 985 253	11 552 952	1 884 401	35 458 578

Très arriérée jusqu'à une époque récente, l'industrie de la *laine* est franchement entrée dans la voie du progrès. L'un des obstacles à son développement était la rareté et la qualité inférieure de la matière première : en effet, les laines du Mexique sont courtes, manquent de souplesse, et leur préparation laisse fort à désirer. A la suite d'essais dont les résultats furent satisfaisants, les manufacturiers se décidèrent à importer d'Angleterre et d'Espagne des laines étrangères, pour les mélanger à celles du pays. Ce mélange a permis d'améliorer très sensiblement les tissus. Maintenant, si les fabriques continuent à produire des étoffes épaisses, rugueuses, aux couleurs voyantes, pour les « sarapes » dont se couvrent les indigènes, elles fournissent aussi des draps fins et souples, susceptibles de lutter contre l'importation européenne.

Les cocons de vers à soie indigènes donnent une *soie* que les femmes indigènes emploient encore au tissage d'étoffes rudes et résistantes, mais qui est impropre à la fabrication des soieries fines. Des tentatives d'amélioration s'étaient poursuivies sans résultats bien satisfaisants sous le régime colonial et depuis l'Indépendance. La sériciculture n'a réellement progressé que de nos jours, après l'introduction de graines des Cévennes ou du Var et l'acclimatation du mûrier blanc de Chine : grâce à cette double mesure, le Mexique obtient aujourd'hui des cocons valant ceux des meilleures magnaneries de France et d'Italie. C'est à un Français que revient l'honneur d'avoir doté México, il y a peu d'années, de la première grande manufacture du pays, comprenant à la fois la magnanerie, le moulinage, la filature et le tissage. D'autres établissements, en petit nombre, ont été créés dans les États de Michoacan, de Jalisco et de Nuevo Leon. Les manufactures mexicaines produisent toutes les variétés de soieries : rubans aux teintes variées; beaux tissus unis, brochés, écossais; « rebozos », sortes de voiles dont la population aime à se parer. Ces articles sont destinés à supplanter les produits similaires étrangers, que grève un droit d'importation de 16 à 34 piastres par kilogramme suivant le nombre des fils dans un carré de surface déterminée.

A peine la filature et le tissage du *lin* sont-ils nés au Mexique; car la première fabrique paraît être celle qu'un industriel, originaire du pays, a fondée en 1901 dans l'État de Tlaxcala, et l'exemple de cet homme d'initiative n'a pu encore susciter beaucoup d'imitateurs. La culture linière prend de l'extension ; elle donne des fibres longues et propres au tissage d'une excellente toile pour grosse ou fine lingerie. Rien n'interdit en conséquence de compter sur l'avenir.

L'industrie des *vêtements confectionnés* va de pair avec celles des fils et tissus de coton, de laine, de soie et de lin. Elle a pris un certain essor et s'exerce aujourd'hui, non seulement dans de petits ateliers, mais dans de grandes manufactures actionnées par des moteurs électriques, comme celle qui vient d'être établie à Guadalajara.

Dans les terres les plus arides poussent des agaves dont les épaisses et hautes feuilles sont riches en fibres de valeur. Il y a lieu de citer avant tout le *henequen*, qui est particulièrement connu et dont l'utilisation a changé la physionomie du Yucatan. La région constitue un vaste champ de cactus, semé d'haciendas pour en recueillir le produit et desservi par des voies ferrées spéciales. Autrefois, la méthode de préparation, très primitive, consistait à disposer les feuilles sur une table et à les râper au moyen d'un outil grossier ; le travail d'un ouvrier n'allait pas au delà de 350 feuilles en un jour. Cette méthode ne subsiste que dans des villages indiens ; elle a fait place au râpage à l'aide de machines américaines traitant de 125 000 à 150 000 feuilles. La fibre ainsi obtenue est blanche, souple, et, eu égard à son bas prix, susceptible de remplacer souvent le chanvre, malgré sa moindre résistance. Seule ou mélangée, elle sert à la fabrication de cordages, de toiles grossières, de sacs, de hamacs, de stores, de tapis, de harnais, etc., qui se vendent avantageusement dans l'Amérique du Nord.

Un autre agave, le *maguey*, auquel conviennent surtout les terres froides, fournit l'*ixtle*, fibre appropriée à la confection des cordes et des toiles grossières. Cette plante, dont les anciens Aztèques usaient comme de papyrus, se transforme avec succès en pâte à papier.

Il est encore une sorte différente d'agave, donnant une fibre plus fine et plus rare, dont on tresse des chapeaux et de menus objets.

Le pays offre du reste une infinie variété de végétaux, parmi lesquels beaucoup se prêteraient sans doute à d'utiles emplois.

Une jeune industrie, celle du *jute*, atteste les heureux effets des encouragements accordés par les pouvoirs publics à l'initiative privée. C'est, d'ailleurs, à propos de sa naissance que le Ministère de Fomento conçut le système des privilèges spéciaux, qui devait plus tard être consacré et généralisé par le législateur. La première manufacture est l'œuvre d'une société anglaise au capital de 2 625 000 francs; fondée près d'Orizaba, elle fonctionne à l'électricité, reçoit son énergie d'une cascade voisine, possède 120 métiers, occupe de 600 à 1 000 ouvriers, produit 10 tonnes environ par jour et fabrique surtout des tapis, des carpettes, des sacs à grain, des toiles d'emballage, etc. En 1901, des Espagnols et des Mexicains ont consacré 2 millions de francs à la création, près de México, d'une manufacture analogue, actionnée par la force hydraulique, comportant 110 métiers de tissage et pourvue de machines qui confectionnent automatiquement les sacs ou autres objets. Jusqu'ici, les fabricants importent leur matière première de l'Inde anglaise ; mais les expériences en cours autorisent à espérer l'acclimatation de la plante au Mexique.

4. **Industrie du tabac.** — L'industrie du tabac se développe comme la culture et suit une marche parallèle. 740 manufactures sont dispersées sur l'ensemble du territoire ; les plus importantes se groupent dans le District fédéral, qui fournit environ les deux cinquièmes de la production totale.

Après une longue période de fabrication défectueuse, les procédés ont reçu de telles améliorations qu'aujourd'hui les cigares et les cigarettes du Mexique peuvent rivaliser avec les bons produits de la Havane, sont de plus en plus appréciés et conquièrent chaque jour de nouveaux marchés.

Pendant l'année fiscale 1900-1901, le poids du tabac mis en œuvre a été de 6 681 833 kilogrammes. La production correspondante se décompose ainsi :

Cigarettes	5 974 334 kilog.	(364 699 301 paquets)
Cigares fins	405 798 »	(60 348 278)
Cigares ordinaires . .	283 472 »	(55 014 618)
Tabac à priser	17 756 »	(23 744 paquets)
Divers.	475 »	

5. **Industries du bois**. — Il ne semble pas que le Mexique tire tout le parti possible de son domaine forestier qui, selon l'altitude, offre les essences du Nord ou celles des régions tropicales, depuis le sapin et le chêne jusqu'aux bois d'ébénisterie les plus rares.

Près des agglomérations, beaucoup de forêts ont été saccagées, exploitées sans réserve ni méthode. En dehors des petites industries locales, peu d'entreprises se sont constituées pour la mise en œuvre du bois abattu. Récemment, une compagnie anglaise au capital de 900 000 francs a établi, sur la ligne du chemin de fer national mexicain, une scierie pourvue de machines américaines et capable de débiter 450 000 pieds cubes par jour; elle livre aux diverses villes de la République des pièces de charpente, des solives, des planches de sapin ou de chêne.

La menuiserie est souvent annexée à d'autres industries dont elle forme une branche accessoire. Ainsi, dans l'État de Vera-Cruz, de nombreux ouvriers fabriquent des boîtes à cigares pour les manufactures de tabac, qui mettent à leur disposition les planches, les pointes et quelquefois les établis. Dans l'État de Sinaloa, une sucrerie possède des ateliers de menuiserie d'où sortent ses caisses à sucre.

C'est surtout la colonie allemande qui se livre à l'ébénisterie. La plus grande fabrique a été installée à San Luis Potosi, avec des moteurs mécaniques et un outillage très complet; elle occupe plusieurs centaines d'ouvriers et produit des meubles variés, d'un style parfois tourmenté. D'autres ateliers importants existent à México et à Guadalajara. Par une anomalie de prime abord inexplicable, les propriétaires de ces usines n'utilisent pas les abondantes ressources du pays et s'approvisionnent aux États-Unis du Nord, malgré les charges qui en résultent pour eux : le motif doit en être cherché, d'une part, dans les difficultés et le coût des transports intérieurs, d'autre part, dans l'obligation où ils seraient de conserver les bois indigènes pendant la longue période du séchage et d'immobiliser à cet effet un capital considérable.

Parmi les établissements affectés aux industries du bois, on peut encore citer les ateliers de charronnage et de carrosserie, créés notamment à México, Mazatlan et Puebla, ainsi que les fabriques de bouchons, dont l'une, à Vera-Cruz, travaille les planches de liège importées de l'Algérie, de la Catalogne et du Portugal.

6. Industrie des cuirs et peaux. — L'ancienne terre de Nahuas, où, lors de la conquête, les animaux domestiques étaient presque inconnus, est maintenant un pays d'élevage. Sur ses marchés figurent, non plus seulement les dépouilles de chevreuils, mais par centaines de mille les cuirs et les peaux de bœuf, de chèvre, de mouton, etc.

A considérer le nombre des têtes abattues et la proportion des peaux exportées à l'état vert, il apparaît que l'industrie du tannage, si développée soit-elle, aurait encore du terrain à gagner. Presque toutes les régions ont des tanneries; cependant l'État de Guanajuato a notablement devancé les autres. Les Mexicains traitent les peaux de bœuf, de veau, de génisse, de chèvre, de mouton, de chevreuil, de chien, de crocodile. Une grande partie des produits sert à la consommation locale : ce sont de gros cuirs jaunes et grenus pour chaussures communes, des cuirs minces pour chaussures fines, des cuirs épais pour « guaraches » (sandales que les Indiens s'attachent aux pieds à l'aide de lanières prises dans le même cuir aminci), des cuirs résistants pour sellerie et bourrellerie, des cuirs fins pour articles de fantaisie.

L'industrie de la cordonnerie est exercée dans les principales villes, spécialement à Leon et à Guadalajara. De puissantes sociétés viennent de se constituer pour l'édification de grandes fabriques à México et à Monterey. Certaines manufactures confectionnent jusqu'à 300 paires de chaussures par jour; les bottines se vendent habituellement de 5 à 7 pesos. Grâce à la qualité supérieure de ses produits, l'Amérique du Nord jette encore annuellement 140 000 paires de chaussures environ sur le marché mexicain, en dépit d'un droit de douane atteignant 90 centavos pour les pointures normales.

De tout temps, les ouvriers du pays ont excellé dans les travaux de sellerie. Les selles mexicaines ne présentent pas la simplicité des selles françaises ou anglaises; elles sont ornementées de broderies et rehaussées d'or : l'élégant cavalier mexicain déploie une véritable coquetterie à revêtir sa monture d'un riche harnachement. Nombre de villes, principalement Leon et Guadalajara, possèdent des ateliers de sellerie.

Les Mexicains font aussi, en cuir brodé ou estampé, de menus objets souvent remarquables par la finesse d'exécution.

7. **Industrie du métal**. — Un chapitre de cet ouvrage ayant été réservé à l'exploitation des mines, je n'ai à envisager ici que le travail du métal.

Si l'industrie minière est séculaire au Mexique, la métallurgie et la construction métallique y sont encore à leur début. Les Mexicains envoient à l'étranger leurs minerais et leurs lingots; ils en reçoivent les machines, appareils, outils et produits divers de la métallurgie, dont ils ont besoin. Quelques grandes usines seulement se sont fondées depuis peu; mais les ressources en fer, cuivre, plomb, étain, promettent un brillant avenir.

Monterey, Chihuahua, Mazatlan peuvent maintenant construire des moteurs à vapeur, des machines pour les mines, des moulins pour la canne à sucre, et procéder aux réparations de tous les engins mécaniques. La fonderie de Monterey commence à livrer des rails d'acier. Des Français ont établi une usine en vue de la fabrication des soupapes, robinets, clefs, injecteurs, lubrificateurs et pièces accessoires diverses, nécessaires aux générateurs ou aux moteurs. La Compagnie du Chemin de fer Central a installé à Aguascalientes d'importants ateliers pour la construction et la réparation du matériel roulant. Enfin, le Gouvernement mexicain accordait récemment le bénéfice de la loi du 30 mai 1893 à une Société au capital de 5 millions de francs, qui peut fournir 20 wagons par jour et qui, dès lors, sera vraisemblablement en mesure de livrer annuellement les 7 000 véhicules achetés aujourd'hui aux États-Unis.

Il convient de mentionner encore : les clouteries de México, Monterey, Chihuahua; diverses fabriques d'articles de ménage; deux grandes manufactures de quincaillerie fondées par des Allemands et en voie d'édification.

8. Industrie électrique. — L'électricité a reçu, au Mexique, de nombreuses applications, dont la principale et la plus importante est celle qui permet d'utiliser les forces naturelles. Mettant à profit les progrès de la science, s'inspirant en particulier des belles expériences de savants et d'ingénieurs français, les industriels mexicains se sont servis de l'électricité pour transporter dans les usines et ateliers l'énergie engendrée par des chutes d'eau souvent très lointaines.

En 1899, on comptait 19 entreprises de transport d'énergie électrique et, depuis, ce nombre s'est notablement accru. Sur ces 19 entreprises, 14 employaient la force hydraulique et 5 la vapeur; 9 étaient destinées à des exploitations industrielles ou agricoles, 5 à des exploitations minières, 5 à des distributions d'énergie. La distance entre les usines génératrices et les usines réceptrices varie de 2 à 40 kilomètres, et le courant est généralement transmis sous un potentiel de 3000 à 10000 volts. Dans la plupart des cas, les moteurs hydrauliques sont des turbines Pelton, Piccard et Pictet ou Girard; le matériel électrique appartient aux systèmes Westinghouse ou Siemens.

Un Français est l'auteur de l'installation la plus considérable, pour le transport à México (25 kilomètres) de la force engendrée par les chutes du Rio de Monte Alto et du Rio de Tlalnepantla, qui développent 3600 chevaux sur l'arbre des turbines. Deux lignes aériennes, à 3 fils de cuivre d'un diamètre de $6^{mm}3$, portent le courant, sous un potentiel de 20000 volts, à l'usine réceptrice, qui le transforme en un courant triphasé de distribution, sous une tension primaire de 2600 volts.

Le Mexique est en avance par rapport à beaucoup de pays européens pour l'éclairage électrique. Une statistique publiée lors de l'Exposition universelle de 1900 dénombrait, à la fin du siècle, 235 entreprises, dont 58 affectées à l'éclairage public ou privé et 177 au seul éclairage privé. De ces 177 dernières entreprises, 52 avaient été organisées par des propriétaires de tissages, 29 par des exploitants de mines, 19 par des propriétaires fonciers et 77 par diverses personnes. La combinaison de la fourniture du courant d'éclairage avec le fonctionnement d'une industrie se prête à l'utilisation des moteurs, de nuit comme de jour, et tire de ces moteurs le maximum d'effet utile.

9. **Industries diverses.** — Dès une époque très reculée, les Indiens étaient *céramistes*. Ils continuent, de même qu'au temps de la conquête, à façonner des amphores, des figurines, différents objets décoratifs. Beaucoup de localités produisent des briques, des tuiles, des carrelages, des tuyaux. A côté de cette petite industrie locale, ont été établies quelques fabriques importantes, et des Italiens sont récemment arrivés au Mexique pour en installer de nouvelles.

Avant 1901, les Mexicains ne parvenaient pas à obtenir un *verre* blanc, bien transparent. Une grande verrerie, munie de fours modernes et d'un excellent outillage, vient d'être montée près de Puebla; elle produit des verres fins, clairs, imitant le cristal.

Cent cinquante *savonneries* se répartissent dans les diverses régions, en particulier dans les États d'Hidalgo, de Michoacan, de Jalisco, et dans le District fédéral. Elles ne fournissent guère que du savon commun. Précédemment, la matière grasse utilisée était l'huile de coton; mais la production de cette huile au Mexique ne dépasse pas 1 500 tonnes par an et la consommation s'élève à 14 000 tonnes. Aussi l'industrie a-t-elle dirigé ses recherches vers l'emploi des graines de « ricimo » et de « coyol », qui, convenablement broyées, donnent une huile ayant les qualités voulues; le coyol, notamment, tentait les savonniers, car il croit abondamment, sans culture, dans les régions tropicales et porte des baies contenant 80 pour 100 d'huile; faits avec des machines américaines, les essais ont conduit à des résultats favorables. México fabrique des savons fins et des articles de parfumerie analogues aux produits similaires étrangers.

Le Département de Fomento a fait bénéficier des franchises attribuées aux industries nouvelles une fabrique de création récente, établie à Durango pour l'élaboration et la distillation de la *glycérine*.

Semblables franchises avaient été antérieurement concédées à une puissante fabrique, installée en 1892 près de México et produisant de la dynamite, d'une teneur de 50 pour 100 de nitroglycérine, qui rivalise avec les produits importés. Le succès de cette fabrique a déterminé la formation d'autres établissements de même nature.

L'industrie du *caoutchouc* devait naître au Mexique. Une manufacture a été créée pour extraire par des procédés chimiques le latex d'un arbrisseau, le « guayule », qui pousse à l'état sauvage dans les États de Coahuila, de Durango, de San Luis Potosi, et qui fournit économiquement du caoutchouc de bonne qualité.

Il existe à Guadalajara, à Orizaba, etc., des *papeteries*. Celle qui tient la tête a été établie à San Rafael, dans le District fédéral, par une Société au capital de 5 000 000 de piastres, dont les principaux actionnaires sont des Français. Tirant à bas prix sa matière première des fibres végétales, l'industrie de la papeterie est appelée à prospérer; néanmoins, elle ne suffit pas encore aux besoins de la consommation locale. Ses produits consistent surtout en papiers d'emballage bleus ou gris pour les sucres; une partie des papiers de luxe et des papiers à imprimer continue à provenir de l'étranger.

México revendique l'honneur d'avoir été la première ville du Nouveau Monde où fut appliquée la découverte de Gutenberg : en 1535, Juan Pablos y inaugura l'*imprimerie*. Depuis, le Mexique ne s'est pas laissé distancer. Sur ses presses sont tirés de nombreux ouvrages et 543 publications périodiques. L'administration donne, du reste, l'exemple : au Ministère des Finances, par l'imprimerie du timbre, pourvue de machines françaises perfectionnées, d'où sortent des certificats de crédit, titres, timbres et documents fiscaux; au Ministère de Fomento, par un atelier de typographie lui permettant d'éditer les publications officielles et les ouvrages privés dont la diffusion peut contribuer au progrès économique et social du pays.

IV

APERÇU SUR LE COMMERCE

1. Généralités. Progression du commerce extérieur. — Pendant longtemps, le commerce du Mexique est resté stationnaire : le défaut de communications praticables entre les divers étages de son massif montagneux, l'isolement des agglomérations séparées les unes des autres par d'immenses étendues que l'escarpement des sierras rendait presque infranchissables, les troubles politiques, l'insécurité dans les finances, les barrières douanières élevées à la limite des États, tout concourait à entraver les relations commerciales.

Au début de cette étude, j'ai dit comment, grâce à des efforts incessants, les pouvoirs publics avaient doté le pays d'un outillage économique, pris toute une série de dispositions propres à rassurer les capitaux, à stimuler les initiatives, à faciliter les échanges. Ensuite, j'ai montré les heureuses conséquences de cette sage politique pour le progrès industriel.

D'année en année, la production mexicaine poursuit sa marche ascendante. Tandis qu'au commencement du XIXe siècle, le Mexique devait acheter au dehors la plus forte part des produits manufacturés nécessaires à la consommation locale, on le voit, vers la fin du même siècle, marcher d'un pas alerte vers l'affranchissement de l'étranger, dans la mesure où cette libération est possible et désirable. En même temps qu'augmente l'ensemble du commerce extérieur, l'exportation croît suivant une progression beaucoup plus rapide que l'importation, comme en témoignent les chiffres suivants :

ANNÉES FISCALES	IMPORTATION (Valeur en piastres d'or)	EXPORTATION (Valeur en piastres d'argent)
	Piastres	Piastres
1826	15 450 565	7 648 129
1874-1875	18 793 493	27 318 788
1884-1885	23 786 684	46 670 845
1889-1890	52 018 658	62 499 388
1894-1895	34 000 440	90 854 953
1898-1899	50 869 194	138 478 137
1899-1900	61 430 914	150 056 360
1900-1901	65 083 451	148 659 002
1901-1902	66 228 987	159 903 323
1902-1903	75 901 754	197 728 968

Ce tableau appelle une observation. La valeur des entrées y est établie en piastres d'or, tandis que la piastre d'argent sert d'unité pour l'évaluation des sorties. Il faudrait, afin de rendre les deux évaluations comparables, tenir compte du change, c'est-à-dire de la dépréciation subie par la piastre d'argent, et multiplier la première ou diviser la seconde par un coefficient variable, actuellement supérieur à 2.

L'examen d'ensemble des subdivisions de la statistique jette une clarté lumineuse sur la profonde transformation économique du pays au cours du siècle, et suggère des réflexions générales qu'il importe de formuler immédiatement.

En 1826, dans l'importation totale de 15 450 565 piastres d'or, les marchandises de coton figuraient pour 5 017 700 piastres, soit près du tiers; les marchandises de lin, pour 2 384 715 piastres; les vins, liqueurs, épiceries, pour 2 888 066 piastres. Les produits manufacturés constituaient, sinon la totalité, du moins la part de beaucoup la plus forte des entrées. Durant l'année fiscale 1898-1899, choisie comme terme de comparaison, non seulement parce que sa statistique est plus détaillée, mais aussi parce qu'elle n'a été affectée ni par une crise industrielle ou agricole, ni par des circonstances économiques exceptionnelles, les textiles et leurs produits manufacturés représentent moins du cinquième de l'importation totale, 9 605 894 piastres sur 50 869 194 ; en revanche, près du quart correspond au développement de l'outillage du pays (machines et appareils, 7 988 362 piastres; matériaux de fer ou d'acier pour la construction, 4 301 243 p.; etc.).

L'exportation de 1826 se répartissait ainsi : or et argent, 5 847 795 piastres; cochenille, 1 356 730 p.; indigo, vanille, jalap, salsepareille, 76 440 p.; autres produits indigènes, 367 164 p. Celle de 1898-1899 (138 478 137 p.) présente la décomposition suivante : métaux précieux, 76 195 657 p.; autres métaux et produits minéraux, 10 062 194 p.; produits végétaux, 40 371 661 p.; produits animaux, 9 205 128 p.; produits manufacturés, 2 615 768 p.; produits divers, 27 729 p. La quote-part des métaux précieux est donc descendue des 3/4 à 55 pour 100, et les produits de l'agriculture fournissent un contingent proportionnel de 30 pour 100 environ.

Sous le bénéfice de ces indications essentielles, il est indispensable de pénétrer davantage dans le détail et de passer en revue les principaux articles faisant l'objet du commerce extérieur.

2. **Principaux éléments du commerce extérieur.** — *a. Produits alimentaires.* — Grâce à la fertilité de son sol, le Mexique pourrait suffire par lui-même aux besoins alimentaires de ses habitants, tout en déversant à l'étranger un excès de production. Déjà, les progrès de l'agriculture lui permettent d'exporter plus de produits alimentaires qu'il n'en importe. Mais le territoire est si étendu, les mailles du réseau de voies ferrées laissent des vides si larges que certaines régions ont intérêt, soit à envoyer leur trop-plein au dehors, soit à y combler leur déficit, au lieu de réaliser des ventes ou des achats à l'intérieur.

Tandis qu'en 1898-1899, 7 042 tonnes de maïs et 3 255 tonnes de blé étaient importées, venant presque exclusivement des États-Unis, et spécialement du Texas, les sorties comprenaient 3 659 tonnes de maïs, dont deux tiers à destination de Cuba et un cinquième à destination de la France, ainsi que 3 375 tonnes de blé vendues pour la plus large part à l'Angleterre. Malgré ses minoteries, le Mexique devait acheter aux États-Unis 3 662 tonnes de farine. L'Amérique du Nord lui fournissait à peu près intégralement les 452 tonnes de gâteaux et galettes, valant 67752 piastres, qu'il introduisait pour sa consommation.

Fort apprécié, le café mexicain donne lieu à une exportation qui a plus que doublé depuis dix ans et qui, en 1898-1899, s'élevait à 17700 tonnes, d'une valeur de 7936908 piastres : 12000 tonnes étaient vendues aux États-Unis, 2610 tonnes à l'Allemagne, 1502 tonnes à l'Angleterre et 1075 tonnes à la France.

Bien que le cacaotier réussisse admirablement dans le pays, dont il semble d'ailleurs être originaire, la culture n'en est pas assez étendue pour les besoins de l'industrie locale, qui doit se pourvoir d'un appoint et le demander à l'Équateur, au Venezuela, aux États-Unis, à la Colombie. Cet appoint, en 1898-1899, a été de 684 tonnes ou 260877 piastres. Le Mexique importe, en outre, mais dans des limites restreintes, du chocolat manufacturé : pendant la même année, moins de 10 tonnes, fournies pour les deux tiers par les États-Unis et pour un tiers par la France.

La vanille du Mexique a toujours été estimée sur le marché extérieur. Malgré la concurrence de Java et de l'île Maurice, les sorties de 1898-1899, presque entièrement dirigées vers les États-Unis, ont encore atteint 44 tonnes et 1283057 piastres.

Ce sont, au contraire, des entrées qu'enregistrent les relevés du fisc : pour la cannelle, qui arrive surtout des Indes (97361 piastres); pour les graines alimentaires diverses, venant des États-Unis, des Indes, de l'Allemagne (80760 piastres); pour le thé, expédié de Chine (31316 piastres).

En dépit du nombre de ses sucreries, la République mexicaine a dû importer 426 tonnes de sucre, évaluées à 30203 piastres : 358 tonnes provenaient des États-Unis, 56 de l'Allemagne et 8 de l'Angleterre.

Dans son merveilleux jardin, qui s'étage du littoral brûlé par le soleil des tropiques au froid plateau de l'Anahuac, le Mexique récolte des fruits d'une extrême diversité, ananas, bananes, goyaves, zapotes, oranges, fraises, etc., que des trains rapides emportent vers le nord de l'Amérique. L'exportation de fruits frais, en 1898-1899, n'a pas été inférieure à 6706 tonnes ou 329409 piastres.

Les haricots et les pois, qui poussent à profusion sur la terre mexicaine, font également l'objet de ventes importantes. C'est ainsi qu'au cours de l'année prise comme terme d'appréciation, la République a exporté 8505 tonnes de haricots noirs ou frijols (821 136 piastres), dont 5410 tonnes pour Cuba, 2633 pour les États-Unis, 238 pour l'Espagne, 112 pour la France, et 8042 tonnes de pois chiches ou garbanzos (1 317 623 piastres), dont 5211 tonnes pour l'Espagne, 2020 pour Cuba et 586 pour la France.

Peut-être le Mexique pourrait-il profiter davantage de ses richesses naturelles; car la surabondance de sa production ne l'empêche pas d'être tributaire de l'étranger, d'en recevoir des conserves et même des fruits ou légumes frais. Au tableau des entrées de 1898-1899, les fruits secs représentent une somme de 154 572 piastres et un poids de 944 tonnes (392 des États-Unis, 271 de l'Espagne, 243 de la France, etc.); les fruits, légumes et tubercules frais, 116 120 piastres; les mêmes produits en conserve, 90 517 piastres; les fruits en saumure et surtout les olives d'Espagne, 60 186 piastres. A ces articles s'ajoutent des fruits dans leur jus, des fruits en sirop ou à l'eau-de-vie, des confitures, etc.

Les entrées de boissons spiritueuses, fermentées ou naturelles, se sont chiffrées par 2 662 356 piastres, dont 1 178 384 piastres pour les provenances espagnoles, 988 589 piastres pour celles de la France et 272 246 piastres pour celles des États-Unis. Ce sont les vins qui forment de beaucoup le plus fort contingent : vins rouges ou blancs en fûts, 1 256 823 piastres ou 12 647 tonnes (9 115 tonnes d'Espagne, 2059 de France, 1291 des États-Unis); vins en bouteilles, 349 958 piastres ou 935 tonnes (469 tonnes de France, 218 d'Espagne, 107 d'Italie); vins mousseux, 107 272 piastres ou 109 tonnes, venant à peu près exclusivement de la France. Quoique pourvu de nombreuses distilleries, le Mexique a importé 14 394 hectolitres d'alcool, d'une valeur de 707 619 piastres, dont la moitié arrivait de France. Enfin 531 tonnes de bières nord-américaines, espagnoles, anglaises et allemandes, estimées à 112 599 piastres, ont franchi ses lignes de douanes.

Grâce à l'activité de l'élevage et de l'engraissement dans les potreros, l'exportation des animaux vivants a rapidement progressé. L'île de Cuba, dévastée par la guerre, est devenue, pour le Mexique, un client accidentel, mais excellent, dont les achats de bœufs, notamment, ont atteint les trois quarts du total des sorties. Sur 160 028 têtes, d'une valeur de 4 723 500 piastres, expédiées en 1898-1899, 72 426 (3 416 869 piastres) sont allées à Cuba, 77 133 (1 100 896 piastres) aux États-Unis, 10 469 (205 735 piastres) au Guatemala. Au chapitre de l'importation des animaux vivants, la race porcine est l'élément prédominant, avec 1 292 tonnes d'une valeur de 106 781 piastres, entièrement fournies par les États-Unis.

Parmi les entrées de produits animaux, on remarque notamment : les conserves de viande et de poisson, 2 023 tonnes valant 466 890 piastres, dont 231 234 piastres pour les envois de l'Espagne, 131 098 pour ceux des États-Unis, 60 548 pour ceux de la France, 13 385 pour ceux de la Norvège ; les viandes fumées, 133 tonnes valant 27 710 piastres et envoyées par les États-Unis ; les poissons fumés, 225 tonnes valant 34 318 piastres et provenant surtout de la Norvège ; le saindoux, 2 230 tonnes valant 210 807 piastres et achetées aux États-Unis ; les fromages, 424 tonnes valant 125 122 piastres et vendues par la Hollande (209 tonnes), les États-Unis (108 tonnes), la Suisse (44 tonnes), la France (30 tonnes). De son côté, le Mexique exportait 215 tonnes de poissons salés, constituant une valeur de 26 802 piastres et presque totalement expédiées aux États-Unis.

b. Métaux précieux. — Autrefois, les métaux précieux formaient l'élément essentiel et la base même du commerce d'exportation de la République mexicaine. Maintenant encore, ils constituent plus de la moitié des sorties : 76 195 657 piastres sur 138 478 137, pendant l'année fiscale 1898-1899. L'auteur de la statistique d'où sont extraits ces chiffres a assigné au kilogramme d'or une valeur de 675 piastres, 417, sensiblement inférieure à la réalité eu égard à la dépréciation effective subie par la piastre d'argent. Pour tenir un juste compte de cette dépréciation, il y aurait lieu d'ajouter 9 975 697 piastres à l'estimation des sorties de métaux précieux et, dès lors, au total des exportations, ce qui les porterait respectivement à 86 171 354 et 148 453 834 piastres.

La première place appartient à l'argent. Jusqu'en 1874, la seule forme sous laquelle ce métal pût être exporté était celle de piastres monnayées : ces pièces, que recommande la probité de leur frappe, sont recherchées par les Japonais, les Chinois et les Annamites; si la dépréciation de l'argent a diminué la valeur de leur exportation, l'accroissement en quantité s'est, du moins, maintenu. Actuellement, les minerais d'argent et les lingots de métal blanc peuvent sortir concurremment avec les piastres. En 1898-1899, les expéditions vers l'étranger ont compris : 40 429 954 piastres d'argent en barres, presque complètement à destination des États-Unis; 9 854 850 piastres de minerais; 1 860 101 piastres de sulfure; 14 116 935 piastres de monnaie mexicaine, dirigée principalement vers les États-Unis et l'Angleterre, où se concentre le commerce de l'Extrême-Orient.

Généralement exporté en barres et vendu surtout aux États-Unis, l'or représentait, en 1899-1900, 7 347 760 piastres. On doit y ajouter 992 929 piastres pour les minerais d'or.

c. Matières premières nécessaires à l'industrie. — Dans la catégorie des matières minérales nécessaires à l'industrie, le Mexique a importé, en 1898-1899 : des États-Unis, d'Angleterre et d'Australie, 610 557 tonnes de houille; des États-Unis, d'Allemagne et d'Angleterre, 174 885 tonnes de coke; des États-Unis, 25 750 tonnes de pétrole; des États-Unis et d'Espagne, 660 tonnes de mercure, valant 446 230 piastres et employées au traitement des minerais d'or. Il envoyait, d'autre part, 126 250 tonnes de houille à l'Amérique du Nord, ainsi qu'un tonnage assez élevé de minerais industriels à divers pays, particulièrement des minerais de cuivre (5 298 tonnes ou 1 465 521 piastres) entièrement acquis par la France, et des minerais d'antimoine (6 559 tonnes ou 101 348 piastres) vendus aux États-Unis et à l'Angleterre.

Après les métaux précieux, le henequen constitue le principal article d'exportation : c'est la fibre d'une sorte d'aloès qui abonde dans le Yucatan; ses usages sont multiples. Pendant l'année 1898-1899, il en est sorti 70 953 tonnes d'une valeur de 18 711 315 piastres, expédiées aux États-Unis. Le Mexique a aussi exporté 8 725 tonnes d'ixtle, évaluées à 865 996 piastres et destinées surtout à l'Allemagne ou aux Etats-Unis, ainsi que 3754 tonnes de chiendent ou zacaton, estimées à 1055669 piastres et employées tant par l'Allemagne que par la France, pour la fabrication de brosses et de balais. En regard de ces sorties, se placent des entrées assez considérables d'autres fibres textiles végétales, représentant une somme de 1210418 piastres : à lui seul, le coton, venant, sauf une légère fraction, des États-Unis, a donné 8486 tonnes ou 1005939 piastres; le surplus était fait de jute, de chanvre, de lin, de ramie.

L'Amérique du Nord monopolise à peu près les envois de bois au Mexique. En 1898-1899, ces envois ont atteint une valeur totale de 1076000 piastres, dont 945042 (116561 tonnes) pour des bois communs de construction, exempts des droits de douane. A l'exportation figuraient : d'abord, les bois fins d'acajou, de cèdre, d'ébène, etc., dirigés surtout vers les Etats-Unis (75663 mètres cubes ou 1896973 piastres); puis les bois tinctoriaux à destination de l'Angleterre, de l'Allemagne, du Honduras, de la France, des Etats-Unis, de la Russie (37350 tonnes ou 1156902 piastres).

Une partie du tabac récolté au Mexique est dirigée à l'état brut vers les manufactures étrangères. Les sorties de 1898-1899 se sont élevées à 2275 tonnes ou 2515006 piastres : dans leur valeur totale, le contingent de la Belgique était de 765400 piastres; celui de l'Allemagne, de 645466; celui des États-Unis, de 584416; celui de la Hollande, de 354924.

Dans les mouvements de l'exportation, le caoutchouc s'inscrit pour 191 tonnes et 316335 piastres. L'Amérique du Nord est, en ce qui concerne cet article, le meilleur client de la République mexicaine.

En tête des matières animales nécessaires à l'industrie et exportées par le Mexique se rangent les peaux non tannées qui, au cours de l'année 1898-1899, ont fait l'objet de ventes extérieures montant à 3599508 piastres; les sorties, dont la destination presque unique était l'Amérique du Nord, comprenaient 2019 tonnes de peaux de chevreau (2069549 piastres), 3722 tonnes de peaux de bœuf ou de mouton (1289528 p.), 372 tonnes de peaux de crocodile (118414 p.), 175 tonnes de peaux de chevreuil (106297 p.), 13 tonnes de peaux de sanglier (5495 p.), 22 tonnes de peaux diverses (10285 p.). Le Mexique fait aussi un certain commerce de coquillages et de plumes. A l'importation, il convient de citer : 1 200 tonnes de laine en suint, valant 403 364 piastres et achetées en France (387 tonnes), aux États-Unis (256), dans l'Inde Anglaise (199), en Espagne (195), en Angleterre (63); 16 178 kilogrammes de soie écrue ou brute, estimés à 76 554 piastres et venant de Chine ou d'Angleterre.

d. Machines et appareils. — En 1898-1899, les machines et appareils importés représentaient une valeur de 7 988 362 piastres, soit 16 pour 100 de l'ensemble des entrées. La part des Etats-Unis était de 4 826 291 piastres; celle de l'Angleterre, de 1 951 131 piastres; celle de l'Allemagne, de 669 097 piastres; celle de la France, de 348 342 piastres; celle de la Suisse, de 60 906 piastres; celle de l'Espagne, de 59 531 piastres.

Figurent notamment dans ces chiffres : les machines à vapeur et leurs pièces de rechange (2 399 851 piastres); les machines et appareils pour l'industrie, pour les mines, pour les arts (4 094 276 piastres); les pompes et les turbines (247 485 piastres); les batteries électriques (48 358 piastres); les lampes à incandescence (79 445 piastres); les instruments pour les sciences (117 345 piastres).

e. Produits manufacturés. — Les produits manufacturés ne contribuent que fort peu à l'exportation mexicaine. Malgré son développement continu, l'industrie est encore loin de suffire aux besoins de la consommation locale, comme en témoignent les entrées de marchandises qui cependant, pour arriver sur le marché intérieur, ont à supporter des frais considérables de transport et d'énormes taxes douanières.

En ce qui concerne les produits manufacturés avec des matières animales, l'importation de 1898-1899 a été de 1 063 243 piastres. Le quart environ (258 373 piastres) correspondait à des cuirs et peaux préparées, venant surtout de l'Allemagne (135 814 piastres) et de la France (88 977 piastres). Ces articles étaient suivis de très près par les chaussures : environ 150 000 paires de bottines et 30 000 paires de souliers, presque exclusivement envoyées par les

États-Unis, représentaient une valeur de 230 906 piastres. Les entrées de gants de peau, provenant pour les quatre cinquièmes de la France, ne s'élevaient pas à moins de 43 395 piastres. Une large part revenait aussi aux ouvrages en corne, en os, en ivoire ou en nacre, expédiés de France, d'Allemagne, d'Angleterre, etc. (168 000 piastres).

Les ouvrages en bois, à l'exclusion des meubles, donnaient un mouvement d'entrée de 956 584 piastres, dont 343 778 pour les traverses de chemins de fer; ils étaient en majeure partie d'origine nord-américaine. Quant aux meubles, où le bois commun dominait et qui avaient été principalement achetés aux États-Unis, leur valeur à l'importation atteignait 364 073 piastres.

Des divers produits végétaux manufacturés que le Mexique envoie à l'étranger, le plus important est le tabac sous forme de cigarettes et de cigares. Les sorties en 1898-1899 ont été de 927 067 piastres, dont plus des 3/4 (702 983 p.) pour l'Angleterre.

Quel que soit l'essor de ses industries textiles, la République mexicaine doit encore se procurer au dehors des fils, des tissus, des vêtements de coton, de lin, de laine ou de soie. Pendant l'année 1898-1899, ces articles ont donné environ 19 pour 100 de l'importation totale (9 605 894 piastres). Le coton a une prédominance marquée dans ce total, comme le montre le tableau ci-après :

	COTON	LIN, CHANVRE, ETC.	LAINE	SOIE	SOIE MÉLANGÉE
	Piastres	Piastres	Piastres	Piastres	Piastres
Fils.	855 809	153 011	28 927	33 203	179
Tissus.	3 937 426	385 798	1 440 087	314 700	389 794
Objets manufacturés.	1 060 189	58 868	377 639	299 571	270 693
Totaux.	5 853 424	597 677	1 846 653	647 474	660 666

Les contingents respectifs de l'Angleterre, de la France, de l'Allemagne et des États-Unis étaient les suivants : Angleterre,

4.304.851 piastres (marchandises des diverses catégories, spécialement cotonnades et lainages); France, 2058260 piastres (soieries, tissus de laine et tricots); Allemagne, 1279699 piastres (fils de lin, tissus de laine, etc.); États-Unis, 1131230 piastres (tissus de coton et de laine, etc.).

En 1898-1899, les entrées de papier, carton, cahiers, livres, gravures, cartes, etc., se sont chiffrées par 1829164 piastres. Les diverses variétés de papier ordinaire représentaient 396254 piastres : ce sont les États-Unis qui fournissent le papier à imprimer et le papier collé à écrire; l'Allemagne livre surtout les papiers à calquer. Dans le total de 639389 piastres afférent aux papiers ouvrés, le papier à cigarettes figurait pour 365402 piastres : l'Espagne vend les trois cinquièmes de cet article et la France un cinquième. De l'Espagne viennent les bristols et des États-Unis les cartons ordinaires : la part des différentes espèces de carton était de 83400 piastres. La statistique attribuait aux livres, cahiers, cartes, une valeur de 650639 piastres, dont 282463 pour les livres brochés ou reliés : par suite de la communauté de langue, l'Espagne est le pays qui importe le plus de livres (123859 piastres); la France, dont les publications littéraires passent toutes les frontières, tient le second rang (73238 piastres). Notons encore que les cahiers de dessin et d'écriture sont achetés pour les trois quarts en France, les enveloppes en Allemagne et aux États-Unis, les estampes dans ces deux derniers pays et davantage en Italie, les cartes à jouer en Espagne.

Pendant l'exercice servant de base à cette analyse, le Mexique a exporté 16720 tonnes de cuivre (4135613 piastres), expédiées vers les États-Unis, la France, l'Angleterre, et 65003 tonnes de plomb (3716144 piastres), vendues surtout aux États-Unis. Il importait, d'autre part, différents produits métallurgiques valant 10 millions de piastres, spécialement des matériaux de fer ou d'acier (4301243 piastres), fournis par les États-Unis et, dans une faible mesure, par l'Angleterre, l'Allemagne et la France, puis des ustensiles de fer en provenance des mêmes pays, ainsi que des articles émaillés d'Allemagne et des articles de cuivre nord-américains, allemands, français ou anglais.

Entre autres produits manufacturés d'origine minérale, il y a lieu de mentionner aussi : la paraffine des États-Unis (3 111 tonnes); le pétrole rectifié, également fourni par l'Amérique du Nord (1 090 tonnes); les objets de verre et de céramique d'Allemagne (1 171 tonnes).

Les véhicules introduits sur le territoire mexicain étaient estimés à 1 069 979 piastres; ils venaient des États-Unis (934 590 piastres), de l'Angleterre (61 894), de la France (35 806), de l'Allemagne (33 041). Moitié du total correspondait à des voitures et wagons pour chemins de fer, exempts de taxes douanières. Les charrettes et les brouettes constituaient, après ces véhicules, l'article le plus important.

Considérés dans leur ensemble, les produits chimiques et pharmaceutiques représentaient 4 pour 100 de l'évaluation générale des importations, exactement 2 078 405 piastres. Les Etats-Unis (846 653 piastres) avaient envoyé des produits de toute nature; l'Allemagne (425 028 piastres), des couleurs; l'Angleterre (385 695 piastres), des carbonates, sulfates, chlorates et chlorures de potasse et de soude; la France (359 671 piastres), des pâtes, pastilles, capsules, pilules, poudres, médicaments divers, vins médicinaux.

3. **Importance comparée des échanges entre le Mexique et les autres pays.** — Les deux tableaux suivants donnent, pour les deux années 1892-1893 et 1898-1899, la valeur des importations par pays de provenance et celle des exportations par pays de destination, abstraction faite des pays dont la quote-part ne dépasse pas 1/2 pour 100 des entrées ou des sorties pendant la seconde année :

IMPORTATIONS *(en piastres d'or)*.

PAYS DE PROVENANCE		1892-1893		1898-1899	
		Valeur	Part proportionnelle	Valeur	Part proportionnelle
		Piastres	p. 100	Piastres	p. 100
Amérique.	États-Unis	26 235 963	60,43	24 164 687	47,50
Europe	Grande-Bretagne	5 680 990	13,09	9 211 221	18,11
	France	4 781 025	11,01	5 917 167	11,63
	Allemagne	2 874 801	6,62	5 677 925	11,16
	Espagne	2 211 743	5,09	2 969 936	5,84
	Belgique	397 583	0,92	707 408	1,39
	Italie	141 008	0,32	380 889	0,75
	Suisse	114 532	0,26	332 739	0,65
	Autriche	59 689	0,14	320 218	0,63
Asie	Indes anglaises	190 987	0,44	337 006	0,66
Autres pays		724 810	1,68	849 998	1,68
	Totaux	43 413 131	100,»	50 869 194	100,»

EXPORTATIONS *(en piastres d'argent)*.

PAYS DE DESTINATION		1892-1893		1898-1899	
		Valeur	Part proportionnelle	Valeur	Part proportionnelle
		Piastres	p. 100	Piastres	p. 100
Amérique	États-Unis	63 791 741	72,89	103 553 486	74,78
	Cuba	183 836	0,21	5 258 084	3,80
Europe	Grande-Bretagne	14 767 736	16,88	14 094 978	10,18
	France	3 736 198	4,28	6 252 293	4,52
	Allemagne	3 322 700	3,80	4 020 307	2,90
	Belgique	915 272	1,04	2 577 688	1,86
	Espagne	417 458	0,48	1 177 948	0,85
Autres pays		374 266	0,42	1 563 353	1,11
	Totaux	87 509 207	100,»	138 478 137	100,»

Un fait capital est la part absolument prépondérante des États-Unis dans le commerce extérieur du Mexique. En 1826, la valeur de leurs envois vers le territoire mexicain ne dépassait pas les deux cinquièmes du total de l'importation, 6 281 000 piastres sur 15 450 565 ; ils ne recevaient que la moitié environ des marchandises exportées, 3 916 000 piastres sur 7 648 129. A la fin du xixe siècle, les proportions correspondantes sont de moitié et des trois quarts. Le voisinage, les communications directes par chemin de fer, les grands intérêts que beaucoup de capitalistes nord-américains ont pris dans les industries mexicaines, notamment dans les entreprises de transport, expliquent amplement les rapports commerciaux de plus en plus étroits des deux républiques, le rôle grandissant des États-Unis et l'élimination progressive des autres nations.

Dans les dernières années, l'Angleterre a bénéficié d'un certain accroissement pour ses expéditions au Mexique. Mais tandis qu'en 1872 plus des deux tiers de l'exportation allaient aux Iles britanniques, ce chiffre est successivement descendu au sixième en 1892-1893 et au dixième en 1898-1899 ; la valeur absolue reste stationnaire.

La quote-part des ventes de la France oscille aux abords de 11 p. 100. Celle des achats, qui excédait le huitième en 1872, n'atteint plus le vingtième.

Il y a dix ans, l'Allemagne ne participait à l'importation mexicaine que pour un quinzième ; aujourd'hui, elle rejoint la France.

L'Espagne maintient à peu près sa part proportionnelle dans les entrées.

4. Établissements commerciaux des étrangers au Mexique.

— Souvent, les étrangers ne se bornent pas à envoyer leurs produits au Mexique. Beaucoup y viennent, fondent des maisons de commerce et conquièrent sur place une clientèle durable. Installés au milieu de la population qu'ils approvisionnent, appréciant mieux ses goûts, connaissant davantage ses besoins, ces négociants contribuent avec efficacité au développement des échanges entre leur pays d'origine et leur pays d'élection.

Il semble que chaque nation se soit spécialisée dans une branche particulière du commerce. Pendant une longue suite d'années, les Espagnols ont eu le monopole à peu près exclusif de l'épicerie. Malgré l'ouverture récente de magasins luxueux par quelques Américains, la plupart des « tiendas de abarrotes », où se vendent les denrées alimentaires, conserves, épices, vins, etc., sont encore entre leurs mains. Grâce à leur ténacité et à leur extrême économie, ils trouvent, après des efforts opiniâtres, le chemin de l'aisance et de la fortune.

Les Français réussissent dans le commerce des tissus. Possédant les plus grandes filatures du Mexique, y tenant les principales maisons de vente, ils ont supplanté les Allemands, qui avaient eux-mêmes éliminé les Anglais. C'est d'une toute petite et pauvre ville perdue dans les Alpes provençales, de Barcelonnette, que sont partis ceux de nos concitoyens dont l'initiative devait être si féconde. Ils débutèrent bien petitement. Les simples commis des premiers jours devinrent de modestes boutiquiers, puis supprimèrent les intermédiaires, accrurent progressivement leurs transactions, réalisèrent de beaux bénéfices. Des compatriotes, enhardis par le succès, suivirent leur exemple. Ainsi se forma une colonie d'hommes âpres au travail, économes et probes, qui conquirent le marché. Maintenant, à México, à Guadalajara, à Puebla, à San Luis Potosi et dans nombre d'autres villes, les Français, les « Barcelonnettes », tiennent les maisons de « ropa », c'est-à-dire les magasins de tissus, de soieries, de nouveautés, d'articles de blanc, de bonnetterie, de mercerie.

Orientés vers la quincaillerie et la bimbeloterie, les Allemands savent habilement se plier aux goûts et aux convenances de leurs clients. Ils gèrent, en négociants avisés et heureux, les « ferreterias » et les « mercerias », dans lesquels sont vendus les métaux ouvrés, les ustensiles de ménage, les fers émaillés, les articles de quincaillerie et même le ciment.

Si les Américains du Nord exploitent relativement peu de maisons commerciales, en revanche ils ont dans les chemins de fer, dans les mines, dans les entreprises de travaux publics, une action considérable et propice à l'extension des débouchés que recherche la production de leur pays. D'autre part, les grands établissements commerciaux et industriels des Etats-Unis, spécialement les ateliers de constructions mécaniques, envoient au Mexique des représentants qui y font une propagande continue, à l'aide de prospectus, de volumineux catalogues illustrés et, le cas échéant, d'expériences publiques. Cette propagande porte ses fruits.

Les Anglais ne se livrent guère aux opérations locales de détail et pratiquent surtout l'importation.

Encore imbus d'un reste de prévention contre la carrière commerciale, les Mexicains, qui cependant sont bien doués pour parcourir cette carrière à leur honneur, continuent à délaisser des tâches et des situations qu'ils pourraient utilement retenir.

Tantôt les commerçants étrangers établis au Mexique font directement leurs commandes et donnent naturellement la préférence à leur pays d'origine. Tantôt ils s'adressent à des correspondants européens et ignorent souvent la véritable provenance des marchandises, surtout quand l'expédition a lieu par des voies détournées : c'est ainsi que des « pointes de Paris » sont achetées en Belgique et envoyées par Hambourg. Tantôt encore, les petits négociants de l'intérieur passent par l'intermédiaire de négociants en gros ou de commissionnaires installés dans les grandes villes mexicaines.

5. Répartition et importance du commerce intérieur. — S'il était possible de dresser, pour diverses époques, des cartogrammes figurant la position des établissements commerciaux, leur nombre, leur importance relative, l'activité de leurs opérations, on y verrait le progrès, sinon se cantonner, du moins s'accuser plus spécialement aux abords des voies ferrées. C'est un fait économique général, qui s'observe partout, mais qui devait prendre une intensité particulière dans un pays où les communications étaient si difficiles et appellent encore tant d'améliorations. Les pouvoirs publics sauront poursuivre fermement la belle et grande tâche qu'ils ont entreprise pour doter la République d'un réseau de chemins de fer suffisamment complet et assurer aux diverses parties du territoire les bienfaits que la locomotive apporte toujours avec elle. Beaucoup reste à faire. Sans doute, les principales villes sont maintenant reliées par des rails, ont des débouchés commodes sur les

États-Unis et sur le littoral de l'Atlantique; mais les mailles du réseau doivent être resserrées, les moyens de transport vers une partie des côtes du Pacifique font défaut, certaines régions demeurent absolument déshéritées. Pour citer un exemple frappant, l'État de Sonora ne peut correspondre avec les États de l'intérieur qu'en empruntant, par un long détour, les voies ferrées nord-américaines. Il serait facile, d'ailleurs, de pointer sur la carte des agglomérations situées à une telle distance, non seulement des chemins de fer, mais aussi des routes carrossables, que leur accès exige de longues et pénibles chevauchées à travers la montagne. Dans de pareilles conditions, les transports pèsent d'un poids infiniment trop lourd pour une partie de la population et grèvent démesurément le prix des marchandises les plus nécessaires. L'essor définitif du commerce intérieur, son épanouissement dans les contrées où il languit, la puissance du Mexique et sa fortune dépendent de l'œuvre virilement commencée par le Gouvernement.

Vouloir chiffrer les transactions du commerce intérieur, serait tenter l'impossible. L'impôt du timbre établi sur les ventes au détail n'atteignant pas 20 pesos permet, du moins, de suivre le développement continu des opérations. D'après les statistiques financières, le montant de ces ventes aurait été de 141 743 125 piastres pendant l'année fiscale 1896-1897, de 150 798 735 piastres en 1897-1898, de 159 649 112 piastres en 1898-1899, de 168 693 588 piastres en 1899-1900 et de 179 114 078 piastres en 1900-1901. Pour le dernier exercice, les Etats du Centre accusent à eux seuls un contingent de 97 400 008 piastres, sur lequel 42 447 931 piastres sont inscrites au compte du District fédéral et 6 723 086 à celui de l'État de México, dont la capitale comptait 5 700 établissements industriels ou commerciaux. Les relevés du fisc ne doivent être pris que pour ce qu'ils valent : au Mexique comme ailleurs, frauder le Trésor est une habileté plus qu'une mauvaise action, et la vigilance de l'administration, si parfaite soit-elle, ne peut ni tout voir ni tout saisir. Cependant, les chiffres qui précèdent, simplement considérés dans leurs rapports entre eux, témoignent d'une augmentation constante des affaires et attestent par suite l'accroissement du bien-être général.

V

APERÇU SUR LA NAVIGATION MARITIME

1. Progression du mouvement maritime. Statistique. — Les temps sont bien changés depuis que la seule flotte espagnole, composée de 18 vaisseaux, venait, une fois l'an, mouiller en vue de Vera-Cruz. De nos jours, plus de 7 000 navires battant pavillon de tous les pays atterrissent annuellement dans les ports maritimes. Les étapes franchies ont été les suivantes :

Année			Année		
1735..	18	navires	1890..	5 164	navires
1785..	96	—	1895..	5 174	—
1819..	141	—	1899..	5 998	—
1850..	839	—	1900..	6 868	—
1875..	2 600	—	1901..	7 384	—
1885..	4 456	—			

Sur les 7 384 navires entrés au cours de l'année fiscale 1900-1901, 4 508 étaient à vapeur et 2 876 à voiles. Le tonnage de jauge, pour l'ensemble, atteignait 4 703 640 tonneaux.

Voici, d'ailleurs, un tableau donnant, à l'entrée et à la sortie, par pays de provenance ou de destination, le nombre et le tonnage des navires à vapeur et des voiliers, ainsi que ceux des navires chargés et des navires sur lest. Sont seuls compris sous une rubrique globale, à ce tableau, les pays pour lesquels le tonnage de jauge est resté au-dessous de 10 000 tonneaux, soit à l'entrée, soit à la sortie.

INDUSTRIE, COMMERCE ET NAVIGATION

PAYS DE PROVENANCE OU DE DESTINATION	NAVIRES A VAPEUR		NAVIRES A VOILES		ENSEMBLE		NAVIRES CHARGÉS		NAVIRES SUR LEST	
	Nombre	Tonnage de jauge (Tonnes)	Nombre	Tonnage de jauge (Tonnes)	Nombre	Tonnage de jauge (Tonnes)	Nombre	Tonnage de jauge (Tonnes)	Nombre	Tonnage de jauge (Tonnes)
ENTRÉES										
Ports du Mexique	3 466	2 510 609	2 249	103 145	5 715	2 613 754	4 706	2 042 130	1.009	571 624
États-Unis	585	941 577	227	51 160	812	992 737	747	954 349	65	38 388
Grande-Bretagne	104	212 889	260	58 031	364	270 920	181	250 280	183	20 640
Cuba	162	261 789	10	40 48	172	265 837	64	171 209	108	94 628
Guatemala	59	159 796	»	»	59	159 796	18	49 576	41	110 220
Allemagne	39	91 837	41	53 363	80	145 200	67	136 715	13	8 485
Espagne	21	59 594	7	2 454	28	62 048	22	59 971	6	2 077
Italie	17	49 370	»	»	17	49 370	17	49 370	»	»
France	14	27 403	26	10 999	40	38 402	23	31 272	17	7 130
Colombie	17	32 918	5	1 701	22	34 619	20	33 854	2	765
Chili	6	17 254	1	346	7	17 600	6	17 432	1	168
Belgique	7	13 875	2	645	9	14 520	7	13 875	2	645
Haïti	7	13 662	»	»	7	13 662	7	13 662	»	»
Autres pays	4	6 071	48	19 104	52	25 175	10	8 818	42	16 357
TOTAUX	4 508	4 398 644	2 876	304 996	7 384	4 703 640	5 895	3 832 513	1 489	871 127
SORTIES										
Ports du Mexique	3 445	2 528 468	2 292	106 367	5.737	2 634 835	3 808	1 493 037	1 929	1 141 798
États-Unis	623	1 088 123	254	121 224	877	1 209 347	409	661 525	468	547 822
Cuba	223	372 375	9	1 333	232	373 708	157	252 307	75	121 401
Grande-Bretagne	59	125 755	301	5 1414	360	177 169	323	149 648	37	27 521
Guatemala	58	154 248	»	»	58	154 248	12	30 601	46	123 647
Allemagne	41	95 742	8	3 143	49	98 885	44	90 835	5	8 050
Espagne	12	38 060	1	246	13	38 306	13	38 306	»	»
France	16	31 607	11	4 060	27	35 667	24	31 686	3	3 981
Italie	11	30 581	»	»	11	30 581	11	30 581	»	»
Chili	3	8 919	6	12 542	9	21 461	2	5 593	7	15 868
Colombie	8	16 655	»	»	8	16 655	4	6 416	4	10 239
Haïti	5	14 097	»	»	5	14 097	1	1 985	4	12 112
Autres pays	2	922	17	9 128	19	10 050	13	5 857	6	4 193
TOTAUX	4 506	4 505 552	2 899	309 457	7 405	4 815 009	4 821	2 798 377	2 584	2 016 632

Sur les 7384 navires entrés en 1901, 2628 étaient étrangers et 4756 mexicains. Le tonnage des premiers représentait environ le quadruple du tonnage des derniers : 3790132 tonneaux contre 913508. En effet, les bâtiments mexicains font peu de navigation au long cours et sont presque exclusivement affectés au cabotage; ils ont, par suite, des dimensions beaucoup plus faibles que les bâtiments étrangers.

2. Part de la navigation maritime dans le commerce extérieur. — Eu égard à la position géographique des États-Unis mexicains, à la conformation de leur territoire, à l'étendue des côtes qui les limitent, soit vers l'Atlantique, soit vers le Pacifique, et dont le développement n'est pas inférieur à 8830 kilomètres, la marine devait être le principal agent de transport pour leurs échanges internationaux. C'est ce que confirment les statistiques.

La part des quatre gares frontières où se soudent les chemins de fer du Mexique et ceux de l'Amérique du Nord dans la valeur totale des marchandises importées ou exportées en 1898-1899 n'a pas dépassé 27,81 pour 100 à l'entrée et 22,82 p. 100 à la sortie, comme le montre le tableau ci-après :

GARES	IMPORTATION	EXPORTATION
	p. 100	p. 100
Ciudad Juarez.	8,50	10,36
Laredo.	11,04	4,66
Ciudad Porfirio Diaz.	6,18	2,20
Nogales.	2,09	5,70
Totaux.	27,81	22,92

Quant à la quote-part des routes carrossables, elle était respectivement de 1,42 p. 100 et de 2,15 p. 100. Les voies de terre ne livraient donc passage qu'à 29,23 p. 100 de l'importation et 25,07 p. 100 de l'exportation. Ainsi, les sept dixièmes des entrées et les trois quarts des sorties appartenaient aux 11 ports de l'Atlantique et aux 13 ports du Pacifique.

3. **Mouvement des ports mexicains**. — Bien que le littoral du Pacifique, avec la péninsule de la Basse-Californie, ait une longueur de 6 250 kilomètres, de beaucoup supérieure à celle du littoral de l'Atlantique, le nombre et le tonnage des navires qui y abordent restent au-dessous du nombre et du tonnage correspondant au rivage opposé : 3 552 navires et 2 136 549 tonneaux de jauge, d'un côté; 3 832 navires et 2 567 090 tonneaux de l'autre, en 1900-1901. L'infériorité s'accuse bien davantage encore pour le tonnage effectif des marchandises débarquées ou embarquées. Elle s'explique, non seulement par l'orientation des côtes de l'Atlantique vers l'Europe, mais aussi par le nombre des voies ferrées reliant au golfe du Mexique le plateau central, que les escarpements de la Sierra Madre séparent du Pacifique.

Sur le golfe du Mexique, le mouvement maritime se concentre principalement dans les ports de Vera-Cruz, de Tampico et de Progreso.

Grâce à sa proximité de la capitale et aux deux voies ferrées qui l'y rattachent, le port de Vera-Cruz reçoit une grande partie des marchandises importées au Mexique. En 1900-1901, 604 navires jaugeant 733 855 tonneaux ont accosté ses quais. Pendant les sept dernières années du siècle, son contingent dans la valeur totale des entrées a passé de 33 à 41 p. 100. Sa quote-part dans les sorties s'est, au contraire, abaissée de 32 à 20 p. 100.

Réuni par des rails au centre métallurgique de Monterey et à San Luis Potosi, où passe le chemin de fer du plateau central, Tampico constitue le débouché de la région nord-est du Mexique. Il a reçu, en 1900-1901, 448 navires, d'une jauge totale de 640 968 tonneaux. Son trafic bénéficie d'une augmentation rapide. Quelques années ont suffi pour élever de 6 à 16 p. 100 sa part dans la valeur de l'importation et de 10 à 29 p. 100 celle de l'exportation.

Progreso est le port du « henequen », qui a fait la fortune du Yucatan. Son coefficient, à l'entrée, ne dépasse guère 4 p. 100. Mais celui de la sortie atteint environ 14 p. 100 : 558 navires jaugeant 716142 tonneaux l'ont quitté en 1900-1901, avec des cargaisons composées surtout de fibres et destinées aux États-Unis.

Les autres ports de l'Atlantique les plus importants, par le tonnage des navires qui les fréquentent, sont Coatzacoalcos, Campêche, Isla de Carmen. Coatzacoalcos, situé au terminus du chemin de fer coupant l'isthme de Tehuantepec, est désigné comme point de transit des marchandises entre le golfe du Mexique et la côte du Pacifique. Campêche et Isla de Carmen expédient principalement des bois tinctoriaux.

Frontera, placé à l'embouchure du Grijalva, et Alvarado, rattaché à Vera-Cruz par une voie de fer, ont un trafic notablement moindre. Tuxpam, Puerto Morelos et Chetumal sont tout à fait secondaires.

Sur la côte du Pacifique, relativement dépourvue de voies ferrées, les ports ne commandent pas une zone d'attraction aussi étendue que sur le littoral de l'Atlantique. Acapulco, Mazatlan et Manzanillo tiennent le premier rang.

Acapulco, dans l'État de Guerrero, présente une excellente rade, où 223 navires, jaugeant 401 345 tonneaux, ont relâché en 1900-1901. Sa participation au commerce extérieur demeure néanmoins très faible : 1/2 p. 100 à l'importation et 1 p. 100 à l'exportation.

Mazatlan, plus favorisé, se trouve en relation avec le réseau mexicain par deux chemins de fer qui y convergent. Il a reçu 545 navires d'un tonnage de jauge total de 311041 tonneaux, dont les opérations ont représenté en valeur le trentième environ des entrées et le vingtième des sorties du Mexique.

Une petite voie ferrée court entre Colima, ville de l'intérieur, et Manzanillo. Mais ce port est sans communication avec le reste du pays. Bien qu'il ait abrité, en 1900-1901, 182 navires jaugeant 306 459 tonneaux, sa participation aux échanges internationaux a été limitée à 0,15 p. 100 de la valeur des importations et à 0,10 p. 100 de celle des exportations. Une tendance à la diminution du trafic s'y est manifestée vers la fin du siècle.

Également isolé des provinces du Centre, Guaymas a, du moins, un chemin de fer, celui de Sonora, dont il est le terminus et qui le rattache au réseau nord-américain. Il peut, dès lors, servir au transit des marchandises de l'Arizona et du New Mexico. Cependant, jusqu'ici, son mouvement n'a pas pris d'essor.

Salina Cruz, établi au bord du golfe de Tehuantepec, est à la tête de la voie ferrée franchissant l'isthme et sera relié au réseau central après la mise en exploitation de la ligne Vera-Cruz-Pacifique. Les embarquements et les débarquements y sont toujours minimes. Plus tard, les agriculteurs et les industriels l'utiliseront peut-être davantage pour écouler vers l'Amérique du Sud l'excédent de leur production.

Deux villes, bâties sur la côte orientale de la Basse-Californie, ne disposent que de la voie maritime pour leurs rapports avec les autres États. L'élément essentiel de leur trafic est le cabotage. Des 575 navires qui ont jeté l'ancre à Santa Rosalia, 515 battaient pavillon mexicain. La proportion a été encore plus forte à La Paz : 415 navires sont entrés dans sa rade, et 383 étaient des caboteurs.

San Blas, dépendant du territoire de Tepic, reçoit quelques navires. Après ce port, il y a lieu de citer : la rade ouverte de Soconusco; Todos Santos, près de la frontière des États-Unis; Puerto Angel; Altata, raccordé au réseau de chemins de fer; San José del Cabo.

4. **Services réguliers entre le Mexique et l'étranger.** — Plusieurs services maritimes réguliers ont été organisés entre les principaux ports mexicains et les pays étrangers.

Pour les relations avec l'Europe, ces services sont mensuels. Des navires, à destination de Vera-Cruz et de Tampico, partent : sous pavillon anglais, de Liverpool; sous pavillon français, de Saint-Nazaire; sous pavillon allemand, de Hambourg, d'Anvers et du Havre, ainsi que de Brême et d'Anvers; sous pavillon autrichien, de Trieste et de Marseille; sous pavillon espagnol, de Barcelone. Les paquebots d'une ligne allemande mettent, d'autre part, le cap de Hambourg et d'Anvers sur Guaymas et Mazatlan, ports du Pacifique.

Les États-Unis de l'Amérique du Nord ont créé des services bimensuels ou hebdomadaires de la Nouvelle-Orléans et de New York à la Vera-Cruz et aux autres ports de l'Atlantique, ainsi que d'autres services mensuels, bimensuels ou trimensuels de San Francisco aux ports du Pacifique, notamment à Acapulco et Mazatlan.

Une nouvelle ligne, desservie par des vapeurs, assure régulièrement les communications des ports de la côte occidentale mexicaine avec ceux de la Chine.

En 1900-1901, le nombre des passagers débarqués par les navires des services réguliers a été de 12 349, et celui des passagers embarqués, de 9 022. Abstraction faite de quelques pays qui n'ont donné qu'un nombre insignifiant de voyageurs, ces passagers se répartissent comme il suit d'après leur nationalité :

NATIONALITÉ	ARRIVÉES	DÉPARTS	EXCÉDENT DES ARRIVÉES	EXCÉDENT DES DÉPARTS
Espagnols.............	4 007	2 241	1 766	»
Américains du Nord......	2 220	1 877	343	»
Mexicains.............	2 003	1 858	145	»
Chinois...............	922	144	778	»
Anglais...............	697	570	127	»
Français..............	584	432	152	»
Cubains..............	579	980	»	402
Italiens	411	389	22	»
Allemands............	290	222	68	»
Turcs................	266	69	197	»

L'excédent des arrivées sur les départs atteste l'immigration de beaucoup d'étrangers qui sont restés au Mexique pour y faire de l'industrie, du commerce ou de la culture.

En même temps que les passagers, en même temps que les marchandises, les navires des lignes régulières apportent au Mexique le rayonnement de la nation dont les couleurs flottent à leur poupe. Puisse la France prendre à ce courant d'hommes, de choses et d'idées une part encore plus active, et donner ainsi une nouvelle preuve de ses sentiments d'affection envers le peuple latin d'outre-mer.

VI

CONCLUSION

Grâce à l'heureuse et patriotique impulsion donnée au Mexique par son Gouvernement, la fin du siècle qui vient d'entrer dans l'histoire a été pour ce beau pays une période d'admirable expansion. On a vu sa vie économique subir une transformation profonde, son industrie naître et se développer rapidement, la sphère d'action de son commerce s'étendre chaque jour par la conquête de nouveaux marchés sur tous les points du globe, sa jeune civilisation suivre allègrement le sillage du progrès.

Comme toutes les terres que le temps n'a pas encore usées, la terre mexicaine devait tenter l'esprit d'entreprise des étrangers. Des immigrants sont venus apporter aux nationaux le concours de leurs bras, de leur intelligence, de leur courage, de leur expérience, souvent aussi de leurs capitaux, concours éminemment utile et fécond. Dans leur marche à la fortune, ces hardis pionniers ne pouvaient que servir les intérêts de la République, contribuer efficacement à l'essor de la patrie d'adoption qui leur avait réservé un accueil si hospitalier.

Parmi les peuples à la collaboration desquels le Mexique doit en partie sa remarquable et prompte évolution, une place prépondérante appartient aux Américains du Nord. Les États-Unis, avec leur initiative et leur décision habituelles, ont engagé plus de 500 millions de dollars dans les affaires mexicaines, notamment dans l'œuvre des chemins de fer, l'industrie des mines, les opérations de banque. Par les nombreux navires au pavillon étoilé qui fréquentent incessamment les ports de l'Atlantique et du Pacifique, par quatre lignes de chemins de fer, ils drainent en quelque sorte le commerce extérieur de leurs voisins, accaparant les trois quarts de l'exportation et participant pour moitié à l'importation.

Chaque jour, la pénétration des États-Unis s'accentue et devient plus intime. Dans l'ordre économique, cette étroite pénétration a été bienfaisante pour le développement de la prospérité du pays. Certains esprits se sont demandé si elle ne constituait pas un prologue, si elle n'étendrait pas son action sur les destinées mêmes de la nation mexicaine. Il y a là sans doute matière à de graves réflexions. Mais à ceux qui envisagent ainsi l'avenir on peut opposer le ferme respect des États-Unis pour la volonté et le libre arbitre des peuples, aussi bien que les nobles aspirations des Mexicains, fiers de leur sang latin, fidèles à leurs souvenirs et à leurs glorieuses traditions, légitimement jaloux d'une indépendance chèrement acquise.

Le dernier mot de cette étude sera donc un hommage aux succès passés de la République mexicaine et l'expression d'un espoir convaincu, d'une inébranlable confiance dans sa grandeur future.

A. Picard.

TABLE DES MATIÈRES

DU TOME PREMIER

                                                                         Pages

INTRODUCTION GÉNÉRALE (E. Levasseur).   1

APERÇU GÉOGRAPHIQUE (Élisée Reclus) 35

POPULATION ET COLONISATION (Prince Roland Bonaparte) 81

INSTITUTIONS POLITIQUES, JUDICIAIRES ET ADMINISTRATIVES (Léon Bourgeois). 151

AGRICULTURE (Hippolyte Gomot) 193

MINES ET INDUSTRIES MINIÈRES (L. de Launay). 261

INDUSTRIE, COMMERCE ET NAVIGATION (Alfred Picard) 323

Imprimerie F. SCHMIDT Fils, 20, rue du Dragon, Paris.

www.ingramcontent.com/pod-product-compliance
Lightning Source LLC
Chambersburg PA
CBHW071908230426
43671CB00010B/1524